应用型高等教育财经类专业"十三五"规划教材

货币银行学

汪　玲　胡　丹　褚义景　主　编
程小芳　谭　瑛　李文超　副主编

上海财经大学出版社

图书在版编目(CIP)数据

货币银行学/汪玲,胡丹,褚义景主编.—上海:上海财经大学出版社,2020.1

(应用型高等教育财经类专业“十三五”规划教材)

ISBN 978-7-5642-3449-2/F·3449

Ⅰ.①货… Ⅱ.①汪…②胡…③褚… Ⅲ.①货币银行学-高等学校-教材 Ⅳ.①F820

中国版本图书馆CIP数据核字(2019)第286441号

□ 责任编辑 徐 超
□ 联系信箱 1050102606@qq.com
□ 封面设计 张克瑶
□ 责任校对 卓 妍

货币银行学

汪 玲 胡 丹 褚义景 主 编
程小芳 谭 瑛 李文超 副主编

上海财经大学出版社出版发行
(上海市中山北一路369号 邮编200083)
网 址:http://www.sufep.com
电子邮箱:webmaster@sufep.com
全国新华书店经销
上海天地海设计印刷有限公司印刷装订
2020年1月第1版 2020年1月第1次印刷

787mm×1092mm 1/16 18印张 461千字
印数:0 001—3 000 定价:49.00元

前　言

货币银行学作为高等院校经济类专业的核心课程，也是金融专业的理论基础课程。货币银行学是研究金融体系的运行及其与实体经济之间的关系的经济学科。学习货币银行学，可以掌握剖析经济问题的入门钥匙。这门课程的主要任务是使学生对货币银行学的基本理论、基本规律有全面的理解和完整的认识，掌握分析现实金融问题的方法，培养解决金融实际问题的能力，为学习金融的专业知识打下坚实的基础。

为了提高教师的教学质量和学生的学习质量，结合经济和管理类金融学和非金融学专业“货币银行学”课程的需要和特点，兼顾应用型人才培养的要求，我们根据多年的教学实践经验，编写了这本适应经济和管理类金融学和非金融学专业学生需要的《货币银行学》教材。本书注重教材内容结构体系的科学性和合理性，并力求做到阐述简明清楚、循序渐进，体现经济金融发展中的理论研究新成果，反映国内外金融实践的新进展。

全书共分为三篇：第一篇为基础理论篇，主要介绍了货币与货币制度、信用、利率、外汇与汇率制度等基本理论和知识；第二篇为微观金融篇，系统介绍了金融机构体系、商业银行的基本知识，以及金融市场的运行方式和规律；第三篇为宏观金融篇，重点介绍了货币需求、货币供给、货币的均衡与失衡、通货膨胀、通货紧缩、货币政策与宏观调控等内容。

本书在一定程度上体现了应用型本科的教学特点，针对应用型本科院校学生的具体情况，在主要阐述货币、银行与金融体系的基础知识和基本理论的基础上，理论联系实际，增强学生的感性认识，侧重对学生应用能力的训练和培养。

本书由武汉华夏理工学院的汪玲、胡丹、褚义景担任主编，程小芳、谭瑛、李文超担任副主编。全书共计10章，由汪玲总体策划，各章编写人员及分工如下：汪玲，第一～四章；李文超，第五章；胡丹，第六～七章；褚义景，第八章；程小芳，第九章；谭瑛，第十章。

本书在编写过程中，参考了很多同类教材、著作和期刊等，限于篇幅，恕不一一列出，特在此说明并致谢。由于作者水平有限，书中难免有疏漏和不足之处，恳请读者批评指正。

编　者
2019 年 12 月

目　录

第二篇 微观金融篇

第三篇 宏观金融篇

第一篇

基础理论篇

第一章　货币与货币制度

学习目标

1. 了解货币的起源和形态发展过程；
2. 掌握货币的本质与职能；
3. 理解货币制度构成及演变。

引导案例

小岛上的石头货币

耶普岛(Yap)是一个位于太平洋西部的小岛，人口约为 6 300 人，面积 100.2 平方千米。由于当地不出产金属，于是石头便成为当地最重要的资源，当地居民大部分劳动都耗费在搬运石头和磨制石头上了，石头逐渐成为当地劳动的代表物，并发展出以石头充当媒介的交易模式。当地居民把自己的这种交换媒介称作斐(fei)。

斐是由大而坚硬、厚重的石轮组成，在石轮的中间有一个孔，人们可以在孔中插入一根杆，作为方便搬运之用。石轮的大小各异，直径从 3.5 厘米到 3 米不等。对于当地人来说，斐体积的大小，代表着价值的大小。虽然其计算单位比较粗糙，而且缺乏准确度，但从居民拥有多少石币大致计算出他财富的多少，交易时也会要求按照商品的贵贱支付不同大小、数量的石币。由于这些石币巨大且不易搬运，因此在交易完成后，石头本身一般并不挪动，只是由石头的主人作一个口头声明，告诉大家这块石头易主就行了。这些石头一般都整齐地排放在村落外的一片空地上，这就是耶普岛居民们所谓的“石币银行”。

思考：石头为什么能充当货币？它和我们现在使用的货币有什么区别？历史上出现过哪些货币形态？

第一节 货币的起源与发展

人们对货币的存在早已习以为常,但货币到底是从哪里来的?它的本质如何?这些问题长期困扰着人们。而这又是一个非解开不可的问题。因为了解货币的起源是认识货币本质、职能与作用的起点,从某种意义上来说,也是正确认识货币金融理论的起点。本章从货币起源入手,深入浅出地介绍了有关货币的基础知识,包括货币的产生与发展、货币的类型、货币的本质与职能等,并且阐述了货币流通的一般规律,以及货币制度的发展,使学生对货币这一概念有相对清晰和深刻的认识,为深入学习金融知识打下基础。

一、货币的起源

货币俗称钱,几乎是人人都熟悉的东西。然而,往往人们最熟悉的东西恰恰是最不了解的东西。马克思在《政治经济学批判》中,曾经引用英国国会一个议员的一段话说:"受恋爱愚弄的人,甚至还没有因钻研货币本质而受愚弄的人多。"西方经济学家也曾经说过:在一万个人中,只有一个人懂得货币问题。尽管这样的描述不免有夸张之嫌,但客观现实告诉人们要了解货币的奥秘的确要下一番功夫。

根据现在考古的发现,早在公元前 700 年左右,中国的商朝、古希腊小亚细亚地区,人类就已经发明了各种贝壳金属之类的货币,代替了过去的以物换物,大大地促进了商品的流通,促进了人类经济发展。可以说货币是商品经济能够诞生的关键因素,有了货币,商品经济和货币经济的萌芽就开始出现。正是货币的发明,金融的使用,推动人类文明逐渐从农耕时代慢慢过渡到工业文明时代。

关于货币起源的学说古今中外有多种。如中国古代的先王制币说、交换起源说;西方国家的创造发明说、便于交换说、保存财富说,等等。它们或认为货币是圣贤的创造,或认为货币是保存财富的手段,许多法学家甚至说货币是法律的产物。凡此种种,不一而足。虽然从特定的历史背景看,多数学说都存在一定的合理成分,但却无一能透过现象看本质,科学揭示货币的起源。马克思从辩证唯物主义和历史唯物主义的观点出发,采用历史和逻辑相统一的方法观察问题,科学地揭示了货币的起源与本质,破解了货币之谜。

马克思是从商品交换关系中分析货币起源的,并将货币商品论建立在劳动价值论的基础上,从价值形式的发展要求中揭示了货币产生的客观必然性。马克思认为,货币是交换发展和与之伴随的价值形态发展的必然产物。从历史角度看,交换发展的过程可以浓缩为价值形态的演化过程。价值形式经历了"简单的价值形式—扩大的价值形式——般价值形式—货币形式"这么一个历史沿革。从这一发展过程可以看出:首先,货币是一个历史的经济范畴,是随着商品和商品交换的产生与发展而产生的。其次,货币是商品经济自发发展的产物,而不是发明、人们协商或法律规定的结果。再次,货币是交换发展的产物,是社会劳动和私人劳动矛盾发展的结果。

(一)商品交换与价值形式

商品是使用价值和价值的对立统一物。使用价值是商品的自然属性,用以满足人们的某种需要。价值是商品的社会属性,它证明凝结在商品中人类一般劳动的存在。商品交换的依据是商品的价值,因为使用价值是不同质的,无法相互比较,只有价值具有质的共同性和量的可比性，等价交换便成为一条自然的交换法则。那么，怎样才能知道商品有无价值和价值的大小呢？或者说，商品的价值是如何表现出来的呢？

使用价值以物质形态直接出现，可为人们的感官直接感知，但价值是寓于商品中的抽象劳动，不能通过商品自己表现，而是在商品交换过程中相对表现出来的。也就是说，通过交换，一种商品的价值表现在另一种商品上了。这后一种商品就成了前一种商品的价值表现形式，它以自身的若干数量证明了与其交换的前一种商品中所含的劳动量。这就是商品价值的表现形式，简称为价值形式。货币正是在这种由商品交换发展所决定的价值形式的发展中产生的，货币不过是一种高级的价值表现形式而已。

（二）价值形式发展与货币产生

1. 简单价值形式

人类社会尚未发生大分工以前，商品交换只是偶然现象。极为低下的生产力水平，决定了人们不可能经常有剩余产品拿来交换，更谈不上专门为交换而进行生产。但这种偶然的商品交换已经具有了商品价值表现的简单形式，即商品的价值通过另一种商品相对表现出来。它说明商品已经有了等价物，价值不再是完全抽象的，而具有了“物的形式”。作为交换，商品只是满足交换者对不同使用价值的需求，作为等价物，它的意义并不在使用价值方面，而在价值方面。其交换形式为：

2 只羊＝1 把石斧（第一次社会分工后）

一种商品一旦作为等价物，便具有了如下特征：

第一，使用价值成为价值的表现形式。等价物并不能用自身的价值来表现出其他商品的价值，因为它自身的价值也是内在的、不可捉摸的，只能以自身的外在形式即一定量的使用价值来表现。

第二，具体劳动成为抽象劳动的表现形式。等价物也是具体劳动的产物，但它却被用来衡量别的商品所含劳动的质和量，成为抽象劳动的代表。生产等价物的具体劳动，使凝结在与其交换的商品当中的抽象劳动具体化了。

第三，私人劳动成为社会劳动的表现形式。一种商品主动与等价物交换，其实质是使生产这种商品的私人劳动求得社会的承认，转化为社会劳动。但生产等价物的劳动也是私人劳动，只因为等价物在交换关系中被他人所追求，具有与别的商品直接交换的能力，这种私人劳动便具有了直接的社会性，成为社会劳动的代表。

等价物的上述特征提醒人们，在商品价值的简单表现形式中已经孕育了货币的胚芽，等价物的特征中蕴藏着货币的本质，货币是一种发展成熟了的等价物。

原始社会末期，由于生产力水平极其低下，没有剩余产品，发生在两个部落之间的交换，只能是偶然的多余产品的物物交换。当时的商品交换在双方的经济生活中只占极小比重，因此，彼此都不十分计较交换的比例，如有时是用 2 只羊换 1 把石斧，有时用 2 只羊换 2 把石斧。

2. 扩大的价值形式

简单的价值形式证明了价值的无差别性，暴露了物物直接交换的缺陷。随着生产力的发展，尤其是社会分工的出现，商品交换不再是偶然发生的事情，而成为一种经常性的有规律的现象。这样，每一种商品不再是偶然地和另一种商品相交换，而是经常地与其他许多种商品相交换；其价值不再是由另一种商品简单地表现，而是由许多种商品来表现；每一种商品的等价物不止有一个，而是有一系列。其交换形式为：

$$2\text{只羊}=\begin{cases}1\text{把斧头}\\1\text{匹布}\\1\,000\text{两盐}\\1\text{两黄金}\\\text{其他商品}\end{cases}$$

这种情况说明，商品价值同它借以表现的使用价值的特殊形式没有关系，每一种进入交换的商品都可以充当其他商品的等价物。价值是无差别的人类劳动的凝结，在这种扩大了的价值表现形式中得到了证明。这时候，商品之间的交换比例不再是偶然确定的，而是更加接近于它们内部实际包含的价值量。

在扩大的物物交换中，人们的交换活动会出现什么困难呢？举例说明。

一位欧洲旅行家在非洲野蛮部落想雇用一条小船到另一个地方去，但船的主人要用象牙付账，才肯将船出租，经过打听有个叫沙里布的人有象牙，沙里布愿意用象牙交换呢料，他又打听到有呢料的人想用呢料换针，幸亏这位旅行家带有针，于是他就用铜针换来呢料，接着又用呢料换来沙里布的象牙，最后再把象牙付给船主。经过这样一番周折，他才取得了使用小船的权利。

尽管如此，商品价值的表现仍然是不充分的，尤其是不统一的。其根本原因在于，这时的商品交换都是直接的物物交换，商品借以表现自己价值的材料还没有与交换者本人对其使用价值的直接需求分开，因而许多商品事实上并不能充当等价物，使价值表现受到限制。而且，一种商品的等价物，对另一种商品来说很可能不是等价物，因为前者需要它的使用价值，而后者不需要，商品价值没有统一的表现尺度。生产越发展，参加交换的商品越多，就越发暴露出这种价值表现不统一的缺陷；用于交换的商品必须在品种、数量、质量等方面都符合交换双方的需求，且价值量相等，才能实现交换。这给商品交换的进一步发展造成极大的困难；为了换到所需要的商品，往往需要进行若干次迂回曲折的交易。交换中的这种困难，要求价值形式的进一步发展。

3. 一般等价物的出现

当人们在直接的物物交换中遇到困难时，便开始自发地或本能地在市场上发现一种商品，这种商品进入交换的次数最多，其使用价值是大家都共同需要的，只要将自己的商品先换成这种商品，再换他实际所希望的商品就不成问题了。谁都这样做，谁都把这种商品当作等价物，那么，这种商品实际上就成了所有商品的公共的或一般的等价物了。其交换形式为：

$$\left.\begin{matrix}1\text{把斧头}\\1\text{匹布}\\1\,000\text{两盐}\\1\text{两黄金}\\\text{其他商品}\end{matrix}\right\}=2\text{只羊}$$

人们终于摆脱了各种不同的使用价值在交换中对他们的束缚，使直接的物物交换变成由一般等价物为媒介的间接交换。

显然，一般等价物已经不再是普通的商品，它有两个重要特征：

第一，一般等价物不再是消费的对象，而成了交换的媒介。它说明，作为一般等价物的商品，并不是人们交换的目的，而是交换的手段。

第二，一般等价物不是用其自然的使用价值，而是用由社会赋予它的使用价值——直接与其他商品相交换的能力——来表现商品的价值。它说明，商品价值的表现形式完全可以脱离商品的躯体，采取任意的形式。

4. 货币价值形式

一般等价物的出现，解决了直接物物交换的矛盾和困难，使商品交换在一般等价物的媒介作用下获得了新的发展。但这时候充当一般等价物的商品还是不固定的，时而是这种，时而又是那种。这种情况必然阻碍商品交换的进一步发展。因此，人们很自然地要求在较大的范围内（如一个民族市场甚至一个国家）将一般等价物统一起来，使其成为长期固定的一般等价物。这种固定化了的一般等价物就是货币。其交换形式为：

$$\left.\begin{array}{l}1\text{把斧头}\\1\text{匹布}\\1\,000\text{两盐}\\2\text{只羊}\\\text{其他商品}\end{array}\right\}=1\text{两黄金}$$

综上可知，货币是商品经济发展到一定阶段的自发产物，是商品内在矛盾发展的必然结果。货币出现后，商品内部使用价值和价值的矛盾，就表现为商品和货币的矛盾。商品换成了货币，商品的使用价值和价值的矛盾就得到了解决。

案例 1－1

没有货币的麻烦

19 世纪，巴黎利里克剧院歌手塞利小姐曾在社会群岛举办过一次演唱会，作为报酬，她得到门票收入的三分之一。

经清查，她的报酬包括了 3 头猪、23 只火鸡、5 000 个椰子，还有很多香蕉、柠檬和橘子。在巴黎这些东西价值 4 000 法郎，这是相当丰厚的报酬，但是这些东西绝大部分不是塞利小姐能够消费得掉的，最后只能用这些水果来喂养牲畜和家禽。

二、货币的形态及其演变

货币形态是指货币的存在形式，即货币是用什么材料制作的。

万物都可以是货币，自然，货币也可以是万物，但是，能够充当货币的一般等价物还是需要一定的条件。只有在理想的货币短缺时，其他东西才会替代它，一般来讲，理想的货币的条件是：

（1）普遍可接受性；

（2）易于标准化，且价值稳定；

（3）易于分合，方便“找零”和大额支付；

（4）易于保存，不易变质；

（5）体小价大，便于携带。

明白了理想货币的条件，就会理解历史上出现的实物货币、金属货币、信用货币、电子货币等不同的形态。

(一)实物货币

实物货币是最早的货币,只要在一定范围内大家都愿意接受这种实物,并且用于实际交换,这种实物就成为实物货币。在中国历史上,龟壳、海贝、蚌珠、皮革、齿角、米粟、布帛、农具等都曾作为实物货币被使用过。

实物货币之所以随着商品经济的发展逐渐退出货币历史舞台,根本原因在于实物货币具有难以消除的缺陷。它们或体积笨重、不便携带;或质地不匀、难以分割;或容易腐烂、不易储存;或大小不一,难以比较。随着商品交换和贸易的发展,实物货币被金属货币所替代也就不足为奇。

(二)金属货币

有人说黄金天然是货币。为什么呢?因为金银具有许多其他物质无法比拟的优越条件,更适合作为固定地充当一般等价物的特殊商品——货币。与其他曾经充当过货币的商品比较起来,金银具有如下优势:稀有、密度大,所以单位价值大,便于携带;质地均匀、有延展性,易于分割和铸造;具有同质性,用重量和成色即可衡量其价值;耐腐蚀、不会腐烂变质,易于保存储藏;等等。

中国是最早使用金属货币的国家之一,早在殷商时代,金属货币就已成为货币的主要形式。中国金属货币曾有这样两种形式:称量货币——以金属条块发挥货币作用的货币,通过检验成色、称重量来确定其价值,每次鉴定不方便,限制商品流通;铸币——铸成一定形状,并有国家印记证明其重量和成色的金属货币(形状、花纹、文字),具有一定形状、重量、成色并标明面值的金属货币,如铜币、银币、金币。

金属作为币材是从贱金属开始的,后来随着商品经济的发展,社会财富的增加,为适应商品生产和商品交换价值的提高、数量的扩大,币材由贱金属(铁、铜)逐步向贵金属(银、金)过渡,并最后固定在金银上。

一位哲人的名言导出了金属长期成为货币的实质:"货币天然不是金银,金银天然是货币。"金属货币所具有的价值稳定、易于分割、便于储藏等优点,确非实物货币所能比拟。金属冶炼技术的出现与发展自然是金属货币广泛使用的物质前提。金属货币给人们留下深刻的印象,以至于许多人还在追忆着金本位制度的旧梦,认为当今世界许多经济问题追根寻源都是纸币制度惹的祸,2007 年全球金融危机使许多人开始考虑能不能用新的货币制度替代目前的纸币制度。

(三)信用货币

信用货币是凭国家信用发行并强制流通的价值符号,不需要贵金属作为发行准备,也不能与贵金属相兑换。现代社会使用的纸币是典型的信用货币。早在金属货币流通时期,信用货币就产生了,早期的商业票据、纸币、银行券都是信用货币。不过,信用货币最初是可以兑现为金属货币的,以后才逐渐过渡到部分兑现和不能兑现。

信用货币有这样几个特点:

第一,信用货币是货币的价值符号,本身无价值。

第二,信用货币是一种债务货币。信用货币主要是由现金和存款组成,是银行债务的凭证。

第三,靠发行人信用流通,如果发行人不讲信用,你也无可奈何。

有了信用货币,就有了货币符号论。信用货币在发展过程中,由于政府滥发而多次发生通货膨胀,在破坏兑现性的同时也促进了信用货币制度的发展与完善。到了 20 世纪 30 年代,世界各国纷纷放弃金属货币制度。第二次世界大战后，全球在布雷顿森林体系的基础上曾经恢复可兑现的信用货币制度，但1973年布雷顿森林体系瓦解后，不兑现的信用货币制度独占了货币历史舞台。

阅读材料1－1

世界上最早的纸币

纸币是当今世界各国普遍使用的货币形式，而世界上最早出现的纸币，是中国北宋时期四川成都的“交子”。

中国是世界上使用货币较早的国家。根据文献记载和大量的出土文物考证，我国货币的起源至少已有4 000多年的历史，从原始贝币到布币、刀币、圜钱、蚁鼻钱以及秦始皇统一中国之后流行的方孔钱，中国货币文化的发展可谓源远流长。到北宋时期，我国出现了纸币——“交子”。

纸币的出现是货币史上的一大进步。钱币界有人认为中国纸币的起源要追溯到汉武帝时的“白鹿皮币”和唐代宪宗时的“飞钱”。汉武帝时期因长年与匈奴作战，国库空虚，为解决财政困难，在铸行“三铢钱”和“白金币”(用银和锡铸成的合金币)的同时，又发行了“白鹿皮币”。所谓“白鹿皮币”，是用宫苑的白鹿皮作为币材，每张一方尺，周边彩绘，每张皮币定值40万钱。由于其价值远远脱离皮币的自身价值，因此“白鹿皮币”只是作为王侯之间贡赠之用，并没有用于流通领域，因此还不是真正意义上的纸币，只能说是纸币的先驱。“飞钱”出现于唐代中期，当时商人外出经商带上大量铜钱有诸多不便，便先到官方开具一张凭证，上面记载着地方和钱币的数目，之后持凭证去异地提款购货。此凭证即“飞钱”。“飞钱”实质上只是一种汇兑业务，它本身不介入流通，不行使货币的职能，因此也不是真正意义上的纸币。北宋时期四川成都的“交子”则是真正纸币的开始。

最初的交子由商人自由发行。北宋初年，四川成都出现了专为携带巨款的商人经营现钱保管业务的“交子铺户”。存款人把现金交付给铺户，铺户把存款人存放现金的数额临时填写在用楮纸制作的卷面上，再交还存款人，当存款人提取现金时，每贯付给铺户30文钱的利息，即付3%的保管费。这种临时填写存款金额的楮纸券便谓之“交子”。这时的“交子”，只是一种存款和取款凭据，而非货币。

随着商品经济的发展，“交子”的使用也越来越广泛，许多商人联合成立专营发行和兑换“交子”的交子铺，并在各地设交子分铺。由于交子铺户恪守信用，随到随取，所印“交子”图案讲究，隐做记号，黑红间错，亲笔押字，他人难以伪造，所以“交子”赢得了很高的信誉。商人之间的大额交易，为了避免铸币搬运的麻烦，直接用随时可变成现钱的“交子”来支付货款的事例也日渐增多。正是在反复进行的流通过程中，“交子”逐渐具备了信用货币的品格。后来交子铺户在经营中发现，只动用部分存款，并不会危及“交子”信誉。于是他们便开始印刷有统一面额和格式的“交子”，作为一种新的流通手段向市场发行。这种“交子”已经是铸币的符号，真正成了纸币。但此时的“交子”尚未取得政府认可，还是民间发行的“私交”。

但并非所有的交子铺户都是守法经营，恪守信用的。有一些唯利是图、贪得无厌的铺户，恶意欺诈，在滥发“交子”之后闭门不出，停止营业；或者挪用存款，经营他项买卖失败而破产，使所发“交子”无法兑现。这样，当存款者取钱而不能时，便往往激起事端，引发诉讼。于是，景德年间(1004～1007 年),益州知州张泳对交子铺户进行整顿,剔除不法之徒,专由 16 户富商经营。至此"交子"的发行始取得政府认可。

宋仁宗天圣元年(1023 年),政府设益州交子务,由京朝官一二人担任监官,主持交子发行,并"置抄纸院,以革伪造之弊",严格其印制过程。这便是我国最早由政府正式发行的纸币——"官交子"。它比美国(1692 年)、法国(1716 年)等西方国家发行纸币要早六七百年,因此也是世界上发行最早的纸币。

"官交子"发行初期,其形制是仿照民间"私交",加盖本州州印,只是临时填写的金额文字不同,一般是一贯至十贯,并规定了流通的范围。宋仁宗时,一律改为五贯和十贯两种。到宋神宗时,又改为一贯和 500 文两种。发行额也有限制,规定分届发行,每届三年(实足二年),以新换旧。首届交子发行 1 256 340 贯,备本钱 360 000 贯(以四川的铁钱为钞本),准备金相当于发行量的 28%。"交子"的流通范围也基本上限于四川境内,后来虽在陕西、河东有所流行,但不久就废止了。

宋徽宗大观元年(1107 年),宋朝政府改"交子"为"钱引",改"交子务"为"钱引务"。除四川、福建、浙江、湖广等地仍沿用"交子"外,其他诸路均改用"钱引"。后四川也于大观三年(1109 年)改交子为钱引。"钱引"与"交子"的最大区别,是它以"缗"为单位。"钱引"的纸张、印刷、图画和印鉴都很精良。但"钱引"不置钞本,不许兑换,随意增发,因此纸券价值大跌,到南宋嘉定时期,每缗只值现钱 100 文。

"交子"的出现,便利了商业往来,弥补了现钱的不足,是我国货币史上的一大业绩。此外,"交子"作为我国乃至世界上发行最早的纸币,在印刷史、版画史上也占有重要的地位,对研究我国古代纸币印刷技术有着重要意义。

(资料来源:https://baike.baidu.com/item/%E4%BA%A4%E5%AD%90/564925.)

(四)电子货币

电子货币作为现代经济高度发展和金融业技术创新的结果,是以电子和通信技术飞速发展为基础的,也是货币支付手段职能不断演化的表现,从而在某种意义上代表了货币发展的未来。电子货币(也称 e 货币)是指在零售支付机制中,通过销售终端、不同的电子设备之间以及在公开网络(如 Internet)上执行支付的"储值"或"预付支付机制"。这里的"储值",指保存在物理介质(硬件或卡介质)。"预付支付机制"则是指存在于电子计算机转账系统、用于支付的电子数据,通常被称为"数字现金"。

电子货币有以下几种形式:借记卡,贷记卡等;储值卡(如电话 IC 卡、IP 卡;金龙卡,公交 IC 卡等);电子现金(如游戏币);电子支票。

在传统信用货币阶段,你还可以看到符号,到了电子货币阶段,你连符号都看不到了,你可以真的说,钱已经不是东西了。

(五)数字货币

很多人都听说过数字货币这个词,因为有很多的媒体报道,他们甚至宣告未来人类的货币要全部变成数字货币。今天我们大家看到的,所有的货币都要被数字货币所取代,特别是从区块链这个概念开始火热以来,数字货币几乎成了家喻户晓的一个新名词、一个新概念。特别是比特币的火爆,引发了无数人的财富梦想。有无数的年轻的创业者,他们正想利用数字货币来发财、来创造伟大的企业。所以数字货币确实是一个很重要,也很有趣的话题。它也是当今世界引发争议的一种新的金融创新,那么究竟什么是数字货币呢?

数字货币的定义也有很多种，如果简单地讲，什么叫数字货币？那就是利用数字技术发行和流通的一种交易媒介。货币的主要功能不就是一个交易媒介吗？数字货币的英文叫 Digital Currency，这个数字货币到底是什么东西？那么我们可以从四个方面来对比一下大家比较熟悉的传统货币和数字货币。

（1）货币的材料。数字货币是没有材料的。我们都知道在人类历史上，其他的货币，几乎所有的货币都是有材料的，无论是古代用的贝壳、青铜，还是后来用的黄金、白银，其实我们今天的纸币，它也看得见摸得着，纸币和硬币它也是需要材料的。但是数字货币没有任何实物，它只是在电脑上的一串加密的字符和代码，这是它跟传统货币第一个重要的区别，它没有任何看得见摸得着的材料，就是一串字符一串代码。

（2）数字货币的发行。数字货币的发行现在有两种方式：一种叫分布式发行，一种叫集中式发行。现在大家谈数字货币，基本上谈的都是分布式发行的数字货币，其中最著名的就是比特币。因为比特币，它的原则和它的程序都放在网上，源代码是公开的。通过一个公开的、标准化的程序，每个人都可以加入创造比特币，这个行业通常叫作挖矿，每个人都可以买计算设备，也就是挖矿机，然后挖出新的比特币，这样就是分布式的发行，每个人都可以参与。当然还有一种集中发行的数字货币，也就是中央银行和政府可以集中发行一种数字货币，它不对外公开它的源代码，也不公开它的运行程序。这种数字货币就是集中发行的数字货币。比如说，前不久委内瑞拉的中央银行就宣布说，它要发行一种用石油做担保的数字货币，这种数字货币当然是集中发行的，其他个人没办法加入这个货币的创造和发行。传统的货币，就不存在分布式发行方式。传统的货币发行，都是中央银行和政府集中发行的，古代有造币厂，现在由中央银行发行纸钞、发行硬币。所以在发行方式上，数字货币和传统货币也是有非常重要的区别的。

（3）货币创造、货币发行技术。我们都知道传统的货币，无论是以前的各种金属货币，还是后来的纸币，其实都需要很特殊的铸币技术和印刷技术。古代的铸币技术，纸钞印刷的技术也是非常特别的，它要利用非常发达、非常先进的防伪加密的技术，否则假的钞票就会泛滥。数字货币的技术，与传统的造币技术和印钞技术不同，它主要是利用数字技术。通过密码技术给这一串字符、一串代码进行非常复杂高端的加密，人们是无法伪造的。所以说，比特币的代码是没有人能够破解的。这个就是非常高级的、非常复杂的数学的计算，密码技术的发明。

（4）货币的流通。传统的货币由中央银行创造出来。一般来讲，要通过中央银行购买债券，或者是通过银行的再贷款、再贴现等其他方式，把货币发行到市场上，然后在市场上开始流通，也就是我们用货币来购买各种食物，我们有信用卡，有钱包，有各种货币，钱可以放在保险柜里，存在银行里面，这种流通方式是看得见，摸得着的。数字货币的流通就完全不同，它是一种叫点对点的网络的流通，或者是叫一种去中心化的网络的流通，这就是所谓的区块链技术，区块链技术就是因为比特币的创造，而开始为人们所熟悉。某种意义上，区块链技术正是比特币的发明所引发的一场技术革命。当然现在数字货币，特别是比特币，在很小的范围之内也可以购买食物，还可以和美元、欧元和人民币进行兑换，但是范围非常小。所以数字货币的流通方式完全是一种网络的流通，它没有任何的实物。

所以，从货币的材料、货币的创造、货币的发行方式、货币所使用的技术、货币的流通渠道，我们大体上就能够看到数字货币和传统货币是有很大区别的。

未来人类的货币一定会变成数字货币，特别是我们现在各种新的技术飞速发展。在未来，数字货币在发行流通、管理方面会变得越来越成熟。未来中央银行可能会集中发行数字货币，所以未来我们可能真的不需要任何的纸币，不需要硬币，传统意义的货币发行方式、拥有货币的方式也都会被彻底地颠覆。

数字货币的优势也是非常明显的，特别是它能够实现即时、免费、安全和有趣。现在通过区块链的技术，通过点对点的技术，在任何时间、任何地点，只需要几个按钮，就可以完成整个交易和清算，这就是即时。第二个是免费。我们现在在银行汇款，通过 ATM 机取钱，其他的支付手段清算都是需要付一定的手续费的。但通过区块链数字货币的清算是完全免费的。第三个当然就是安全。传统货币有很多风险隐患，现金可能会丢失，信用卡可能被盗刷，银行存款也可能被窃取。但区块链去中心化这个技术的本质，它通过一个分布式的网络使数据不可修改，所有的记录都是可追溯的，所有的节点来集体验证，这些特点确实保证了数字货币清算的高度安全。

从这些方面，我们可以看到数字货币具有极其广阔的发展前景，应该说，它代表了未来人类货币和金融发展的一个主要方向。

阅读材料 1－2

电子货币的新形式——比特币

2008 年爆发全球金融危机，当时有人用“中本聪”的化名发表了一篇论文，描述了比特币的模式。和法定货币相比，比特币没有一个集中的发行方，而是由网络节点的计算生成，谁都有可能参与制造比特币，而且可以全世界流通，可以在任意一台接入互联网的电脑上买卖，不管身处何方，任何人都可以挖掘、购买、出售或收取比特币，并且在交易过程中外人无法辨认用户身份信息。2009 年，不受央行和任何金融机构控制的比特币诞生。比特币是一种“电子货币”，由计算机生成的一串串复杂代码组成，新比特币通过预设的程序制造，随着比特币总量的增加，新币制造的速度减慢，直到 2014 年达到 2 100 万个的总量上限，之后比特币总量被永久限制在 2 100 万个。

比特币网络通过“挖矿”来生成新的比特币。所谓“挖矿”实质上是用计算机解决一项复杂的数学问题，来保证比特币网络分布式记账系统的一致性。比特币网络会自动调整数学问题的难度，让整个网络约每 10 分钟得到一个合格答案。随后比特币网络会新生成一定量的比特币作为赏金，奖励获得答案的人。

2009 年比特币诞生的时候，每笔赏金是 50 个比特币。诞生 10 分钟后，第一批 50 个比特币生成了，而此时的货币总量就是 50。随后比特币就以约每 10 分钟 50 个的速度增长。当总量达到 1 050 万(2 100 万的 50%)时，赏金减半为 25 个。当总量达到 1 575 万(新产出 525 万，即 1 050 的 50%)时，赏金再减半为 12.5 个。

比特币是一种网络虚拟货币，数量有限，但是可以用来套现：可以兑换成大多数国家的货币。你可以使用比特币购买一些虚拟的物品，比如网络游戏当中的衣服、帽子、装备等，只要有人接受，你也可以使用比特币购买现实生活当中的物品。

2014 年 9 月 9 日，美国电商巨头亿贝(eBay)宣布，该公司旗下支付处理子公司智力树(Braintree)将开始接受比特币支付。该公司已与比特币交易平台币基(Coinbase)达成合作，开始接受这种相对较新的支付手段。虽然亿贝市场交易平台和贝宝(PayPal)业务还不接受比特币支付，但旅行房屋租赁社区爱彼迎(Airbnb)和租车服务优步(Uber)等智力树客户开始接受这种虚拟货币。

比特币在2010年最早的交易，是美国一个程序员用1万个比特币买了两块比萨饼，当时这两块比萨价值30美元，也就是那个时候1万个比特币才值30美元。初期比特币的价格几乎是不值一提的，到了2017年比特币价格最高峰的时候，价格差不多一两万美元，2018年比特币的价格在6 000多美元。比特币价格的急剧上涨和它的波动程度是很少见的。

（资料来源：https://baike.baidu.com/item/%E6%AF%94%E7%89%B9%E5%B8%81/4143690.）

思考：比特币到底是不是货币？它是否会替代主权国家的法定货币呢？

人类货币发展的历史，就是不断地有新的货币技术发明出来，而新的货币技术发明出来，必然会出现新的货币形式。那么新的货币形式，流通方式当然也会不同，所以货币的历史也是一个不断创造、不断创新的过程。早期的货币是金属货币，它的成本很高，后来转成纸币，成本就降了很多。现在转成电子货币，不需要任何材料，那它的成本当然更低了。整个人类货币的发展有一个基本的规律，就是不断地降低成本，不断变方便，不断变快捷。正是从这个意义上讲，数字货币的兴起，确实是人类货币发展的一个必然的趋势，是一个未来的潮流。

第二节　货币的本质与职能

一、货币的本质

关于货币的本质，在西方货币学说史上曾存在两种不同的观点：一是货币金属论，二是货币名目论。货币金属论者从货币的价值尺度、储藏手段和世界货币的职能出发，认为货币与贵金属等同，货币必须具有金属内容和实质价值，货币的价值取决于贵金属的价值。货币名目论者从货币的流通手段、支付手段等职能出发，否定货币的实质价值，认为货币只是一种符号，一种名目上的存在。货币金属论是货币金、银本位制的产物，随着20世纪初金本位制度的崩溃，其影响力正日益减弱。目前在西方货币学说中，占统治地位的是货币名目论，这从西方经济学教科书对货币的定义中可见一斑。最近出版的美国著名经济学家米什金的《货币金融学》将货币定义为："货币或货币供给是任何在商品或劳务的支付或在偿还债务时被普遍接受的东西。"

（一）货币是商品

货币是商品，它与商品世界的其他商品一样，都是人类劳动的产物，是价值和使用价值的统一体。正因为货币和其他一切商品具有共同的特性，即都是用于交换的人类劳动产品，它才能在交换、发展的长期过程中被逐渐分离出来，成为不同于一般商品的特殊商品，即货币。

（二）货币是固定充当一般等价物的特殊商品

货币是商品经济发展到一定阶段的必然产物，是固定充当一般等价物的特殊商品。

第一，货币作为一般等价物，可以和一切商品相交换。

第二，由于货币是固定充当一般等价物的特殊商品，商品生产者必须把自己生产的商品换成货币，他的劳动才算得到了社会的承认，他才可以用货币购买自己所需要的其他商品，以维持和扩大再生产。

第三，作为一般等价物，货币是财富的象征。

(三)货币是生产关系的反映

固定充当一般等价物的货币是商品经济社会中生产关系的体现,即反映商品由不同所有者所产生、所占有,并通过等价交换实现人与人之间社会联系的生产关系。因此,货币体现一定的社会生产关系,这是马克思货币本质学说的核心。

由于商品经济存在于迄今为止社会历史发展的不同阶段,货币也就成为不同社会形态下商品经济共有的经济范畴。不能把特定社会形态中货币职能的发挥视同货币的本质,如不能因货币转化为资本而把货币本质定格为资本家剥削工人阶级的工具,因为毕竟货币不是资本。商品经济的基本原则是等价交换,不论是什么样的人,持有什么样的商品,在价值面前一律平等,都要按同等的价值相交换。同样的货币,不管在什么样的社会形态中,也不论存在于谁的手中,都是作为价值的独立体现者,具备着转化为任何商品的能力。

二、货币的职能

货币职能是货币本质的外在表现,是货币作为一般等价物所固有的功能。货币具有价值尺度、流通手段、储藏手段、支付手段和世界货币五大职能。其中,价值尺度和流通手段是货币最基本的两个职能。

(一)价值尺度

1. 香烟为什么是监狱里的硬通货

货币是一切商品服务、金融资产,甚至我们个人价值的一个标准的量度尺度。货币的一个基本功能就是作为所有的商品和服务、资产价值的标准的尺子。通常我们叫它一般等价物,或者一般价值尺度。

电影《肖申克的救赎》中有这样一个情节,当男主角安迪等一群新犯人进监狱的时候,老犯人瑞德就和别人打赌,并以十根香烟作为赌注,看哪个犯人会受不了先崩溃。在这个电影里,香烟是监狱里的硬通货,几乎能换到一切东西,比如糖果、酒甚至大麻。电影里安迪用来越狱的那个尖嘴锄头,也是瑞德通过三包香烟帮他换到的。香烟在监狱里面流行不只是电影故事,事实上在美国监狱没有禁烟之前,香烟确实是监狱里面的"货币",这个货币当然是打引号的了。为什么香烟能够成为监狱里的硬通货呢?

除了美国监狱不准用货币的规定以外,香烟还有几个特点:一是价格明确,而且稳定,容易保存,不容易变质;二是香烟容易分割,便于流通,一条香烟可以拆成好几包,一包烟又可以拆成好几根;三是价值被广泛认同,监狱里面男性比较多,有烟瘾的犯人比较多。正是因为这些特性,让它在特殊的环境里,成了衡量各种产品服务价值的一个尺子。

2. 货币作为衡量价值的"尺子",有三个作用

货币作为一般等价物或者价值的尺子,到底有什么用途?概括起来主要有三个方面。

货币作为一般等价物的第一个用处,是给全世界所有的商品和服务定价。你知道全世界有多少商品和服务吗?有人统计说全世界每天进行交易的商品和服务的种类已经超过110种,仅仅两个电子商务平台,亚马逊和阿里巴巴淘宝网上面出售的商品就已经超过数亿种,从衣服、鞋子到手机、电脑、水果、零食、汽车、房子,几乎应有尽有,除了我们每天买卖的商品和服务之外,还有我们的劳动力、智慧、知识产权,这些都要用货币来计价。比如说你作为一个劳动力,在市场上值多少钱,怎么来衡量你的价值,那就要看你每天的货币工资,看每年的货币工资,所以现在有月薪、有年薪,月薪、年薪就是衡量一个人的工作的价值和劳动价值。

货币作为一般等价物的第二个用处,就是给各种资产定价。这里的资产包含的范围非常

广泛，包括各种固定资产和金融资产。比如说一个公司值多少钱，一块土地值多少钱，一片矿产值多少钱。一个公司到底经营得好不好，怎么来判断就看公司的收入和利润，我们都需要把它换成货币这个标准的尺子来量一量，我们心里才有数，才能够比较。

货币作为一般等价物的第三个用处，就是衡量国家的经济实力和综合国力。我们今天怎么来比较世界各国的经济增长速度和经济规模，那就要靠货币这个一般等价物。比如说现在全世界通用的都是用美元作为一个计价的标准。例如美国现在的 GDP 大约 19 万亿美元，中国现在大约是 12 万亿美元，所以中美之间从国内生产总值的差距大约是 7 万亿美元。那么我们整个地球的经济规模现在有多大？有了货币这把尺子，我们大家就能知道，现在全世界经济的总规模大约是 74 万亿美元。

3. 货币要成为一把好"尺子"，有两个前提条件

货币要成为一个好的一般等价物，或者要做一把好的尺子，它要满足什么前提？

主要是两个前提：一是货币的币值要相对稳定，最好是高度稳定；第二个条件就是货币的使用范围要非常广，使用范围越广，它作为一般的价值尺度，作用也就越大。

第一个条件很好理解，比如说我们要量人的高度，那如果你拿着这个尺子，它本身变来变去像个弹簧一样的，怎么能够量这个高度呢？所以尺子最好不要变，这样才能够量各种物体的长度和高度。货币作为一个价值尺度也是一样，最好它不要变。如果一个货币的价值忽高忽低，那它很难作为一个一般的价值尺度。

第二个条件是它的应用范围要非常广，比如说有些货币的使用范围是在一个很小的区域，或者说我们看到很多小国家的货币，它很难作为一个全世界标准的价值尺度。我们前面讲到国内生产总值也好，人均收入水平也好，大家来衡量不同国家的这些金融数据、经济数据为什么都用美元来计价？因为美元是在全世界使用范围最广的一种货币，所以它能够成为全世界的非常标准的一个价值尺度，那也就是美元它满足了这两个条件：首先它的价格相对是比较稳定的；第二它的使用范围非常广泛，在全世界得到普遍的承认。这就是货币作为一般等价物的基本前提。如果某一货币出现了严重的通货膨胀，或者说它的价值是忽高忽低的，那这样的货币很难作为一般的价值标准，或者作为一般等价物。所以，要确保币值基本稳定，我们的货币才能够正常进行交易，否则如果货币暴涨暴跌，价值根本不稳定，那企业的经营根本无法进行，日常的交易也无法进行，国与国之间的交易也无法进行。这就是为什么世界各国的中央银行最重要的职责，甚至是唯一的职责就是要维持货币的稳定。我们研究清楚了货币价值的变动规律，实际上对于我们理解资产价格的波动、理解一般商品服务价格的波动、理解这个国家经济活动的变动，都是极其重要的一个因素。

(二)流通手段

货币作为流通手段，也就是货币充当商品交换的媒介。

货币作为人类经济活动最重要的流通手段，历史是非常悠久的。人类历史早期交易活动很少，基本上都是用物来换物，比如说你家里有多余的大米，希望用大米换一点食盐；另外一个人家里有多余的羊肉或者牛肉，希望换一点布匹。这种以物换物的活动非常不方便，效率非常低。因为经常很难找到合适的交换对象，这种以物换物的状态持续了数千年，甚至上万年，人类才慢慢地进入到货币交换的时代。连马克思都曾经感叹说：人类从以物换物一下子跳到了货币时代，那真是惊险的一跳。这一跳就是人类从原始经济时代跳到了商品经济时代，或者叫货币经济时代。从这惊险的一跳开始，人类技术不断进步。

货币执行流通手段职能时，具有以下几个特点：

1. 必须是现实的货币

货币作为流通手段，不能是观念上的货币，必须是实在的货币。空话是无法换走他人的商品的。

2. 可以是不足值的货币，也可以用价值符号来代替

货币作为流通手段，只起到交换媒介的作用，人们出售商品取得货币，并不是为了消费货币，而是要用货币购买自己所需要的商品，因而人们对货币本身的价值如何并不十分关心，他们关心的是货币的购买力，即能不能换回与其面值等值的商品，这样就产生了用不足值的铸币或用价值符号——纸币来代替足值货币执行流通手段职能的可能性。作为流通手段的货币，起初是贵金属条、块，以后发展成铸币，最后出现了纸币。纸币就是从货币作为流通手段的职能中产生的。

3. 具有一定的货币危机性

在货币执行流通手段这一作用的情况下，商品与商品不再是互相直接交换，而是以货币为媒介来进行交换。商品所有者先把自己的商品换成货币，然后再用货币去交换其他的商品。这种有货币作媒介的商品交换，叫作商品流通。由物物交换过渡到商品流通，意味着商品经济的内在矛盾有了进一步的发展。因为在这种条件下卖与买被分成了两个独立的过程，如果出卖了商品的人不立刻去买，就会使另一些人的商品卖不出去。也就是说，货币作为流通手段的职能，就已经包含了经济危机形式上的可能性。

（三）储藏手段

货币退出流通领域之后，被当作价值的独立形态或社会财富的一般形式保存和收藏起来，成为储蓄的货币，执行价值储藏的职能。

1. 货币作为财富储藏手段的两个优点

（1）第一个优点就是方便。

货币财富随时可以使用，没有比货币更方便的财富了。你日常用来支付的各种借记卡、信用卡、支付宝、微信账户里面所存的钱大部分是没有利息的，有些账户不仅没有利息，可能还要支付一些手续费，你之所以能够用这些手段方便地支付，是因为这些卡里面就有你的以货币形式储藏的财富，只不过它们是看不见的钞票而已。

（2）货币作为财富储藏手段的第二个好处就是流动性好。

这个好处非同小可，尤其是对于企业和金融机构非常重要，对个人也很重要。不管我们每个人做投资，还是企业搞经营，都要保持一定的流动性，流动性就是随时可以拿来支付、拿来用的钱。假如你的财富都是房子、股票或者其他的固定资产，现在突然需要几万几十万甚至几百万元的现金，你怎么办？个人需要货币来储存财富，企业也需要货币形式来储藏财富，为了流动性的方便，整个国家也需要。国家如果大量借外债也需要保持一定程度的流动性，也就是要有足够的外汇储备，否则一旦要归还外债，没有钱，那就是国家的危机了。我们都知道，2013年俄罗斯出现过债务危机，1997年亚洲很多国家出现了债务危机，都造成巨大损失，汇率急剧贬值，不少金融机构和企业破产，债务危机其实就是流动性危机了。

2. 货币执行储藏手段职能具有的三个特点

（1）必须是现实的货币。

储藏的货币，必须是现实的货币，而非观念上的货币。

（2）必须是十足的货币。

储藏货币是为了保存价值和保存一般社会财富，因此一般要求具有十足价值的显示货币，

在金属货币制度下就是金银自身。储藏金银，不论对储藏者个人来说，还是对社会来说，都是价值的实际积累，不论是以金币、银币储存，金块、银块储存，还是以金银饰物储存，其作用都是一样的。在信用货币制度下，必须是价值稳定的货币，不断贬值的货币不可能发挥储藏手段的职能。

(3)质上的无限性和量上的有限性。

执行储藏手段的货币可以购买商品的数量是有限的，但是可以与任何商品相交换，所以在质上是无限的。

在当今商品经济条件下，货币储藏手段职能的发挥除了作为社会财富的绝对化身外，其作用进一步加深，一方面随着商品生产的发展，货币储藏职能成了商品生产本身得以顺利进行的必要条件；另一方面货币执行储藏手段职能时具有自发地调节货币流通的作用，它是使流通中货币量具有伸缩性的蓄水池。

(四)支付手段

货币被用来清偿债务或支付赋税、租金、工资等，就是货币支付手段的职能。

金融的本质是实现不同的人之间跨时间跨空间的价值交换。货币就是这样的一个东西，货币的出现首先是为了把今天的价值储存起来，等到明天、后天或者是未来任何时候，再把这个储存在货币中的价值用来购买别的东西，整个过程实际上就是让价值在不同的时间和不同的地理位置之间进行交换。今天你在张村把东西卖了，带上钱走到李村，你就可以用这些钱去买别的东西，所以，其实说起来，货币完成的事儿是蛮简单的，就是跨越时间把价值储存起来，跨越空间进行价值转移，从这一点，我们也可以看到，货币的出现对于贸易还有商业的发展都是非常关键的革命性创新。

支付手段是随着赊账买卖的产生而出现的，在赊销和赊购中，货币被用来支付债务。后来，它又被用来支付地租、利息、税款、工资等。作为支付手段的货币，购买的主要是服务。作为支付手段的货币，在购买商品或服务时，可以是分次交付的，在时间和空间上是可以分开的。或先交钱，后服务；或先服务，后交钱。

货币发挥支付手段职能有两种形式：一是为商品流通服务；二是为非商品流通服务。

货币支付手段的特点：

第一，必须是现实的货币；第二，可以是不足值的货币；第三，使发生货币危机的可能性进一步发展。因为货币发挥支付手段职能使商品不卖也能买，从而使买卖进一步脱节，商品经济的矛盾进一步复杂化，商品生产者之间的债务链条越来越长，越来越紧密，当其中某一个链环失常，不能按期支付债务时，就会引起连锁反应，使更多人不能支付债务，如果超过一定的限度，就会引起整个债权债务链条的断裂，而使大批企业破产，所以货币的支付手段职能使发生货币危机的可能性有了进一步的发展。

关于货币的支付手段职能，我们在第二章还会重点讲到，在这里就不再多做赘述。

(五)世界货币

世界货币是指货币具有在世界市场上充当一般等价物的职能。它是随着商品经济的发展，商品交换由一国逐步走向国际市场，而具有的世界货币的职能的。这种职能是货币其他四个职能在世界范围内的展现。世界货币在国与国的经济关系中具有以下作用：

第一，作为一般的购买手段用于购买外国的商品。

第二，作为一般的支付手段用于平衡国际收支差额。

第三，作为社会财富的代表，由一国转移到另一国，如国际贷款、转移财产、战争赔款等。

当货币执行世界货币职能时，能充当世界货币的必须是有价值的货币商品——黄金、白银。但随着货币的发展，一些经济实力强大的国家的纸币也具有某种世界货币的职能，如美元、欧元、英镑、日元等。

也就是说，作为货币，世界上大多数国家承认它能够成为一般等价物的时候，它就能成为世界货币。

（六）五大职能之间的关系

货币的五大职能，即价值尺度、流通手段、价值储藏、支付手段和世界货币，是一个相互依存、相互联系的有机整体，是对货币本质的全面体现。其中，价值尺度和流通手段职能是两个最基本的职能。

第三节 货币制度

一、货币制度的内涵

货币制度是一国、一个区域组织或国际组织以法律形式规定的相应范围内货币流通的结构、体系与组织形式。一般地讲，货币制度包括如下内容：货币单位的规定；货币材料的确定；货币的种类及其比例；货币法偿能力的规定；货币准备制度等。历史上，按照货币特性来分类，主要存在两类大的货币制度：金属货币制度和不兑换信用货币制度。

由于各国经济、社会及各种习惯上的原因，一个社会究竟如何选择一种货币制度，以实现货币的各种功能，在经济史上，往往表现出巨大差异性选择。但是，我们看到，尽管不同的国家，在不同的时期，有不同的货币制度安排，但是有一些共同的趋势是：第一，不同的货币制度的安排都与相应的经济发展水平和阶段相适应；第二，人类社会随着经济的发展，逐渐摆脱金属货币，特别是贵金属货币的束缚，而通过国家宏观制度来自发调节货币供应量，以满足经济发展的需要；第三，货币制度的统一与商品市场统一相伴随，可以预言，更单一的货币制度的出现，需要更加广泛统一市场的形成，欧洲货币的出现是一个极好的例证。

货币制度由于范围不同，形成不同适应范围的货币制度。如在一国范围内，形成国家货币制度；在国际范围内，形成国际货币制度，如第二次世界大战以后形成的布雷顿森林体系；也有区域性的货币制度，如欧洲货币体系。国家货币制度是一国货币主权的一种体现，由本国政府或司法机构独立制定实施，其有效范围一般仅限于国内。国家货币制度始于国家统一铸造货币之后，自国家货币制度产生以来，各国政府在不同时期都曾用不同的法律形式对货币制度加以规范。较为完善的货币制度是随着资本主义经济制度的建立而逐步形成的。现存的货币制度可分为国家货币制度、国际货币制度和区域性货币制度三类。

二、货币制度的构成要素

从最广泛的意义上讲，货币制度就是确定货币体系特定的制度结构。这种制度回答如下问题：什么可以充当货币？什么机构铸造或发行货币？什么决定货币的价值？货币是由一种或多种商品定义的吗？货币与一种或多种商品可兑换吗？或者法定不兑现纸币的价值是否来自被控制的货币稀缺性？如果是这样，那么什么样的当局来管理货币数量，以及使用何种工具、在何种法规指导下进行管理呢？如果公众是理性的，他们对货币制度的施行应抱有何种期望呢？尤其是对当局的货币政策应抱何种期望呢？

货币制度自国家干预货币流通以后就开始形成。较为完善的货币制度是随着资本主义经济制度的建立逐步确立的。货币制度的基本内容包括六个方面。

(一)规定货币单位

货币单位是指货币制度中规定的货币计量单位。货币单位的规定主要有两个方面：一是规定货币单位的名称。在国际习惯上，一国货币单位的名称，往往就是该国货币的名称，如美元、英镑、日元等。二是确定货币单位的“值”。在金属货币条件下，货币的值就是每一货币单位所包含的货币金属重量和成色。在不兑现的信用货币尚未完全脱离金属货币制度时，确定货币单位的值主要是确定货币单位的含金量。当黄金非货币化后则主要表现为确定或维持本国货币与他国货币或世界主要货币的比价，即汇率。

(二)确定货币材料

货币材料简称“币材”，是指用来充当货币的物质。确定不同的货币材料，就构成不同的货币本位，如果确定用黄金充当货币材料，就构成金本位，用白银充当货币材料，就构成银本位。确立以哪一种物质作为币材，是一国建立货币制度的首要步骤。究竟选择哪一种币材，虽然由国家确定，但这种选择受客观经济条件的制约，往往只是对已经形成的客观现实从法律上加以肯定。国家不能随心所欲任意指定某种物品作为货币材料。

(三)规定流通中的货币结构

1. 本位币和辅币

进入流通领域的货币(通货)可以区分为本位币和辅币。本位币是按照国家规定的货币单位所铸成的铸币，亦称主币。辅币是主币以下的小额通货，供日常零星交易与找零之用。

本位币的面值与实际金属价值是一致的，是足值货币。国家规定本位币具有无限法偿能力。允许本位币可以自由铸造和熔化的国家，对于流通中磨损超过重量公差的本位币，不准投入流通使用，但可以向政府指定的机构兑换新币，即超差兑换。主币就是本位币，是一个国家流通中的基本通货，一般作为该国法定的价格标准。主币的最小规格通常是 1 个货币单位，如 1 美元、1 英镑等。

辅币一般用贱金属铸造，其所包含的实际价值低于名义价值，但国家以法令形式规定在一定限额内。辅币仅具有限法偿性，但可以与主币自由兑换。辅币不能自由铸造，只准国家铸造，其铸币收入是国家财政收入的重要来源。在当代纸币条件下，辅币与贱金属铸造的主币经常标示国家名称或者可以体现国家权威，但与历史上金属货币体系中将主币与辅币铸造发行权分别授予不同部门比较，更多的是具有象征意义。辅币是本位货币单位以下的小面额货币，它是本位币的等分，其面值多为货币单位的 1%、2%、5%、10%、20%、50%几种，主要解决商品流通中不足 1 个货币单位的小额货币支付问题。

2. 银行券和纸币

银行券和纸币是贵金属储量以及相应的金银货币不能满足商品经济发展扩大的需要而出现的产物。银行券是由银行发行、以商业信用为基础的信用货币。早期银行券流通的前提和背景是持券人可随时向发行银行兑换金属货币。经历了 1929～1933 年世界范围的经济危机之后，西方各国中央银行发行的银行券停止兑现，其流通已不再依靠银行信用，而是依靠国家政权的强制力量，从而使银行券转化为纸币。

阅读材料 1－3

英国以前的主、辅币之间的比例关系与改革

英国货币的主币是英镑，辅币原有先令和便士两种。这些货币起源很早，在盎格鲁撒克逊人移入英国之后，起初尚流通罗马式铜币，后来铸造自己的货币，并先后出现了便士、先令和英镑的货币单位的名称。当时的金币除英镑外还曾有尤奈特(unite)和几尼(guinea)，后两者早已成为历史陈迹，而英镑则一直使用到现在。先令始见于17世纪的苏格兰，后来亨利七世也发行，一直是一种银币，到1946年才改用铜镍合金铸造。便士最初也是一种银币，到18世纪后，除在教会濯足节时由王室作救济金分发一种特铸的便士银币外，已改用铜或青铜铸造。

英国这几种货币单位之间的比价，长期以来一直是1英镑＝20先令，1先令＝12便士，即1英镑＝240便士。1971年2月15日，政府宣布了一项关于货币的重大改革，规定1英镑＝100便士，几百年来沿用的先令这一货币单位就随着这次改革而不再使用了。

英国1971年的这次货币改革，是将原来的"三进制"改为"二进制"，实行国际通用的百位进制关系，取消了"先令"这一中间环节，简化了辅币的进位层次。

(四)对货币法定支付偿还能力的规定

在国家干预货币发行和流通的情况下，还要通过法律对货币的支付偿还能力做出规定，所谓法偿性是指，法律赋予货币一种强制流通的能力，任何人不得拒绝接受。货币法定支付偿还能力分为无限法偿和有限法偿。无限法偿指不论用于何种支付，不论支付数额有多大，对方均不得拒绝接受；有限法偿即在一次支付中有法定支付限额的限制，若超过限额，对方可以拒绝接受。金属货币制度下，一般而言主币具有无限法偿能力，辅币则是有限法偿，仅限于零星小额支付和找零使用。在信用货币制度条件下，国家对各种货币形式支付能力的规定不是十分的明确和绝对。

(五)货币铸造与货币发行的规定

金属货币存在铸造和发行问题，而不兑现货币则主要存在发行问题，至于硬辅币的铸造则是次要问题。在古代国家金属货币的铸造权是一个重大的问题。当然在不同的国家和不同时期，铸造权的归属有很大的差异。对于本位币的铸造，有些国家完全垄断，有的则由人民自由铸造。辅币铸造一般由国家垄断。信用货币的发行在欧洲近代首先是由私人银行发行，后来随着私人银行券的不兑换造成的经济动荡问题的出现，各国逐渐采取经济手段收归中央银行所有。现代各国的信用货币的发行权都集中在中央银行或指定发行机构。

(六)货币发行准备制度的规定

货币发行的准备制度是指在货币发行时须以某种金属或某几种形式的资产作为其发行货币的准备，从而使货币的发行与某种金属或某些资产建立起联系和制约关系。在金属货币制度下，货币发行以法律规定的贵金属金或银作为准备；在现代信用货币制度下，货币发行的准备制度已经与贵金属脱钩，多数国家都采用以资产主要是外汇资产做准备，也有的国家以物资做准备，还有些国家的货币发行采取与某个国家的货币直接挂钩的方式，钉住美元、法郎或英镑等。各国在准备比例和准备资产上也有差别，目前各国货币发行准备的构成一般有两大类：一是现金准备，现金准备包括黄金、外汇等具有极强流动性的资产；二是证券准备，证券准备包括短期商业票据、财政短期国库券、政府公债券等必须是在金融市场上可流通的证券。

三、货币制度的演变

货币制度历史上存在两大类型——金属货币制度和不兑换信用货币制度。根据历史演进的逻辑，人类历史上金属货币制度占主要统治地位，有几千年的历史。当然，金属货币制度也有其漫长的演进史，而不兑换货币制度除中国和法国历史上有过短暂的使用历史，主要是 20 世纪以来才在各国广泛使用。目前，世界上主要国家都是用后者。

从历史上看，不论从各国，或是从人类社会早期的货币制度看，都较为杂乱，一般而言，各国民族国家形成之前，币制杂乱是必然的，因为民族市场形成之前，落后、分割的自然经济形态决定了其货币制度的散乱和不统一。16 世纪以后，随着资产阶级国家政权和资本主义制度的确立，国家货币制度才逐步完善并相对规范与统一。16 世纪以后至今，国家货币制度的演变经历了从金属货币制度发展为不兑现的信用货币制度的过程，演变的基本形式是：银本位制—金银复位制—金本位制—不兑现的信用货币制度。

16 世纪以后国家货币制度发生了数次大的变化，这些变化的轨迹可用图 1—1 表示。

- 货币制度
  - 金属货币制度
    - 银本位制
    - 金银复本位制
      - 平行本位
      - 双本位
      - 跛行本位
    - 金本位制
      - 金币本位
      - 金块本位
      - 金汇兑本位
  - 不兑现的信用货币制度

图 1—1 国家货币制度变化的轨迹

（一）银本位制

银本位制是较早的金属货币制度。其主要内容包括：白银为本位币币材，享有无限法偿能力、按实际价值流通、自由铸造和熔化、自由输入和输出等。

银本位制有银两本位制和银币本位制两种类型。银两本位制是实行银块流通的货币制度，以白银的重量单位——两作为价格标准；银币本位制是实行银铸币流通的货币制度。

银本位制盛行始于 16 世纪，至 19 世纪末期被大部分国家放弃。我国用白银作为货币的时间很长，唐、宋时期白银已普遍流通，金、元、明时期确立了银两制度，白银是法定的主币。

19 世纪后期，世界其他国家相继放弃了银本位制。各国放弃银本位制的原因：一是金贵银贱，金银比价差距越来越大，造成实行银本位制的国家货币对外贬值，影响了国际收支的平衡以及国内经济发展和物价稳定。二是世界白银产量猛增，银的价值含量走低，已不能满足越来越频繁的大宗交易的需要，资本主义商品经济迅速发展，要求用价值更高的黄金加入流通，由于大宗交易逐渐改用黄金计价、结算，这样，银本位制就逐渐过渡到了金银复本位制。

（二）金银复本位制

金银复本位制是金、银两种铸币同时作为本位币的货币制度。在这种货币制度下，金银是货币金属，均可自由铸造和熔化、两种货币自由兑换、无限法偿，金银可以自由输出输入。金银复本位制是资本主义发展初期最典型的货币制度，它于 1663 年由英国开始实行，随后欧洲各主要国家纷纷采用。这种货币制度又可分为平行本位制、双本位制和跛行本位制三种类型。

1. 平行本位制

平行本位制是金银两种本位币按其所含金属的实际价值流通，国家对两种货币的交换不加规定，而由市场上的金银的实际比价自由确定金币和银币比价的货币制度。如生金银的市场比价波动，金银币的兑换比率也会随之变动，从而以两种铸币表示的价格也会发生波动，这样会使两种货币都不能很好地发挥价值尺度的作用，造成交易的混乱。于是一些国家就用法律规定了金币和银币的兑换比率，这就形成了双本位制。

2. 双本位制

双本位制是金银币按法定比价同时流通的货币制度。在这种货币制度下，生金银的市场价格大幅波动，会出现生金银市场比价与金银币的兑换比率相背离的情况，其结果就会出现"劣币驱逐良币"的现象。在流通中，实际价值高于名义价值的良币会被人们收藏起来退出流通，而实际价值低于名义价值的劣币会充斥市场。这种现象被称为"劣币驱逐良币"规律，也称格雷欣法则。银贱则银币充斥市场，金贱则金币充斥市场，这必然造成货币流通的混乱。因此，在双本位制下，虽然法律规定两种铸币可以同时流通，但是实际上，在某一时间内只有一种金属货币流通，这样货币制度又演变为跛行本位制。

阅读材料 1—4

劣币驱逐良币规律——格雷欣法则

400 多年前，英国经济学家格雷欣发现了一个有趣的现象，两种实际价值不同而名义价值相同的货币同时流通时，实际价值较高的货币，即良币，必然退出流通——它们被收藏、熔化或被输出国外；实际价值较低的货币，即劣币，则充斥市场。人们称之为格雷欣法则，亦称之为劣币驱逐良币规律。

在中国，早在公元前 2 世纪，西汉的贾谊曾指出"奸钱日繁，正钱日亡"的事实，这里的"奸钱"指的就是劣币，"正钱"指的是良币。

格雷欣法则是一条经济法则，意为在双本位货币制度的情况下，两种货币同时流通时，如果其中之一发生贬值，其实际价值相对低于另一种货币的价值，实际价值高于法定价值的"良币"将被普遍收藏起来，逐步从市场上消失，最终被驱逐出流通领域，实际价值低于法定价值的"劣币"将在市场上泛滥成灾，导致货币流通不稳定。图 1—2 说明了在双本位制下，格雷欣法则的运行机制。

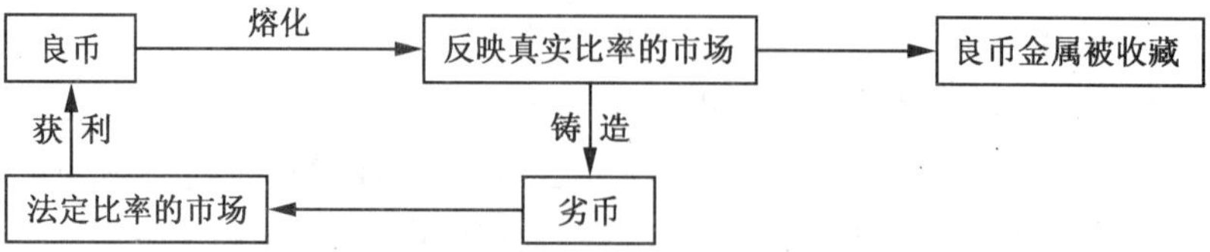

图 1—2 双本位制下格雷欣法则运行机制示意

想一想：伴随着香港、澳门回归祖国和实现"一国两制"，我国出现了人民币、港币、澳元"一国三币"的特有历史现象。"一国三币"的情况会不会导致出现"良币驱逐劣币"的现象呢？

3. 跛行本位制

所谓跛行本位制，是指国家虽然规定金银币都是本位币，可以同时流通，但又规定金币可以自由铸造，而银币不能自由铸造，金币和银币按固定的兑换比率流通。限制银币自由铸造，目的是为了避免劣币驱逐良币的情况发生。在这种货币制度下，银币不能以本身的价值流通，而只能以金币的价值符号流通，银币实际上只起辅币的作用，真正的本位币只有金币。严格地说，这种货币制度已不是复本位制，而是一种由复本位制向金本位制过渡的货币制度。

复本位制是一种不稳定的货币制度，货币本身有排他性、独占性，而法律却规定金银均为本位币，因此，复本位制的最大缺点是采用此制的国家的金银铸币之间的铸造比率必须与其作为金属的价值的比率经常一致。但这两种金属的价格随金银市场比价的不断变化而变动，很容易引起价格的混乱，给商品流通带来许多困难。

（三）金本位制

金本位制就是以黄金为本位币的货币制度。在金本位制下，每单位的货币价值等同于若干重量的黄金（即货币含金量）；当不同国家使用金本位时，国家之间的汇率由它们各自货币的含金量之比——金平价来决定。金本位制于 19 世纪中期开始盛行。在历史上，曾有过三种形式的金本位制：金币本位制、金块本位制、金汇兑本位制。其中金币本位制是最典型的形式。

1. 金币本位制

金币本位制就是以金币作为本位币流通的货币制度。这是金本位货币制度的最早形式，亦称为古典的或纯粹的金本位制，盛行于 1880～1914 年。

这种货币制度以黄金作为本位币的币材，是一种非常稳定的货币制度，其稳定是由所谓的“三大自由”保证的：为了保证主币按实际价值流通，规定金币可以自由铸造、无限法偿；为了保证各种价值符号稳定地代表黄金流通，规定辅币和银行券还可按其面额自由地兑换黄金；为了保证货币的对外价值稳定，规定黄金可以自由地输出输入。正是这“三大自由”，保证了金币本位制具有自发调节货币流通、稳定物价和平衡国际收支的能力。

金币本位制是一种比较稳定的货币制度，第一次、第二次产业革命的全盛时代就发生在金币本位制时期，金币本位制对资本主义的发展起了重要的促进作用。金币本位制大约最早于 1821 年在英国开始实行，后来，德国、法国、比利时、意大利、美国等国相继采用，直到 1914 年第一次世界大战爆发时中断，前后盛行达 100 年之久。中断的原因主要是资本主义国家为战争和弥补财政赤字大量发行银行券和纸币，造成通货膨胀，破坏了金币本位制的信用基础。战后各资本主义国家曾试图恢复金币本位制，使通货稳定，但是由于资本主义各国黄金存量分布不平衡的矛盾不能得到解决，大部分都面临币材不足的困难，所以各国都未能恢复战前那种典型的金币本位制，而采用了金块本位制和金汇兑本位制这两种变通形式。

2. 金块本位制

金块本位制又称生金本位制，其主要特点是：(1)黄金并不参加货币流通，流通的是可以兑换黄金块的纸币，纸币有规定的含金量；(2)货币当局按固定价格收购黄金，作为储备，金价无下跌的可能性；(3)货币当局虽然也对人民出售黄金，但仅限于某一最少数量以上。如英国 1925 年规定，银行券与金块一次兑换数量不少于 1 700 英镑；法国规定法郎与金块一次兑换至少须 215 000 法郎。所以，金块本位制又称“富人的本位制”。这种兑换能力显然不是一般公众所具备的。

第一次世界大战后，各国力图恢复因战争破坏的金币本位制。但由于全世界黄金存量分布极不平衡，因此许多缺乏黄金储备的国家退而求其次，建立金块本位制或金汇兑本位制。另外，战后各国人民对战时通货膨胀心有余悸，如果实行金币本位制，则黄金极有可能被人民大量窖藏，因此，采取金块本位制，既可节省流通费用，又可解决黄金匮乏之虞。

3. 金汇兑本位制

金汇兑本位制又称虚金本位制，有些国家虽欲采取金币或金块本位制，但苦于缺乏足够的黄金。该国将本国的货币单位与黄金固定联系，但不直接兑换黄金，而是可以直接兑换成某种可以兑换黄金的外国货币，然后以该国货币再兑换该国黄金。这种制度就称金汇兑本位制。具体地讲，它具有以下内容：(1)规定纸币含金量，但不铸造金币，也不直接兑换黄金；(2)确定本国货币单位与另一国家的货币单位的固定比价，该国实行金币本位或金块本位制，且经济发达。实行金汇兑制国家在所依附国的金融中心存储黄金和外汇，通过无限制买卖外汇，维持本国币值稳定。第一次世界大战后，德、意、奥等 30 个国家和地区采取这种制度。第二次世界大战结束以后，以美元为中心的布雷顿森林体系属于国际范围内的金汇兑本位制。

(四)不兑现的货币制度

不兑现货币制度实际上就是不兑换信用货币制度，是指 20 世纪 30 年代大危机后，随着金本位制的崩溃而建立的现代货币制度。首先要说明一点，现代纸币制度不能指称为“纸币本位”制度。货币本位是指用法律规定货币单位与某一特定商品保持固定关系，一般而言，所谓特定商品指贵金属金、银；保持固定关系就是规定货币单位的含金量。

不兑换信用货币制度具有如下几点特征：

(1)在此制度下各国主要货币为中央银行发行的纸质的信用货币，是国家强制流通的价值符号，具有无限法偿资格。纸币本身没有价值，它代替金、银币执行货币职能。

(2)纸币不与任何金属保持固定联系。不能与任何金属币兑换，且其发行不以金、银为保证，也不受金、银数量的限制。它主要由现金和银行存款构成。现金体现着中央银行对持有者的负债，银行存款体现着存款货币银行对存款人的负债，这些货币无不体现着信用关系，因此都是信用货币。

(3)现代不兑换信用货币主要是通过信用程序发行的，也就是说，现实中的货币都是通过金融机构的业务投入到流通中去的。无论是现金还是存款货币，主要是通过金融机构存款的存取、银行贷款的发放等信贷业务进入到流通中去的，还有一部分是通过中央银行的黄金外汇的买卖、有价证券的买卖进入流通领域。在不兑换信用货币流通的早期，主要是通过信贷程序进入流通的。这与金属货币通过自由铸造进入流通已有本质区别。同时，我们看到纸币与信用货币没有发行程序上的区别。

(4)不兑换信用货币是根据经济发展的客观需要发行的。中央银行通过货币政策工具来扩张和收缩信用，控制货币供应量，保持货币流通的稳定。并且通过对外汇的管理，保持汇率的稳定。可见，国家对信用货币的管理调控成为经济正常发展的必要条件。

事实上，不兑换纸币制度在历史上曾存在过。中国古代自宋代以后，实行过不兑换纸币制度，特别是元代基本上实行不兑换纸币制度，马可波罗曾认为这是一种神奇的聚财方法。至于世界近代史上战争期间，以及金融危机期间，各国均曾实行过不兑换纸币制度。成熟的不兑换纸币制度只是在本位货币制度崩溃以后出现的。

纸币制度是货币发展的一个高级阶段，它克服了金属本位制度的缺点：第一，它克服了金属本位制下货币的扩张受金属供给数量限制的缺点，使货币供给可以根据经济生活的客观需要而发行或回笼，灵活地调整货币供应量。第二，在不兑换纸币制度下，由于对外汇的管制，外汇管理机构随时可以根据国家的国际收支状况，对汇率做出有利于国际收支平衡的调整。第三，纸币本身造价低廉，且携带方便，可以节省流通费用，使金银等贵金属更多地使用于非货币的用途，以利工业的发展。

不兑现的信用货币制度虽然克服了金属货币本位制度的缺点，但它的建立也带来了一些难以克服的缺点：第一，由于纸币发行不受金、银准备的限制，它的供应弹性便容易造成信用膨胀和通货膨胀。第二次世界大战后，世界各国均曾受到通货膨胀的困扰。第二，由于人为调整汇率，难免受各国地方保护主义的影响，虽然对一国国际收支有利，但极有可能导致国际贸易与国际金融业不安和混乱。第三，现在不兑换纸币制度下通货的供给需要高度灵巧的机构加以操作、控制，客观上要求加强中央银行的地位。因此，一国的中央银行能否有效地利用调控工具，实施政策，对经济的稳定与发展具有重要影响。

四、国际货币制度及其演变

国际货币制度亦称国际货币体系，是支配各国货币关系的规则以及国际进行各种交易支付所依据的一套安排和惯例。国际货币制度通常是由参与的各国政府磋商而定，一旦商定，各参与国都应自觉遵守。国际货币制度一般包括三个方面的内容：(1)国际储备资产的确定，即使用何种货币作为国际的支付货币；哪些资产可用作国际清算国际收支逆差和维持汇率，并被国际普遍接受的国际储备资产；一国政府应持有何种国际储备资产用以维持和调节国际收支的需要。(2)汇率制度的安排，即采用何种汇率制度，是固定汇率制还是浮动汇率制，是否确定汇率波动的目标区，哪些货币为自由兑换货币。(3)国际收支的调节方式，即出现国际收支不平衡时，各国政府应采取什么方法进行弥补，各国之间的政策措施如何协调。理想的国际货币制度应该能够促进国际贸易和国际经济活动的发展，这主要体现在国际货币秩序的稳定、能够提供足够的国际清偿能力并保持国际储备资产的信心、保证国际收支的失衡能够得到有效而稳定的调节。

迄今为止，国际货币制度经历了国际金本位制—布雷顿森林体系—牙买加体系的演变过程。

(一)国际金本位制

国际金本位制是历史上第一个国际货币制度，它大约形成于 19 世纪末，到 1914 年第一次世界大战时结束。1816 年，英国制定了《金本位制度法案》，率先采用金本位制度。鉴于当时英国在国际上的地位和影响，被欧洲各国及美国纷纷效仿。到 19 世纪 80 年代，资本主义比较发达的国家如法国、比利时、意大利、瑞士、荷兰、德国及美国先后实行了金本位制，自此，金本位制度发展成为世界性的货币制度。

国际金本位制度的特征主要有以下几点：(1)黄金充当国际货币，是国际货币制度的基础。在金本位制度下，金币自由铸造，可以自由熔化，黄金能在货币形式和商品形式之间自由转换。这一特点决定了金本位制度与纸币本位制度截然不同的优势——没有通货膨胀。(2)各国货币之间的汇率由它们各自的含金量对比所决定。金本位制度是严格的固定汇率制。各国货币都规定了含金量，各国货币所含金量之比即铸币平价，铸币平价决定着两种货币汇率的法定平价。黄金输送点和铸币平价之间的差异取决于黄金在各个国家之间的运输费用。而且，由于当时黄金的运输费用相当便宜，金本位制度下的汇率是非常稳定的。(3)国际收支可以实现自动调节。当一国国际收支赤字时，意味着本国黄金的净输出，从而国内黄金储备下降，货币供给减少，物价水平下跌，导致本国商品在国际市场上的竞争能力增强，外国商品在本国市场上的竞争能力减弱，于是出口增加，进口减少，国际收支改善。反之则反是。

(二)布雷顿森林体系

1944年7月，在美国新罕布什尔州的布雷顿森林召开有44个国家参加的联合国与联盟国家国际货币金融会议，通过了以"怀特计划"为基础的《联合国家货币金融会议最后决议书》以及《国际货币基金组织协定》和《国际复兴开发银行协定》两个附件，总称为《布雷顿森林协定》。

布雷顿森林体系是一个什么样的货币体系呢？简单地说就是双挂钩：第一个挂钩就是美元和黄金挂钩，按照1盎司黄金＝35美元的固定价格，美元可以兑换黄金。当然只有布雷顿森林体系成员国的官方能够按这个固定价格把美元兑换为黄金，私人部门和个人不能兑换，所以布雷顿森林体系并不是纯粹的金本位制。

第二个挂钩就是布雷顿森林体系成员国的货币都按照一个固定的汇率和美元挂钩，也就是所有成员国的货币汇率与美元固定，波动的幅度不能超过协议所规定的幅度。这就决定了布雷顿森林体系是一个固定汇率体系。

这个双挂钩也就决定了美国和其他成员国各自应该履行的责任和义务：美国的首要责任是确保黄金和美元按照固定价格兑换，其他成员国的首要义务，则必须保证他们的货币对美元的汇率不能贬值或升值超过规定的幅度。

布雷顿森林体系是以美元和黄金为基础的金汇兑本位制。它必须具备两个基本前提：一是美国国际收支能保持平衡；二是美国拥有绝对的黄金储备优势。但是进入20世纪60年代后，随着资本主义体系危机的加深和政治经济发展不平衡的加剧，各国经济实力对比发生了变化，美国经济实力相对减弱。1950年以后，除个别年度略有顺差外，其余各年度都是逆差，并且有逐年增加的趋势。至1971年，仅上半年，逆差就高达83亿美元。随着国际收支逆差的逐步增加，美国的黄金储备也日益减少。1949年，美国的黄金储备为246亿美元，占当时整个资本主义世界黄金储备总额的73.4%，这是战后的最高数字。此后，逐年减少，至1971年8月，尼克松宣布"新经济政策"时，美国的黄金储备只剩下102亿美元，而短期外债为520亿美元，黄金储备只相当于积欠外债的1/5。美元大量流出美国，导致"美元过剩"，1973年底，游荡在各国金融市场上的"欧洲美元"就达1 000多亿元。由于布雷顿森林体系前提的消失，也就暴露了其致命弱点，即"特里芬难题"。体系本身发生了动摇，美元国际信用严重下降，各国争先向美国挤兑黄金，而美国的黄金储备已难以应付，这就导致了从1960年起，美元危机迭起，货币金融领域陷入日益混乱的局面。为此，美国于1971年宣布实行"新经济政策"，停止各国政府用美元向美国兑换黄金，这就使西方货币市场更加混乱。1973年美元危机中，美国再次宣布美元贬值，导致各国相继实行浮动汇率制代替固定汇率制。美元停止兑换黄金和固定汇率制的垮台，标志着战后以美元为中心的货币体系瓦解。

因为失去了美元和黄金挂钩这个定海神针，其他货币和美元实行固定汇率也就没有基础了。所以从1974年开始，西方国家之间的货币汇率基本上是浮动汇率，人类迎来了一个崭新的货币体系。再没有任何的货币和黄金挂钩，人类货币体系真正成为一个纯粹的信用的法定货币体系。

阅读材料1－5

特里芬难题与布雷顿森林体系

1960年，美国经济学家罗伯特·特里芬在其《黄金与美元危机——自由兑换的未来》一书中提出:"由于美元与黄金挂钩,而其他国家的货币与美元挂钩,美元虽然取得了国际核心货币的地位,但是各国为了发展国际贸易,必须用美元作为结算与储备货币,这样就会导致流出美国的货币在海外不断沉淀,对美国来说就会发生长期贸易逆差;而美元作为国际货币核心的前提是必须保持美元币值稳定与坚挺,这又要求美国必须是一个长期贸易顺差国。这两个要求互相矛盾,因此是一个悖论。"这一内在矛盾称为"特里芬难题"(Triffin Dilemma)。

作为建立在黄金一美元本位基础上的布雷顿森林体系,其根本缺陷还在于,美元既是一国货币,又是世界货币。它的发行必须受制于美国的货币政策和黄金储备。由于黄金产量和黄金储备量增长跟不上世界经济发展的需要,在"双挂钩"原则下,美元便出现了一种进退两难的境地:世界经济增长对国际支付手段和储备货币的增长需要,美元的供应应当不断地增长;但这又会导致美元同黄金的兑换性日益难以维持。正是由于上述问题和缺陷,导致该货币体系基础的不稳定性,当该货币体系的重要支柱——美元出现危机时,必然带来这一货币体系危机的相应出现。

(三)牙买加体系

国际货币基金组织(IMF)于1972年7月成立一个专门委员会,具体研究国际货币制度的改革问题。委员会于1974年6月提出一份《国际货币体系改革纲要》,对黄金、汇率、储备资产、国际收支调节等问题提出了一些原则性建议,为以后的货币改革奠定了基础。直至1976年1月,国际货币基金组织理事会"国际货币制度临时委员会"在牙买加首都金斯敦举行会议,讨论国际货币基金协定的条款,经过激烈的争论,达成并签订了《牙买加协议》,同年4月,国际货币基金组织理事会通过了《IMF协定第二修正案》,从而形成了新的国际货币体系。

1.《牙买加协议》的主要内容

(1)实行浮动汇率制度的改革。

《牙买加协议》正式确认了浮动汇率制的合法化,承认固定汇率制与浮动汇率制并存的局面,成员国可自由选择汇率制度。同时IMF继续对各国货币汇率政策实行严格监督,并协调成员国的经济政策,促进金融稳定,缩小汇率波动范围。

(2)推行黄金非货币化。

协议做出了逐步使黄金退出国际货币的决定。并规定:废除黄金条款,取消黄金官价,成员国中央银行可按市价自由进行黄金交易;取消成员国相互之间以及成员国与IMF之间须用黄金清算债权债务的规定,IMF逐步处理其持有的黄金。

(3)增强特别提款权的作用。

主要是提高特别提款权的国际储备地位,扩大其在IMF一般业务中的使用范围,并适时修订特别提款权的有关条款。

(4)增加成员国基金份额。

成员国的基金份额从原来的292亿特别提款权增加至390亿特别提款权,增幅达33.6%。

(5)扩大信贷额度,以增加对发展中国家的融资。

2. 牙买加体系的主要特征

和布雷顿森林体系相比,牙买加体系的特征主要体现在以下几个方面:

(1)浮动汇率制度的广泛实行,使各国政府有了解决国际收支不平衡的重要手段,即汇率变动手段;

(2)各国采取不同的浮动形式,欧共体实质上是联合浮动,日元是单独浮动,还有众多的国家是钉住浮动,这使国际货币体系变得复杂而难以控制;

(3)各国央行对汇率实行干预制度;

(4)特别提款权作为国际储备资产和记账单位的作用大大加强;

(5)美元仍然是重要的国际储备资产,而黄金作为储备资产的作用大大削减,各国货币价值也基本上与黄金脱钩。

多元化的储备结构摆脱了布雷顿森林体系下各国货币间的僵硬关系,为国际经济提供了多种清偿货币,在较大程度上解决了储备货币供不应求的矛盾;多样化的汇率安排适应了多样化的、不同发展水平的各国经济,为各国维持经济发展与稳定提供了灵活性与独立性,同时有助于保持国内经济政策的连续性与稳定性;多种渠道并行,使国际收支的调节更为有效与及时。

3. 牙买加体系存在的缺陷

首先,在多元化国际储备格局下,储备货币发行国仍享有"铸币税"等多种好处,同时,在多元化国际储备下,缺乏统一的稳定的货币标准,这本身就可能造成国际金融的不稳定。

其次,汇率大起大落,变动不定,汇率体系极不稳定。其消极影响之一是增大了外汇风险,从而在一定程度上抑制了国际贸易与国际投资活动,对发展中国家而言,这种负面影响尤为突出。

再次,国际收支调节机制并不健全,各种现有的渠道都有各自的局限,牙买加体系并没有消除全球性的国际收支失衡问题。

如果说在布雷顿森林体系下,国际金融危机是偶然的、局部的,那么,在牙买加体系下,国际金融危机就成为经常的、全面的和影响深远的。1973 年浮动汇率普遍实行后,西方外汇市场货币汇价的波动、金价的起伏经常发生,小危机不断,大危机时有发生。1978 年 10 月,美元对其他主要西方货币汇价跌至历史最低点,引起整个西方货币金融市场的动荡。这就是著名的 1977～1978 年西方货币危机。由于金本位制的瓦解,信用货币无论在种类上、金额上都大大增加。信用货币占西方各通货流通量的 90%以上,各种形式的支票、支付凭证、信用卡等种类繁多,现金在某些国家的通货中只占百分之几。货币供应量和存放款的增长大大高于工业生产增长速度,而且国民经济的发展对信用的依赖越来越深。总之,现有的国际货币体系被人们普遍认为是一种过渡性的不健全的体系,需要进行彻底的改革。

五、区域性货币制度

区域性货币制度是指由某个区域内的有关国家(地区)通过协调形成一个货币区,由联合组建的一家中央银行来发行与管理区域内的统一货币的制度。区域性货币制度的建立,是以货币一体化理论为依据的。20 世纪 60 年代初,罗伯特·蒙代尔率先提出了"最优货币区"理论,他认为,要使弹性汇率更好地发挥作用,必须放弃各国的国家货币制度而实行区域性统一货币制度。他所指的"区域"是有特定含义的最优货币区,这个区域是由一些彼此间商品、劳动力、资本等生产要素可以自由流动,经济发展水平和通货膨胀率比较接近,经济政策比较协调的国家(地区)组成的一个独立货币区,在货币区内通过协调的货币、财政和汇率政策来达到充分就业、物价稳定和国际收支平衡。

区域性货币制度的发展过程大致经历了两个阶段。

1. 较低阶段

在这个阶段,各成员国仍保持独立的本国货币,但成员国之间的货币采用固定汇率制并可自由兑换，成员国以外由各国自行决定；对国际储备实行部分集中保管，但各国保持独立的国际收支和财政货币政策。

2. 较高阶段

在这个阶段，区域内实行单一的货币；联合设立一个中央银行为成员国发行共同使用的货币和制定统一的货币金融政策，监督各成员国的金融机构及金融市场，对成员国的政府提供融资，办理成员国共同商定并授权的金融事项等；各成员国之间不再保持独立的国际收支，实行资本市场的统一和货币政策的统一。

阅读材料 1—6

欧元的诞生

欧元诞生的里程碑是《马斯特里赫特条约》。1991 年 12 月 9 日到 10 日，欧共体的 12 个国家在荷兰一个叫马斯特里赫特的小镇举行会议，签署了著名的《欧洲经济与货币联盟条约》，还签署了《政治联盟条约》。这两个条约统称《欧洲联盟条约》，也就是著名的《马斯特里赫特条约》。《马斯特里赫特条约》标志着欧盟的正式诞生，这是欧洲一体化道路上最重要的里程碑。《马斯特里赫特条约》明确规定，最迟欧盟要在 1999 年 1 月 18 日发行统一货币。《马斯特里赫特条约》签署之后，欧元的创立加速推进。1993 年 11 月，《欧洲联盟条约》正式生效。1994 年 12 月 15 日，欧盟马德里首脑会议决定将欧洲单一货币定名为欧元。1998 年欧洲中央银行(European Central Bank，ECB)正式成立，这是国际货币历史上第一个超越主权国家的中央银行，是一次真正重大的货币金融创新。

1999 年 1 月 1 日，欧元在欧盟成员国范围内正式发行，它是一种具有独立性和法定货币地位的超主权国家的货币。经过三年过渡期之后，2002 年 1 月 1 日，欧洲区单一货币正式流通，所有成员国的货币全部停止流通，欧元的纸币和硬币正式成为欧元区唯一的法定货币，欧元一诞生就立刻成为全球第二大货币。

欧元的诞生是理论和实践完美结合的产物。欧元区的理论基础，就是最优货币区理论。罗伯特·蒙代尔教授在 1960 年就完整地提出了最优货币区理论，所以蒙代尔教授也被誉为“欧元之父”。1999 年欧元正式诞生的时候，蒙代尔教授荣获了当年的诺贝尔经济学奖。最优货币区理论的核心思想是什么呢？那就是说从经济、金融、资源最优配置的角度看，货币的最优边界和流通范围并不限于主权国家，而可能是超越主权范围的一个很大的货币区。这个理论彻底颠覆了货币的传统思维，为创建欧元奠定了坚实的基础。

1999 年欧元的诞生是人类货币史上一个划时代的事件。尽管在过去 20 年欧元磕磕碰碰遇到很多危机，很多人都预测欧元区要崩溃，要解体破产，但是欧元到今天依然运行良好，欧元现在仅次于美元，是全球第二大货币。欧元这个超主权的货币很自然就给了人们无限的想象力。所以在 20 世纪末 21 世纪初期，很多人就讨论亚洲有没有可能搞一个亚元，非洲有没有可能搞一个非元，或者我们干脆能不能搞一个全球单一货币。

(资料来源：向松祚. 货币变局[M]. 北京：机械工业出版社，2019.)

思考：根据蒙代尔教授的最优货币区理论，讨论全球单一货币的可行性！试想如果全世界创建全球单一货币，会是什么样子？

区域性货币制度一般与区域性多国经济的相对一致性和货币联盟体制相对应。20 世纪 60 年代后，一些地域相邻的欠发达国家首先建立了货币联盟，并在联盟内成立了由参加国共同组建的中央银行，由这种跨国的中央银行为成员国发行共同使用的货币和制定统一的货币金融政策。70 年代末西欧开始了货币一体化进程。目前，实行区域性货币制度的国家主要在非洲、东加勒比海地区和欧洲。西非货币联盟制度、东加勒比海货币制度、欧洲货币联盟制度都属于区域性货币制度。

本章小结

货币是在商品交换过程中被分离出来的固定充当一般等价物的特殊商品，这是货币的本质。货币形态随着商品经济的发展而发展，总体来看，货币形态依次经历了实物货币、金属货币、纸币和电子货币四个发展阶段。数字货币虽然还未普及，却是未来发展的一个大趋势。

货币的职能即货币本身所具有的功能，它是货币本质的具体表现。马克思从历史和逻辑统一的角度，把货币的职能分为价值尺度、流通手段、储藏手段、支付手段和世界货币五大职能。其中，价值尺度和流通手段是货币的两个基本职能，储藏手段和支付手段是在这两个基本职能的基础上派生而来的。

货币制度是一国、一个区域组织或国际组织以法律形式规定的相应范围内货币的流通的结构、体系与组织形式。一般来讲，货币制度包括如下内容：货币单位的规定；货币材料的确定；货币的种类及其比例；货币法偿能力的规定；货币铸造与货币发行的规定；货币准备制度等。

历史上，按照货币特性来分类，主要存在两大类货币制度：金属货币制度和不兑换信用货币制度。金属货币制度有其漫长的演进史，演变的基本形式是：银本位制—金银复本位制—金本位制。其中，银本位制是最早的金属货币制度，金本位制又可分为三种类型，即金币本位制、金块本位制、金汇兑本位制。不兑换信用货币制度，是指 20 世纪 30 年代大危机后，随着金本位制的崩溃而建立的现代货币制度。在此制度下各国主要货币为中央银行发行的纸制的信用货币，是国家强制流通的价值符号，具有无限法偿资格，纸币本身没有价值，它代替金、银币执行货币职能。

练习题

一、概念识记

货币流动性　货币制度　国际货币制度　信用货币　格雷欣法则　特里芬难题
金银复本位制　金本位货币制度　电子货币　区域性货币一体化

二、选择题

1. 在商品赊销、预付工资等活动中，货币执行的是(　　)职能。

A. 价值尺度　　B. 流通手段　　C. 支付手段　　D. 储藏手段

2. 历史上最早出现的货币形态是(　　)。

A. 实物货币　　B. 代用货币　　C. 信用货币　　D. 电子货币

3. 如果金银的法定比价是 1∶10，而市场比价是 1∶12，那么充斥市场的将是(　　)。

A. 金币　　B. 银币

C. 金币、银币共同流通，没有区别　　D. 金币、银币都无人使用

4.（　　）是一种相对稳定的货币制度，对资本主义的发展曾起着积极的促进作用。

A. 金币本位制　　B. 金汇兑本位制　　C. 金块本位制　　D. 金银复本位制

5. 我国的人民币制度属于（　　）。

A. 金本位制　　B. 银本位制

C. 金银复本位制　　D. 不兑现信用货币制度

6. 在布雷顿森林会议之后，以（　　）为中心的布雷顿森林体系建立。

A. 英镑　　B. 法国法郎　　C. 美元　　D. 德国马克

7. 能够通过各种渠道调节国际收支不平衡的国际货币体系是（　　）。

A. 国际金本位体系　　B. 布雷顿森林体系

C. 牙买加体系　　D. 以上都不能

8. 货币的本质特征是充当（　　）。

A. 特殊等价物　　B. 一般等价物　　C. 普通商品　　D. 特殊商品

9. 在下列货币制度中劣币驱逐良币现象出现在（　　）。

A. 金本位制　　B. 银本位制　　C. 金银复本位制　　D. 金汇兑本位制

10. 对布雷顿森林体系内在矛盾的理论总结称为（　　）。

A. 特里芬难题　　B. 米德冲突

C. 马歇尔—勒纳条件　　D. 一体化三难

11. 金本位货币制度的形式不包括（　　）。

A. 金币本位制　　B. 金块本位制　　C. 金单本位制　　D. 金汇兑本位制

12. 跛行本位制出现在（　　）货币制度阶段

A. 银本位制　　B. 金银复本位制

C. 金本位制　　D. 金银复本位制向金本位制过渡

13. 国际金本位制具有的特点不包括（　　）。

A. 黄金充当国际货币　　B. 各国货币都规定了含金量

C. 取消外汇管制　　D. 国际收支具有一种自动调节机制

三、简答题

1. 货币的职能有哪些？
2. 电子货币的特点有哪些？
3. 货币制度的构成要素有哪些？
4. 国际货币制度的类型有哪些？
5. 为什么说金银复本位制是不稳定的货币制度？
6. 不兑现的信用货币制度有哪些特点？

四、案例分析

战俘营中的货币

第二次世界大战期间，在纳粹的战俘营中流通着一种特殊的商品货币。当时的红十字会

设法向战俘营提供了各种人道主义物品，如食物、衣服、香烟等。由于数量有限，这些物品只能根据某种平均主义的原则在战俘之间进行分配，而无法估计到每个战俘的特定偏好。因此这种分配显然是缺乏效率的，战俘们有进行交换的需要。

但是即便是在战俘营这样一个狭小的范围内，物物交换也显得非常不方便，因为它要求交易双方恰巧都想要对方的东西，也就是所谓的需求的双重巧合。为了使交换能够更加顺利地进行，需要有一种充当交易媒介的商品，即货币。那么，在战俘营中，究竟哪一种物品适合做交易媒介呢？

战俘们用香烟来进行计价和交易，如一根香肠值 10 根香烟，一件衬衣值 80 根香烟，替别人洗一件衣服则可换得 2 根香烟。有了这样一种记账单位和交易媒介之后，战俘之间的交换就方便多了。

香烟何以成为特定条件下的货币？

香烟之所以会成为战俘营中流行的“货币”，是和它自身的特点分不开的。它容易标准化，而且具有可分性，同时也不易变质。这些正是和作为“货币”的要求相一致的。当然，并不是所有的战俘都吸烟，但是，只要香烟成了一种通用的交易媒介，用它可以换到自己想要的东西，自己不吸烟又有什么关系呢？我们现在愿意接受别人付给我们的钞票，也不是因为我们对这些钞票本身有什么偏好，而仅仅是因为我们相信，当我们用它来买东西，别人也愿意接受。

（资料来源：https://wenku.baidu.com/view/2963bd4ac850ad02de8041c7.html.）

思考：通过此案例，分析一下货币的本质到底是什么？

第二章　信　用

学习目标

1. 了解信用产生和发展的过程；
2. 认识信用的本质；
3. 熟悉现代经济中信用的主要形式。

引导案例

左宗棠西征的金融故事

你可能知道湘军在清朝的影响力。特别是在19世纪，左宗棠率领湘军，用了14年时间，先镇压陕甘起义，接着进一步西征，收复新疆。但你可能不知道，当时的国家财政有多艰难，如果左宗棠不是在战争融资上想办法，他的西征要么难以进行，要么会失败。因为如果没有金融支持，他可能发不了军饷，没法稳定军心，历史就得改写。

那么，左宗棠究竟做了什么金融创新呢？

我们先看看左宗棠所处的时代背景。不管是古代还是现代，对任何国家来说，战争融资总是最大的挑战之一，因为战争何时发生，持续多久，以及需要多少军费，等等，这些都没法事先知道。那么，清代是如何解决的呢？清代的突发战争开支主要通过三种方式解决。

首先是平时积累财富，朝廷和地方督抚都尽量多存银子，以防后患。这个办法不是很有效，因为清朝政府没有多少剩余收入，靠存钱难以规避未来风险。二是靠卖官，正常情况下都是卖虚职，关键时候才卖实权职位。卖官会带来腐败，但在当时没有金融市场的背景下，一旦碰到国家存亡的战争，卖官位是没有办法的办法，这跟旧社会里一碰到灾荒，一些家庭卖妻妾求生存一样。从这个意义上讲，如果清朝就有发达的金融市场，可能就不需要卖官了。三是靠协饷制度解决战争军费，也就是财政收入的跨省调配。

清朝的这个战争开支体系，在一般情况下能运作正常。可是万一碰到特殊情况怎么办？

在太平天国内战期间的1851～1864年，众多省份参战，持续时间也长，这大大冲击战争开支体系。一方面，卖官体系开始混乱，安徽的皖军跑到湖南长沙去卖官，湖南湘军跑到其他省份卖官，等等，这就打乱了阵脚，使得整个体系都乱了。另一方面，协饷支持也迟迟不能到款，因为各个省都面临经费挑战！

那么，左宗棠在这种背景之下该怎么办？

左宗棠是1866年被调任陕甘总督，带领湘军接手镇压陕甘起义。他当时的军费挑战有多大呢？1873年成功平息陕甘起义后，他给皇帝写了一份奏折，其中谈到，自1866年到陕西甘肃后，起初一年有两个月能够满额给士兵发军饷，后来一年有一个月发满饷，再后来就连一个月满饷都没有了！你说，军心会高涨，士气会高吗？

1874年，左宗棠开始筹备进一步西进收复新疆，提出800万两银子的年度西征军费预算。朝廷非常重视，向各省、海关发出指令，限期将所欠协饷尽数送到甘肃前线。但事情哪有那么顺利，无论朝廷措辞多强硬，都不能缓解西征经费的困境。

怎么办呢？左宗棠看到，西征军未来有协饷收入，只是这些未来收入总是拖欠，也很不稳定。那么，这些未来收入能不能转变成今天可以花的钱呢？对于左宗棠来说，如果军饷不稳定，他就无法稳住七八万军心。也就是说，如果能把未来收入一次性借到今天，那么，不仅军费会大增，而且经费会很稳定。

但问题是，如何借？找谁借呢？在中国历史上，早在两千多年前的齐国，也是为了战争融资，管子说通了齐王向殷实之家借钱。可是，战争胜利之后齐王赖账。所以，后来没有人相信朝廷的承诺了，中国就一直没有发展出国债或公债市场。

好在左宗棠是活在晚清，因为如果他是活在明末或者宋末，那他的西征胜利前景就难说了！到了晚清，上海金融市场已经有一定规模，尤其汇丰银行等各种洋行的融资能力很高。况且，胡雪岩是左宗棠的好朋友，胡雪岩跟当时的上海金融界非常熟，认识当时汇丰银行的负责人，也知道现代金融市场怎么运作。

在胡雪岩的帮助下，左宗棠选择了"华洋借款"融资。

怎么个融资法？1875年他借洋款249万两，1877年分两次从汇丰银行共借800万两，1878年再借350万两，等等。年息最低10%，最高18%，要知道，当时中国民间借贷普遍利息在20%以上，这可低了不少，更何况借钱金额这么大，也是当时国内市场难以承受的。

有了这些借款后，左宗棠停止卖官，不再靠卖官收入西征。金融就结束了持续多个朝代的卖官传统。

那么，这些借款有多重要呢？在1874～1880年间，西征军费总开支5 100万两银子，其中2 000多万两是通过华洋借款得到的，是军费开支的第一大来源。由此，我们看到，如果不是通过"透支未来"借钱花，左宗棠西征的历史也许要重写。

（资料来源：陈志武. 金融的逻辑1：金融何以富民强国[M]. 上海：上海三联书店，2018.）

思考：左宗棠西征和我们今天要讲的信用有何联系？

第一节 信用概述

在传统的中文解释中，人言即"信"，"信用"二字意含"一诺千金"。而在现代市场经济中，需要通过信用来合理配置社会资源，保证社会经济的正常运行。本章在从经济范畴的角度界定信用含义的基础上，系统地介绍信用的作用、信用的形成、信用的形式以及信用工具的主要类型。信用就是由这些看似各不相干的信用形式和信用工具共同发挥作用实现现代市场经济的运行。

在西方，"信用"是一个纯经济学概念。它表示价值交换滞后产生的活动，主要体现为商业领域、金融领域和流通领域赊销、信贷等交易行为。简言之，即是对借的偿还。金融业由于其特殊的性质，从产生伊始，就和信用相伴相生。对于金融业而言，金融信用在金融业的资产中无可置疑地占有首要地位。正如一位银行家所言："信用是银行的生存之本"，金融信用作为银行赖以生存的基础，一方面是银行必须确保存款人自由取款，另一方面需要贷款人确保按时、如数还本付息，缺一不可。如果贷款人都不对银行恪守信用，那么银行最终也无法对存款人恪守信用。

一、信用的本质

对信用的本质我们可以从以下三个方面认识：

(一)信用是一种以还本付息为条件的借贷行为

信用是一种有条件的借贷行为，是借贷双方调剂资金余缺的一种形式，在借贷活动中，贷方将其拥有的货币或商品的使用权暂时转让给借方，借贷双方约定期限，到期由借方归还本金，并以利息的形式对贷方转让货币或商品的使用权给予价值补偿。信用不同于无偿的财政分配、无偿的捐赠或援助，而是以偿还和付息为条件的。在信用关系中，借出的可以是物资、商品、劳务或货币，而将来偿还时，可以采取同一种形式，也可以折算成其他形式。这就能解释为什么在现实生活中，有时会有无息的借贷，因为无息借贷通常是出于某种政治目的或经济目的而采取的优惠措施，而借者所获得的政治或经济上的利益，存款者所享受的银行提供的金融服务或享有的取得贷款的便利，其实也是一种"利息"。

(二)信用关系是受法律保护的债权债务契约关系

在借贷活动中，有价物的所有者由于让渡了有价物的使用权而取得了债权人的地位，债权人既拥有借贷期满收回有价物价值和利息的权利，又同时承担在借贷期间内让渡有价物使用权的义务；有价物的借入者则成为债务人，既需要承担将来偿还有价物价值和支付利息的义务，同时又享受在一定时间内使用有价物的权利。在债权债务契约中所确定的借贷双方的权利的实现，是受到法律的保护的，借贷双方应履行的义务的执行，也是受法律监督的。在信用活动中，如果采用口头方式或记账方式约定借贷双方的权利和义务，极易发生争执，且很难受到法律的保护，因此，采取书面契约的方式来约定借贷双方的权利和义务，既有利于一国信用关系的制度化、标准化和规范化，也有利于一国信用关系的稳定。

(三)信用是一种价值单方面转移的特殊运动形式

一般价值运动即商品的买卖，在商品直接买卖活动中，卖方让渡商品的所有权和使用权，取得货币的所有权和使用权，而买者取得商品的所有权和使用权，让渡货币的所有权和使用权，这时商品和货币的所有权和使用权均发生双向移动。在商品的直接买卖活动中，一手交钱，一手交货，货币运动和商品运动在时间和空间上是一致的。但在信用活动中，一定数量的商品或货币从贷方手中转移到借方手中，并没有同等价值的双向移动，贷方只是暂时让渡了商品或货币的使用权，而并没有让渡所有权，借入方也只是暂时获得了商品或货币的使用权，而没有取得商品或货币的所有权。信用关系发生时，信用标的只是进行价值单方面转移，借贷期满，还本付息价值回流。因此，信用活动中，商品或货币让渡与价值回流在时间和空间上是不一致的。在信用活动中，货币发挥支付手段职能，而商品直接买卖活动中，货币发挥流通手段职能。

二、信用的构成要素

信用行为发生过程一般需要有四个要素：

（一）信用主体

信用作为特定的经济交易行为，要有行为的主体，即行为双方当事人，其中转移资产、服务的一方为授信人，而接受的一方则为受信人。授信人通过授信取得一定的权利，即在一定时间内向受信人收回一定量货币和其他资产与服务的权利，而受信人则有偿还的义务。在有关商品或货币的信用交易过程中，信用主体常常既是授信人又是受信人。

（二）信用客体

信用作为一种经济交易行为，必定有被交易的对象，即信用客体。这种被交易的对象就是授信方的资产，它可以是有形的（如以商品或货币形式存在），也可以是无形的（如以服务形式存在）。没有这种信用客体，就不会产生经济交易，因而不会有信用行为的发生。

（三）信用工具

授受信用双方的权利和义务关系，需要表现在一定的载体上（如商业票据、股票、债券等），这种载体被称为信用流通工具。信用流通工具是信用关系的载体，没有载体，信用关系无所依附。作为载体的信用流通工具，一般具有如下几个主要特征：(1)返还性。商业票据和债券等信用工具，一般都载明债务的偿还期限，债权人或授信人可以按信用工具上所记载的偿还期限按时收回其债权金额。(2)可转让性，即流动性。是指信用工具可以在金融市场上买卖。对于信用工具的所有者来说，可以随时将持有的信用工具卖出而获得现金，收回其投放在信用工具上的资金。(3)收益性。信用工具能定期或不定期地给其持有者带来收益。

（四）信用条件

信用条件是指借贷的期限和利率，其他条件还包括：付息方式，是否提供抵押品等。

三、信用的产生与发展

（一）信用的产生

原始社会末期，随着第一次社会大分工和生产力水平的提高，剩余产品开始出现，以家庭为单位的财产私有制逐渐产生。商品生产与交换关系的不断扩大，进一步促进了私有制的发展和贫富的分化。由于生活所迫，或是其他原因，穷人向富人告贷、富人向商人告贷的信用活动开始出现。在没有货币之前，商品交换尚处于物物交换阶段，人类的信用活动也只能以实物借贷的形式进行；而货币诞生之后，商品交换则转换为商品流通，社会的信用活动也开始转向以货币借贷为主、以实物借贷为辅的格局。

在私有制的条件下，造成了社会财富占有的不均和分化，从而出现了贫富差别。因此，可以说商品交换和私有制的产生是信用产生的基础。

在商品买卖中，由于生产周期长短不一、商品购销地点远近的不同等因素，造成商品生产者和商品购买者在出售商品和购买商品中的时间和空间上的差异，为了维持正常的社会再生产，出现了商品买卖中的延期支付和赊销买卖，从此产生了信用交易。

信用产生于商品流通，但又不局限于商品流通的范围。随着商品货币经济的深入发展，货币的支付手段超出了商品流通的范围，因而与货币支付手段相联系的信用关系，也就不仅仅表现在商品赊购赊销，货币借贷的信用关系日渐显露。货币成为契约上的一般商品。一方面，一些人手中积累了货币，或者一些企业在生产流转过程中出现了闲置的货币，需要寻找运用的场所；另一方面，一些人或企业则需要货币用于生活或从事生产经营，从而要求通过信用形式进行货币余缺的调剂。

（二）信用的发展

信用产生之后，伴随着商品经济的发展而不断发展，随着社会生产方式的改变而改变，依次经历了高利贷信用、资本主义信用和现代信用等多种形态。

1. 高利贷信用

高利贷资本是通过放贷货币或实物而获得高额利息的一种生息资本，高利贷信用就是高利贷资本的运动形式，是一种最古老的信用形式。高利贷作为一种信用形式，有着信用的一般特征，如价值单方面转移、到期偿还、收取利息等，同时高利贷也有其自身显著的特点。

(1)高利贷利率特别高。历史上看，高利贷的利率无最高限度，在不同国家、不同历史时期，利率水平相差很大，一般年利率四成以上，高的达到 200%～300%。在旧中国，俗称“驴打滚”，就是利率在 100%以上。高利贷的利率之所以高，一是小生产者借贷多用于生活救急之需，奴隶主、封建主举债，多用于满足穷奢极欲的生活。他们取得贷款是为了获得购买手段和支付手段，而不是为了生产资本，这种非生产性消费的借贷性质决定了高利贷利率上限不受利润率的客观限制。二是在小生产占统治地位的自然经济条件下，剩余资本有限，资本的供应小于需求，从而为高利贷者索取高息提供了条件。

图 2—1 显示了高利贷易使企业陷入恶性循环的过程。

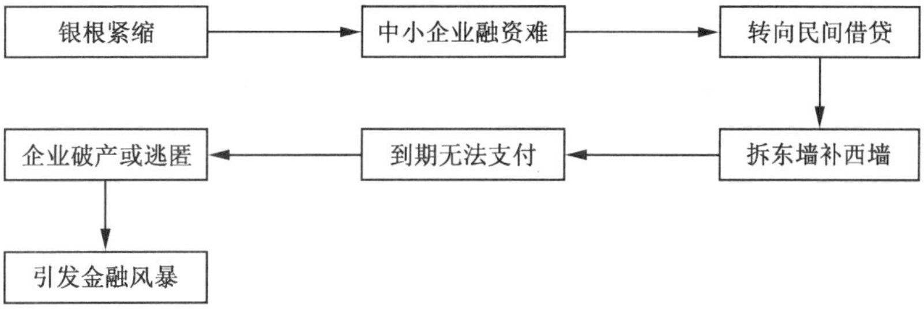

图 2—1 高额高息借贷易使企业陷入恶性循环

(2)高利贷具有非生产性。高利率的特性决定了高利贷不可能服务于生产。不难设想，效益再好、回报再高的生产项目贷款，都将无法用其生产所赚得的钱偿付所借的高利贷利息。对于生产者而言，借高利贷无异于自我毁灭。因此，高利贷根本不能适应生产的需要。相反，只有为生存所迫的穷人，才不得不冒险向高利贷借贷；当然，也有统治者或剥削者为了买官晋爵，或为满足奢侈腐化的生活享乐，他们也会向高利贷举债。但无论是穷人或是富人，他们向高利贷借贷的目的都是为了生活，而非生产。

(3)高利贷具有保守性。高利贷只具有资本的剥削方式，而不具有资本的生产方式。在高利贷的压榨下，小生产者和债台高筑的奴隶主、封建主会破产而沦为奴隶、农奴，而不能成为自由人。高利贷不能改变旧的生产方式，创造新的生产方式，而是像寄生虫一样紧紧吸附在它身上，使旧的生产方式每况愈下、苟延残喘。因此，高利贷起着维护落后生产方式的作用，阻碍新的生产方式的产生。由于高利贷信用促使劳动者与生产资料分离，促进了货币财富的集中，所以同时也为资本主义生产方式的产生准备了前提条件。

2. 资本主义信用

资本主义生产方式的建立和社会化大生产的出现，使得与小生产方式相适应的高利贷信用逐渐失去了赖以生存的基础，但是，也必须指出，高利贷在信用领域中的统治地位虽然让给了适应资本主义发展需要的信用，然而它本身并没有被消灭，因为只要小生产者存在，就少不了高利贷寄生的土壤。

资本主义信用表现为借贷资本的运动。借贷资本是指货币资本家为了获取利息而贷给职能资本家使用的货币资本，它是生息资本的现代形式。

借贷资本有以下特点。

(1)借贷资本是一种商品资本。当资金盈余者将其货币资本贷放给资金短缺者时，是将这部分资本当作“商品”出卖的。借贷资本同普通商品一样具有使用价值，但与普通商品的使用价值不同的是：普通商品一经消费其价值也随之消失，而借贷资本的使用价值被消费之后带来了利润，其价值不但能保留下来，而且会增值，即产生利息。

(2)借贷资本是所有权资本。借贷资本虽然是商品资本，但在出卖时，只是出卖其使用权，而不是其所有权。正因为资金盈余者拥有借贷资本的所有权而有权向资金借入者收取利息。

借贷资本与高利贷资本有以下区别。

(1)两者的用途不同。借贷资本主要用于生产，创造出剩余价值。而高利贷则不同，它主要用于消费。

(2)两者的利率不同。借贷资本的利率受到厂商的利润率的限制，必须低于利润率，因此其利率比较低。而如上所述，高利贷的利息可能包括劳动者创造的一部分必要劳动，利率很高。

产业资本的运动过程表明，工人的劳动创造了增值的货币，而借贷资本运动是借出货币，收回增值的货币。借贷资本这种特殊的运动形式给人以假象，似乎货币可以自行增值。事实上，借贷资本运动中增值的利息，是在参与产业资本循环过程中由劳动者创造出来的剩余价值的一部分。所以，无论是产业资本的产业利润，还是借贷资本的利息收入，都是来源于雇佣工人创造的剩余价值，它反映了借贷资本家和职能资本家共同剥削工人、瓜分剩余价值的生产关系。

3. 现代信用

现代信用是在资本主义再生产过程中产生的。在资本主义再生产过程中，必然会产生货币资本的时多时少，有余有缺。一方面，在资本循环和周转中，由于种种原因产生一定货币的闲置，这便形成了货币的供给；另一方面，在资本循环过程中，必然会出现部分厂商货币资本的短缺，需要临时性补充，这就形成了货币的需求。拥有闲置货币资本的厂商把货币借贷给具有货币需求的厂商，并在一定时期后连本带利一起收回，这样现代信用就形成了。

当今的社会经济活动已被商品货币关系所覆盖，在日常的经济生活中，任何经济行为主体(政府、企业、个人)的经济活动都伴随着货币的收支。在频繁的货币收支过程中，任何货币的盈余或赤字，都同时意味着相应金额的债权、债务关系的存在。当经济生活中广泛存在着盈余和赤字的经济行为主体时，通过信用，即借贷关系进行调剂已成为必然。现代信用就是在这样一种社会化大生产的基础上建立起来的适应高度发达的市场经济的信用形式。

现代信用是以生产性为基本特点的信用方式，不仅在发达的工业化国家，就是在发展中国家，债权债务关系的存在，都是一种极为普遍的现象。信用活动是通过具体的信用形式表现出来的，随着商品经济的发展，信用形式也随之多样化，如商业信用、银行信用、国家信用、消费信用、国际信用、民间信用等。各种信用特点各异，在经济中的作用各不相同。

想一想：为什么说在现代经济生活中，信用联系几乎无所不在，以致可以称之为“信用经济”？谈谈你本人的体验。

四、信用在现代经济中的作用

信用在现代经济中的作用既有积极的一面也有消极的一面。

（一）积极作用

1. 现代信用可以促进社会资金的合理利用

通过借贷，资金可以流向投资收益更高的项目，可以使投资项目得到必要的资金，资金盈余单位又可以获得一定的收益。

2. 现代信用可以优化社会资源配置

通过信用调剂，让资源及时转移到需要这些资源的地方，就可以使资源得到最大限度的运用。

3. 现代信用可以推动经济的增长，促进国家的发展

一方面通过信用动员闲置资金，将消费资金转化为生产资金，直接投入生产领域，扩大社会投资规模，增加社会就业机会，增加社会产出，促进经济增长；另一方面，信用可以创造和扩大消费，通过消费的增长刺激生产扩大和产出增加，也能起到促进经济增长的作用。

阅读材料 2—1

借钱也能推动国家进步

适当的负债不仅有利于激励年轻人努力奋斗，实际上，适当的政府负债还有可能有利于推动政策改革，促进国家进步。

为了更深入地了解“借钱”为何能促进国家的发展，我们不妨来看看历史给我们的启示。如果我们把公元 1600 年左右的国家分成两组，一组是国库深藏万宝的国家，如明朝中国在那时国库藏银 1 250 万两、印度国库藏金 6 200 万块、土耳其帝国藏金 1 600 万块、日本朝廷存金 1 030 万块。另一组是负债累累的国家，如西班牙、英国、法国、荷兰、各意大利城邦国家。那么，从 400 年前到 19～20 世纪，哪组国家发展得更好呢？

令人惊讶的是：当年国库藏金万千的国家，除了日本于 19 世纪后期通过明治维新而改变命运外，其他国家都还是发展中国家，而当时负债累累的“穷国”却是今天的发达国家！

为什么借债花钱非但没使西方国家垮掉，反而强大起来呢？

第一，国库钱越多、朝廷银库越满，国王、皇帝肯定能专制，而且也会更专制，因为他们不需要靠老百姓的钱养着。相反，越是朝廷欠债累累的国家，其国王、政府就必然要依赖老百姓交税，有求于百姓。这最终能制约国王的权力，促进民主与规则的发展。

第二，就如美国在建国初期发行的国债所表现的，国债的存在与交易给市场提供了评估其政府政策与制度优劣的具体工具。通过国债价格的上涨下跌，立即反映出市场对国家未来的定价。只要国家的负债足够高、只要继续发债的需要还在，国债价格的下跌必然逼着政府对其

政策或法律做出修正。公民投票是民主制度的重要形式，但投票无法天天进行，而证券市场对国家的监督、评估、定价却是每时每刻的。美国和英国的兴起如此，其他西欧国家的经历要么也如此，要么就被金融市场所教训！

负债累累的政府是一个权力难以扩张的政府，因为负债后，一方面政府得面对灵敏的债券市场对其的评估，另一方面就得面对纳税人。这些来自外界的压力都推动了民主的发展，金融不仅能帮助一个国家平摊一时的支付压力，还能促进制度的良性发展。

（资料来源：陈志武. 金融通识课[M]. 长沙：湖南文艺出版社，2018.）

（二）消极作用

现代信用的消极作用主要指信用风险和经济泡沫。

1. 信用风险

信用风险是指债务人无法按照承诺偿还债权人本息的风险。在现代社会，信用关系已经成为最普遍、最基本的经济关系，社会各个主体之间债权债务交错，形成了错综复杂的债权债务链条，这个链条上有一个环节断裂，就会引发连锁反应，对整个社会的信用联系造成很大的危害。

2. 经济泡沫

经济泡沫是指某种资产或商品的价格大大地偏离其基本价值，经济泡沫的开始是资产或商品的价格暴涨，价格暴涨是供求不均衡的结果，即这些资产或商品的需求急剧膨胀，极大地超出了供给，而信用对膨胀的需求给予了现实的购买和支付能力的支撑，使经济泡沫的出现成为可能。

案例 2－1

美国次贷危机

美国的次贷危机(subprime crisis)又称次级房贷危机。它是指一场发生在美国，因次级抵押贷款机构破产、投资基金被迫关闭、股市剧烈震荡引起的金融风暴。它致使全球主要金融市场出现流动性不足危机。美国次贷危机是从 2006 年春季开始逐步显现的。2007 年 8 月开始席卷美国、欧盟和日本等世界主要金融市场。

次贷即“次级按揭贷款”(subprime mortgage loan)，“次”的意思是指：与“高”、“优”相对应的，形容较差的一方，在“次贷危机”一词中指的是信用低，还债能力低。

在美国，贷款是非常普遍的现象。当地人很少全款买房，通常都是长时间贷款。可是在这里失业和再就业是很常见的现象。这些收入并不稳定甚至根本没有收入的人，买房因为信用等级达不到标准，就被定义为次级信用贷款者，简称次级贷款者。

次级抵押贷款是一个高风险、高收益的行业，指一些贷款机构向信用程度较差和收入不高的借款人提供的贷款。与传统意义上的标准抵押贷款的区别在于，次级抵押贷款对贷款者信用记录和还款能力要求不高，贷款利率相应地比一般抵押贷款高很多。那些因信用记录不好或偿还能力较弱而被银行拒绝提供优质抵押贷款的人，会申请次级抵押贷款购买住房。

在 2006 年之前的 5 年里，由于美国住房市场持续繁荣，加上前几年美国利率水平较低，美国的次级抵押贷款市场迅速发展。

随着美国住房市场的降温尤其是短期利率的提高,次贷还款利率也大幅上升,购房者的还贷负担大为加重。同时,住房市场的持续降温也使购房者出售住房或者通过抵押住房再融资变得困难。这种局面直接导致大批次贷的借款人不能按期偿还贷款,银行收回房屋,却卖不到高价,大面积亏损,引发了次贷危机。

2007 年 2 月 13 日美国新世纪金融公司(New Century Finance Corp)发出 2006 年第四季度盈利预警。

汇丰控股宣布业绩,并额外增加在美国次级房屋信贷的准备金额达 70 亿美元,合共 105.73 亿美元,升幅达 33.6%;消息一出,令当日股市大跌,其中恒生指数下跌 777 点,跌幅 4%。

面对来自华尔街 174 亿美元逼债,作为美国第二大次级抵押贷款公司——新世纪金融公司在 2007 年 4 月 2 日宣布申请破产保护、裁减 54%的员工。

2007 年 8 月 2 日,德国工业银行宣布盈利预警,后来更估计出现了 82 亿欧元的亏损,因为旗下一个规模为 127 亿欧元的“莱茵兰基金”(Rhineland Funding)以及银行本身少量地参与了美国房地产次级抵押贷款市场业务而遭到巨大损失。德国央行召集全国银行同业商讨拯救德国工业银行的一揽子计划。

美国第十大抵押贷款机构——美国住房抵押贷款投资公司 2007 年 8 月 6 日正式向法院申请破产保护,成为继新世纪金融公司之后美国又一家申请破产的大型抵押贷款机构。

2007 年 8 月 8 日,美国第五大投行贝尔斯登宣布旗下两只基金倒闭,原因同样是由于次贷风暴。

2007 年 8 月 9 日,法国第一大银行巴黎银行宣布冻结旗下三只基金,同样是因为投资了美国次贷债券而蒙受巨大损失。此举导致欧洲股市重挫。

2007 年 8 月 13 日,日本第二大银行瑞穗银行的母公司瑞穗集团宣布与美国次贷相关损失为 6 亿日元。日、韩银行已因美国次级房贷风暴产生损失。据瑞银证券日本公司的估计,日本九大银行持有美国次级房贷担保证券已超过 10 000 亿日元。此外,包括 Woori 在内的五家韩国银行总计投资 5.65 亿美元的担保债权凭证(CDO)。投资者担心美国次贷问题会对全球金融市场带来强大冲击。不过日本分析师深信日本各银行投资的担保债权凭证绝大多数为最高信用评等,次贷危机影响有限。

其后花旗集团也宣布,2007 年 7 月份由次贷引起的损失达 7 亿美元,2007 年花旗集团的股价已由高位时的 23 美元跌到了 2008 年的 3 美元多一点,市值已经缩水 90%,且其财务状况也不乐观。

美国次级债的风波带给我们最大的启示是:在信用经济下,信用风险无处不在,扩张和膨胀的信用势必导致泡沫的产生,而一旦外部环境发生变化,泡沫随之破灭。它对实体经济的打击将让整个社会付出惨重的代价。

(资料来源:https://baike.so.com/doc/482237-510676.html.)

第二节 现代信用形式

一、商业信用

商业信用是指企业之间互相提供的,与商品交易直接相联系的信用。商业信用的具体形式包括企业间的商品赊销、分期付款、预付货款、委托代销等。由于这种信用与商品流通紧密结合在一起，故称为商业信用。商业信用最典型的形式是商品赊销。

商业信用发生的基本原因是：在社会再生产过程中，一些企业生产出商品等待销售，而需要购买商品的企业又暂时没有现款，因为这些企业只有在售出自己的产品后，才能获得足够的现款。商业信用通过赊销商品、延期付款的方式解决了“卖方卖不出去”和“买方买不进来”的矛盾。

（一）商业信用的特点

（1）商业信用的主体是厂商。商业信用是厂商之间相互提供的信用，债权人和债务人都是厂商。

（2）商业信用的客体是商品资本。商业信用提供的不是暂时闲置的货币资本，而是处于再生产过程中的商品资本。

（3）商业信用与产业资本的动态一致。在繁荣阶段，商业信用会随着生产和流通的发展、产业资本的扩大而扩张；在衰退阶段，商业信用又会随着生产和流通的消减、产业资本的收缩而萎缩。

（二）商业信用的优点及其局限性

由于商业信用具有以上特点，因而其优点在于方便和及时。商业信用的提供，既解决了资金融通的困难，也解决了商品买卖的矛盾，从而缩短了融资时间和交易时间。同时，商业信用是商品销售的一个有力竞争手段。正因为如此，一般在商业信用能解决融资的情况下，购货企业无须求助于银行信用。商业信用是西方国家信用制度的基础和基本形式之一。

商业信用虽有其优点，但由于其本身具有的特征，又决定了其存在和发展具有局限性。

（1）规模和数量上的局限性。商业信用是企业间买卖商品时发生的信用，是以商品交易为基础的。因此，信用的规模受商品交易量的限制，生产企业不可能超出自己所拥有的商品量向对方提供商业信用。商业信用无法满足由于经济高速发展所产生的巨额的资金需求。

（2）方向上的局限性。因为商业信用的需求者也就是商品的购买者，这就决定了企业只能与自己的经济业务有联系的企业发生信用关系，通常只能由卖方提供给买方，而且只能用于限定的商品交易。

（3）信用能力上的局限性。在相互不甚了解信用能力的企业之间就不容易发生商业信用。

（4）信用期限的局限性。期限较短，受企业生产周转时间的限制，所以，商业信用只能解决短期资金融通的需要。

二、银行信用

商业信用的局限性使它难以满足资本主义社会化大生产的需要，于是，伴随着资本主义银行的产生，在商业信用广泛发展的基础上产生了银行信用。银行信用是银行及其他金融机构以货币形式提供的信用，其主要形式是吸收存款和发放贷款。

与商业信用相比，银行信用有其自身的特点和优点。

（一）银行信用的特点

（1）银行信用中贷出的资本是从产业资本循环中游离出来的资本，即脱离了产业资本的循环而可以独立进行转移的货币形态的资本。

（2）银行信用是间接信用。银行一方面是借者的集中，通过吸收存款，广泛地聚集社会各方面暂时闲置的货币资金和社会各阶层货币收入的结余；另一方面又是贷者的集中，通过发放贷款，把货币资金投入到社会再生产活动中去。这样，银行实际上是信用中介机构，使借贷资本得以作为相对独立的货币资本进行运动，它体现的不是货币资金所有者与企业生产经营者的信用关系，而是银行与企业生产者的信用关系。

(3)在银行信用中，银行既充当债权人，同时也充当债务人。当银行吸收存款时，其充当债务人的角色；而其向客户发放贷款时，又充当债权人的角色。

(4)银行信用与产业资本的动态不完全一致。这是因为：第一，银行信用中的借贷资本是脱离产业资本循环的暂时闲置的货币资本；第二，用于借贷的货币资本来源于社会各个方面，不仅吸纳于工商企业。例如，当经济衰退时，会有大批产业资本不能用于生产而转化为借贷资本，造成借贷资本过剩。

(二)银行信用的优点

由于银行信用具有以上特点，所以，它克服了商业信用的局限性，成为一种比较良好的信用形式，其优点是：

(1)在数量上，银行信用不受工商企业资本量的限制，银行借贷资本的来源广泛，包括工商企业资本循环中暂时闲置的货币资本、财政性存款、社会各阶层的货币收入和储蓄等。银行信用的规模巨大，这就在规模和数量上克服了商业信用的局限性。

(2)在使用方向上，银行信用不受商品使用价值的局限。银行信用以货币形态提供，货币具有一般的购买力，谁拥有它，谁就拥有选择任何商品的权利。因此，任何部门、企业和个人暂时闲置的货币或资本都可以被各种信用机构动员起来，投向任何一个部门和企业，以满足任何方面的需要，不受任何方向上的限制。

(3)在期限上不受限制。银行信用可根据客户的要求，开展短、中、长期的货币资金借贷活动。这就克服了商业信用在期限上的局限性。

由于银行信用具有以上特点和优点，因而自它产生以后，对商品经济的发展起到了巨大的推动作用，成为现代信用的主要形式。20 世纪以来，银行信用发生了巨大的变化，得到迅速发展，表现为：越来越多的借贷资本集中到少数大银行手中；银行规模越来越大；贷款数额不断增大，贷款期限不断延长；银行资本与产业资本的结合日益紧密；银行信用提供的范围不断扩大。表 2—1 所示为商业信用与银行信用的比较。

表 2—1 **商业信用与银行信用的比较**

	形 式	特 点	优势/局限
商业信用	赊购赊销 预付货款	主体：企业 客体：商品资本/买卖＋借贷 变动：与产业资本一致	数量和规模限制 范围限制 方向限制 期限限制
银行信用	吸收存款 发放贷款	主体：银行、企业、个人 客体：暂时闲置的资金 变动：与产业资本的动态不一致 功能：信用创造/贷款—存款流	突破商业信用限制 积少成多 变储蓄为消费和投资 低成本创造信用

银行信用克服了商业信用这些缺点，但它不能取代商业信用。商业信用和银行信用是两种基本的信用形式，它们构成信用制度的基石。在实际经济生活中，这二者往往互为补充、共同发展。

(三)银行信用与商业信用的关系

1. 银行信用是在商业信用广泛发展的基础上产生发展起来的

首先,商业信用先于银行信用产生,商业信用关系的确立表明信用关系双方有一定的资本,为银行信用提供了基础的条件,银行信用才能在商业信用关系广泛建立和发展的基础上产生和发展起来;其次,商业信用的普遍化和经常化,要求信用关系制度化,而信用关系制度化又为银行信用的建立和发展创造了条件;最后,商业票据的产生和流通,也成为银行票据产生和流通的基础。

2. 银行信用的出现使商业信用进一步得到发展

比如,在工商企业的批发贸易和合同贸易中,一般是卖方或买方提供商业信用,交易双方都可凭持有的未到期的商业票据到银行申请办理贴现或票据抵押贷款,从而获得银行信用。这样,商业银行的提供者在银行信用支持下,可以突破自身闲置资金的限制,促进商品的销售。

3. 银行信用与商业信用是并存而非取代关系

商业信用不断呈现票据化趋势,而票据则成了部分银行信用的工具,如票据贴现、票据抵押贷款等等。同时随着银行信用的发展,大银行不断集中借贷资本,为垄断组织服务,进一步促进了产业资本与银行资本的结合,从而促使银行信用和商业信用也进一步融合渗透。

三、国家信用

(一)国家信用的概念

国家信用是以国家和地方政府为债务人的一种信用形式。其基本形式有:一是由国家发行政府债券,包括国库券和公债。二是政府发行专项债券,即政府特为某个项目或工程发行债券。三是银行透支或借款。其中最主要的形式是国家发行国库券和公债。

(二)国家信用的特点

1. 国家信用的主体是政府

政府作为债务人举债最初是为了弥补财政赤字,为了解决财政困难,所以,国家信用具有双重属性,即财政和信用的双重性质,是一种由信用分配转化为财政分配的特殊信用形式。

2. 安全性好、流动性高、收益稳定、风险较小

国家政府发行的债券,由于以政府的财政税收为基础,信用风险低,安全性高,流通性强,所以,在西方国家被称为"金边债券"。

(三)国家信用的作用

国家信用在经济生活中起着积极的作用:首先,国家信用是解决财政困难的较好途径。解决财政赤字的途径有三种:增税、从银行透支和举债。增税不仅立法程序繁杂,而且容易引起公众不满、抑制投资和消费;从银行透支容易导致通货膨胀,而且按照《中国人民银行法》的规定,也禁止财政从银行透支;举债是一种信用行为,有借有还,有经济补偿,相对来说问题少一些。其次,国家信用可以筹集大量资金,改善投资环境、创造投资机会。

目前,世界各国普遍重视国家信用的使用。以美国为例,其联邦政府、州政府与地方政府每年都要通过向外举债,才能应付各项庞大的开支。近年来,美国国债规模不断膨胀,2002～2007 年,美国国债发行量一直稳定在 5 000 亿美元左右,2008 年和 2009 年突破了 1 万亿美元,截至 2018 年更是逼近 22 万亿美元。规模急剧扩张的美国国债,也开始越来越依赖于海外资金的购买。尤其在 2008 年次贷危机爆发以后,美国政府更是在全球范围内积极推销美国国债,企图以大规模发行国债来应付庞大的经济刺激计划所需开支。然而,国债的发行是有界限

的，在国际上常用国债负担率指标来衡量一个国家国债发行规模是否合理。所谓国债负担率，是指年末国债余额对当年 GDP 的比例。目前公认的国债负担率的警戒线是 60%。国债的发行一旦超出这个界限，不仅会使国家财政付息背上沉重的包袱，严重的还会导致政府的偿付危机。1998 年俄罗斯爆发的债务危机和 2009 年迪拜爆发的债务危机都是国家信用过度扩张的结果。继 2008 年金融危机以后，不少国家开始陆续出现国家主权债务危机。冰岛、希腊、西班牙、爱尔兰、英国等国家都卷入国家主权债务危机的泥潭。

案例 2－2

欧债危机

欧债危机，全称为欧洲主权债务危机，是指自 2009 年以来在欧洲部分国家爆发的主权债务危机。欧债危机是美国次贷危机的延续和深化，其本质原因是政府的债务负担超过了自身的承受范围而引起的违约风险。

欧债危机回顾：

2007 年爆发的美国次贷危机，逐步演变成为一场自 1933 年美国大萧条以来最严重的全球性经济金融危机。冰岛破产，前三大银行被国有化，股票市场跌幅近 80%，货币汇率大幅贬值，国家资不抵债，2007 年冰岛外债达 GDP 7 倍以上，每个公民身负 37 万美元债务。

世界经济陷入衰退，激化了社会与经济矛盾，世界各国纷纷采取积极的财政政策或货币政策来刺激经济，以防止经济的大规模滑坡。但刺激政策和欧洲国家传统的高社会福利制度导致全球国家债务激增，部分国家出现无法偿付到期债务的风险。危机很快就波及欧洲银行业，银行破产甚至国家破产的风险开始在欧洲蔓延(见图 2—2)。

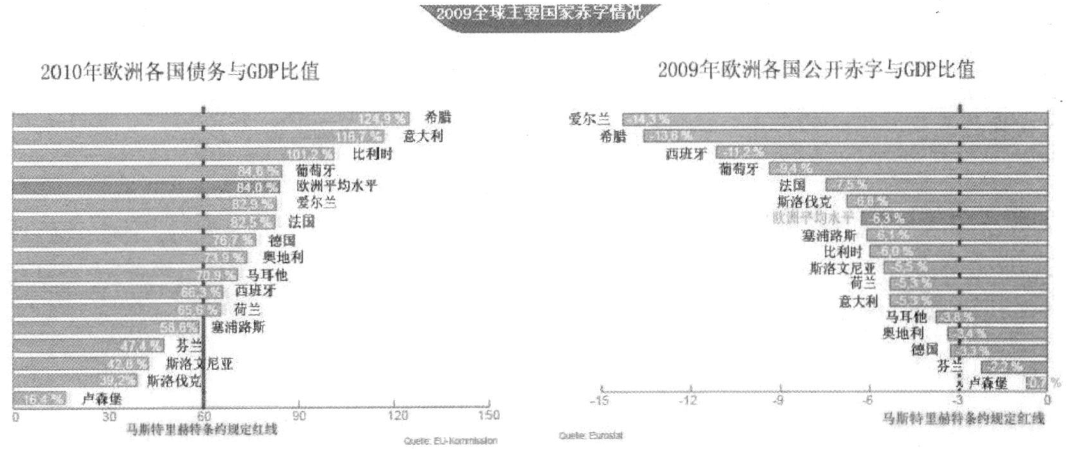

2009年欧洲各国债务与GDP比值，排前三的是希腊、意大利、比利时，第一的希腊债务为GDP的1.24倍。

2009年欧洲各国公开赤字与GDP比例，排前三的是爱尔兰、希腊、西班牙，爱尔兰占比高达14.3%。

图 2—2　2009 年全球主要国家赤字情况

第一阶段：希腊引爆欧债危机。

希腊以旅游业和航运业为支柱产业，受金融危机和全球经济衰退影响严重。2009 年 10 月，希腊政府宣布其当年财政赤字和公共债务占同期 GDP 的 12.7%和 113%，远远超出了欧盟规定的水平(分别是3%和60%)。鉴于不断恶化的希腊财政状况,国际三大评级机构于2009年底先后下调希腊主权评级,希腊主权债务危机正式爆发。该阶段以欧盟和IMF推出1 100亿欧元救助计划而缓解。

第二阶段:危机蔓延至边缘国家。

债务危机开始蔓延至爱尔兰和葡萄牙等其他边缘国家。2010年11月21日,爱尔兰正式请求欧盟和IMF提供援助,成为在欧债危机中倒下的第二个欧元区成员国,爱尔兰获得850亿欧元资金支持。2011年5月5日,欧元区财政同意和IMF一起向葡萄牙提供780亿欧元援助贷款,葡萄牙成为在欧债危机倒下的第三个欧元区成员国。

第三阶段:危机蔓延至核心国家。

债务危机向核心国家蔓延,意大利、西班牙,甚至法国债务状况开始为市场所担心。意大利和西班牙的自身财政状况不佳,以及希腊问题迟迟得不到解决,使市场担忧情绪蔓延至意大利和西班牙。意大利和西班牙的国债收益率不断攀升,均一度突破7%的警戒线。两国5年CDS也大幅攀升。

欧债危机向金融机构蔓延。部分大型金融机构因持有主权债务导致其资产质量受到质疑。欧债危机使欧洲国家主权债务的估值出现了较大幅度下跌。部分欧洲大型金融机构因为持有较多欧洲国家主权债务,资产质量及资本充足率等问题开始遭受市场的质疑。部分欧洲金融机构股价出现了大幅下跌,法国兴业银行股价较年初甚至跌去了近65%!投资者信心丧失甚至导致欧元区一家银行出现了短暂的流动性问题。

在欧债危机过程中,经济危机转化为政治危机,并相互影响、相互纠缠、相互转化。从当时看,2012年,美国、法国、希腊等58个国家和地区都将进行换届选举,从而给政策制定带来不确定性。持续蔓延的经济金融危机激化了社会矛盾,世界多国出现政治动荡。希腊、意大利相继发生领导人非正常更替。

欧债危机的形成有着深刻的经济和制度原因,将长期存在,并影响欧洲经济和世界经济。欧债危机的解决更多地取决于政治而非经济。各国的利益诉求各异,其结果必然导致制度改革的不确定性,从而导致欧债危机的不确定性。

(资料来源:https://baike.so.com/doc/3338290-3515546.html.)

想一想:结合欧债危机,谈谈你对国家信用的认识。

四、消费信用

(一)消费信用的概念与形式

消费信用是工商企业或银行等金融机构对消费者提供的直接用于生活消费的信用。消费信用的形式多种多样,但主要有以下几种方式:

1. 分期付款

分期付款是企业向消费者提供的一种长期消费信用,其具体做法是,消费者与企业签订分期付款合同,消费者先付一部分货款,剩下的部分按合同规定分期加息偿还,在货款付清之前,商品所有权属于企业。一般用于高档耐用消费品。

2. 消费贷款

消费贷款是银行和其他金融机构以信用放款和抵押放款的方式,对消费者发放的贷款。

消费贷款多为住宅抵押贷款，贷款额往往占抵押品的70%左右，期限以中长期为主。按接受信贷的对象不同，消费贷款一般有两种形式：一种是对购买消费品的买方发放贷款；另一种是以分期付款凭证作抵押，对销售企业发放贷款。

3. 信用卡

信用卡是由发卡机构和零售商联合起来对消费者提供的一种延期付款的消费信用。信用卡是银行或其他专门机构提供给消费者的赊购凭证，它规定有一定的使用限额和期限，持卡人可凭卡在任何接受信用卡支付的单位购买商品或支付劳务服务等。

(二)消费信用的特点

消费信用与商业信用和银行信用相比较具有以下特点：

(1)非生产性。商业信用与再生产过程直接相联系，其生产性显而易见，银行信用提供的贷款绝大多数也是用于生产和流通的；而消费信用提供的贷款是用于生活消费的。

(2)期限较长。商业信用和银行信用所提供的信用主要是短期资金的融通，期限相对较短，而消费信用多数通过分期付款支付，所需时间较长。

(3)风险较大。商业信用和银行信用由于其生产性决定了它还具有一定程度的还款保障，而消费信用是完全用于生活消费的，必须由借款人的收入作保证，到期不能还款，贷款者就会蒙受损失。

(三)消费信用的作用

消费信用的作用表现在：

(1)一定条件下促进消费商品的生产与销售，减少商品积压，有利于再生产，甚至促进经济的增长。

(2)促进新技术的应用、新产品的推销及产品的更新换代，有重要作用。

(3)也可为大量银行资本找到出路，提高资本的使用效率，改善社会消费结构。

(4)扩大即期消费需求，提高消费水平(未来消费变即期消费)，增加消费者总效用。

案例2－3

年轻人借钱花到底好不好?

年轻人借钱花到底好不好？我们不妨看一个真实的故事。

刘教授的内弟小王结婚，要花120万元买150平方米的房子，小王和未婚妻都在金融公司工作，年收入加在一起18万元，他们手头的积蓄有30万元，所以，买房子还缺90万元。这90万元怎么找到呢？

一种可能当然是小王从银行做按揭贷款，如果做30年到期、年息5%的按揭，小王今后的月供大约4 832元，年供不到6万元，他们当然能支付，但会花掉小王夫妻未来年收入的1/3。

不过，小王和未婚妻不愿意做按揭贷款。他们跟父母说，如果做按揭贷款，让他们不是一结婚成家就背上月供的包袱吗？小王的父母想想，觉得也是，不能让年轻夫妻背上这么重的担子！于是小王已退休的父母，拿出手头仅有的60万元养老用的积蓄，刘教授夫妇把手头仅有的30万元积蓄贡献出，给小王买上150平方米的房子。这个故事可以算是皆大欢喜的、典型的中国式安排了吧！只是这种安排改变了小王大家庭的关系和性质。

刘教授现在一想起这事就恼火，自己的收入不高，30万元积蓄是他当时所有的钱。凭什么把自己所有的积蓄供内弟买那么大的房？所以，从那以后，提起他内弟，首先想到的是他过去的积蓄，而不是他跟内弟的感情有多么好，况且也因为那笔钱使刘教授跟夫人的关系紧张。

本来，小王父母可以把自己60万元养老钱理财投资好，等更年老之后，自己能有钱养活自己，也能有自己的尊严和自主。但是，现在钱都给了儿子，今后的养老就只能靠儿子、女儿了，也就是说，不管今后跟媳妇、女婿是否处得好，也没有别的选择，只好跟他们一起住，或者靠他们供养，等着他们给钱。这样，本来可以自立养老的小王父母，今后就只能靠别人了，不能想怎么花钱就怎么花了。

同样糟糕的是，正因为小王这么容易就得到90万元的帮助，让他无法感受到靠自己劳动养活自己的责任，那看似“免费午餐”的90万元，只会培养懒惰。就像洛克菲勒讲的，如果你想使一个人残废，只要给他一对拐杖，再等上几个月就能达到目的；换句话说，如果在一定时间内你给一个人免费的午餐，他就会养成不劳而获的习惯。别忘了，每个人在娘胎里就开始有被“照顾”的需求了。

这么一看，如此买房竟有这么大弊端！可是通过按揭贷款买房的话，小王夫妇的还款压力不是会很大吗？

如果小王通过90万元按揭贷款、自己借钱花，表面看会给小王夫妇带来月供压力，但是，这种压力不是坏事，会迫使小王奋发向上，培养“自食其力”的个人责任。同时，这也让其父母留住养老钱、年老后有自尊的财产基础，可以理直气壮，不需要看子女的脸面。另外，对刘教授夫妇来说，他们的关系就不会出现紧张，也当然不让刘教授一想起内弟就想到自己失去的积蓄。

在美国，借贷消费已经是整个社会文化的一部分，月供压力不仅没有使美国人懒惰，而是迫使他们更加向上，追求自立！特别是，因为月供压力，使得众多家庭开始注意理财、精心安排家庭收支流水，并催生出家庭财务规划这个职业，以保证每个月能按期交月供。“家庭财务纪律”成了新的流行词。

美国已经完成了对借贷消费态度上的转变，那么，在崇尚储蓄的中国，情况又怎么样呢？

今天在中国，不少父母也越来越意识到，靠血缘网络内部互通有无、实现人际跨期金融交易，最终不能激励每个人奋发向上，培养的是等待“免费午餐”、搭便车、“啃老族”的出现。比如，前不久，杭州一夫妇不满儿子挥霍无度，哪怕交税60万元，也要从儿子手里收回价值2 000万元的别墅。所以，不管父母亲友是否有钱，给年轻人“免费午餐”不是上策。利用外部金融市场让年轻人自食其力，最终不仅为个人空间、个人自由的最大化提供基础，而且迫使年轻人成才、成功、有出息。

（资料来源：陈志武. 金融通识课[M]. 长沙：湖南文艺出版社，2018.）

讨论与思考：通过上面的例子，你可能会说：“借钱花带来的月供，不是也可能把我拖垮吗？谁愿意在压力之下生活呀？”对此，一种回答是：这正是“天下没有免费午餐”的含义呀。你怎么看这句话呢？也可以举一些你熟悉的故事。

但是，如果不顾生产力的实际水平，过度发展消费信用，也会带来负面的影响，具体表现在：

（1）消费信用过分发展，掩盖供求矛盾，造成一时的虚假需求，传递错误信息，使一些消费品生产盲目发展。

（2）过量发展消费信用会导致信用膨胀。

(3)延期付款的诱惑下,对未来收入预算过大使消费者债务负担过重,增加社会不稳定因素。2007年爆发的次贷危机就是生动案例,美国政府为了通过发展房地产业拉动经济增长,放松了对发放住房贷款的风险控制,向大量不符合贷款条件的低收入人群发放了巨额住房抵押贷款,从2006年开始美国房价不断走低,导致大量偿还违约的发生,使得美国最大的房贷公司“房利美”和“房地美”濒临破产,从而引发了美国次贷危机,在这场危机的冲击下形成了一波又一波的金融海啸,最终引发世界性金融危机和经济衰退。

阅读材料2-2

关于是否应该取缔“校园贷”的争论

2017年5月27日,中国银监会、教育部、人力资源和社会保障部联合发出《关于进一步加强校园贷规范管理工作的通知》,要求未经银监部门批准设立的机构禁止提供校园贷服务,并且现阶段一律暂停网贷机构开展校园贷业务。对于存量业务要制定整改计划,明确退出时间表。同时,杜绝公共就业服务机构以培训、求职、职业指导等名义,捆绑推荐信贷服务。在一些地方,“求职贷”“培训贷”“创业贷”等不良借贷问题突出,给校园安全和学生权益带来严重损害,造成了不良社会影响。

所以,不仅是父母、亲戚反对年轻人借钱花,连官方都要收紧或者禁止大学生贷款业务。为什么会这样呢?年轻人借钱花不好吗?

生命周期假说由经济学家、1985年诺贝尔奖获得者F.莫迪利安尼和他的学生共同提出,在经济学分析与政策制定中有着重要的意义。他们从个人消费行为的研究出发,认为人们的消费行为是为了让这一生过得幸福,而不仅仅考虑某一特定时期的消费量。因此,个人的消费取决于他(她)青年、中年、老年(退休后)的不同时期内所获得的总收入和财产,而非单一的时间点。生命周期理论由此得名。在年轻时期,个人的收入较低,但由于未来收入会增加,个人往往会将大量当期收入用于消费,甚至举债。但由于他们知道自己未来收入会变高,能够偿还得起目前的消费水平,在年轻时借钱多消费反而是“理性”的,是对他们而言最好的选择。进入中年阶段后,家庭收入会增加,但消费在收入中所占的比例会降低,收入大于消费,因为一方面要偿还青年阶段的负债,另一方面还要把部分收入储蓄起来用于养老。在退休以后,收入下降,消费又会超过收入。因此,在人的生命周期的不同阶段,收入和消费的关系,消费在收入中所占的比例不是不变的。生命周期假说把消费与人一生的收入、财产等联系起来,在解释人们的借贷与储蓄行为中有着重要意义。

传统社会里金融市场不发达、金融产品不丰富,人们只好一方面最大化存钱,另一方面贬低甚至打击借钱花的行为。所以在传统观念中历来排斥借钱花。大学生和其他年轻人借钱花不是坏事,只要不过分就行。原因在于,对一般人而言,年轻时是一辈子中收入最少但最需要花钱的时候,到年长时收入达到最高而花钱的需要又偏偏最低,这种收入和开支之间的年龄错配,不仅降低个人一辈子的总体幸福,而且抑制每个人的事业发展潜力。金融市场帮助年轻人解决这种错配矛盾。年轻人贷款,包括校园贷,是普惠金融的一种具体表现,不仅对一般家庭出身的年轻人重要,而且对富裕家庭的年轻人也如此。

现在的校园贷问题很多,需要通过大数据加速发展个人征信系统,让年轻人尽快得到信用服务,而不是禁止。校园贷业务已经这么大、发展这么快,这本身就证明了我们这里谈到的借贷逻辑是正确的，年轻人有真实的需求，单靠禁止不能解决问题。同时，要把助学贷款、教育贷款的范围与金额都扩大，目前的贷款条件太苛刻，金额太小并且只停留在学费资助层面。通过放松条件、扩大范围与金额、鼓励竞争，让年轻人能真正转移多年后的收入到今天，以此改变他们的发展前景、最大化他们一辈子的幸福。

校园贷的确问题很多，一些放贷机构诱贷、骗贷或者通过高利贷恶意敲诈学生，这些违法违德行为必须得到整治。但是，我们还是应该从根源上认识到年轻人借钱花的必要性，然后，从实际运营上改善校园贷与其他年轻人贷款品种的挑战，解决具体问题，而不是一味地禁止。

（资料来源：https://www.zhihu.com/question/60495516.）

思考：你认为年轻人借钱花的理由是什么，反对借钱花的理由又是什么。你会借钱花吗？为什么呢？

五、民间信用

（一）民间信用的概念

民间信用，又称民间借贷。西方国家指国家信用之外的一切信用形式，包括商业信用和银行信用。我国《银行管理暂行条例》规定个人不得经营金融业务，因此，在中国，民间信用指个人之间以货币或实物形式所提供的直接信贷，故又称个人信用。

民间信用在方式上比较灵活、简便，可随时调节个人之间的资金余缺，能在一定范围内弥补银行信用的不足。但由于它具有利率高、手续不够齐备、随意性大、风险大、分散性和盲目性等特点，必须正确引导和加强管理。

民间信用是一种古老的信用形式，主要是适应个人之间为解决生活或生产的临时需要而产生的。在中国这种信用形式一直存在。中华人民共和国成立以后的30年中，由于个人收入水平很低，无多余资金可供借贷，借入信贷也无力偿还，另外，个人无需进行生产经营投资，无大量借贷的必要，因此民间信用规模范围很小，呈萎缩状态。1979年改革开放以来，随着经济的发展，个人收入逐渐增多，除日常生活开支外，节余和积累逐渐增加，同时借贷偿还能力也有所增强，这就为民间信用的发展创造了基础条件。随着个人和家庭生活的改善与不断提高，个人和家庭生产经营的开展，生活开支和投资需要增加，个人之间的融资融物也有客观需要，于是民间信贷逐渐发展起来。民间借贷主要发生在农村。主要原因是：(1)农民个人资金闲置和资金需求随着商品经济的发展迅速增长，这在客观上要求在农户之间或农村重点户、专业户和其他人员之间互相调剂资金余缺。(2)银行信用不能完全满足个人对资金的需求。这一方面是由于银行的资金有限，以及经营方式、经营作风和经营能力等与农民对资金的需要不相适应；另一方面银行贷款有比较严格的限制，个人的资金需求许多与银行贷款的政策和原则要求不符。

（二）民间信用的特点

民间信用大多根据生活和生产需要在个人之间临时无组织地进行。但有些需要数额大、时间长，非一家一户所能解决，故也产生了一些民间信用的临时组织形式，如摇会、标会、轮会等，通称合会。合会的基本做法是，先由急需资金的人充当会首（借方），他们凭借个人的信用，请收入较为充裕而又有信用的人出面担保，邀集亲友、邻里、同事等数人乃至数十人充当会脚（贷方），然后议定每人每次出多少份金，多长时间会一次等事宜。第一次缴纳的会金一般归会首，以后依不同的方式，决定会脚收款次序。如按预先排定次序轮收的，称为轮会，如按摇骰方式确定的称为摇会，如按投标竞争办法的称为标会。

（三）民间信用的作用

1. 民间信用的积极作用

（1）通过民间资金的调剂，进一步发挥分散在个人手中资金的作用，加速资金运转，促进国民经济进一步繁荣；

（2）民间信用一般是在银行信用涉足不到和力不能及的领域发展起来的，特别是在个体商业、手工业、旅游和运输业等行业，可起到拾遗补缺的作用。

但是，民间信用毕竟是一种自发的、盲目的、分散的信用活动，是一种较为落后的信用形式，因此，在充分发挥民间信用积极作用的同时，也应防止其消极的一面。

2. 民间信用的消极作用

（1）风险大，具有为追求高盈利而冒险、投机的盲目性。

（2）利率高，有干扰银行正常信用活动、扰乱资金市场的可能性。

（3）借贷手续不严，容易发生违约，造成经济纠纷，影响社会安定。

由于民间信用具有上述消极作用，这就要求在承认并利用其积极作用的同时，对这种信用活动适当地加以管理，采取积极措施，对其加以引导，使其逐步合法化、规范化。

案例 2－4

民间信用新模式——P2P

自 2013 年以来，P2P 网贷行业以一种势不可挡的速度发展，它们以传统金融与互联网相结合的创新模式，为小微企业和个人贷款提供了一条全新的快捷融资途径，也为理财人提供了一条理财渠道。

2014 年互联网金融蓬勃发展，一方面光彩照人，而另一方面也出现了很多问题。由于网贷发展还处于初级阶段，缺乏相关部门的监管，法律政策等也相对匮乏，平台跑路事件频频发生。截至 2014 年 12 月，出现提现困难、倒闭、跑路等问题的 P2P 平台已达 338 家。这一年来，最短时间跑路的十大 P2P 网贷平台主要分布在经济发达的南部沿海地区。其中最短寿命为半天，最长寿命也不过 2 个多月。没有最快，只有更快，纪录被一次次刷新，投资人的心被虐不断。

排名第一的平台是台州的恒金贷，它注册资金 5 000 万元，上午上线，下午就跑路了。6 月 27 日恒金贷 P2P 平台开业，并发布公告称将举行连续三天的优惠活动，但当天下午，网站就打不开了。业内人士表示，开业第一天就跑路，该平台创下了 P2P 的一个短命历史纪录。排名第二的平台是深圳的元一创投，上线运营仅 1 天，平台老板就携投资人 30 万元潜逃，全国各地受害者约 30 人，累计损失 30 余万元，其中损失最大的约有 10 万元。紧跟其后的是上线 2 天就跑路的银银贷、龙华贷与上线 3 天就跑路的福翔创投。银银贷推出的产品最高收益率达 22%，被骗的投资者有几十个人。

就此来看，P2P 行业面临的问题还不少。包括上述跑路、失联事件在内，至少有 183 家 P2P 平台出现问题。其中，“诈骗，跑路”类问题平台最多，占总问题平台的 57%，其次为“提现困难”问题平台，占比 32%。这两者加起来，就占到问题平台的近九成。

2015 年 3 月 12 日，中国人民银行行长周小川在十二届全国人大三次会议记者见面会上表示，目前P2P网贷存在的问题比较多，需要加强对网贷的监管，在制定网贷监管规则时应避免制造道德风险。周小川说，互联网金融和P2P还是有很大区别的，互联网金融包括移动支付、众筹、互联网保险等，这几个业务发展比较快，总体上也是健康的。周小川认为，由于P2P网贷没有正式申请获得存款执照，因此它还属于民间金融。P2P网贷存在的问题比较多，因此需要加强对网贷的监管，以促进P2P走入健康的发展道路，对现有金融机构起到很好的补充作用。在制定网贷监管规则时应避免制造道德风险，客户在参与P2P产品时应该考虑好风险。

（资料来源：https://baike.so.com/doc/3388717-25025438.html.）

六、国际信用

（一）国际信用的概念

国际信用指一个国家的政府、银行及其他自然人或法人对别国的政府、银行及其他自然人或法人所提供的信用。国际信用与国内信用不同，表示的是国际间的借贷关系，债权人与债务人是不同国家的法人，直接表现资本在国际间的流动。

国际信用是国际货币资金的借贷行为。最早的票据结算就是国际上货币资金借贷行为的开始，经过几个世纪的发展，现代国际金融领域内的各种活动几乎都同国际信用有着紧密联系。没有国际借贷资金不息的周转运动，国际经济、贸易往来就无法顺利进行。

国际信用同国际金融市场关系密切。国际金融市场是国际信用赖以发展的重要条件，国际信用的扩大反过来又推动国际金融市场的发展。国际金融市场按资金借贷时间长短可分为两个市场：一是货币市场，即国际短期资金借贷市场；二是资本市场，即国际中长期资金借贷市场。

（二）国际信用的主要形式

国际信用具体形式包括：出口信贷、国际商业银行贷款、政府贷款、国际金融机构贷款、国际资本市场融资和国外直接投资等。

1. 出口信贷

出口信贷是出口国政府为支持和扩大本国产品的出口，提高产品的国际竞争能力，通过提供利息补贴和信贷担保的方式，鼓励本国银行向本国出口商或外国进口商提供的中长期信贷。

出口信贷的特点是：

第一，附有采购限制，只能用于购买贷款国的产品，而且都同具体的出口项目相联系；

第二，贷款利率低于国际资本市场利率，利差由贷款国政府补贴；

第三，属于中长期信贷，期限一般为5～8年，最长不超过10年。

出口信贷包括卖方信贷和买方信贷两种具体方式。

（1）卖方信贷。卖方信贷是指出口方银行向出口商提供的贷款。由于得到了银行的贷款支持，出口商便可向进口商提供延期付款的信用，即允许进口商在订货时先支付一部分现汇定金，通常为合同金额的15%，其余货款在出口商全部交货后的若干年内（一般为5年）分期偿还。卖方信贷的一个特点是出口货物价格的确定较为复杂，因为出口商品价格往往包括银行利息。卖方信贷的资金运动如图2—3所示。

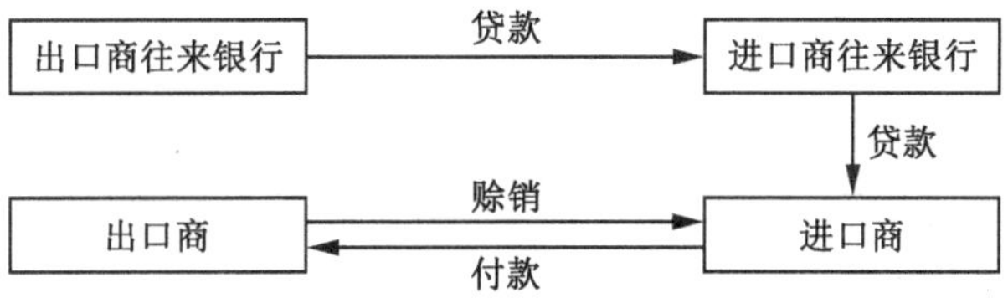

图 2—3 卖方信贷

(2)买方信贷。买方信贷即出口方银行向外国进口商或进口方银行提供的贷款。直接向进口商提供贷款一般由进口方银行担保。目前,较多的做法是:先由进、出口双方银行签订"买方信贷总协议",规定出口方银行向进口方银行提供贷款的使用范围、额度和利率条件等,然后再由进口方银行根据具体的贸易合同和贷款协议向进口商转贷。进口商则在规定的期限内逐次偿还银行贷款,并支付利息。在买方信贷中,由于进口商可用现汇直接支付,因而出口货物的价格比较简单和准确。买方信贷的资金运动如图 2—4 所示。

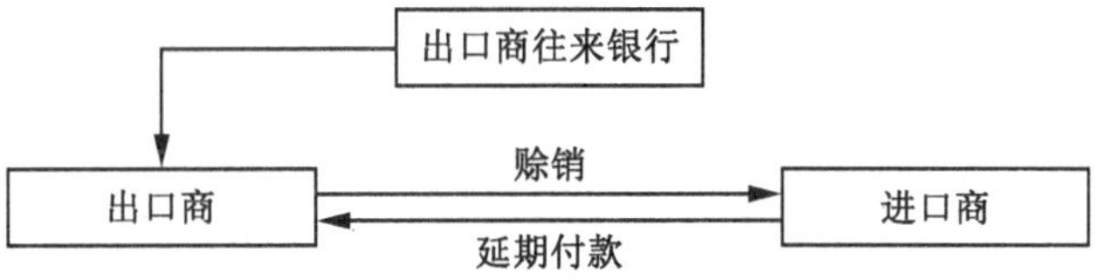

图 2—4 买方信贷

2. 国际商业银行贷款

国际商业银行贷款,是指一些大商业银行向外国政府及其所属部门、私营工商企业或银行提供的中长期贷款。这种贷款利率较高,一般在伦敦同业拆借利率之上另加一定的附加利率,期限大多为 3～5 年。这种贷款通常没有采购限制,也不限定用途。国际商业银行贷款的主要方式有:独家银行贷款和银团贷款。

3. 政府贷款

政府贷款是一国政府利用国库资金向另一国政府提供的贷款,这种贷款一般带有援助性质。其特点是:(1)利率通常比国际商业银行贷款利率低得多,平均为 2.5%～3%,最高为 4%左右,有时为无息贷款;(2)期限长,平均偿还期为 30 年,最长可达 50 年;(3)一般都附有采购限制或指定用途,即受贷国必须将贷款的一部分或全部用于购买贷款国的设备和物资。政府贷款中通常包含一定的无偿赠予。如对全部贷款的还本付息额进行补贴,或对贸易合同直接提供部分赠款。

4. 国际金融机构贷款

国际金融机构贷款,即国际金融机构对成员国政府提供的贷款。主要包括国际货币基金组织、世界银行及其附属机构——国际金融公司和国际开发协会、地区性金融组织,比如为各个洲服务的亚洲开发银行、美洲开发银行、非洲开发银行等。这些机构的贷款大多条件优惠,主要目的是促进成员国的经济发展和国际收支状况的改善,一般期限较长,最长可达 50 年,利率较低,有的还不支付利息,只收取很低的手续费,但其审查较严格,一般用于受信国的经济开发和基础设施建设等。例如,我国得到了来自世界银行的很多贷款支持,像黄河小浪底工程、秦皇岛煤炭码头工程等。

5. 国际资本市场融资

国际资本市场融资主要是指在国际资本市场上的融资活动,包括在国际资本市场上购买债券、股票或在国际资本市场上发行债券、股票。例如,我国的中国石油、中国建设银行、阿里巴巴等大企业都开展了境外筹资以及股票上市。2007 年成立的中国国家投资公司,其主要投资方向就是国际资本市场。

6. 国外直接投资

国外直接投资是指一国居民直接对另一个国家的企业进行生产性投资,并由此获得对投资企业的管理控制权。

直接投资主要采用以下方式:(1)在国外开办独资企业,包括设立分支机构、子公司等;(2)收购或合并国外企业,包括建立附属机构;(3)在东道国与当地企业合资开办企业;(4)对国外企业进行一定比例的股权投资;(5)利用直接投资的利润在当地进行再投资。

国际信用是随着国际贸易的发展而产生和发展的。随着一国商品和货币的流通范围日渐扩大,信用也扩展到世界范围,成为各国开展经济交流、促进世界经济发展的重要手段。因此,从形式上看,国际信用是适应商品经济发展和国际贸易扩大而产生并发展起来的一种借贷关系。从本质上看,国际信用则是资本输出输入的一种形式。

我国实行对外开放政策以来,国际信用得到了广泛运用,获得了较大发展。过去我国主要致力于引进外资发展经济,如今我国不仅继续引进外资,也积极开展境外投资。国际信用的发展对我国促进对外经济关系和充分利用外国的先进技术、设备和资金起到了积极作用。

本章小结

信用是以偿还为前提条件的借贷行为,是在商品货币经济发展到一定阶段,在货币的支付手段职能形成后才出现的。

信用的古老形式是高利贷。高利贷不适应资本主义生产发展的需要,在资本主义制度建立后,被现代信用形式所取代。

现代信用形式主要有:商业信用、银行信用、国家信用、消费信用和国际信用。商业信用是现代信用的基础,银行信用是现代信用的主要形式。

信用对经济发展有着巨大的推动作用,合理利用信用,能提高资金使用效率,节约现金流通,加快资本集中,调节经济结构,促进生产,合理消费等。但是,如果脱离生产和流通的实际需要,盲目扩大信用规模,也会引起一系列的问题,美国次贷危机就是最好的证明。

练习题

一、概念识记

信用　高利贷　商业信用　银行信用　国家信用　消费信用　民间信用

二、选择题

1. 信用是商品经济发展到一定阶段的产物。当商品交换出现延期支付、货币执行(　　)职能时,信用就产生了。

A. 价值尺度　　B. 流通手段　　C. 支付手段　　D. 储藏手段

2. 将商业信用转化为银行信用可以通过(　　)。
A. 票据的承兑、贴现　　B. 股票质押贷款
C. 票据的背书　　D. 不动产的抵押贷款
3. 以政府作为借款人的信用形式是(　　)。
A. 银行信用　　B. 商业信用　　C. 国家信用　　D. 国际信用
4. 商业信用的特点有(　　)。
A. 借贷双方都是企业　　B. 直接信用
C. 长期信用　　D. 以商品形态提供
5. 银行信用的特点有(　　)。
A. 间接信用　　B. 以货币形态提供
C. 在信用体系中处于主导地位　　D. 短期信用
6. 经济学中的信用是一种体现特定经济关系的借贷行为,其基本特征是(　　)。
A. 流动性　　B. 安全性　　C. 偿还性　　D. 付息性
7. 经济学中的信用是(　　)。
A. 一种等价交换行为　　B. 一种特殊的商品交换行为
C. 一种价值运动的特殊形式　　D. 一种借贷行为
E. 一种债权债务关系
8. 以商品形态提供的信用有(　　)。
A. 商业信用　　B. 银行信用　　C. 国家信用　　D. 租赁信用
9. 国家信用的目的是(　　)。
A. 弥补财政赤字　　B. 筹集重点建设项目资金
C. 解决财政先收后支的问题　　D. 解决财政临时性收支难题

三、简答题

1. 信用在现代经济中的作用主要表现有哪些?
2. 简要概括商业信用的形式和特点。
3. 简述银行信用对商业信用的优势。

四、案例分析题

迪拜是阿拉伯联合酋长国(阿联酋)七个酋长国中的第二大酋长国,面积 3 882 平方公里,占阿联酋总面积的 5%。迪拜的经济实力在阿联酋也排在第二位,阿联酋 70%左右的非石油贸易集中在迪拜,所以习惯上迪拜被称为阿联酋的“贸易之都”,它也是整个中东地区的转口贸易中心。迪拜拥有世界上第一家七星级酒店、全球最大的购物中心、世界最大的室内滑雪场,源源不断的石油和重要的贸易港口地位,为迪拜带来了巨大的财富,如今的迪拜成了奢华的代名词。

然而,2009 年以来,在全球金融危机退潮之际,迪拜的主权投资实体“迪拜世界”宣布将暂停偿还近 600 亿美元债务的消息,令投资者对迪拜的主权信用产生严重质疑,进而在全球金融市场引发巨大震动。2009 年 11 月 26 日,欧洲三大股市跌幅均超过 3%。

通过“谷歌地球”软件,我们俯视迪拜:那里简直就是一个巨型的工地,不仅吊塔林立,建了一半的楼宇高耸入云,在它的海上,更躺着堪称世界奇观的棕榈岛、世界地图岛巨型半拉子工

程，迪拜人的天才畅想和无敌勇气，令人称奇。然而，今天的迪拜，这座依靠占比达90%的外籍人口方能保持运转和消费平衡的沙漠城市，很多外籍人士居住的区域早已是人去楼空，沦为“鬼城”；一度吸引各国游客蜂拥而至的极尽奢华之度假场所，如今也是处处冬寒瑟瑟、游客稀少……窥一斑而知全豹，迪拜经济之脆弱，一览无遗。

迪拜危机的前因后果，用一句话简单归纳：一个靠借债吹大的泡泡开始面临破灭之虞。从“富得流油”到“负债累累”，从“暴发楷模”到“反面教材”，从“中东华尔街”到“信用不及冰岛”……发生在遥远迪拜的这个戏剧性情节，让很多一度高呼“学习迪拜发展模式”的国人，一下子语塞。

客观而言，这场爆发于中东的债务危机，也许是国际金融危机的滞后反应，是这场大海啸在迪拜这个薄弱环节的第二轮发作。繁荣时期的迪拜，这种潜伏的危机被人为忽略；金融海啸袭来时，由于政府投资的拉动效应，虚假繁荣得以勉强维持；而当世界经济开始缓慢复苏之际，迪拜却再也“绷不住”而“掉链子”了。

（资料来源：https://baike.so.com/doc/5707821-5920542.html.）

思考题：

1.“水能载舟，亦能覆舟”，请结合以上案例说明信用在经济中的作用。

2. 试分析迪拜信用危机产生的原因，并提出防范此类危机的方法。

第三章 利息与利息率

学习目标

1. 明确利率的分类，掌握各种利率、现值与到期收益率的计算方法；
2. 掌握利率的决定理论，能够分析均衡利率的主要影响因素；
3. 明确利率在宏观与微观经济运行中的作用。

引导案例

复利的威力

我们大多数人在进行投资理财时可能没有意识到复利增长所产生的惊人力量，现在我们通过一个例子来说明复利所产生的惊人结果。假设你现在有1万元钱，通过投资理财，每年能够赚取20%的收益，那么在20年后，连本带利就会变成383 380元。想必看到这个数字后，你会很惊讶吧？在30年后，总额就变成了2 373 800元。40年后又是多少呢？答案会让你目瞪口呆的——14 698 000元，也就是说你现在是20岁，投资1万元，如果每年能够赚到20%的收益，到60岁时，你就是一个千万富翁了。

另一个例子更能说明复利的魔力。1626年，荷兰人用价值约24美元的东西，从印第安人手里买下了纽约。当时买到的土地总面积约为22平方英里。这么便宜地把纽约卖掉，人们通常认为印第安人是上了荷兰人的当。但是，如果我们用复利终值公式计算一下，却可能得出印第安人是最为精明的商人的结论。假如当时印第安人把这24美元存入银行，按每年6%的复利计算，那么到2008年大约就变成了1 051亿美元；按每年7%的复利计算，那么到2008年大约是37 621亿美元；按每年8%的复利计算，那么到2008年大约是130万亿美元。而美国2007年的国民生产总值是11.6万亿美元，如果这24美元能够每年得到8%的收益率，他的后代现在用这笔钱不要说可以买回纽约，就是买回整个美国也绰绰有余。另外，我们可能还会注意到一个问题，就是收益率即使有很小的差别，在很多年后计算的终值也会差别很大。这就是复利增长的魔力所在，因此爱因斯坦把复利称为“有史以来最伟大的数学发现”。

第一节　利息与利息率概述

我们都知道，借钱和融资是人类生活常有的事，借钱和融资里面最重要的一件事，就是收利息。很多人都和利率、利息打过交道，每天你都可能要关心银行存款的利息是多少，理财的收益率是多少。但是可能很少有朋友想过这么一个问题，为什么会有利率呢？为什么会有利息呢？这个问题听起来像小孩子问的问题一样，但在人类历史相当长的时间里面，哲学家、宗教家、政治家、经济学家围绕着人们借钱是否应该收取利息这个问题，曾经产生过激烈的争论。

一、利息的定义与本质

在欧洲漫长的中世纪，天主教曾经禁止放款收取利息长达 1 000 多年，在那时，借钱收利息被认为是一件大逆不道、罪恶的事情，高利贷尤其是罪大恶极。意大利佛罗伦萨的伟大诗人但丁的著作《神曲》里就写道：地狱一共是 18 层，每一层地狱都是为不同的犯人准备的，其中第八层地狱就是为放高利贷的人准备的。

天主教为什么要长期禁止放款收利息呢？为什么他们认为放款收息是极其罪恶的一件事情呢？因为《圣经 · 创世纪》中说到，天地间的一切是上帝创造的，时间也是上帝创造的，时间是属于上帝的。所以天主教徒认为，利息的产生就是时间的价值。比如说你把 10 万元钱借给我，到年底你要收 1 万元钱的利息，这 1 万元钱的利息是怎么产生的呢？你什么事情也没做。是因为时间产生的，而时间是上帝所有的，人怎么可以占有上帝的时间，怎么能够把上帝的时间拿来为自己谋私利呢？这当然是对上帝神圣的极大的亵渎！所以天主教在 1 000 多年的时间里面，禁止任何人放款收取利息。

所以在莎士比亚的戏剧《威尼斯商人》里，犹太商人被刻画成了一个贪婪、凶狠的高利贷放贷人，一定要割下安东尼奥的一磅肉才肯罢休。

当然，尽管基督教和天主教在漫长的时间里都在严格地禁止高利贷，但还是不能阻止人们变相地放款收取利息。一个例子就是，借钱的人们选择不直接付利息，而是用其他的商品或服务来代替。例如，圣殿骑士团在放款给贵族和国王时，不直接收取利息，但是国王和贵族会给他们赠送礼品，包括赠送房产和土地。

天主教禁止放款收利，所以虔诚的天主教徒不会从事融资活动。那么，在欧洲，主要是哪些人来从事金融活动呢？根据历史学家考证，主要是犹太人从事金融活动。至少在公元 1000 年前，犹太人在欧洲各国就已经开始大量从事金融活动。犹太人不是天主教徒，他们信奉犹太教，而犹太教并不禁止放款收取利息。而且犹太人在欧洲各国都受到限制，他们不能当官，不能参军，甚至也不能从事正规的经商活动，所以他们只能从事边缘的经济活动，那也就是放款收息，包括货币买卖。经过长时间的积累和沉淀，犹太人练就了高超的金融投资技术。公元 1000 年之后，全球主要的金融中心基本上都是犹太人掌控的，比如威尼斯、佛罗伦萨、阿姆斯特丹、伦敦，还有现在的纽约。全球主要的金融机构多数都是犹太人创办的。因此，从历史的角度来分析，犹太人擅长金融其实是历史偶然性的一个产物，人们也没有必要对犹太人能够掌管全球的金融感到震惊。

那么，再回到基本的问题，利息的合法性到底在哪里呢？

16世纪之后，随着新教的改革和兴起，天主教对利息的禁止就逐渐放松了，到后来基本取消了。虽然基督教取消了对利息的限制，但是经济学者对利息的起源仍然感到困惑，他们仍然想不明白利息的合法性和正当性到底在哪里。这个问题一直到19世纪，就是100多年以前都没有得到很好的解决。如果读过马克思的《资本论》就会知道，马克思在《资本论》中曾严厉地谴责过利息的。按照马克思的分析，利息不过是剩余价值再分配的产物，是资本家群体剥削无产阶级群体的产物，是资本家不劳而获的产物，所以从根本上是不道德和罪恶的，是不应该存在的。

但当时，奥地利学派的著名经济学家庞巴维克写了一部二卷本的巨著，叫《资本实证论》。他在《资本实证论》这部巨著中，主要就是来解释利率的正当性和合法性。庞巴维克从人类生产的本质的角度证明，人们借钱为什么应该收取利息，因为把资金借给别人能够帮助他人更好地完成生产和分工，增加产量，提高产品的质量。庞巴维克在他的书中提出了一个著名的概念叫迂回生产方式，什么叫迂回生产方式？就是简单的产品可以一下子就完成，但是复杂的产品，像我们今天用的手机、汽车、飞机都要经过精细的分工，要用很长的时间迂回生产各种工序、各种零配件，这叫迂回的生产方式。企业为什么要借钱，就是因为要实现迂回生产方式，要实现更精细的分工。正是从这个意义上，庞巴维克认为人们借钱应该收取利息，因为他不是不劳而获，他参与了生产和技术的进步。

在庞巴维克理论的基础之上，美国著名的经济学家欧文·费雪也提出，利息的产生是因为我们所有的生产是面向未来的生产，那么面向未来生产，就需要人们放弃目前的消费和享受，把钱储蓄起来。人们放弃今天的享受，把资金储蓄起来，是为未来的生活做好准备，这是人类经济生活一项必不可少的、非常必需的工作。正是因为人们有储蓄，他放弃了目前的享受，所以他当然要在未来获得补偿。同时，我们要进行投资，投资在未来有收益，那么储蓄的人自然要分享未来的投资收益。所以投资与储蓄之间的关系，就决定了利息和利率不仅必然存在，而且是合理的，是正当的。

二、利息理论

如何认识资本主义制度下利息的来源与本质，各经济学派对此从不同立场、角度出发，阐述了自己的观点。

（一）马克思利息理论

马克思主义认为利息实质是利润的一部分，是剩余价值的转化形式。货币本身并不能创造货币，不会自行增值，只有当职能资本家用货币购买到生产资料和劳动力，才能在生产过程中通过雇佣工人的劳动，创造出剩余价值。而货币资本家凭借对资本的所有权，与职能资本家共同瓜分剩余价值。因此，资本所有权与资本使用权的分离是利息产生的内在前提。而由于再生产过程的特点，导致资金盈余和资金短缺者的共同存在，是利息产生的外在条件。当货币被资本家占有，用来充当剥削雇佣工人的剩余价值的手段时，它就成为资本。货币执行资本的职能，获得一种追加的使用价值，即生产平均利润的能力。所有资本家追求剩余价值的利益驱使，利润又转化为平均利润。平均利润分割成利息和企业主收入，分别归不同的资本家所占有。马克思指出：借贷资本的运动特点是双重支出和双重回流。双重支出指货币资本家把货币资本贷给职能资本家，职能资本家用货币购买生产资料和劳动力。双重回流指职能资本家把商品销售出去，取得货币，然后把借贷资本连本带利归还给货币资本家。利息就其本质而言，是剩余价值的一种特殊表现形式，是利润的一部分，体现了借贷资本家和职能资本家共同剥削雇佣工人的关系，也体现了借贷资本家和职能资本家间瓜分剩余价值的关系。

（二）西方利息理论

1. 利息报酬论

利息报酬论认为利息是一种报酬。该理论在古典经济学中是颇有影响的一种理论。它最先由配第提出，后来在约翰·洛克的著作中也有所涉及。配第认为：利息是因为所有者暂时放弃货币使用权而给贷出者带来不方便的报酬。他认为，暂时放弃货币的使用权分为三种情况：第一种情况是贷者可以随时收回借出的货币；第二种情况是贷者到期才能收回借出的货币；第三种情况是贷者自己急需货币，但他借出的货币尚未到期，不能收回。他还认为，只有在第三种情况下贷者才应该收取利息。因为“一个人在不论自己如何需要，在到期之前都不得要求偿还的条件下出借自己的货币，则他对自己所受到的不方便可以索取补偿，这是不成问题的。这种补偿，我们通常叫作利息”。显然，配第把利息解释成因暂时放弃货币使用权而给贷者带来不方便的报酬。

洛克也把利息的本质确认为贷款人所得的报酬。但是，与配第不同的是，他不认为贷者收取利息是因为借款人给他带来不方便，而是因为贷款人承担了风险，所得报酬的多少应与承担风险的大小相适应。

利息报酬论虽然描述了利息是贷者从借者手中取得的收益，并对取得这种收益的原因作了剖析，但是没有真正理解剩余价值的本质，因而这种理论还没能真正说明利息的本质。

2. 资本生产力论

资本生产力论认为资本具有生产力，利息是资本生产力的产物。这种理论最先由萨伊提出，受到不少庸俗经济学家的推崇。

萨伊认为，资本、劳动、土地是生产的三要素，在生产中它们各自提供了服务，资本具有生产力，利息是资本生产力的产物。借贷资本的利息由两部分组成：一是风险性利息，二是纯利息。风险性利息是贷者借出货币后要承担一定风险的报酬。它不能说明利息的本质，只能说明收取利息的原因。为什么对借用资本要支付一定的报酬？他认为，资本具有向自然力一样的生产力，资本生产力经常与自然生产力混在一起，共同对生产做出贡献。因此，当借款人要借入资本从事生产，其生产出的价值的一部分必须用来支付资本生产力的报酬。

资本生产力论虽然把利息解释为资本的产物，但是，由于萨伊不懂固定资本与流动资本的区别，不懂得生产要素与活劳动在价值形成过程中的作用，错误地认为资本（生产要素）能够增加所生产的产品数量，能够生产出新价值的结论。这显然否定了劳动价值论，因而也是错误的。

3. 节欲论

节欲论认为利息应该作为资本家牺牲自己目前消费而应得的报酬。这是由英国经济学家西尼尔提出来的、在资本主义社会广为流传的一种理论。

该理论认为资本来自储蓄，要储蓄就必须节制当前的消费和享受，利息来自对未来享受的等待，是对为积累资本而牺牲现在消费的一种报酬，是资本家节欲行为的报酬。西尼尔认为，人类社会存在三种生产要素：一是人类的劳动；二是与人力无关的自然要素；第三要素或生产手段叫节欲。人的本性是懒惰的，劳动是人牺牲闲暇的结果。资本是人们放弃财产的非生产性使用，或有意识地选择未来的产品而放弃使用的结果。节欲论把利息看成是货币所有者为积累资本放弃当前消费而“节欲”的报酬，利润的定义就是节制的报酬。

节欲论是对资本主义制度进行了最露骨的辩护，它掩盖了利息的本质。马克思在批评节欲论时曾指出：“这真是庸俗经济学发现的‘不可超越的标本！’，它用阿谀的词句来替换经济学范畴。”

4. 灵活偏好论

灵活偏好论认为利息是在一个特定的时期内，人们放弃货币周转灵活性的报酬，是对人们放弃流动性偏好，即不持有货币进行储蓄的一种报酬。这是著名资产阶级经济学家凯恩斯提出的理论。

所谓“灵活偏好”，亦称“流动性偏好”，是指人们喜好以流动性强、周转灵活的货币资产来保存财富，以应付不时之需的一种心理倾向。

凯恩斯比较了债券与货币这两种资产形式，认为债券形式的资产虽然能获得一定的收益，但债券持有者必须在持有债券期间放弃货币的使用权，这不仅给债券持有者带来一定的不便，而且也可能蒙受财产损失。持有货币虽然不能给人们带来收益，但它却具有高度灵活性，可供持有者在任何时间方便地使用，所以货币是一种为人们普遍接受的特殊资产。因此，人们对货币这种具有完全流动性的资产有偏好。企业和商人想取得一定的货币，就必须以支付一定的报酬为条件，来诱使货币所有者在一定时期放弃对货币灵活偏好的控制权，因此，利息是人们放弃灵活偏好的报酬。

凯恩斯把利息解释为个人心理因素，显然是有失偏颇的。

综上可见，西方关于利息本质的理论大多脱离经济关系本身，甚至从非经济现象进行考察，从而无法揭示资本主义利息的真正来源与本质。

三、利息与收益的一般形态

利息是资金所有者由于借出资金而取得的报酬，它来自生产者使用该笔资金发挥生产职能而形成的利润的一部分。显然，没有借贷，就没有利息。但在现实生活中，利息被人们看作是收益的一般形态：无论贷出资金与否，利息都被看作是资金所有者理所当然的收入——可能取得的或将会取得的收入。与此相对应，无论借入资金与否，生产经营者也总是把自己的利润分成利息与企业收入两部分，似乎只有扣除利息所余下的利润才是经营所得。于是，利息就成为一个尺度：如果投资额与所获利润之比低于利息率，则根本不应该投资；如果扣除利息，所余利润与投资的比例甚低，则说明经营的效益不高。

利息之所以能够转化为收益的一般形态，马克思认为主要是由于以下几个原因：

第一，借贷关系中利息是资本所有权的果实这种观念被广而化之，取得了普遍存在的意义。在货币资本的借贷中，贷者之所以可以取得利息，在于他拥有对货币资本的所有权；而借者之所以必须支付利息，在于他将这部分资本运用于产业营运的过程之中，形成价值的增值。一旦人们忽略整个过程中创造价值这个实质内容，而仅仅注意货币资本的所有权可以带来利息这一联系，货币资本自身天然具有收益性的概念便植根于人们的观念之中。

第二，利息虽然就其实质来说是利润的一部分，但同利润率有一个极明显的区别：利润率是一个与企业经营状况密切联系而事先捉摸不定的量；而利息率则是一个事先极其确定的量，无论企业家的生产经营情形如何，都不会改变这个量。因此，对于企业主来说，“一旦利息作为独特的范畴存在，企业主收入事实上就只是总利润超过利息的余额所采取的对立形式。”利息率的大小，在其他因素不变的条件下，直接制约企业主收入的多少。在这个意义上，用利息率衡量收益,并以利息表现收益的观念及做法,就不奇怪了。

第三,利息有着悠久的历史。信用与利息,早在资本主义生产方式以及与之相适应的资本观念和利润观念存在以前就已经存在了,货币可以提供利息,早已成为传统的看法。因此,无论货币是否作为资本使用,人们毫不怀疑,它都可以带来收益。

收益的资本化,是指各种有收益的事物,不论它是否是一笔贷放出去的货币金额,甚至也不论它是否是一笔资本,都可以通过收益与利率的对比而倒过来算出它相当于多大的资本金额。

在一般的放贷中,本金、利息收益和利率的关系可用公式表示为:

收益=本金×利率

本金=收益÷利率

通过收益与利率相比,得出的资本金习惯称之为资本化,如土地价格是地租的资本化,股票价格是股息的资本化,人力资本是工资的资本化等。

正是按照这样的带有规律性的关系,有些本身并不存在一种内在规律可以决定其相当于多大资本的事物,也可以取得一定的资本价格。例如土地本身不是劳动产品,无价格,从而不具备决定其价格的内在根据,但土地可以有收益,于是就可以取得地价。比如,一块土地每亩的年平均收益为 100 元,假定年利率为 5%,则这块土地就会以每亩 2 000 元(100 元÷0.05)的价格成交。在利率不变的情况下,当土地的预期收益(B)越大时,其价格(P)会越高;在预期不变的情况下,市场利率(r)越高,土地的价格(P)将越低,这就是市场竞争过程中土地价格形成的规律。

同理,有些本来不是资本的东西也因收益的资本化而视为资本,以工资为例,若一个人的年工资为 6 000 元,当市场年利率为 5%时,他的资本额可达 12 万元,这便是在西方经济学里被称为“人力资本”的范畴。

资本化是商品经济中的规律,只要利息成为收益的一般形态,这个规律就起作用。随着商品经济的进一步发展,资本化规律起作用的范围进一步扩大也将是一个不可避免的过程。

四、利率的定义及其种类

(一)利率的定义

利息的多少如何计算?马克思指出:生息资本的增值的大小,也只有通过利息额(即总利润中归生息资本的部分)和预付资本的价值作比较,才可以计算。借贷期内所形成的利息额与所贷资金额之比就是利息率(利率),它是计量借贷资本增值程度的数量指标。简单地说,利息率就是一定时期内利息与本金的比率。有公式:

利率=利息额/借贷资本金×100%

利率的表示方法有三种,即年利率、月利率和日利率,亦称年息、月息和日息。年利率通常以百分数(%)表示,月利率以千分数(‰)表示,日利率以万分数表示(0.1‰)。它们之间的换算公式为:

年利率÷12=月利率

月利率÷30=日利率

年利率÷360=日利率

民间一般口头上把利率称为分、厘、毫。习惯上,我国不论是年息、月息、日息,都用“厘”作单位。虽然都叫作“厘”,但差别很大。如年息 7 厘是指年利率是 7%;月息 7 厘是指月利率

7‰；日息 7 厘是指日利率为 0.7‰。

(二)利率的种类

利率是一个大系统，随着金融市场日益发展，金融活动方式日益多样化，利率的种类也日益繁多。按照不同的标准，可以划分出不同的利率类别，以下是对几种主要的利率类别的介绍。

1. 市场利率、官定利率与公定利率

根据利率是否按市场规律自由变动，可分为市场利率、官定利率、公定利率。

市场利率是在借贷货币市场上由借贷双方通过自由竞争形成的利息率。包括借贷双方直接融通资金时商定的利率和在金融市场上买卖各种有价证券时的利率。市场利率是借贷资金供求状况变化的指示器。当资金供给超过需求时，利率呈下降趋势；反之，当资金需求超过供给时，利率呈上升趋势。由于影响资金供求状况的因素十分复杂，因而市场利率变动非常频繁、灵敏。

官定利率是指由政府金融管理部门或者中央银行确定的利率。例如，中央银行对商业银行和其他金融机构的再贴现率和再贷款利率。在现代经济生活中，利息率作为国家调节经济的重要经济杠杆，进而调节市场利率水平。因此，官定利率在整个利率体系中处于主导地位。

公定利率是指由金融机构或银行业协会按照协商办法确定的利率，这种利率标准只适合于参加该协会的金融机构，对其他机构不具约束力，利率标准也通常介于官定利率和市场利率之间。

在现代经济生活中，利率是对经济进行间接控制的重要杠杆，为使利率水平的波动体现政府的政策意图，各国几乎都形成了官定利率、公定利率和市场利率并存的局面。一方面，市场利率的变化能灵敏反映出借贷资本的供求状况，是制定官定、公定利率的重要依据；另一方面，市场利率又会随公定、官定利率的变化而变化。官定、公定利率要反映出政策意图，对市场利率有很强的导向作用，其升降直接影响借贷双方对市场利率变化的预期，进而影响市场利率。但二者在量上和运动方向上并不完全一致，有时甚至会朝相反方向发展。

2. 存款利率与贷款利率

根据银行业务要求不同，分为存款利率和贷款利率。

存款利率是指在金融机构存款所获得的利息与本金的比率。存款利率的高低直接决定了存款者的利息收益和银行及其他金融机构的融资成本，对银行集中社会资金的数量有重要影响。一般来说，存款利率越高，存款者的利息收入越多，银行的融资成本越大，银行集中的社会资金数量越多。

存款利率的高低一般依照存款期限而定，存款期限越长，利率越高，反之则越低。就一般情况而论，经济发达的国家，资本积累已达到相当高的程度，资金供给比较充足，存款利率较低；经济落后的国家，资金缺乏，存款利率普遍较高。

贷款利率是指从金融机构贷款所支付的利息与本金的比率。贷款利率的高低直接决定着利润在企业和银行之间的分配比例，因而影响着借贷双方的经济利益。贷款利率越高，银行和其他金融机构的利息收入越多，借款企业留利越少。贷款利率也随银行贷款种类和期限不同而变换。例如，流动资金贷款利率、固定资金贷款利率、抵押贷款利率、票据贴现利率等。同类贷款中也因贷款期限不同而利率高低不同。

表 3－1 是 2018 年 12 月中国人民银行官网上的金融机构人民币存贷款基准利率表。

表 3—1 **金融机构人民币存贷款基准利率调整表** 单位:%

项　目	调整后的利率
一、城乡居民和单位存款	
(一)活期存款	0.35
(二)整存整取定期存款三个月	1.10
半年	1.30
一年	1.50
二年	2.10
三年	2.75
二、各项贷款	
一年以内(含一年)	4.35
一年至五年(含五年)	4.75
五年以上	4.90
三、个人住房公积金贷款	
五年以下(含五年)	2.75
五年以上	3.25

存款利率与贷款利率关系密切。存、贷款利率差直接决定着金融机构的经营状况及利润;存款利率高低直接影响银行集中社会资金的规模,进而对借贷资金的供求状况和贷款利率产生影响;贷款利率高低直接影响贷款规模。因此,保持合理的存、贷款利率对实现信贷收支平衡和调节货币流通有着重要的作用。

3. 固定利率与浮动利率

按照借贷期内利率是否调整,可以分为固定利率和浮动利率。

固定利率是在借贷期内不作调整的利率。固定利率比较适用于短期借贷,固定利率对借贷双方准确计算资金成本与资本收益都很方便。但同时,由于利率波动日益频繁,实行固定利率对长期放款的债权人和长期借贷的债务人都可能带来较大的损害,不适用于在借贷期间利率会发生较大变动的情况。因此,在越来越多的借贷中,特别是较长期限的借贷中开始采用浮动利率。

浮动利率是在借贷期内随市场利率变动而调整的利率。使用浮动利率可以规避利率变动造成的风险,但由于手续烦琐、计算多样化而使费用成本增加,因此它适用于长期借贷或市场利率多变时的借贷关系。在办理浮动利率贷款时,根据借贷双方的协议,由一方在规定的时间内依据某种市场利率对贷款利率进行调整,一般调整期为半年。

4. 基准利率与非基准利率

按在整个利率体系中所起作用不同,利率分为基准利率和非基准利率

基准利率是金融市场上具有普遍参照作用的利率,其他利率水平或金融资产价格均可根据这一基准利率水平来确定。基准利率是利率市场化的重要前提之一,在利率市场化条件下,融资者衡量融资成本,投资者计算投资收益,客观上都要求有一个普遍公认的利率水平作参考。所以,基准利率是利率市场化机制形成的核心。

基准利率的提高或降低会影响贷款人对未来市场利率的预期,影响他们提供信贷的意愿,从而使市场利率随之发生变化。如为了防止或缓解通货膨胀,抑制国内的投机活动,阻止本国资本外流,吸引外国资本流入,中央银行往往会提高基准利率;反之,当市场经济低迷或出现通货紧缩时,为了刺激经济,往往会降低基准利率。

5. 名义利率与实际利率

按是否考虑通货膨胀因素,利率可分为名义利率和实际利率。

名义利率虽然是资金提供者或使用者现金收取或支付的利率,但人们应当将通货膨胀因素考虑进去。例如,张某在银行存入 100 元的一年期存款,一年到期时获得 5 元利息,利率则为 5%,这个利率就是名义利率。

名义利率并不是投资者能够获得的真实收益,还与货币的购买力有关。如果发生通货膨胀,投资者所得的货币购买力会贬值,因此投资者所获得的真实收益必须剔除通货膨胀的影响,这就是实际利率。

实际利率是指根据物价水平(通货膨胀)预期变动进行相应调整的利率。实际利率更为准确地反映真实的借款成本。

名义利率与实际利率存在着下述关系:

(1)名义利率高于通货膨胀率时,实际利率为正利率。

(2)名义利率等于通货膨胀率时,实际利率为零。

(3)名义利率低于通货膨胀率时,实际利率为负利率。

实际利率对经济起实质性影响,但通常在经济管理中,能操作的只是名义利率。一般而言,正利率与零利率和负利率对经济的调节作用是互逆的,只有正利率才符合价值规律的要求。例如,如果银行一年期存款利率为 2%,而同期通货膨胀率为 3%,则储户存入的资金实际购买力在贬值。因此,扣除通货膨胀成分后的实际利率才更具有实际意义。仍以上例,实际利率为 2%-3%=-1%,也就是说,存在银行里是亏钱的。在中国经济快速增长及通货膨胀压力难以消化的长期格局下,很容易出现实际利率为负的情况,即便央行不断加息,也难以消除。所以,名义利率可能越来越高,但理性的人士仍不会将主要资产以现金方式在银行储蓄,只有实际利率也为正时,资金才会从消费和投资逐步回流到储蓄。

想一想:如何看待我国出现的居民储蓄“负利率”现象?

五、利率体系

利率体系是指在一定时期内各种各类的利率按一定规则所构成的一个复杂的系统。在一个经济体内存在着多种利率,它们之间的相互作用对一般利率水平的决定影响很大。为准确掌握利率的内涵,有必要对利率体系做一简要介绍。一般而言,利率体系包括以下内容。

一个国家在一定时期内各类利率按一定的规则所构成的系统。利率体系的划分方式有两种:一是按所依附的经济关系划分为存款利率和贷款利率;二是按借贷主体划分为银行利率(中央银行利率和商业银行利率)、非银行金融机构利率、有价证券利率和市场利率。各种不同的利率均按期限划分为不同的档次。利率体系的简单与复杂,主要取决于经济金融发展的需要。就我国而言,利率体系结构主要有中央银行利率、商业银行利率和市场利率。

在中央银行利率中主要有中央银行对商业银行和其他金融机构的再贴现(再贷款)利率、

商业银行和其他金融机构在中央银行的存款利率等。在商业银行利率中主要有商业银行和其他金融机构吸收各种存款的利率、发行金融债券利率、发放各项贷款利率、商业银行之间互相拆借资金的同业拆借利率。市场利率中主要包括商业信用利率、民间借贷利率,以及政府部门、企业发行各种债券的利率等,具体如图 3—1 所示。

- 中央银行利率(主导利率)
  - 再贷款、再贴现利率
  - 在央行存款利率
- 商业银行利率(主体利率)
  - 存款利率、贷款利率
  - 金融债券利率
  - 同业拆借利率
- 市场利率
  - 民间借贷利率
  - 政府、企业债券利率
  - 商业信用利率等

图 3—1 我国的利率体系

在各种利率中,中央银行利率对商业银行利率和市场利率具有调节作用,甚至中央银行调整利率的意图都对其产生直接影响,因此,人们把中央银行的再贴现利率称为基准利率。商业银行利率和市场利率灵敏地反映着货币资金供求状况,因而是中央银行调整利率的指示器。

各种利率的传导机制如图 3—2 所示。

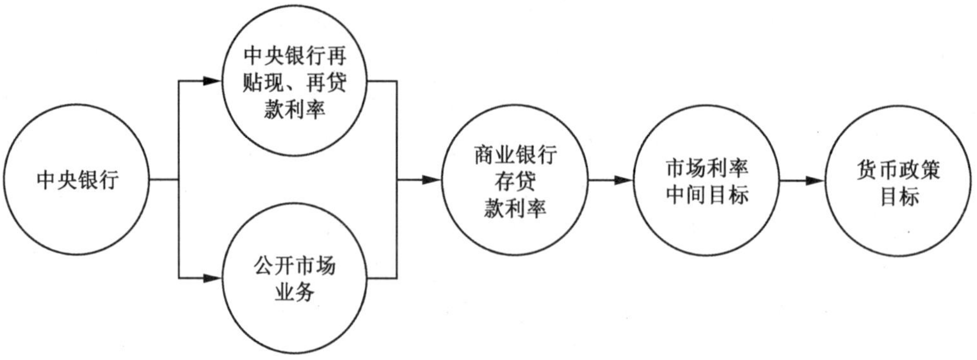

图 3—2 利率之间的传导机制

各种利率之间的传导机制是通过以下途径进行的。中央银行对商业银行存贷款利率和市场利率从两个方面施加影响:一方面,中央银行调整对商业银行的再贴现利率,调节商业银行的可贷资金量,影响商业银行的存贷款利率,进而调节金融市场上货币资金的供求状况,使市场朝着中央银行的调节目标变动;另一方面,中央银行直接在金融市场上买卖有价证券,通过调节市场货币资金供求状况,影响商业银行存贷款利率和市场利率。而市场利率又是中央银行货币政策的中间目标,中央银行以此检测货币政策的执行情况,并根据市场利率变动情况采取相应的政策调节措施,其中包括调整中央银行利率和实施公开市场操作等,并实现货币政策的最终目标。

第二节　利息的计算

一、单利与复利

利息有两种基本的计算方法，即单利法和复利法。为方便说明，首先明确几个相关的字母代表的意思：

P：本金，又可以称为期初金额或现值

I：利息

r：利率，通常指每年利息和本金之比

S：终值，又称本金和利息和，即本利和

n：借贷年限(一般是以年为单位的)

(一)单利法

单利是指只对本金计息的一种计算方法，其计算公式为：

利息：

$$I=P\cdot r\cdot n \tag{3-1}$$

本利和：

$$S=P\cdot(1+r\cdot n) \tag{3-2}$$

单利法的优点是手续简单，计算方便，借入者利息负担较轻，适用短期贷款。

(二)复利法

复利是指不仅对本金计息，而且对利息也要计息的一种计算方法。复利的计算是在每一期期末结息一次，随即将利息并入本金作为下一期计算利息的基础，也称为“利滚利”。其计算公式为：

本息和：

$$S=P\cdot(1+r)^n \tag{3-3}$$

利息：

$$I=S-P \tag{3-4}$$

复利法计算利息的优点是考虑了资金的时间价值，保护了贷出者的利益，适用长期贷款。

例 3－1　A 银行向 B 企业贷放一笔为期 5 年、年利率为 10％的 100 万元贷款，则到期日企业应付利息额与本利和分别为：

按单利计算：$I=100\times10\%\times5=50$(万元)

$S=100\times(1+10\%\times5)=150$(万元)

按复利计算：$I=100\times[(1+10\%)^5-1]=61.051$(万元)

$S=100\times(1+10\%)^5=161.051$(万元)

阅读材料 3－1

关于复利的威力的故事

在印度有一个古老的传说：舍罕王打算奖赏国际象棋的发明人——宰相西萨·班·达依

尔。国王问他想要什么，他对国王说："陛下，请您在这张棋盘的第1个小格里，赏给我1粒米，在第2个小格里给2粒，第3小格给4粒，以后每一小格都比前一小格加一倍。请您把这样摆满棋盘上所有的64格的米粒，都赏给您的仆人吧！"

国王笑了，认为宰相太小家子气，但等他知道结果后，他就笑不出声了。那么，宰相要求得到的米粒到底有多少呢？

总共米粒数18446744073709600000。这个数据太抽象，据粮食部门测算，1千克大米约有米粒4万粒，64个格里的米粒换算成标准吨后，约等于4 611亿吨。而我国2018年全国粮食总产量为6.5亿吨，考虑到目前中国的粮食产量是历史上最高的，我们推测至少相当于中国历史上800年的粮食产量。

二、现值与终值

(一)现值与终值的概念

货币时间价值表现方式有现值、终值两种。现值是货币的现在价值(本金)，终值是现值在一定时期后的本利和。

资金是有时间价值的，因为资金在使用过程中会由于提高了生产率而产生增值。那么，我现在问你一个问题：某人今天给你100元钱和一年以后给你100元钱，你会选择哪一个呢？你可能会毫不犹豫地回答，选择今天得到100元钱。因为最起码你可以把今天的100元钱存入银行，如果存款的年利率为10%，一年后你会得到110元钱。如果你把这100元钱用于其他投资，一年后你可能会得到更多的钱。也就是说，今天100元钱的价值要大于一年后100元钱的价值。

如果我再问你一个难一点的问题：我今天给你100元钱和10年以后给你200元钱，你会选择哪一个呢？为了回答这个问题，你需要用某种方法来比较不同时点上的货币价值。这里我们就需要用到现值和终值的概念。现值就是指某项资产现在的价值，终值就是指某项资产未来的价值。我们在经济学上通常使用复利计算资金的现值和终值，复利就是人们通常讲的驴打滚，利滚利。那么，我们现在有两种方法来解决上面的问题。

方法一：如果你今天把100元钱存入银行，假设银行存款利率为10%，这100元钱10年后的价值是多少？即这100元钱10年后的终值是多少？

1年后的终值为：$100\times(1+10\%)=110$(元)

2年后的终值为：$100\times(1+10\%)\times(1+10\%)$

$=100\times(1+10\%)^2=121$(元)

3年后的终值为：$100\times(1+10\%)^2\times(1+10\%)$

$=100\times(1+10\%)^3=133.1$(元)

以此类推……

10年后的终值为：$100\times(1+10\%)^{10}=259.37$(元)

通过计算，我们可知今天的100元钱的价值等于10年后的259.37元钱的价值，所以你应该选择得到今天的100元钱，而不应该选择得到10年后的200元钱。

方法二：假设银行存款利率为10%，10年后的200元钱现在的价值是多少？即现值是多少？也就是说，你现在需要在银行存多少钱，才能在10年后得到200元？

由于复利现值是与复利终值相对应的一个概念，根据式(3－3)所示的复利终值公式，我们可以推导出复利现值公式：

$$P=\frac{S}{(1+i)^n} \tag{3-5}$$

根据公式(3－5)，我们计算10年后的200元钱的现值是：

$$\frac{200}{(1+0.1)^{10}}=200\times 0.3855=77.1(元)$$

通过计算，我们可知10年后的200元钱的价值等于今天的77.1元钱的价值，所以你应该选择得到今天的100元钱，而不应该选择得到10年后的200元钱。

对于上面的答案我们需要注意的是，你做出选择的关键是利率，如果利率发生变化，你做出的选择可能不同。如果银行存款的利率变为5%，10年后的200元钱的现值则变为122.78元，在这种情况下，你应该选择得到10年后的200元钱，而不应该选择得到今天的100元钱。

(二)现值公式的运用

现值的概念在经济实际中有着广泛的应用。例如，在商业票据交易中可以将票据面额作为终值，选择某一市场利率按照现值公式估计票据的当前价格，即票据的"贴现值"。对于无息债券如短期国库券，也可以按照类似的方法估计现值。现值公式还可以用于各类资产以及投资项目的评估中。

下面介绍用现值方法比较同一投资项目的两种投资方案。

例3－2　设有一投资项目需要10年建成，甲、乙两种方案分别需投资9 500万元和1亿元，市场利率为10%。两种方案各年度投资以及投资的现值分布见表3－2。哪种方案更好些？

表3－2　**两种方案各年度投资以及投资的现值分布**　单位：万元

甲方案			乙方案		
年份	每年年初投资额	现值	年份	每年年初投资额	现值
1	5 000	5 000.00	1	1 000	1 000.00
2	500	454.55	2	1 000	909.09
3	500	413.22	3	1 000	826.45
4	500	375.66	4	1 000	751.31
5	500	341.51	5	1 000	683.01
6	500	310.46	6	1 000	620.92
7	500	282.24	7	1 000	564.47
8	500	256.58	8	1 000	513.36
9	500	233.25	9	1 000	466.51
10	500	212.04	10	1 000	424.1
合计	9 500	7 879.51	合计	10 000	6 759.22

将两种方案的现值总额作为投资成本，显然乙方案更可行。可比甲方案节约1 000多万元投资成本。

三、到期收益率

金融市场上存在着各种债券，其期限、票面利率及出售价格各不相同，为了比较不同债券的实际收益率，必须找到一个统一的衡量指标，这个指标就是到期收益率。到期收益率的字面含义是：购买债券并持有到债券期满时，投资者获得的实际收益率。到期收益率是使得一个债务工具未来支付的现值等于当前价值的利率，或是使某种债务工具的现值与价格相等的一种利率。

计算到期收益率需要确定这样几个因素：一是债券的购买价格，需要指出的是，由于债券市场的价格经常发生波动，因此债券的购买价格并不一定等于债券的面值；二是购买债券后所能得到的未来现金流。确定好这两个因素后，根据前面讨论的现值概念，到期收益率的计算还是比较容易的。例如，假设债券的购买价为 P，购买债券后能得到的未来现金流为 $S_1, S_2, \cdots, S_n$，当采用的折现率为 i 时，债券的现值 P_1 为

$$P_1=\frac{S_1}{1+i}+\frac{S_2}{(1+i)^2}+\cdots+\frac{S_n}{(1+i)^n} \tag{3-6}$$

如果 $P_1=P$，购买债券并持有到债券期满时，债券的到期收益率就是 i。这是银行现在购买债券的实际收益率。因此，在知道债券价格 P，债券的未来现金流 $S_1, S_2, \cdots, S_n$ 后，从公式(3－6)解出未知的 i，就是债券的到期收益率。这样，债券的到期收益率就是使债券的未来现金流的现值等于债券购买价时所使用的贴现率。计算到期收益率时，采用的折现方法是每年一次的复利计算。

例 3－3 如果票面金额为 1 000 元的两年期债券，第一年支付 60 元利息，第二年支付 50 元利息，现在的市场价格为 950 元，求该债券的到期收益率为多少？

$$P=\frac{C}{1+i}+\frac{C}{(1+i)^2}+\cdots+\frac{C}{(1+i)^n}+\frac{F}{(1+i)^n}$$

$$950=\frac{60}{1+i}+\frac{50}{(1+i)^2}+\frac{1\ 000}{(1+i)^2}$$

解得到期收益率 $Y_{TM}=i=5.5\%$。

阅读材料 3－2

各种投资工具的到期收益率

1. 普通贷款

普通贷款是最常见的融资方式，资金由贷方贷给借方，双方讲好还款的日期和利息，到期后连本带息一次性偿还。例如，一笔普通贷款的数额为 Q 元，期限为 n 年，双方约定的年利率为 i，由于到期时放贷人获得的一次性的本息和为 $Q\cdot(1+i)^n$，用 i 为折现率时 n 年后的 $Q\cdot(1+i)^n$ 元的现值为 $Q\cdot(1+i)^n/(1+i)^n=Q$(元)，因此，对普通贷款来说，贷款者的到期收益率就是普通贷款的利率。

2. 分期偿还贷款

分期偿还贷款是由贷方一次性向借方提供一定数额的资金，借贷双方约定利率，借款的本息由借方分期偿还，每期偿还一个固定数额。在银行向消费者发放大额中长期贷款如住房按揭贷款时，通常采用这种方式。

例如，小王向银行借了10万元的分期偿还贷款，分25年还清，每年偿还12 600元。银行发放这笔贷款的到期收益率 i 可由下式解出：

$$100\,000=\frac{12\,600}{1+i}+\frac{12\,600}{(1+i)^2}+\frac{12\,600}{(1+i)^3}+\cdots+\frac{12\,600}{(1+i)^{25}}$$

解此方程得 $i=0.12$，因此12%就是小王借这笔钱每年支付的利率。

3. 息票债券

息票债券是发行人按债券本金和票面利率定期向债券持有者支付利息，到期后再将本金连同最后一期利息一起支付给债券持有者的债券。如果债券的持有期为 n 年，债券的面值为 F，每年支付的利息为 C，当债券的发行价为 P 时，该债券的到期收益率 i 可由以下方程得到：

$$P=\sum_{t=1}^{n}\frac{C}{(1+i)^t}+\frac{F}{(1+i)^n}$$

4. 永久债券

永久债券是定期支付固定利息，但永远没有到期日的一种债券。假定永久债券每年支付的利息为 C，债券的价格为 P，永久债券的到期收益率 i 满足：

$$P=\sum_{t=1}^{\infty}\frac{C}{(1+i)^t}=\frac{C}{i}$$

这样 $i=C/P$，即永久债券的到期收益率等于其固定利率与价格之比。如果一张永久债券每年支付利息10元，债券价格为100元，该债券的到期收益率为10%。

5. 贴水债券

贴水债券又称贴现债券，这种债券发行后不支付利息，到期限后债券发行人按面值向债券持有人支付金额，债券发行时通常按面值的一定折扣销售。如果贴现债券的期限为 n 年，面值为 F，发行价格为 P，债券的到期收益率 i 满足：

$$P=\frac{F}{(1+i)^n}$$

比如，某公司发行的贴水债券面值为100元，期限为4年，如果这种债券的销售价格为75元，根据上述公式计算得到的到期收益率 i 为7.46%。

（资料来源：王晓光. 货币银行学[M]. 北京：清华大学出版社，2014.）

第三节 利率的决定

确定合理的利率水平是国家运用利率杠杆调节经济的关键环节。然而利率水平的确定并不是人们的单纯主观行为，必须遵循客观经济规律的要求，综合考虑影响利率水平的各种因素，并根据经济发展和资金供求状况灵活调整。影响利率的因素极为复杂，人们在研究各种因素对利率水平的影响中形成了多种利率决定理论，例如，实际利率论、可贷资金论、流动偏好论等。

一、马克思的利率决定理论

马克思对利率的决定的分析是以剩余价值在不同资本家之间的分割为起点的。马克思认为，利息是贷出资本的资本家从借入资本的资本家那里分割出来的一部分剩余价值，而利润是剩余价值的转化形式。利息的这种质的规定性决定了它的量的规定性，即利息量的多少取决于利润总额，利息率取决于平均利润率。马克思认为利息只是利润的一部分，所以利润本身就成为利息的最高界限，否则归职能资本家的部分就会等于零，这样平均利润率构成了利率的最高界限。至于利息率的最低界限，从理论上说是难以确定的，它取决于职能资本家与借贷资本家之间的竞争，但不管怎样一般不会等于零，否则借贷资本家就不会把资本贷出。因此，利率的变化范围一般总是在零与平均利润率之间。

马克思明确指出，在利率的变化范围内，有两个因素决定着利率的高低：一是利润率；二是总利润在贷款人与借款人之间分配的比例。利润率决定利率，从而使利率具有以下特点：

(1)随着技术发展和资本有机构成的提高，平均利润率有下降趋势。因而也影响平均利率有同方向变化的趋势。

(2)平均利润率虽有下降趋势，但却是一个非常缓慢的过程。换句话说，平均利率具有相对稳定性。

(3)由于利率高低取决于两类资本家对利润分割的结果，因而使利率的决定具有很大偶然性。也就是说，平均利率无法由任何规律决定，而传统习惯、法律规定、竞争等却可以直接或间接地对利率产生影响。

需要注意的是，平均利率是一个纯理论概念。在现实生活中，人们面对的是市场利率而非平均利率。市场利率的多变性直接决定于资本借贷的供求对比变化。至于总利润在贷款人与借款人之间分配的比例，也可能出现不同情况。如果总利润在贷款人和借款人之间的分割比例是固定的，则利率随着利润率的提高而提高，随利润率的下降而下降。

二、西方利率决定理论

西方经济学中关于利率决定的理论主要着眼于利率变动取决于怎样的供求对比。总的来说，其理论的演进路径是对决定因素的观察不断细化，观察角度则各不相同。近 300 多年来，西方利率决定理论经历了古典学派、凯恩斯学派和新古典学派三个时期。

(一)古典利率决定理论

在凯恩斯主义出现以前，西方经济学中占主导地位的利率决定理论被称作古典利率理论。该理论的主要倡导者为奥地利经济学家庞巴维克、英国经济学家马歇尔和美国经济学家费雪。

古典利率决定理论强调非货币的实物因素在利率决定中的作用，实物因素主要是储蓄和投资，因此该理论又称为投资储蓄理论。投资量会随着利率的提高而减少，储蓄量则随着利率的提高而增加。故投资是利率的递减函数，储蓄是利率的递增函数，而利率的变化则取决于投资与储蓄的均衡点。图 3—3 说明了这种关系。

图中，I 为投资曲线，I 线向下倾斜表示投资与利率之间存在负相关关系；S 为储蓄曲线，S 线向上倾斜表示储蓄与利率之间存在正相关关系。I、S 两条曲线的交点所决定的利率 r_0 为均衡利率。若当投资不变而边际储蓄倾向提高使 S 线右移至 S' 时，均衡点决定的利率就会从 r_0 下降至 r_1；当储蓄不变而边际投资倾向提高使 I 线右移至 I' 时，均衡点决定的利率就会从 r_0 上升至 r_2。

古典利率决定理论认为，只要利率是灵活变动的，它就和商品价格一样，具有自动调节功能，使储蓄量和投资量趋于一致。因为当投资大于储蓄时，利率会上升，使储蓄量增加而投资量下降，两者最终趋于一致；反之亦然。因此经济不会出现长期的供求失衡，它将自动趋于充分就业水平。

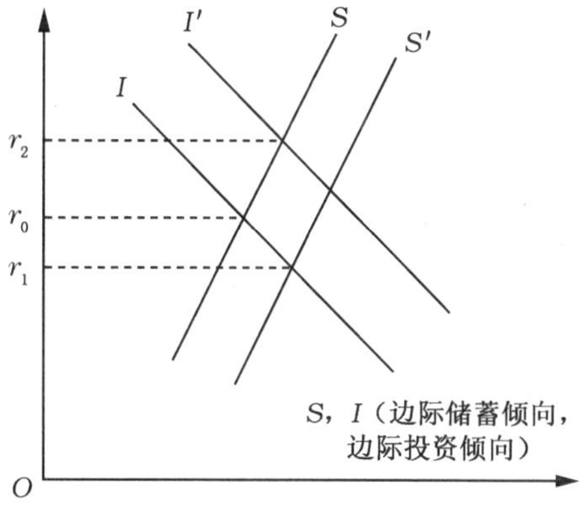

图 3—3 实际利率论

（二）凯恩斯的流动性偏好理论

20 世纪 30 年代资本主义经济大危机后，英国经济学家凯恩斯针对古典经济理论的缺陷，提出了一整套宏观经济理论。和传统的利率理论相反，凯恩斯认为利率不是取决于储蓄和投资的相互作用，而是取决于货币的供求数量。

凯恩斯认为货币供给是外生变量，由中央银行直接控制；货币需求是一个内生变量，基本取决于人们的流动性偏好。如果人们对流动性的偏好强，愿意持有的货币量就增加，当货币的需求量大于供给量时，利率上升；相反，当货币的需求量小于供给量时，利率下降。因此，利率是由流动性偏好曲线和货币供给曲线共同决定的。

凯恩斯认为，人们流动性偏好的动机有三个：交易动机、预防动机和投机动机。

交易动机是指人们为了应付日常交易的需要而持有一部分货币的动机。在任何收入水平上，无论是家庭还是厂商都需要作为交易媒介的货币。因为就个人或家庭而言，一般是定期取得收入，但经常需要支出，例如家庭需要用货币购买食品、服装，支付电费和燃料费用等，所以为了购买日常需要的生活资料，他们经常要在手边保留一定数量的货币。就厂商而言，它们取得收入（货款）也是一次性的，但是为了应付日常零星的开支，如购买原材料，支付工人工资，它们也需要经常保持一定量的货币。

预防动机是人们为了预防意外的支付而持有一部分货币的动机。即人们需要货币是为了应付不测之需，如为了支付医疗费用、应付失业和各种意外事件等。虽然个人对意外事件的看法不同，从而对满足预防动机需要的货币数量有所不同，但从整个社会来说，货币的预防需求与收入密切相关。因而由预防动机引发的货币需求量也被认为是收入的函数，与收入同方向变动。

人们之所以宁愿持有不能生息的货币还因为持有货币可以供投机性债券买卖之用。投机动机是人们为了抓住有利的购买生息资产（如债券等有价证券）的机会而持有一部分货币的动机。我们知道，一般而言，债券价格与利息率之间存在着一种反方向变动的关系，即：债券价格＝债券固定利息收益/市场利息率。显然，市场利率上升，债券价格下降；市场利率下降，债券价格上升。

凯恩斯认为，这三个动机中，交易动机和预防动机与收入成正比，而与利率无直接关系。如果用 $L_1(y)$ 表示因交易动机与预防动机而持有的货币量，$L_1(y)$ 是收入 y 的增函数。投机动机与利率成反比，这是因为当市场利率较高时，债券价格相对便宜，人们愿意更多地购买债券、更少地持有货币，以降低作为投机动机的货币持有成本。如果用 $L_2(i)$ 表示投机动机而持有的货币量，$L_2(i)$ 为利率 i 的减函数。货币的总需求量为 $L=L_1+L_2$。

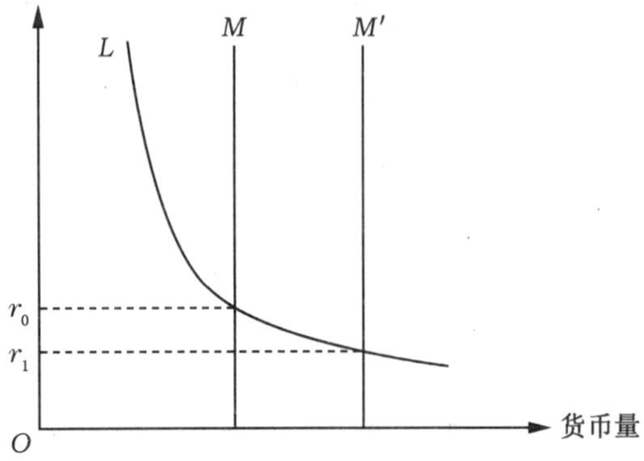

图 3—4 货币供求理论

图 3—4 中的货币供应曲线 M 因由货币当局决定，故为一条直线；L 是由流动性偏好决定的货币需求曲线，两线的相交点决定利率。但 L 越向右越与横轴平行，表明当 M 线与 L 线相交于平行部分时，由于货币需求无限大，利率将不再变动，即无论增加多少货币供应，货币都会被储存起来，不对利率产生任何影响，这就是凯恩斯利率理论中著名的“流动性陷阱”说。

（三）可贷资金理论

英国的罗伯逊和瑞典的俄林等经济学家提出了利率决定的可贷资金理论。他们一方面反对传统经济学对货币因素的忽视而将利率的决定仅限于实际因素；另一方面又批评凯恩斯只强调货币供求而否定实际因素在利率决定中的作用。

按照可贷资金理论，借贷资金的需求与供给均包括两个方面：借贷资金需求来自某期间的投资流量和该期间人们希望保有的货币余额；借贷资金供给则来自同一期间的储蓄流量和该期间货币供给量的变动。用公式表示，有：

$$D_L=I+\Delta M^D$$

$$S_L=S+\Delta M^S$$

式中：D_L 为借贷资金的需求；S_L 为借贷资金的供给；ΔM^D 为该时期内货币需求的改变量；ΔM^S 为该时期内货币供应的改变量。

显然，作为借贷资金供给一项内容的货币供给与利率呈正相关关系；而作为借贷资金需求一项内容的货币需求与利率则呈负相关关系。就总体来说，均衡条件为：

$$I+\Delta M^D=S+\Delta M^S$$

这样，利率的决定便建立在可贷资金供求均衡的基础之上。如果投资与储蓄这一对实际因素的力量对比不变，按照这一理论，则货币供需力量对比的变化即足以改变利率，因此，利率在一定程度上是货币现象，如图 3—5 所示。图中的 M_0 是尚未增加 ΔM^S 的货币供给量，M_1 是增加了 ΔM^S 之后的货币供给量。

可贷资金理论从流量的角度研究借贷资金的供求和利率的决定，可以直接用于金融市场的利率分析。特别是资金流量分析方法及资金流量统计建立之后，用可贷资金理论对利率决定做实证研究和预测分析，有其实用价值。

（四）IS—LM 模型与决定利率的因素分析

前面介绍了三种利率决定理论，三种理论分别从不同视角出发，给出了均衡利率形成过程

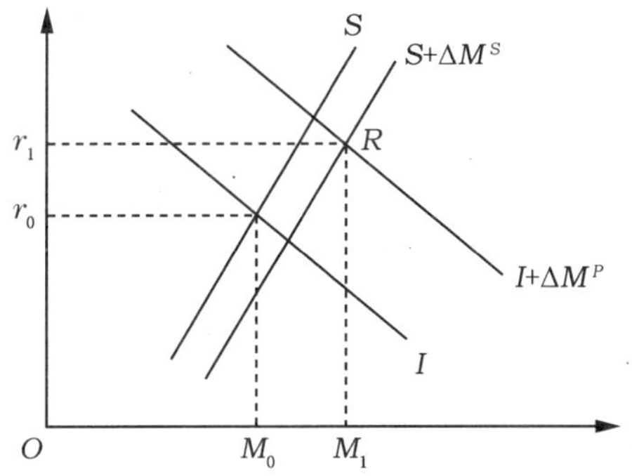

图 3—5　可贷资金理论

的描述。然而，这三种理论均存在缺陷：古典利率决定理论只考虑实物市场的均衡；凯恩斯的流动性偏好理论只考虑货币市场的均衡；可贷资金理论虽然兼顾了实物市场和货币市场，但可贷资金市场的均衡并不能保证实物市场和货币市场各自达到均衡。为了弥补可贷资金理论忽视实物市场、货币市场各自均衡的缺陷，英国经济学家希克斯和美国经济学家汉森对其进行了改造，提出了著名的 *IS*－*LM* 模型。

希克斯和汉森认为，影响利率决定的因素有生产率、节约、灵活偏好、收入水平和货币供给量。因而必须从整个经济体系来研究利率的决定，只有当商品市场和货币市场同时达到均衡，即同时满足储蓄等于投资、货币供应量等于货币需求时，均衡收入和均衡利率才能确定。

一般均衡分析法中有两个市场：实物市场和货币市场。在实物市场上，投资与利率负相关，而储蓄与收入正相关。据投资与储蓄的恒等关系，可得出一条向下倾斜的 *IS* 曲线，曲线上任一点代表实物市场上投资与储蓄相等条件下的局部均衡点。在货币市场上，货币需求与利率负相关，而与收入水平正相关，在货币供给量由央行决定时，可导出一条向上倾斜的 *LM* 曲线。*LM* 曲线上任一点意味着货币市场上货币供需相等情况下的局部均衡。如图 3－6 所示。

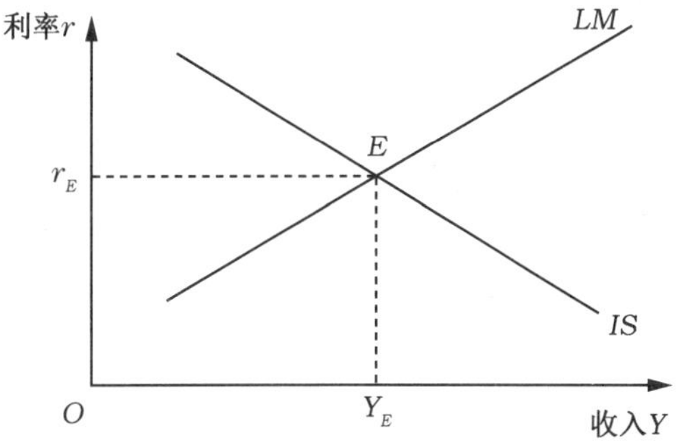

图 3—6　*IS*—*LM* 利率理论

IS 曲线和 *LM* 曲线的交点 *E* 所决定的收入和利率就是使整个经济处于一般均衡状态的唯一的收入水平和利率水平。*E* 点以外的其他任何收入利率组合都是不稳定的，都会通过商品市场和货币市场的调整达到均衡。

三、影响利率波动的主要因素

从理论上说，利率水平的决定取决于以下因素：

（一）平均利润率

利润是借贷资本家和职能资本家可分割的总额，当资本量一定时，平均利润率的高低决定着利润总量，平均利润率越高，则利润总量越大。而利息实质上是利润的一部分，所以利息率要受到平均利润率的约束。因此平均利润率越高，则利率越高。

（二）借贷成本

它主要包括两类成本：一是借入资金的成本，二是业务费用。银行再贷款时必然会通过收益来补偿其耗费的成本，并获得利差，所以它在确定贷款利率水平时，就必然要求贷款利率高于存款利率和业务费用之和，否则银行就无利可图甚至出现亏损。当然，银行还可以靠中间业务的手续费等其他收入去弥补成本。

（三）通货膨胀预期

物价变动主要表现为货币本身的升值或贬值，物价下跌，货币升值，物价上涨，货币贬值。在金融市场上，由于本息均由名义量表示，借贷双方在决定接受某一水平的名义利率时，都考虑到对未来物价预期变动的补偿，以防止自己因货币实际价值变动而发生亏损。所以，在预期通货膨胀率上升时，利率水平有很强的上升趋势；在预期通货膨胀率下降时，利率水平也趋于下降。

（四）中央银行货币政策

中央银行通过运用货币政策工具改变货币供给量，从而影响可贷资金的数量。当中央银行想要刺激经济时，会增加货币投入量，使可贷资金的供给增加，这时可贷资金供给曲线向右移动，利率下降，同时会刺激对利率的敏感项目，如房地产、企业厂房和设备的支出。当中央银行想要限制经济过度膨胀时，会减少货币供给，使可贷资金的供给减少，利率上升，使家庭和企业的支出受抑制。

（五）商业周期

利率的波动表现出很强的周期性，在商业周期的扩张期上升，而在经济衰退期下降。

（六）借款期限和风险

由于期限不同，流动性风险、通货膨胀风险和信用风险也不同，所以利息率随借贷期限的长短不同而不同，通常利息率随借贷期限增长而提高。为了弥补这些风险现实发生后无法收回贷款本息所造成的损失，贷款人在确定贷款利率时必须考虑风险因素，风险越大，利息越高。资金从投放到收回过程中，可能存在的风险主要有购买力风险、利率风险、违约风险和机会成本损失风险等。

（七）借贷资金供求状况

在资本主义制度下，从总体上说，平均利润率等因素对利息率起决定和约束作用，但市场利率的变化在很大程度上是由资金供求状况决定的。市场上借贷资金供不应求时，利率就会上升，供过于求时，利率则会下降。

（八）政府预算赤字

如果其他因素不变，政府预算赤字与利率水平将会同方向运动，即政府预算赤字增加，利率将会上升；政府预算赤字减少，利率则会下降。

（九）国际贸易和国际资本流动状况

国际贸易状况的变化通过产品市场与货币市场两方面影响利率的变化。在产品市场上，当净出口增加时，会促进利率上升；当净出口减少时，会促进利率下降。国际资本流动状况对利率的影响与国际贸易状况的变动在货币市场上对利率变动的影响相类似。当外国资本（无论是直接投资还是短期的证券投资）流入本国时，将引起中央银行增加货币供应量，导致利率下降；当外国资本流出本国时，将引起货币供应量的减少，导致利率上升。

（十）国际利率水平

由于国际的资本流动日益快捷普遍，国际市场趋向一体化，国际利率水平及其趋势对一国国内的利率水平的确定有很大的影响作用，二者体现出一致的趋势。具体表现在两方面：一是其他国家的利率对一国国内利率的影响；二是国际金融市场上的利率对一国国内利率的影响。而欧洲货币规模的增大和范围的扩大，国际金融市场上竞争的加强，也会降低国内利率水平或抑制国内利率上升的程度。

第四节　利率的作用与中国的利率市场化

一、利率的作用

作为重要的经济杠杆，利率对经济有着极其重要的调节作用。但在不同的国家、不同的时期以及不同的利率管理体制下，利率作用发挥程度也不一样。一般来说，利率既有对宏观经济的调节作用，又有对微观经济的调节作用；既有直接作用，又有间接作用；既有积极作用，又有消极作用。下面主要介绍利率对储蓄和消费、投资、通货膨胀、经济核算和经济调节的影响和作用。

（一）利率对储蓄和消费的引导作用

利率的高低不仅影响储蓄的总量，而且影响储蓄的结构。储蓄是利率的增函数，较高的利率会促进储蓄总量的增加，特别是对储蓄存款的促进作用更加明显。在其他条件不变的情况下，从短期来看，利率的提高必然会使消费减少，利率的变化会影响消费总量，消费是利率的减函数。从长期来看，利率影响的只是即期消费量，提高利率，则减少即期消费量，但却会使远期消费量增加，即增加社会消费基金总量。

利率通过消费和储蓄对经济发挥作用的传导机制可描述为：

利率上升，消费减少，总需求减少；

利率上升，储蓄增加，总产出增加。

（二）利率对投资的影响作用

投资可分为实质性投资和证券投资。利率对实质性投资和证券投资的影响是不一样的。实质性投资是指对生产流通领域进行的投资活动。实质性投资与利率的高低有着密切的关系。一般理论认为，低利率对实质性投资有刺激作用，高利率则不利于投资规模的扩大。在正常的经济情况下，利率与证券价格成反方向变化，即当市场利率下跌时，资金更多地流向证券，证券价格会上升。市场利率变化是影响证券行情的一个重要因素。

案例3－1

解读2014年央行降息

中国网财经11月21日讯，中国人民银行决定，自2014年11月22日起下调金融机构人民币贷款和存款基准利率。金融机构一年期贷款基准利率下调0.4个百分点至5.6%；一年期存款基准利率下调0.25个百分点至2.75%，同时结合推进利率市场化改革，将金融机构存款利率浮动区间的上限由存款基准利率的1.1倍调整为1.2倍；其他各档次贷款和存款基准利率相应调整，并对基准利率期限档次作适当简并。

1. 降息意味着什么？

降息就是降低存款产生的利息，就是你的钱存在银行，原来一年可以得到200元利息，现在只能得到100元利息了，无非就是调节经济，希望我们把钱花出去，刺激国内经济的发展吧。没什么关系，也没什么大的影响。当银行降息时，把资金存入银行的收益减少，所以降息会导致资金从银行流出，存款变为投资或消费，结果是资金流动性增加。一般来说，降息会给股票市场带来更多的资金，因此有利于股价上涨。降息会推动企业贷款扩大再生产，鼓励消费者贷款购买大件商品，使经济逐渐变热。

降息可以扩大市场资金流动性，一般在宏观经济低迷，市场活力不足时，央行会使用此调控手段。可以直接导致：(1)企业贷款利息成本降低，增加企业盈利；(2)储户存款利息降低；(3)银行利差收入减少(在贷款利息降幅大于存款利息降幅时会发生)等。

2. 降息对股市的影响有哪些？

降息使A股市场迎来实质性利好。

尽管各方对降息期待已久，但21日晚间突然而至的降息政策还是让市场为之一振。分析人士预计，这一举措对股市的作用不仅仅在于增量资金，更在于未来预期的调整，这将对股市形成实质性利好。

"央行释放了重大信号，非对称降息降低了企业的融资成本，是稳定经济的重大举措，对房地产、非银行金融机构、券商等都是重大利好。"英大证券研究所所长李大霄说。

近两年来，受到经济下行压力加大、企业盈利能力不佳等因素的影响，沪指一直在2000点上下苦苦挣扎。步入2014年，尤其是7月份以来，随着改革带来的信心提振，股市开启了一轮久违的持续上涨行情。

不过，市场担心，如果没有政策层面的实质性利好措施或者经济数据的明显好转，股市的上涨恐难继续。

央行此次降息除了通过利好实体经济而利好股市之外，降息会带来资金成本的下降，权益类和固定收益类产品都会有较好的表现。

此前，市场无风险利率走高，逐利资金纷纷从股市流出，进入信托、银行理财等领域，直接带来股市下行，人气低迷。在一些专家看来，当前，无风险利率能否持续下行甚至成为判断股市涨势能否持续的关键因素。

毫无疑问，降息将拉低无风险利率，让更多资金流入股市。民生证券研究院执行院长管清友特别指出，降息带来的无风险利率的下降将利好股市。

回顾历史，A股市场上一次迎来降息利好还是在两年多前。2012年7月6日，在央行宣布降息降准之后的第一个交易日，A股市场一改低迷走势，沪指上涨1.01%，深指更是录得

2.95%的日涨幅。

分析人士认为，央行有两年多时间未采取降息措施，此次在关键节点上推出的降息举措在增加市场流动性的同时，更将改善市场对政策的预期，这将对股市的持续上涨形成有力支撑。

不过，也有机构认为，股市的走势最终取决于企业盈利和经济基本面，降息能否带来经济基本面的改善仍待观察。

（资料来源：综投网，2014—11—22）

（三）利率对经济核算的影响作用

对存款人来说，利息是让渡资金使用权的报酬。适当的利率水平可以鼓励居民勤俭节约，促进企业加强经济核算，将节约的资金存入银行，以取得更多利息。银行还可以运用利率杠杆，对那些经营管理不善、资金周转慢、贷款逾期不还的企业实行高利率，对那些经营管理好、资金效益高、信用状况好的企业实行优惠利率，从而促进企业加强核算，提高资金使用效益。

（四）利率对通货膨胀的影响作用

利率作为经济杠杆，如果运用得好，可以起到稳定物价、抑制通货膨胀的作用。利率对通货膨胀的抑制作用是通过以下途径实现的：第一，利率可以调节货币供应量。第二，利率可以调节社会总供给和总需求。

（五）利率对调节经济的作用

利率对宏观经济和微观经济都有着重要的调节作用。利率对经济的调节作用主要是通过以下途径实现的：

第一，聚集社会闲散资金。聚集和积累资金是利率最主要的功能。正是因为利率的存在，才能使分散在社会各阶层的货币收入和再生产过程中暂时闲置的货币资金得以集中起来，转化为信贷资金，通过信贷资金的分配，满足生产发展的资金需要，促进经济快速发展。

第二，优化产业结构。利率作为资金的价格，会自发地引导资金流向利润率较高的部门，实现社会资源的优化配置。同时，银行还可以自觉地运用差别利率政策，对国家急需发展的农业、能源、交通运输等行业以及有关的企业和产品，适当降低贷款利率，大力支持它们的发展；对需要限制的某些加工行业以及有关的企业和产品，适当提高利率，限制其发展，从而优化产业结构，实现经济结构合理化。

第三，调节货币流通。利率对货币流通的调节作用主要表现在以下三个方面。一是存款利率的高低直接影响银行的存款规模，对实现社会购买力与商品可供量的平衡有调节作用；二是贷款利率的高低直接影响银行的贷款规模，决定货币供应量，对币值稳定有重要影响；三是利率的高低直接影响企业的生产规模和经营状况，从而影响社会商品的供给总量和结构，对货币流通正常与否有重要影响。

第四，平衡国际收支。当国际收支逆差比较严重时，可以通过利率杠杆来调节，可以将本国的利率调到高于其他国家的程度，这样一方面可以阻止本国资金流向利率较高的其他国家，另一方面还可以吸收外资流入本国。但是，当国际收支逆差发生在国内经济衰退时期，则不宜采取调节利率水平的做法，而只能通过调整利率结构来平衡国际收支。

二、我国的利率市场化改革

中国人民银行在2003年2月20日发布的《2002年中国货币政策执行报告》中公布了我国利率市场化改革的总体思路：先外币、后本币；先贷款、后存款；先长期、大额，后短期、小额。

中共十六大报告提出，“要稳步推进利率市场化改革，优化金融资源配置”。按照这一精神，我国利率市场化改革的目标是建立由市场供求决定金融机构存、贷款利率水平的利率形成机制，中央银行通过运用货币政策工具调控和引导市场利率，使市场机制在金融资源配置中发挥主导作用。改革的基本原则是正确处理好利率市场化改革与金融市场稳定和金融业健康发展的关系，正确处理好本、外币利率政策的协调关系，逐步淡化利率政策承担的财政职能。目前我国利率市场化程度同改革之初相比已明显提高。

（一）中国实行利率市场化的原因

应该承认，中国目前仍属于严格利率管制的国家。我国改革开放20年来，企业和银行从未实现过完全商业化经营，所谓利率充其量只在动员储蓄、化消费为积累方面起到一些调节作用，而对于避免贷款的低效益等方面作用甚微。同时，还存在企业的非企业化经营，贷款利息进入成本、企业财务软约束等问题，放开利率也无法达到遏制企业过旺的外源融资需求的目标。

随着我国经济改革的深化，非国有企业和股份制银行兴起，国有商业银行及部分国有企业经营机制转变，利率管制的弊端愈显突出。首先，在利率管制情况下，商业银行就不能通过利率差别来区别风险不同的贷款人，同时，高风险贷款缺乏高利息补偿，从而银行处于风险收益不对称状态。从而导致实践中，多数企业支付的贷款利息远高于官方利息，这些没有记入银行账表。其次，利率管制还会强化金融工具之间的非市场差别，制约了公平竞争。例如，中国的债券利率一直高于存款利率，导致居民结余资金向债券倾斜。1999年3年期国债比银行同档次存款高0.58%，一些企业债券则更高。

（二）利率市场化需要的外部条件

利率市场化并非在任何情况下都可进行。在银行微观经营机制不健全、基层银行和非银行金融机构不能进行自我约束的条件下，放开利率还可能造成利率恶性竞争，金融秩序混乱的后果。借鉴国际经验，结合我国实际，利率市场化要顺利实现，必须具备以下四个方面的条件：

1. 充分有效的金融监管

总结20世纪七八十年代发展中国家金融改革经验时，学者们普遍谈到了有效的监管机制对自由化成功实现的前提意义。目前我国的金融监管相对前几年无疑有突破性的进展，它使利率主体行为更为规范，但金融监管尚未完全实现规范化。所以，应按市场化金融运行的要求，尽快建立既适合我国国情又符合国际惯例的金融监管法规体系，并且选拔和培养一支高素质的监管队伍，从而提高我国金融监管水平。

2. 宏观经济稳定

大多数学者认为，利率管制放开后，宏观经济运行状况将是引起利率水平异常波动的最重要因素。这种影响是通过银行和企业来进行的。当宏观经济稳定时，银行和企业间维持稳定的关系，有利于保持市场利率平稳，降低波动幅度。当宏观经济不稳定时，利率放开，在无完善监管机制时，银行就会出现道德风险，为追求高收益而提高利率，容易引发借款人的冒险行为。而且宏观经济不稳定会使企业投资的不确定性增加，还会引起企业对短期信贷的过度需求，导致短期利率骤升，对利率市场化极为不利。

3. 微观基础的完善

微观基础是指经营性金融机构和企业。利率作为货币政策传导机制的一个重要条件是经营性金融机构和企业对利率变动必须灵敏反应，并迅速调整。从我国看，利率市场化微观基础的构造重点是国有银行商业化和企业的企业化。由于目前未实现完全的银企企业化，利率市场化就缺乏相应的基础，若强行推行利率市场化，则银行和企业可能用别人的财产去冒险，不顾利率水平高低，从而发生恶劣后果。考虑到银企企业化的现实，可逐步放开票据贴现利率，扩大贷款利率浮动范围和幅度。

4. 建立完善的金融市场

学界普遍认为，利率市场化的过程，实质上是一个培育金融市场由低水平向高水平、由简单形态向复杂形态转化的过程。一旦这一过程完成，利率市场化也就实现了。经典的利率自由化理论认为，利率市场化要求的金融市场应具有如下特征：(1)品种齐全、结构合理的融资工具体系；(2)规范的信息披露制度；(3)金融市场主体充分而富有竞争意识；(4)建立以法律和经济手段为特色的监管体制。而目前我国的金融市场仍存在诸多缺陷，其中比较明显的有：(1)金融市场各子市场发育不平衡；(2)债券股票发行向国有大中型企业倾斜；(3)机构投资者数量不足，影响利率作用的深化；(4)市场监管不完善，导致金融市场利率功能扭曲。只有尽快发展和完善金融市场，培育高素质的投资队伍，提高信用评级服务质量，才能为利率市场化的最终实现创造应有条件。

(三)中国的利率市场化进程回顾

1993 年，中国共产党的十四大《关于金融体制改革的决定》提出，中国利率改革的长远目标是：建立以市场资金供求为基础，以中央银行基准利率为调控核心，由市场资金供求决定各种利率水平的市场利率体系的市场利率管理体系。

1996 年 6 月 1 日，中国人民银行放开了银行间同业拆借利率，此举被视为利率市场化的突破口。

1997 年 6 月银行间债券回购利率放开。1998 年 8 月，国家开发银行在银行间债券市场首次进行了市场化发债，1999 年 10 月，国债发行也开始采用市场招标形式，从而实现了银行间市场利率、国债和政策性金融债发行利率的市场化。

1998 年，中国人民银行改革了贴现利率生成机制，贴现利率和转贴现利率在再贴现利率的基础上加点生成，在不超过同期贷款利率(含浮动)的前提下由商业银行自定。

1998 年、1999 年，中国人民银行连续三次扩大金融机构贷款利率浮动幅度。央行行长周小川在《关于推进利率市场化改革的若干思考》中坦承，2003 年之前，银行定价权浮动范围只限 30%以内。

1999 年 10 月，中国人民银行批准中资商业银行法人对中资保险(放心保)公司法人试办由双方协商确定利率的大额定期存款(最低起存金额 3 000 万元，期限在 5 年以上不含 5 年)，进行了存款利率改革的初步尝试。2003 年 11 月，商业银行农村信用社可以开办邮政储蓄协议存款(最低起存金额 3 000 万元，期限降为 3 年以上不含 3 年)。

2000 年 9 月，放开外币贷款利率和 300 万美元(含 300 万美元)以上的大额外币存款利率；300 万美元以下的小额外币存款利率仍由中国人民银行统一管理。2002 年 3 月，中国人民银行统一了中、外资金融机构外币利率管理政策，实现中外资金融机构在外币利率政策上的公平待遇。2003 年 7 月，放开了英镑、瑞士法郎和加拿大元的外币小额存款利率管理，由商业银行自主确定。2003 年 11 月，对美元、日元、港币、欧元小额存款利率实行上限管理。

2004 年 1 月 1 日，中国人民银行再次扩大金融机构贷款利率浮动区间。商业银行、城市信用社贷款利率浮动区间扩大到[0.9,1.7]，农村信用社贷款利率浮动区间扩大到[0.9,2]，贷款利率浮动区间不再根据企业所有制性质、规模大小分别制定。扩大商业银行自主定价权，提高贷款利率市场化程度，企业贷款利率最高上浮幅度扩大到 70%，下浮幅度保持 10%不变。

2004年10月,贷款上浮取消封顶;下浮的幅度为基准利率的90%,还没有完全放开。与此同时,允许银行的存款利率都可以下浮,下不设底。

2006年8月,浮动范围扩大至基准利率的85%;2008年5月汶川特大地震发生后,为支持灾后重建,中国人民银行于当年10月进一步提升了金融机构住房抵押贷款的自主定价权,将商业性个人住房贷款利率下限扩大到基准利率的70%。2012年6月,央行进一步扩大利率浮动区间。存款利率浮动区间的上限调整为基准利率的1.1倍;贷款利率浮动区间的下限调整为基准利率的80%。7月,再次将贷款利率浮动区间的下限调整为基准利率的70%。

2013年7月,进一步推进利率市场化改革,自2013年7月20日起全面放开金融机构贷款利率管制。将取消金融机构贷款利率70%的下限,由金融机构根据商业原则自主确定贷款利率水平。并取消票据贴现利率管制,改变贴现利率在再贴现利率基础上加点确定的方式,由金融机构自主确定。下一步将进一步完善存款利率市场化所需要的各项基础条件,稳妥有序地推进存款利率市场化。

2014年11月22日,结合推进利率市场化改革,中国人民银行宣布将金融机构存款利率浮动区间的上限由存款基准利率的1.1倍调整为1.2倍。对存款利率的进一步放开标志着中国的利率市场化又推进了一步。

2015年,我国的利率市场化改革进程进一步加快。2015年5月11日起,中国人民银行决定金融机构存款利率浮动区间的上限由存款基准利率的1.3倍调整为1.5倍。2015年8月26日,中国人民银行决定放开一年期以上(不含一年期)定期存款的利率浮动上限,标志着中国利率市场化改革又向前迈出了重要一步。2015年10月24日,中国人民银行决定对商业银行和农村合作金融机构等不再设置存款利率浮动上限。

回顾我国利率市场化所走过的道路和国际发达国家利率市场化的基本经验说明,深化利率市场化改革必须坚持循序渐进原则,始终注意改革进程与商业银行的自我约束能力和中央银行对利率的宏观控制能力相适应,保证市场稳定和金融安全。

本章小结

利息是借贷行为到期偿还时支付的一个增加额。利息的计算方法分为单利和复利。

在利率的变化范围内,有两个因素决定着利率的高低:一是利润率;二是总利润在贷款人与借款人之间分配的比例。利润率决定利率。

一般情况下,决定和影响利息率的因素是:平均利润率、借贷资本的供求、社会再生产状况、物价变动、国家经济政策、国际利率水平。

利率对经济活动的调节作用主要是:聚集社会资金、调节信贷规模和结构、提高资金使用效率、稳定物价和调节货币流通。

练习题

一、概念识记

利息　市场利率　基准利率　官定利率　公定利率　固定利率　浮动利率　名义利率　实际利率　利率期限结构

二、选择题

1. 在借贷关系存续期内，利率水平可随市场利率变化的是（　　）。

A. 固定利率　B. 浮动利率　C. 一般利率　D. 优惠利率

2. 当一国的国际收支出现持续大量的逆差时，为了弥补国际收支逆差，需要利用资本项目大量引进外资。此时金融管理当局可能会（　　）利率。

A. 提高　B. 降低

3. 在通货膨胀时期，要保持实际利率水平不变，应（　　）名义利率。

A. 提高　B. 降低

4. 在利率种类分析中，我们通常所说的负利率是指（　　）。

A. 名义利率为负　B. 实际利率为负

C. 名义利率低于实际利率　D. 存款利率低于贷款利率

5. 下列理论中，（　　）强调投资与储蓄对利率的决定作用。

A. 马克思利率理论　B. 古典利率理论

C. 可贷资金利率理论　D. 流动性偏好利率理论

6. 利率变动对宏观经济有重要的影响。从消费者角度看，利率上升时，会（　　）。

A. 抑制消费，增加储蓄　B. 刺激消费，减少储蓄

C. 刺激消费，刺激储蓄　D. 抑制消费，抑制储蓄

7. 某银行发放一笔贷款 100 万元，期限为 1 年，利率为 6%，当年通货膨胀率为 4%，则实际利率为（　　）。

A. 2%　B. 1.92%　C. 4%　D. 6%

8. 下列因素中可引起国内市场利率水平上升的是（　　）。

A. 国家实行宽松的货币政策　B. 借贷资金供不应求

C. 国际利率水平高于国内利率水平　D. 通货膨胀率上升

9. 利率变化会引起一些经济变量的变化，从而影响整个国家经济活动水平。当利率上升时，会导致（　　）的增加。

A. 消费　B. 储蓄　C. 投资　D. 资本流入

10. 影响和决定利率水平的因素是复杂多样的，主要有（　　）。

A. 平均利润率　B. 借贷资本的供求关系

C. 国际收支状况　D. 预期通货膨胀率

11. 促使利率水平上升的因素包括（　　）。

A. 平均利润率增加　B. 预期通货膨胀率下降

C. 信贷资金供应增加　D. 经济周期处于扩张阶段

12. 债券的利率由高到低，依次是（　　）。

A. 金融债券、公司债券、政府债券　B. 金融债券、政府债券、公司债券

C. 公司债券、政府债券、金融债券　D. 公司债券、金融债券、政府债券

13. 我国现行的存贷款利率属于（　　）。

A. 官定利率　B. 公定利率　C. 市场利率　D. 实际利率

14. 下列观点中，属于凯恩斯流动性偏好利率理论的有（　　）。

A. 利率是由货币需求和货币供给共同决定的

B. 货币供给是一个外生变量，由中央银行控制

C. 人们的“流动性偏好”成为决定利率高低的主要因素
D. 货币需求来自投资和人们的货币窖藏

三、简答题

1. 决定和影响利率的因素有哪些?
2. 利率在经济生活中有何作用?
3. 你认为我国当前应如何进行利率体制的改革?
4. 你认为我国利率市场化应注意哪些方面的问题?

四、案例分析题

日本利率市场化进程

1977 年 4 月,日本大藏省正式批准:各商业银行承购的国债可以在持有一段时间后上市销售。经过 17 年努力,到 1994 年 10 月,日本已放开全部利率管制,实现了利率完全市场化。为了完成这一艰难而必要的金融自由化过程,日本大概经历了如下四个阶段:

1. 放开利率管制的第一步:国债交易利率和发行利率的自由化

日本经济在低利率水平和严格控制货币供应量政策的支持下获得迅速发展。但是,1974 年之后,随着日本经济增长速度的放慢,经济结构和资金供需结构也有了很大的改变,战后初期形成的以“四叠半”(意为狭窄)利率为主要特征的管制体系已不适应这种经济现状了。日本政府为刺激经济增长,财政支出日渐增加,政府成为当时社会资金最主要的需求者。培育和深化非间接金融中介市场的条件已初步具备。1975 年,日本政府为了弥补财政赤字再度发行赤字国债(第一次是 1965 年)。此后,便一发不可收,国债发行规模越来越大。1977 年 4 月日本政府和日本银行允许国债的自由上市流通。第二年开始了以招标方式来发行中期国债。这样,国债的发行和交易便首先从中期国债开了利率自由化的先河。

2. 放开利率管制第二步:丰富短期资金市场交易品种

在 1978 年 4 月,日本银行允许银行拆借利率弹性化(在此以前,同业拆借利率是基于拆出方和拆入方达成一致的统一利率,适用于全体交易参与者,并于交易的前一天予以明确确定),6 月又允许银行之间的票据买卖利率自由化。这样,银行间市场利率的自由化首先实现了。

3. 放开利率管制的第三步:交易品种小额化,将自由利率从大额交易导入小额交易

实现彻底的利率自由化是要最终放开对普通存贷利率的管制,实现自由化,如何在已完成利率自由化的货币市场与普通存款市场之间实现对接成为解决问题的关键。日本政府采取的办法是通过逐渐降低已实现自由化利率交易品种的交易单位,逐步扩大范围,最后全部取消利率管制。在这一过程中,日本货币当局逐级降低了 CD(大额可转让存单)的发行单位和减少了大额定期存款的起始存入额,逐步实现了由管制利率到自由利率的过渡。

在存款利率逐步自由化的同时,贷款利率自由化也在进行之中。由于城市银行以自由利率筹资比重的上升,如果贷款利率不随之调整,银行经营将难以为继。1989 年 1 月,三菱银行引进一种短期优惠贷款利率,改变了先前在官定利率基础上加一个小幅利差决定贷款利率的做法,而改为在筹取资金的基础利率之上加 1%形成贷款利率的做法。筹资的基础利率是在银行四种资金来源基础上加权平均而得,这四种资金来源是:(1)活期存款;(2)定期存款;(3)可转让存款;(4)银行间市场拆借资金。由于后两种是自由市场利率资金,所以,贷款资金利率

已部分实现自由化。随着后两部分资金在总筹资中比重的增加，贷款利率的自由化程度也相应提高。

4. 放开利率管制的第四步：利率完全自由化

在上述基础上，日本实质上已基本完成了利率市场化的过程，之后需要的只是一个法律形式的确认而已。1991 年 7 月，日本银行停止“窗口指导”的实施；1993 年 6 月，定期存款利率自由化，同年 10 月活期存款利率自由化，1994 年 10 月，利率完全自由化，至此日本利率自由化画上了一个较完满的句号。

（资料来源：木下信行. 日本理率市场化改革对中国的启示[J]. 现代国企研究，2018(8).）

思考题：日本的利率市场化进程对我国有何借鉴意义？

第四章　外汇与汇率制度

学习目标

1. 掌握外汇与汇率的基本概念、特征和种类。
2. 理解汇率的标价方法和汇率的决定理论。
3. 了解汇率制度的种类以及人民币汇率制度的改革。

引导案例

关注俄罗斯卢布贬值

2007年经济大衰退以来，由于各国央行非常规的刺激性操作，美国国债和其他低风险资产的收益率明显下降，这些刺激性操作包括“零利率政策”(ZIRP)和量化宽松等，如此一来，出于收益最大化的考虑，发达国家的投资者为使其持有资产有更高利率，不断购买新兴市场的债务。这造成了俄罗斯企业发行的以外币计价的债务规模不断上升，截至2014年6月，外币计价的债务规模已达到5 020亿美元，而2007年底仅有3 250亿美元。

由于2014年卢布贬值，俄罗斯企业应当支付的债务利息成本明显上升。因为这些债务是以美元或者其他相对卢布升值的货币发行的，俄罗斯企业需要花费更多的以卢布计价的收入才能偿付那些美元或其他外币的债权人。

2014年12月15日，俄罗斯央行花费了近20亿美元，试图阻止卢布继续贬值。12月16日凌晨1点不到，俄央行将基准利率从10.5%提升至17%，以缓解或停止卢布继续贬值。这是2014年俄央行第六次加息操作。但是就算俄央行凌晨进行了这样的干预，卢布甚至跌得更厉害。16日凌晨，美元兑卢布汇率甚至一度达到了79，而2014年1月汇率只有33。

当天，以美元计价的俄罗斯RTS股票价格指数下跌12%，成为金融危机期间的2008年11月以来的最大跌幅，Micex指数在当日一度下跌达到8.1%。截至12月16日，RTS指数当月累计跌幅已接近30%。

为规避卢布不断下跌的风险，很多俄罗斯人开始购买耐用品，比如洗衣机、电视机、家具和珠宝等，并将其年金和储蓄从卢布换成美元或欧元。一些外国公司停止了其在俄罗斯的业务，比如沃尔沃汽车代理业务和苹果在线商店业务，因为卢布波动幅度大并在下跌。很多西方金融机构比如高盛也开始削减其向俄罗斯企业支付的现金流，在之前它们也已削减了一些长期的卢布计价的回购协议。这些举动是为了保护西方企业避免受到卢布波动的影响。回购交易使得俄罗斯企业可以将证券抵押给西方金融机构以获得现金，所以削减的举动很可能会增加俄罗斯金融系统的压力。

俄罗斯金融危机也蔓延到了其他全球化的金融市场。美元金融市场也有所下跌，道琼斯工业指数在3个交易日内下跌了3%，部分是由于俄罗斯金融危机造成的。持有俄罗斯债务或其他资产金额相对较高的金融机构也受到了俄罗斯金融危机的影响。

思考：卢布为什么会贬值？汇率的波动对俄罗斯经济产生了什么样的影响？又是什么决定了外汇汇率呢？

第一节　外汇与汇率

一、外汇的定义与特征

（一）外汇的概念

概括地说，外汇指的是外币或以外币表示的用于国际债权债务结算的各种支付手段。

对于任一国家的居民，相对于其本国的货币，把一切外国的货币称为外汇；外汇就是货币，只不过是“外国”的货币。外汇不仅指外国的钞票和硬币，以外币履行支付义务的票据、银行的外币存款和以外币标示的有价证券，如外国政府的债券、外国公司的债券和股票等等也是外汇；而且，非钞票和硬币形态的外汇是外汇存在的主要形态。

我们可以从动态和静态两种角度来理解外汇。

从动态意义来看，外汇是指把一国货币兑换成另一国的货币，并利用国际信用工具汇往另一国，借以清偿两国因经济贸易等往来而形成的债权债务关系的交易过程。其包括“汇”与“兑”两个环节。例如，设某国的进口商甲和出口商乙与外国的出口商A和进口商B有外贸联系。出口商乙卖给外国进口商B一批货物并要求B开出以该国货币——外汇付款的票据；与之同时，进口商甲从出口商A买进一批货物并商定以该国的货币结账。这时，进口商甲可用本国货币从出口商乙那里买进外汇——B承诺以该国货币履行支付义务的票据，并用这样的票据向外国的出口商A付款；而外国出口商A依据这张票据要求该国进口商B履行付款义务。过程见图4－1。在这个例子中，非常明显，外汇的流转不过是应收应付的债权债务关系产生、转移和结清的过程。

从静态角度来看：外汇是一种以外币表示的用于国际结算的支付手段。这种支付手段包括以外币表示的信用工具和有价证券，如银行存款、商业汇票、银行汇票、银行支票、外国政府库券及其长短期证券等。

国际货币基金组织对外汇的定义为：“外汇是货币行政当局以银行存款、财政部库券、长短

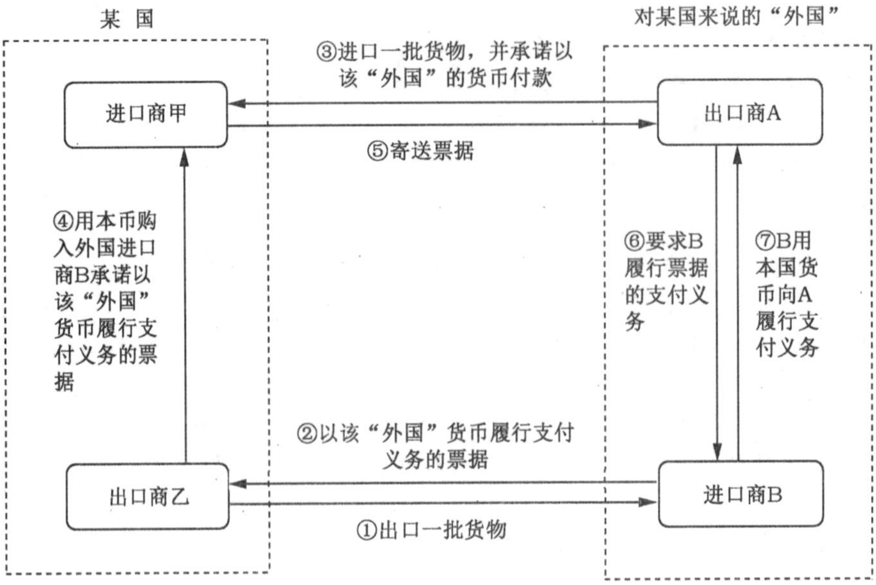

图 4—1 外汇流转过程

期政府证券等形式所持有的在国际收支逆差时可以使用的债权。"

《中华人民共和国外汇管理条例》对外汇做出了更为明确的规定：外汇是以外币表示的可以用作国际清偿的支付手段和资产，它包括：

(1)外国货币，包括纸币、铸币；

(2)外币支付凭证，包括票据、银行存款凭证、邮政储蓄凭证等；

(3)外币有价证券，包括政府债券、公司债券、股票等；

(4)特别提款权；

(5)其他外汇资产。

表 4—1 列出了主要国家和地区货币的名称和代码。

表 4—1 常见货币单位名称和代号

国家和地区	货币单位名称	货币代号
美国	美元	USD
日本	日元	JPY
欧盟	欧元	EUR
英国	英镑	GBP
中国香港特别行政区	港元	HKD
加拿大	加拿大元	CAD
澳大利亚	澳大利亚元	AUD
新西兰	新西兰元	NZD
丹麦	丹麦克朗	DKK
瑞典	瑞典克朗	SEK
新加坡	新加坡元	SGD

（二）外汇的特征

外汇在国际交往和国际贸易中行使着流通手段、支付手段和储存价值的职能。但是并不是任何一个国家的货币都可以作为外汇，一国的货币必须同时具备外币性、可兑换性和可偿性三个特征才可以称为外汇。

1. 外币性

外币性即必须是以外币表示的金融资产，而不能是本币表示的金融资产。比如，我国的一进口商用人民币购买美国的商品，使用人民币作为双方交易的支付手段，对我国进口商来说人民币不是外汇，但对于美国出口商来说人民币就是外汇。

2. 可兑换性

可兑换性即持有人能够不受限制地将它们兑换为其他外币支付手段。一般来说，只有能自由兑换成其他国家的货币，同时能不受限制地存入该国商业银行的普通账户才能算作外汇。例如，美元可以自由兑换成日元、英镑、欧元等其他货币，因而美元对其他国家的人而言是一种外汇；而我国人民币现在还不能自由兑换成其他种类货币，人民币尽管对其他国家的人而言是一种外币，却不能称作外汇。

3. 可偿性

可偿性即外汇可以在各国之间能被普遍认可和接受，保证其在国外能得到偿付。只有具有可偿性的外汇才能顺利实现交易双方债权债务的结算。例如，空头支票、拒付的汇票等均不能视为外汇。

（三）外汇的分类

1. 按照外汇进行兑换时的受限制程度分类

按照外汇进行兑换时的受限制程度可分为自由兑换外汇、有限自由兑换外汇和记账外汇。

自由兑换外汇，就是在国际结算中用得最多、在国际金融市场上可以自由买卖、在国际金融中可以用于偿清债权债务并可以自由兑换其他国家货币的外汇。例如美元、港元、加拿大元等。

有限自由兑换外汇，则是指未经货币发行国批准，不能自由兑换成其他货币或对第三国进行支付的外汇。国际货币基金组织规定凡对国际性经常往来的付款和资金转移有一定限制的货币均属于有限自由兑换货币。世界上有一大半国家的货币属于有限自由兑换货币，包括人民币。

记账外汇，又称清算外汇或双边外汇，是指记账在双方指定银行账户上的外汇，不能兑换成其他货币，也不能对第三国进行支付。

2. 根据外汇的来源与用途不同分类

根据外汇的来源与用途不同，可以分为贸易外汇、非贸易外汇和金融外汇。

贸易外汇，也称实物贸易外汇，是指来源于或用于进出口贸易的外汇，即由于国际的商品流通所形成的一种国际支付手段。

非贸易外汇是指贸易外汇以外的一切外汇，即一切非来源于或用于进出口贸易的外汇，如劳务外汇、侨汇和捐赠外汇等。

金融外汇与贸易外汇、非贸易外汇不同，是属于一种金融资产外汇，例如银行同业间买卖的外汇，既非来源于有形贸易或无形贸易，也非用于有形贸易，而是为了各种货币头寸的管理。资本在国家之间的转移，也要以货币形态出现，或是间接投资，或是直接投资，都形成在国家之间流动的金融资产，特别是国际游资数量之大，交易之频繁，影响之深刻，不能不引起有关方面的特别关注。

贸易外汇、非贸易外汇和金融外汇在本质上都是外汇，它们之间并不存在不可逾越的鸿沟，而是经常互相转化。

3. 根据外汇汇率的市场走势不同分类

根据外汇汇率的市场走势不同外汇又可区分为硬外汇和软外汇。

外汇就其特征意义来说，总是指某种具体货币，如美元外汇是指以美元作为国际支付手段的外汇；英镑外汇是指以英镑作为国际支付手段的外汇；日元外汇是指以日元作为国际支付手段的外汇，等等。在国际外汇市场上，由于多方面的原因，各种货币的币值总是经常变化的，汇率也总是经常变动的，因此根据币值和汇率走势我们又可将各种货币归类为硬货币和软货币，或叫强势货币和弱势货币。硬币是指币值坚挺，购买能力较强，汇价呈上涨趋势的自由兑换货币。由于各国国内外经济、政治情况千变万化，各种货币所处硬币、软币的状态也不是一成不变的，经常是昨天的硬币变成了今天的软币，昨天的软币变成了今天的硬币。

二、汇率

我们对国内贸易都很熟悉。当你去商店买米的时候，你会很自然地支付人民币。当然米店也很乐意接受人民币。贸易可以用人民币进行。在一国之内的商品交换相对来讲是简单的。但是，如果你想去买一台美国造的电子计算机，事情就复杂了。或许你在商店支付的是人民币，但通过银行等金融机构的作用，最终支付的还是美元，而不是人民币。同样，美国人如想买中国商品，他们最终支付的则是人民币。这样，我们就由国际贸易引进了外汇汇率的概念：外汇汇率就是一国货币单位兑换他国货币单位的比率。例如，2015 年 1 月 26 日，人民币兑美元外汇汇率是：100 美元＝625.07 元人民币。

(一)汇率的概念

汇率(exchange rate)又称汇价或兑换率，是指一个国家的货币用另一个国家的货币所表示的价格，或两国货币折算的比率。如果把外国货币作为商品的话，那么汇率就是买卖外汇的价格。

世界各地，在银行、空港、车站、码头、旅店、商场等地，几乎到处可以看到汇率牌价表。表 4—2 列出的是一份我国人民币的外汇牌价表。

表 4—2　　外汇牌价(人民币：100 外币)

(2019 年 1 月 21 日)

货币名称	现汇买入价	现钞买入价	现汇卖出价	现钞卖出价	中行折算价
澳大利亚元	484.62	469.56	488.18	489.37	485.46
巴西里亚尔		173.62		189.89	180.98
加拿大元	509.85	493.75	513.61	514.85	510.73
瑞士法郎	679.38	658.42	684.16	686.41	681.04
丹麦克朗	103	99.82	103.82	104.11	103.22
欧元	769.54	745.63	775.21	776.93	770.39
英镑	869.83	842.8	876.23	878.36	871.7
港元	86.32	85.63	86.66	86.66	86.4

续表

货币名称	现汇买入价	现钞买入价	现汇卖出价	现钞卖出价	中行折算价
日元	6.1704	5.9787	6.2158	6.2192	6.1797
韩国元	0.6006	0.5795	0.6054	0.6274	0.6038
澳门元	83.93	81.12	84.27	86.97	84.1
新西兰元	455.17	441.13	458.37	463.99	456.76
菲律宾比索	12.83	12.43	12.93	13.53	12.89
卢布	10.19	9.57	10.27	10.66	10.24
新加坡元	497.96	482.59	501.46	502.96	498.92
泰国铢	21.3	20.65	21.48	22.13	21.35
土耳其里拉	126.93	120.71	127.95	144.36	127.19
新台币		21.24		22.9	21.99
美元	677.22	671.72	680.09	680.09	677.74
南非兰特	48.87	45.12	49.21	52.96	48.99

资料来源：中国银行网站。

（二）汇率的标价方法

确定两种不同货币之间的比价，先要确定用哪个国家的货币作为标准。由于确定的标准不同，于是便产生了几种不同的外汇汇率标价方法。

1. 直接标价法

直接标价法又称为应付标价法，是以一定单位的外国货币作为标准，折算为本国货币来表示其汇率。在直接标价法下，外国货币数额固定不变，汇率涨跌都以相对的本国货币数额的变化来表示。一定单位外币折算的本国货币减少，说明外币汇率下跌，即外币贬值或本币升值。我国和国际上大多数国家都采用直接标价法。我国人民币汇率是以市场供求为基础的、单一的、有管理的浮动汇率制度。中国人民银行根据银行间外汇市场形成的价格，公布人民币对主要外币的汇率。

2. 间接标价法

间接标价法又称为应收标价法，是以一定单位的本国货币为标准，折算为一定数额的外国货币来表示其汇率。在间接标价法下，本国货币的数额固定不变，汇率涨跌都以相对的外国货币数额的变化来表示。一定单位的本国货币折算的外币数量增多，说明本国货币汇率上涨，即本币升值或外币贬值。反之，一定单位本国货币折算的外币数量减少，说明本国货币汇率下跌，即本币贬值或外币升值。英国一向使用间接标价法。美国也从 1978 年 9 月 1 日起改用间接标价法。

直接标价法和间接标价法所表示的汇率涨跌的含义正好相反，所以在引用某种货币的汇率和说明其汇率高低涨跌时，必须明确采用哪种标价方法，以免混淆。两种标价法的差异如表 4—3 所示。

表 4—3 直接标价法与间接标价法的比较

标价方法	直接标价法	间接标价法
定义	以一定单位的外国货币作为标准，折算成若干单位的本国货币来表示两种货币之间的汇率	以一定单位的本国货币作为标准，折算成若干单位的外国货币来表示两种货币之间的汇率
汇率上升	外币升值，本币贬值	外币贬值，本币升值
汇率下降	外币贬值，本币升值	外币升值，本币贬值
示例	1 美元＝6.2507 元人民币	1 人民币＝0.1599 美元

目前，各国各大金融中心多采用美元标价法，即以一定数量的美元为基准，计算应折合成多少其他货币。其他货币间的汇率则可由它们对美元的汇率套算得出。这是因为美元是国际外汇市场上最主要的货币，交易量大，用美元标价法便于进行业务活动。

（三）汇率的种类

汇率从不同的角度，可有不同的分类，这里主要是从外汇市场的交易视角归纳几种分类。

1. 固定汇率和浮动汇率

固定汇率是指两种货币间的汇率基本保持不变，波动的幅度局限在一定的范围之内。

浮动汇率是指一国货币不规定本币兑其他外币的汇率，由外汇市场的供求变化来决定。其汇率水平可自由浮动。浮动汇率中有完全自由浮动的货币，如美元、欧元、日元、英镑、澳元、加元、瑞郎等；另一种是有限制的浮动汇率，在一定的范围内自由浮动，如港元。可自由浮动汇率的货币，前提是必须进入国际外汇市场挂牌交易，并可自由兑换的货币。

2. 基本汇率和交叉汇率

（1）基本汇率。在国际外汇市场上，无论是美元标价法，还是非美元标价法，其表示的汇价都是美元与另一货币的比值，也就是以美元为对象来表示其汇率。这种通过某一关键货币来标明的其他货币的汇率称为基本汇率。在国际外汇市场上，通常把对美元的汇率作为基本汇率。

（2）交叉汇率。由于基本汇率不能直接显示两种非美元货币之间的比价情况，因此，要明确除美元之外的其他两种货币间的汇率，就要通过相应的基本汇率进行套算，这种套算出来的汇率就称为交叉汇率。国际外汇市场常用的交叉汇率有：欧元兑日元、欧元兑英镑、欧元兑瑞郎、欧元兑加元、欧元兑澳元、欧元兑港元等；英镑兑日元、英镑兑欧元、英镑兑瑞郎等；日元兑欧元、日元兑英镑、日元兑瑞郎等。基本汇率与交叉汇率在市场上相互关联，相互影响汇价。

3. 即期汇率和远期汇率

即期汇率，也叫现汇汇率，是指买卖外汇双方成交当天或两天以内进行交割时使用的汇率。

远期汇率是在未来一定时期进行交割，而事先由买卖双方签订合同，达成协议的汇率。到了交割日期，由协议双方按预定的汇率、金额进行交割。远期外汇买卖是一种预约性交易，是由于外汇购买者对外汇资金需求的时间不同，以及为了避免外汇风险而采用的。远期汇率与即期汇率相比是有差额的，这种差额叫远期差价。差额用升水、贴水和平价来表示。升水表示远期汇率比即期汇率贵，贴水则表示远期汇率比即期汇率便宜，平价表示两者相等。

4. 买入汇率和卖出汇率

银行在经营外汇买卖业务时，采取的是“低买高卖”的原则，银行卖出外汇的价格叫卖出价

(offer rate)，银行买进外汇的价格叫买入价(bid rate)，卖出价高于买入价，两者的差额一般为1‰～5‰。而为便于客户分析外汇行情的上下波动，常以报纸、杂志或经济分析之中的外汇价格为中间价(middle rate)，即买入价与卖出价的平均价。

此外，有的银行在对外挂牌公布汇率时，还另外注明外币现钞价(bank notes rate)，这主要是针对一些对外汇实行管制的国家。一般来讲，银行购买外币现钞的价格要略低于购买外汇票据的价格，而卖出外币现钞的价格一般和外汇卖出价相同。

问与答

问：为什么现钞买入价小于现汇买入价？

答：由于外币现钞在本国不能流通，需要把它们运至国外才能使用，所以，对于商业银行来说，外汇现钞在使用与调拨上存在一定时滞，要经过一定时间并积累到一定数额，才能送到国外银行，在运输现钞过程中需要花费一定的保险费、运费，在此期间，银行还要承担一定的利息损失和外汇风险。银行通常通过压低现钞买入价来规避此类风险。

(四)汇率的决定

汇率决定，是汇率理论中的核心问题，也是一个极为复杂的问题。不少西方经济学者从各种不同角度加以分析说明，形成多种学说。有以金铸币流通为背景的汇率决定理论、国际借贷说、购买力平价说、汇兑心理说等。

1. 金本位制下的汇率决定理论

金本位制可分为金币本位制、金块本位制和金汇兑本位制。金币本位制最为典型。在金币本位制下，各国都以法律形式规定每一金铸币单位所包含的黄金重量与成色，即法定含金量(gold content)。两国货币的价值量之比就直接而简单地表现为它们的含金量之比，称为铸币平价(mint parity)或法定平价(par of exchange)，黄金是价值的化身。铸币平价是决定两国货币之间汇率的价值基础，它可表示为：

$$1\text{单位A国货币}=\frac{\text{A国货币含金量}}{\text{B国货币含金量}}=\text{若干单位B国货币}$$

例如，1925～1931年英国规定1英镑金币的重量为123.274 4格令(grains)，成色为22k(carats)，即1英镑含113.001 6格令纯金(123.274 4×22/24)；美国规定1美元金币的重量为25.8格令，成色为0.900 0，则1美元含23.22格令纯金(25.8×0.900 0)。根据含金量之比，英镑与美元的铸币平价是113.001 6/23.22＝4.866 5，即1英镑的含金量是1美元含金量的4.8665倍，或1英镑可兑换4.8665美元。按照等价交换的原则，铸币平价是决定两国货币汇率的基础。

铸币平价与外汇市场上的实际汇率是不相同的。铸币平价是法定的，一般不会轻易变动，而实际汇率受外汇市场供求影响，经常上下波动。当外汇供不应求时，实际汇率就会超过铸币平价；当外汇供过于求时，实际汇率就会低于铸币平价。正如商品的价格围绕价值不断变化一样，实际汇率也围绕铸币平价不断涨落。但在典型的金币本位制下，由于黄金可以不受限制地输入输出，不论外汇供求的力量多么强大，实际汇率的涨落都是有限度的，即被限制在黄金的输出点和输入点之间。

黄金输出点和输入点统称黄金输送点，是指金币本位制下，汇率涨落引起黄金输出和输入国境的界限。它由铸币平价和运送黄金费用(包装费、运费、保险费、运送期的利息等)两部分构成。铸币平价是比较稳定的,运送费用是影响黄金输送点的主要因素。以直接标价法表示,黄金输出点等于铸币平价加运送黄金费用,黄金输入点等于铸币平价减运送黄金费用。假定,在美国和英国之间运送价值为 1 英镑黄金的运费为 0.02 美元,英镑与美元的铸币平价为 4.8665 美元,那么对美国厂商来说,黄金输送点是:

黄金输出点=4.866 5+0.02=4.886 5(美元)

黄金输入点=4.866 5−0.02=4.846 5(美元)

2. 购买力平价理论

在理解购买力平价理论之前,必须先了解“一价定律”。一价定律的含义是,在无贸易摩擦(比如运输成本和关税为零)和完全竞争(买卖双方无价格操纵)的情况下,若以同一种共同货币标价,则在不同市场上销售的相同商品拥有相同的销售价格。以美国与荷兰两国之间的钻石贸易为例。假设一颗某等级的钻石在阿姆斯特丹市场价格为 2 000 欧元,欧元汇率为 1.4 美元/欧元。按照一价定律,则同等级钻石在纽约市场的售价为每颗 2 800 美元(=2 000 欧元/颗×1.4 美元/欧元)。导致以上结果的机理是:在完全竞争与无贸易摩擦的条件下,套利行为会使两个国家同类商品的价格趋同。如果钻石在纽约更贵,套利者会在荷兰低价买入,再到曼哈顿以高价卖出;如果荷兰的钻石价格更高,则套利者会进行反向操作。这种操作会一直进行下去,直至两个地方同等级钻石的价格相等。

若将一价定律中汇率与单个商品相对价格的联系转换为汇率与一篮子商品相对价格的联系,即为购买力平价理论(purchasing power parity,PPP)。购买力平价理论是采用一国货币的国内购买力来确定各种货币之间的比价问题的汇率决定理论。该理论认为,一种货币同另外一种货币的比价即该国货币对另外一国货币的汇率,是由两种货币在本国国内所能支配的商品与劳务的数量来决定的,即货币的对外价值取决于其对内价值,这便是各国货币之间汇率确定的基本原理,各种货币汇率均以此来进行确定。虽然现实的市场汇率可能与购买力平价水平不完全一致,但实际汇率围绕购买力水平波动,并最终趋向于 PPP 水平。各国经济学家在阐述购买力平价理论时,将之分为两个部分,即绝对购买力平价(absolute PPP)和相对购买力平价(relative PPP)。

(1)绝对购买力平价理论。

绝对购买力平价理论的基本观点是:在某一时点上两国货币之间的汇率取决于两国一般物价水平之比,即:

$$E=P_A/P_B \tag{4-1}$$

其中:E 为直接标价法表示的 A 国汇率;P_A 为 A 国的一般物价水平;P_B 为 B 国的一般物价水平。

例如,假定同样的一组商品,在美国卖 100 美元,在中国卖 700 元人民币,根据绝对购买力平价,$E=P_A/P_B=700/100=7$,用直接标价法就表示为 1 美元/7 元人民币。

(2)相对购买力平价理论。

相对购买力平价理论是在绝对购买力平价理论的基础上发展起来的,其说明的是在两个时点内汇率的变动。由于商品价格水平是不断变化的,因此在一定时期内,汇率变动的主要因素是不同国家之间货币购买力或物价的相对变化程度,用公式表示为

$$\frac{E_1}{E_2}=\frac{\dfrac{P_{A1}}{P_{A0}}}{\dfrac{P_{B1}}{P_{B0}}} \tag{4-2}$$

其中，E_1 和 E_2 分别代表当期和基期的汇率；P_{A1} 和 P_{A0} 分别代表 A 国当期和基期的物价水平；P_{B1} 和 P_{B0} 分别代表 B 国当期和基期的物价水平。此等式表明，两国货币间汇率的变动幅度等于两国物价水平的变动率之差，即本国通货膨胀率超过外国时，本币贬值；外国通货膨胀率超过本国时，则本币升值。如果用 π_A 和 π_B 分别表示 A 国和 B 国当期的物价变动幅度，则式(4—2)可简化为

$$\frac{E_1-E_0}{E_0}=\pi_A-\pi_B \tag{4-3}$$

例如，假设美元兑人民币基期的汇率为 1 美元/7 元人民币，中国的通货膨胀率为 10%，美国的通货膨胀率为 6%，根据相对购买力平价理论，有

$$\frac{E_1-E_0}{E_0}=10\%-6\%=4\%$$

计算得到 E_1 为 1 美元/7.28 元人民币，这表示年末时一个外币所能兑换的本币数将为年初的 1.04 倍，这意味着年末时的人民币相对于美元贬值了。

相对购买力平价理论在物价剧烈波动、通货膨胀严重时期具有重要的意义。因为它是根据两国货币各自对一般商品和劳务的购买力比率，作为汇率决定的基础，能相对合理地体现两国货币的对外价值。

购买力平价理论虽然在汇率决定理论方面做出过重大贡献，并产生了重要影响，但其本身仍然存在一定的缺陷与矛盾。具体表现在：①价格指数问题。价格指数的正确选择是购买力平价理论的中心问题。物价水平是确定汇率的基础，但价格指数的选择是购买力平价理论始终未得到很好解决的难点。②购买力平价理论是在假定不存在贸易壁垒即自由贸易及无运输成本的条件下提出的，但这与现实经济中的管制与干预不符合，使得货币汇率不能真正地反映购买力平价水平。③购买力平价理论比较注重国际收支中的经常项目特别是贸易收支状况，但对资本项目的变化却很少涉及。事实上，资本项目的变化对一国货币汇率会产生一定的影响，有时影响还特别大，最终导致市场实际汇率与购买力平价所确定的汇率相背离。④相对购买力平价理论本身也存在一些缺陷与不足，如基期汇率的选择问题。

3. 利率平价理论

利率平价理论(interest rates parity theory)最早是由凯恩斯提出来的。他将远期汇率的决定同利率差异联系起来，使得以后的许多经济学家转向该领域，并在此基础上提出了现代利率平价理论。现代利率平价理论认为，利率平价原理是通过在不同国家市场上的套利活动来实现的，即通过利率与汇率的不断调整而实现的。在每一个市场上，都存在一种均衡的远期汇率，它是同利率平价相一致的汇率。当远期汇率同利率平价相偏离时，最终的结果是远期汇率必将回复到均衡水平。远期汇率的均衡值并非等于即期汇率值，当二者存在差异时，表现为远期汇率的升水或贴水。只有当两国利率变化相一致时，远期汇率才等于即期汇率。例如，如果人民币资产利率为 4%，美元资产利率为 2%，则人民币的预期贬值率为 2%，相应的，美元预期升值率为 2%。反之，若人民币资产利率低于美元资产利率，则人民币预期升值。人民币资产利率与人民币预期汇率何以出现相反变化？基本原因在于投资者为了规避汇率变动风险而

进行的套利活动。由于资金会从回报率低的国家流向回报率高的国家，因此在现汇市场上，回报率较高的国家的货币需求增加，该国货币的即期汇率上升。由于套利者会在远期市场上卖出回报率较高国家的货币，因此在远期市场上，回报率较高国家的货币汇率反而会下降。

第二节　汇率制度

一、汇率制度概述

汇率制度(exchange rate system 或 exchange rate regime)是指一国货币当局对本国汇率变动的基本方式所做的一系列安排或规定。汇率制度是各国普遍采用的确定本国货币与其他货币汇率的体系，具体规定了汇率的确定及变动的规则，对各国汇率的决定有重大影响。自19世纪后期至今，对应于国际货币体系的演变，前后一共出现了三种汇率制度，即金本位体系下的固定汇率制度、布雷顿森林体系下的固定汇率制度和浮动汇率制度。

(一)金本位体系下的固定汇率制

金本位制度是以黄金作为本位货币的制度。金本位制度下的固定汇率制度，是以各国货币的含金量为基础、汇率波动受到黄金输送点限制的固定汇率制度，它是典型的固定汇率制度。

在1880～1914年的35年间，主要西方国家实行金本位制，即各国在流通中使用具有一定成色和重量的金币作为货币，金币可以自由铸造、自由兑换及自由输出入。在金本位体系下，两国之间货币的汇率由它们各自的含金量纸币——金平价来决定。当然，这种固定汇率也要受外汇供求、国际收支的影响，但是由于黄金输送点和物价的这种机能作用把汇率波动限制在有限的范围内，对汇率起到自动调节的作用，从而保持了汇率的相对稳定。在第一次世界大战前的35年间，美国、英国、法国、德国等国家的汇率从未发生过升贬值波动。1914年，第一次世界大战爆发，各国停止黄金输出入，金本位体系即告解体。

(二)布雷顿森林体系下的固定汇率制

布雷顿森林体系下的固定汇率制是指汇率受平价的制约只能围绕平价在很窄的范围内波动的汇率制度。

金本位下的固定汇率制的特点是固定汇率制是自发形成的；两国货币之间的中心汇率是按两国本位币含金量决定的金平价(即铸币平价)之比自行确定的；金本位下的“三自原则”(自由兑换、自由熔毁铸造、自由输出入)能自动保证汇率的波动不超过黄金输送点。布雷顿森林体系下的固定汇率制的特点是固定汇率制是通过国际协议(布雷顿森林协议)人为建立起来的。各国货币当局通过规定虚设的金平价制定中心汇率；现实汇率则通过外汇干预、外汇管制或国内经济政策等措施被维持在人为规定的狭小范围内波动；各国货币的金平价可以有条件地调整，当一国国际收支出现根本性不平衡时，金平价经IMF的核准可予以变更。因而，布雷顿森林体系下的固定汇率制又被称为“可调整的钉住汇率制”(adjustable pegging system)。

(三)浮动汇率制

所谓浮动汇率制就是一国货币不再规定金平价，不再规定本国货币对外国货币的中心汇率，不再规定现实汇率的波动幅度，货币当局也不再承担维持汇率波动界限的义务的一种汇率制度。

1. 按照政府是否进行干预划分

按照政府是否进行干预划分，浮动汇率制可分为自由浮动(free floating)和管理浮动(managed floating)。自由浮动又称为清洁浮动(clean floating)，是指政府对外汇市场不加任何干预，完全听任汇率由外汇市场的供求状况来决定并自由涨落的汇率制度。管理浮动又称为肮脏浮动(dirty floating)，是指政府对外汇市场进行或明或暗的程度不同的干预，以使市场汇率朝有利于本国的方向发展。

2. 按照汇率浮动方式划分

按照汇率浮动方式划分，浮动汇率制可分为单独浮动、联合浮动和钉住汇率制度。

单独浮动(independent floating)是指一国货币不与其他国家货币发生固定联系，其汇率根据外汇市场的供求变化而自动调整。

联合浮动(joint floating)又称共同浮动、集体浮动，是指参加联合浮动的国家集团内部成员间的货币实行固定比价，并规定波动幅度，各有关成员有义务维持该比价，而对集团外部国家的货币则采取同升共降的浮动汇率。

钉住汇率制度(pegged exchange rate)，即一种货币钉住另一种货币、特别提款权或"一篮子货币"，使其他国家货币的汇率随被钉住的货币与其他货币的浮动而浮动。

(四)其他汇率制度

1. 爬行钉住制

爬行钉住制是指汇率可以做经常的、小幅度调整的固定汇率制度。其特点是：(1)实行国负有维持某种平价的义务，这使得它类似于固定汇率制；(2)这一平价又可以进行经常、小幅调整(如 2%～3%)，这又使得它与一般的可调整的钉住汇率不同，因为后者的平价调整较为少见，且幅度一般较大。

2. 汇率目标区制

汇率目标区制泛指将汇率浮动限制在一定区域内的汇率制度，如中心汇率的上下 10%。其特点主要有：(1)货币当局在一定时期内对汇率波幅制定出明确的界限；(2)汇率在规定的幅度内波动，货币当局可不予干预；(3)货币当局根据情况可采取必要措施(如货币政策等)以维持汇率波动的界限；(4)目标区内汇率允许变动的范围一般较大。

根据目标区域的幅度、调整的频率、公开程度以及对目标区进行维持的程度，目标区可分为严格的目标区和宽松的目标区两种类型。前者的目标区域较小、极少变动、目标区域公开，政府负有较大的维持目标区的义务；后者的目标区域较大、经常进行调整、目标区域保密，政府只是有限度地将货币政策用于对汇率目标区的维持。

3. 货币局制

货币局制是指一国在法律中明确规定本国货币与某一外国货币(通常为一主要可自由兑换货币)保持固定的兑换率，并且对本国货币的发行做特殊要求以保证履行这一法定的汇率制度。

(五)固定汇率制与浮动汇率制的比较

1. 固定汇率制的优缺点

固定汇率制的优点是有利于世界经济的发展。由于在固定汇率制下两国货币比价基本固定，或汇率的波动范围被限制在一定幅度之内，这就便于经营国际贸易、国际信贷与国际投资的经济主体进行成本和利润的核算，也使进行这些国际经济交易的经济主体面临的汇率波动风险损失较小，从而有利于国际经济交易的进行与开展，从而有利于世界经济的发展。

固定汇率制的缺点主要有以下几点。

第一,汇率基本上不能发挥调节国际收支的经济杠杆作用。汇率变动有着影响国际收支的经济作用,因而汇率可充作调节国际收支的经济杠杆。既然货币比价基本固定或汇率的波动范围被限制在一定幅度之内,汇率自然就基本不能发挥其调节国际收支的经济杠杆作用。

第二,固定汇率制有牺牲内部平衡之虞。由于汇率基本不能发挥调节国际收支的经济杠杆作用,当一国国际收支失衡时,就需采取紧缩性或扩张性财政货币政策,这会使国内经济增长受到抑制和失业扩大化,或者使通货膨胀与物价上涨严重化。另外,维持汇率波动官定上下限所采取的干预外汇市场的措施,也会有同样的后果:软货币(或称"弱币",即汇率有下降趋势的货币)发行国货币当局进行干预,一方面会使其外汇储备流失,另一方面又会形成紧缩性的经济影响;硬货币(或称"强币",即汇率有上升趋势的货币)发行国货币当局进行市场干预,会形成扩张性经济影响,使该国通货膨胀与物价上涨加快。

第三,易引起国际汇率制度的动荡与混乱。当一国国际收支恶化,进行市场干预仍不能平抑汇价时,该国最后有可能采取法定贬值的措施。这会引起同该国有密切经济关系的国家也采取法定贬值的措施,从而导致外汇市场和整个国际汇率制度的动荡与混乱。只有经过一段时期以后,才会平静下来。在未恢复相对平静以前的这段时期内,经营国际贸易、国际信贷与国际投资的经济主体,都可能抱观望态度,从而出现国际经济交易在某种程度的中止、停顿现象。

2. 浮动汇率制度的利弊

浮动汇率制度的主要优点:

第一,汇率能发挥其调节国际收支的经济杠杆作用。一国的国际收支失衡,可以经由汇率的上下浮动而加以消除。

第二,只要国际收支失衡不是特别严重,就没有必要调整财政政策和货币政策,从而不会以牺牲内部平衡来换取外部平衡的实现。

第三,减少了对储备的需要,并使逆差国避免了外汇储备的流失。这是因为,在浮动汇率制度下,各国货币当局没有干预外汇市场和稳定汇率的义务。这一方面使逆差国避免了外汇储备的流失,另一方面又使各国不必保持太多的外汇储备,从而能把节省的外汇资金用于本国经济的发展。

浮动汇率制度的主要缺点是汇率频繁与剧烈地波动,使进行国际贸易、国际信贷与国际投资等国际经济交易的经济主体难以核算成本和利润,并使他们面临较大的汇率波动所造成的外汇风险损失,从而对世界经济的发展产生不利影响。浮动汇率制的另一个主要缺点是为外汇投机提供了土壤和条件,助长了外汇投机活动,这必然会加剧国际金融市场的动荡与混乱。

汇率市场化并不意味着实现完全的浮动汇率。汇率市场化是指由供求力量决定汇率水平。但是,由于汇率对一国经济和政治的重要作用,政府对于汇率通常是或多或少会加以适度调节,不进行任何有目的的干预是少见的。在实际的经济生活中,完全的浮动汇率是不存在的。

阅读材料 4-1

中国香港的联系汇率制

中国香港从 1983 年起,实施对美元的联系汇率制。发钞银行(在中国香港,无垄断发钞的"中央银行",钞票发行由指定的存款货币银行发行,被指定发钞的银行称"发钞银行",目前有三家——汇丰银行、渣打银行、中国银行)每发行1港元,要按7.8港元等于1美元的比例,向外汇基金存入百分之百的外汇储备。外汇基金由政府设立,收到发钞银行交来的外汇储备,外汇基金给发钞银行开具无息的负债证明书。一般的存款货币银行需要港元,则需用百分之百的美元向发钞银行兑换。在中国香港的外汇市场上,港元的汇率是自由浮动的,凡涉及外汇的交易往来都是按市场供求所决定的汇率进行。多年来的市场汇率一直低于联系汇率。

香港联系汇率制度下,7.8港元兑1美元的汇率实际上只存在于金管局与三家发钞银行的买卖负债证明书之交易之间,市场汇率由市场力量决定,因此或许会有波动。因此可以说,联系汇率制度下,实际上有两个汇率:一个是7.8港元兑1美元的联系汇率,存在于金管局与三家发钞银行之间;一个是市场汇率。可见即使在联系汇率制度下,市场上港元兑美元并非绝对地以7.8港元兑1美元。

联系汇率制度下,维持市场汇率稳定依赖三家发钞银行的套汇活动。因为每当市场汇率有波动,偏离联系汇率,三家发钞银行可通过7.8港元兑1美元的联系汇率向金管局买入或卖出负债证明书图利。举例说,假设港元的市场汇率贬值至8港元兑1美元,发钞银行可以持负债证明书向金管局以7.8港元兑1美元的联系汇率换取美元,每换取1美元便可从中获利0.2港元。而又假设港元的市场汇率升值至7.5港元兑1美元,发钞银行可以持美元向金管局以7.8港元兑1美元的联系汇率购入负债证明书发行港元,每兑换1美元便可从中获利0.3港元。在三家银行的竞争下,确保了发钞银行会在港元市场汇价波动时入市干预。

在资金流入时,市场人士买入港元,港元市场汇价面临升值压力,三家银行会以美元向金管局购买负债证明书,发行港元获利。这使香港的货币基础得以扩张,经过货币扩张的过程,市场上货币供应会增加,逼使利率下调,资金继而流出,而港元市场汇价回到联系汇率的水平。资金流出时的情况亦相似,三家银行会收回港元,以负债证明书换回美元获利。这使货币基础收缩,利率上升,吸引资金为赚取利息而流入,港元市场汇价回到联系汇率的水平。此自动调节机制确保了港元的市场汇价不会大幅偏离联系汇率。

香港是一个城市而非国家,经济自由度高,属开放性经济体系,联系汇率有助于稳定香港经济,降低外国经济及汇率上的波动对香港的冲击,可降低与香港从事贸易及外国投资者在香港投资的汇率风险;由于香港的原材料、食品与消费品等大部分依赖进口,联系汇率制可稳定香港的物价。但联系汇率制迫使香港需要跟随美国调整利率,不能发挥以利率调节经济与通货膨胀/收缩的作用。

(资料来源:尹亚红.香港人民币化对中国货币需求的影响[J].广东金融学院学报,2012,27(2).)

二、汇率波动对经济的影响

汇率是一项重要的经济杠杆,其变动能反作用于经济,对进出口、物价、资本流动和产出都有一定的影响。

(一)汇率对进出口的影响

一般地说,本币汇率下降,即本币对外的币值贬低,能起到促进出口、抑制进口的作用;若本币汇率上升,即本币对外的币值上升,则有利于进口,不利于出口。此外,汇率变化影响进出口,还要求进出口需求要有价格弹性——进出口需求对汇率和商品价格变动的反应灵敏,即需求弹性大,进而才会因为价格变化而引起交易数量的改变。当然,就出口商品来说,还有一个出口供给弹性的问题，即汇率下降后出口商品量能否增加，还要受商品供给扩大的可能程度的制约。

（二）汇率对物价的影响

从进口消费品和原材料来看，汇率下降要引起进口商品在国内的价格上涨。至于它对物价总指数影响的程度，则取决于进口商品和原材料在国民生产总值中所占的比重。反之，本币升值，其他条件不变，进口品的价格有可能降低，从而可以起到抑制物价总水平的作用。从出口商品看，汇率下降有利于扩大出口。但在出口商品供给弹性小的情况下，出口扩大会引发国内市场抢购出口商品并从而抬高出口商品的国内收购价格，甚至有可能波及国内物价总水平。

（三）汇率对资本流动的影响

由于长期资本的流动主要以利润和风险为转移，因而受汇率变动的影响较小；但短期资本流动则常常受到汇率的较大影响。在存在本币对外币贬值的趋势下，本国投资者和外国投资者就不愿持有以本币计值的各种金融资产，并会将其转兑成外汇，发生资本外流现象。同时，由于纷纷转兑外汇，加剧外汇供求紧张，会促使本币汇率进一步下跌。反之，则可能引发资本的内流，促使本币汇率进一步上升。如果金融体制不健全，短期内汇率剧烈变动有可能会引起金融危机。

（四）汇率对产出和就业的影响

汇率的变动既然能够影响进出口、物价和资本流出入，不难看出，它对一国的产出和就业也会产生重要作用。

当汇率有利于刺激出口和抑制进口时，出口品生产的增长和进口替代品生产的增长会带动总的生产规模的扩大和就业水平的提高。同时，生产出口品和进口替代品行业的利润增长，甚至会引起一国生产结构的改变。相应地，不利的汇率会使出口急速缩减，而该国的出口又关系整体经济的发展，给生产和就业带来极大的困难；不利的汇率会使进口增长，严重时则会冲击本国的生产从而增大失业队伍。

有利于资本流入的汇率，对于缺少资本的国家是好事；有利于资本流出的汇率，则是资本过剩的国家所期望的。缺资本，有资本流入；资本过剩，可以找到有利的投资机会，这无疑有利于经济的发展，有利于促进生产和就业。

本章小结

外汇是国际汇兑的简称，外汇是一种国际支付手段，是世界上各国之间经济交易的媒介。外汇在国际交往和国际贸易中行使着流通手段、支付手段和储存价值的职能。但是并不是任何一个国家的货币都可以作为外汇，一国的货币必须同时具有外币性、可偿性和可兑换性三个特征才可以成为外汇。

根据不同的标准，可以将外汇分为不同的类别。根据是否可以自由兑换，外汇可以分为自由外汇和记账外汇。根据外汇来源和用途的不同可以分为贸易外汇和非贸易外汇。根据外汇交割日期的不同，可以将外汇分为即期外汇和远期外汇等。

汇率是指一个国家的货币折算成另一个国家的货币的比率，也就是用一种货币来表示的另一种货币的价格。一国的汇率直接反映了该国货币的对外价值。在确定汇率时，涉及两种不同的货币。我们可以用本国货币来表示外国货币的价格，也可以用外国货币来表示本国货币的价格。选取的标准货币不同，汇率的标价方法就不同，具体可分为直接标价法和间接标价法。直接标价法是以一定单位的外国货币为标准，将其表示为一定数量的本国货币的标价方法。间接标价法是以一定单位的本国货币为标准，将其表示为一定数量的外国货币的标价方法。

汇率制度也称为汇率安排，指的是各国或国际社会普遍采用的、确定本国货币与其他货币汇率的体系。汇率制度在汇率的确定、汇率的变动等方面都有具体规定，因此，汇率制度对各国汇率的决定有重大影响。

固定汇率制指的是汇率受平价制约，汇率只能围绕平价在较小范围内上下波动的一种汇率制度。固定汇率制度下两国间的货币比价基本固定，而且这一比价的波动界限受到了严格限制。浮动汇率制度是指现实汇率不受平价制约，而是随外汇市场供求的变化而波动的汇率制度。

练习题

一、概念识记

外汇　汇率　直接标价法　间接标价法　卖出价　买入价　外汇现钞价　即期汇率　远期汇率　基本汇率　交叉汇率　一价定律　购买力平价　汇率制度　固定汇率制　浮动汇率制

二、选择题

1. 外汇是(　　)的简称。

A. 外国货币　B. 外币汇率　C. 国际汇兑　D. 外国汇票

2. 外汇是(　　)表示的支付手段。

A. 外币　B. 本币　C. 黄金　D. SDRs

3. 目前，世界上只有(　　)采用间接标价法。

A. 英国和法国　B. 法国和美国　C. 英国和美国　D. 英国和德国

4. 第二次世界大战以后，大多数国家都把(　　)当作关键货币。

A. 英镑　B. 瑞士法郎　C. 德国马克　D. 美元

5. 把资金由低利率国家移到高利率国家以赚取利差的外汇交易叫(　　)交易。

A. 外汇投机　B. 套期保值　C. 套汇　D. 套利

6. 下列关于直接标价法和间接标价法的各种说法中正确的为(　　)。

A. 在直接标价法下，本国货币的数额固定不变

B. 在间接标价法下，外国货币的数额固定不变

C. 在间接标价法下，本国货币的数额变动

D. 世界上大多数国家采用直接标价法，而美国和英国则采用间接标价法

7. 决定汇率基本走势的为(　　)。

A. 利率水平　B. 汇率政策　C. 预期与投机　D. 国际收支

8. 如果一国货币贬值，则会引起(　　)。

A. 有利于进口　B. 货币供给减少　C. 国内物价上涨　D. 出口增加

9. 下列被视为狭义外汇的是(　　)。

A. 以外币表示的有价证券　B. 以外币表示的黄金

C. 国外银行存款　　　　　　　　　　D. 外币现钞

10. 在采用直接标价的前提下，如果需要比原来更少的本币就能兑换一定数量的外国货币，这表明(　　)。

A. 本币币值上升，外币币值下降，通常称为外汇汇率上升

B. 本币币值下降，外币币值上升，通常称为外汇汇率上升

C. 本币币值上升，外面币值下降，通常称为外汇汇率下降

D. 本币币值下降，外币币值上升，通常称为外汇汇率下降

三、简答题

1. 外汇的直接标价法和间接标价法有什么不同？

2. 浮动汇率有哪些形式？

3. 比较固定汇率制和浮动汇率制的优劣。

4. 简述购买力平价理论。

四、案例分析题

解读 2018 年人民币贬值

2018 年人民币贬值的原因很多。首先，中美两个国家的货币政策的走势大体是相反的，美联储持续加息意在紧缩，而中国 2018 年连续三次降准，那么实际上是一个放松的态势。所以中美两个国家货币政策的走向相反，造成了货币贬值的压力，这是第一个重要的因素。第二个重要的原因，就是我们的各项宏观数据从二季度开始出现走弱的态势，也就是经济又重新出现了比较明显的下行的压力。那么经济出现下行的压力，经济开始走弱，也导致汇率走弱和比较大幅度的贬值。第三个重要因素就是中美贸易战和中美贸易摩擦的不断升级。从 2018 年 3 月份开始，美国就开始要挑起对中国的贸易战，各种消息不断地传来，在很大程度上影响了市场上人们的心理预期。所以这就是为什么从 4 月份开始，人民币汇率从之前的升值态势急转直下，开始出现比较快速的贬值。

这三个因素应该来说是造成 2018 年人民币贬值的主要力量。现在来看，人民币贬值的压力还会比较长时间存在。因为我们刚才提到的前面三个原因还会持续一段时间。另外还有一个重要因素，就是我们进出口的数据也在出现重要的变化，中美贸易战的影响已经开始显现。根据海关的数据，2018 年 1 月份到 8 月份，中国的贸易顺差与上年同期相比，出现大幅的下降，下降的幅度超过 30%。如何判断汇率走势，一个重要的因素就是贸易的差额。那么贸易顺差大幅收窄，汇率当然会受到压力。除此之外，现在外资流入中国的增速也在放缓。2018 年 1 月份到 8 月份，外资进入中国的规模，从增速上来讲只有 2%。现在我们面临的一个问题，就是我们的国际收支，资本账户是不是也会出现逆差、出现净流出？不管是双逆差还是一个账户出现逆差，对人民币的汇率也会造成相应的压力，特别是我们可以看到从 2018 年 9 月份开始，中美贸易战快速升级，国内经济下行压力还在进一步加大。

所以综合这些因素来判断，人民币汇率在未来还是会持续地受压，也就是贬值的压力会持续存在。那么有贬值的压力，是不是就意味着汇率会出现大幅贬值会破“7”呢？答案比较肯定，人民币汇率不会出现持续大幅贬值，也不会破“7”。

这里面有两个非常重要的原因。

第一个原因就是我们现在实施的是有管理的浮动汇率，而不是完全浮动汇率。那也就是说中国人民银行、国家外汇管理局根据中国经济金融发展的情况，可以引入所谓的逆周期因子来进行汇率的调节，简单地说就是如果中国人民银行、国家外汇管理局认为汇率的走势幅度过大，不想大幅贬值、大幅升值，那么可以引入一种干预的措施来纠正汇率的走势，也就是可以通过各种手段进行市场的干预。

第二个重要原因就是我国的外汇储备相对来说还是比较充裕的。我们现在仍然有3万多亿美元外汇储备，在全世界来说还是最大的。而外债，根据国际清算银行的估计大约是1.8万亿美元，这个量听起来很大，但是与我们的外汇储备和GDP相比，这个比例还是比较低的。所以从这个因素来看，我们要稳定人民币汇率，或者是我们如果不希望人民币汇率出现大幅贬值，我们是有条件可以做到的。

如果汇率出现急剧贬值，它会引发一种恐慌的情绪，它会加剧人们对其他资产的抛售。比如说近期股市的持续萎靡，其实与人民币贬值预期是有很大关系的。如果放任人民币汇率积极贬值，甚至要让人民币汇率自由浮动，那极有可能引发各种资产价格的破裂，包括房地产价格的破裂、暴跌，中国经济是很难承受的。如果出现汇率急剧贬值，就会增加我们很多公司偿还外债的压力。我们借的是美元债、欧元债，如果出现人民币汇率大幅贬值，那这些公司就需要更多的人民币去买外币来还债。本来现在很多公司资金状况就不是特别好，如果出现汇率大幅贬值，对于这些公司来讲就是雪上加霜了。贬值对于进口是非常不利的。我们最近看到很多进口的产品，特别是原油和一些高端的农产品价格都在上涨，所以汇率出现大幅贬值，其实对我们的物价水平也是非常不利的。所以从控制通货膨胀的角度来讲，也不应该让人民币汇率出现急剧贬值。第四，就是说人民币汇率如果出现急剧贬值，企业管理会是非常难办的，出现急剧贬值的情况、完全浮动的情况，很多企业都会不知所措。那么整个经济体系而言，这个风险也会大幅上升。

所以无论从哪个层面来说，让人民币汇率完全浮动、急剧贬值，对中国的经济金融不是一个好消息。保持人民币汇率的相对稳定，是当前中国经济、金融政策的一个重要枢纽，也是一个非常关键的政策。所以正是从这个意义上来讲，我们对人民币汇率应该有信心！

（资料来源：http://m.31duo.com/news/show-67853.html.）

思考：

1. 人民币兑美元会出现大幅度贬值吗？
2. 影响人民币和美元之间汇率的因素有哪些？

第二篇

微观金融篇

第五章　金融中介机构

学习目标

1. 了解金融中介机构的产生与发展，金融中介机构的概念和分类。
2. 了解金融机构存在和发展的必要性。
3. 理解金融中介机构的基本结构和内容，掌握西方国家和我国的金融中介机构体系。

引导案例

直接融资和间接融资

南昌的小伙子张三是白领，他以前没有学过金融，也没有投资管理的经验，但是每个月有2万元剩余收入，需要将其投资理财。而在武汉的李四几年前开始创业，做高端制造，现在销售订单增长很快，需要更多资本投入，抓住机会大发展，以便尽快实现公司上市。

这时候，如果张三把每个月的2万元剩余收入直接投资给李四公司，那么，李四公司就是在“直接融资”，是通过发行李四公司的股权或者债权给投资者张三，从张三手里直接融到资金。当然，李四公司也可以通过其他金融工具从张三手里直接融资，但核心是资金需求方跟资金供给方直接进行交易。交易过程中可能有朋友或者投资银行人士牵线介绍，要给他们支付佣金，但整个投资的风险完全由投资者张三自己承担。所以，张三需要有专业能力做自己的判断，有经济实力承担风险，也要有时间去跟踪、监督李四公司的方方面面。比如，如果李四公司出现欺诈或者违约现象，张三要知道如何保护自己的权益、能够请律师去保护自己的利益等等。

可是，张三说他不仅没有时间去跟踪、监督，而且也没有专业知识去自己挑选好的投资项目、分辨李四公司的好坏，更没有实力去自己找律师打官司，还不愿意承担风险——因为作为一个小白领，张三哪来那么多资源去确保自己的利益不受损呢？

这下可难办了，难道就没有一种好的投资理财方式供张三选择吗？

张三当然可以选择把钱储蓄在银行，接受银行保证的几个百分点的回报，然后就不用操心了，由银行把张三的2万元和千千万万其他存户的钱汇集在一起，向李四公司提供所需要的贷款。就这样，李四公司从银行融到资金，只跟银行打交道，而不是直接跟真正的出资方——“张三们”打交道，所以，这种融资方式被称为“间接融资”。这里银行就成了金融中介。

一般来说，每个社会都有很多人和机构有剩余资金需要投资出去，而同时又有很多企业和个人、家庭缺少资金，需要融资。金融市场的基本功能就是把这两方面的主体撮合到一起，实现资金从盈余的一方到短缺的一方的转移。而实现这种交易的方式就是上面讲到的两种：直接融资和间接融资。

张三选择银行这个间接融资的通道，是因为现代银行跟传统钱庄和票号不同，它们都是有限责任公司，由自己的股东资本作为基础。让张三这样的存户把资金存放在银行，由银行去经营这些汇总的资金的投放，并且赚取贷款收益跟支付给存户的利息之间的差值，也就是说，是银行在赚取这个利差。贷款风险和投资风险都由银行承担，张三这些存户只有在银行出现破产时才会面对风险

例如，中国移动从工商银行获得100亿元的贷款，这100亿元并不是工商银行自己的本金，其中的绝大多数是来自个人和企业在工商银行的存款。中国移动只知道从工商银行贷了100亿元，并不清楚这100亿元是来自张三的2万元、王五的1 000元、五粮液公司的20亿元，只需要按合同还本付息就行了。而张三、王五等人和五粮液公司也不清楚自己存在工商银行的钱最后贷给了中国移动、贷给了李四公司还是被用去买国债做投资，只要存款安全并得到利息就行了。

商业银行、信用社等被称为金融中介，它们促进资金盈余方和资金短缺方之间的资金流通。而利用金融中介机构进行的间接融资过程，被称为金融中介化。

尽管媒体更加关注证券市场，尤其是股票市场，但是对公司和家庭而言，金融中介机构是比证券市场更重要的融资渠道。在中国如此，在欧洲国家也是如此。在许多国家，企业最主要的外部融资就是银行以及其他非银行金融中介所发放的贷款，德国、日本和加拿大都在70%以上，中国更是超过85%。

（资料来源：陈志武. 金融通识课[M]. 长沙：湖南文艺出版社，2018.）

思考：

1. 直接融资和间接融资最主要的区别是什么？
2. 在间接融资中，银行是否仅仅起到“媒婆”的作用呢？
3. 为什么全社会的间接融资规模远大于直接融资？

第一节　金融中介机构概述

一、金融中介机构的定义

“中介”这个用语，在金融领域，常常是指信用关系中借者与贷者之间的中介：从贷者那里借入，再向借者那里贷出。金融中介机构指对资金供给者吸收资金，再将资金对资金需求者融

通的媒介机构。笼统地讲,金融中介机构(financial intermediation)即进行资金融通活动,从事投融资活动和提供各种金融服务的机构,他们是为投资者和筹资者牵线搭桥,媒介资金融通,为客户提供各种金融服务的机构或组织,金融中介机构既包括从事融资活动的机构,也包括进行投资活动的机构。

二、金融中介机构的产生与发展

由于银行在金融机构体系中的重要地位,所以,金融机构的产生和发展的历史就是一部以银行产生和发展为代表的历史。银行是经营货币和信用业务的金融机构,通过发行信用货币、管理货币流通、调节资金供求、办理货币存贷和结算,充当信用的中介人。银行是现代金融业的主体,是国民经济的枢纽。

(一)银行的起源

"银行"一词源于意大利语 banca,意思是板凳,早期的银行家在市场上进行交易时使用。英语转化为 bank,意思为存放钱的柜子,早期的银行家被称为"坐长板凳的人"。以银行为主体的金融机构体系是商品货币经济发展到一定阶段的产物。它的产生大体上分为三个阶段。

第一阶段:出现了货币兑换业和兑换商。从历史上看,12 世纪中期,在欧洲许多城市随着商业的发展,商品交换的范围不断扩大,不同地区和国家之间的经济往来和交换活动日益增多,由于不同地区和国家所使用的货币不一样,于是,有些意大利商人在威尼斯等地,犹太商人则在巴比伦等地,沿街摆摊设铺,专门从事鉴定、兑换各种货币的业务。由于这些经营货币业务的商人多坐在长凳上做生意,意大利人便把他们形象地称为 banco,所以,英语中的 bank 和法语中的 banguc 就是由此演变而来的。

第二阶段:增加了货币保管和收付业务即由货币兑换业演变成货币经营业。货币经营业作为银行的鼻祖,是专门从事货币的兑换、保管、收付、汇兑等与货币流通有关的行业。据历史记载早期的银行业发源于西欧古代社会的铸币兑换业,公元前 2000 年的巴比伦寺庙,公元前 500 年的希腊寺庙,公元前 200 年的罗马帝国,先后出现了银钱商和类似银行的商业机构。

第三阶段:兼营货币保管、收付、结算、放贷等业务,这时货币兑换业便发展为银行业。从 12 世纪中期开始,欧洲地中海沿岸各国的国际贸易异常繁荣,意大利是国际贸易的中心,与此同时,意大利威尼斯等地的货币兑换业和银钱业得到迅速发展,货币兑换商和银钱业主手中积累了大量货币,他们发现客户日常提取的货币额仅占所储存货币的少部分,自己手中经常存有大量的货币余额。于是他们开始秘密地将客户储存的部分货币进行私下放款,收取利息,由于有了利息收入,他们不仅不再收取客户的货币保管费,而且还付给客户一定的利息,贷款业务和存款业务的出现,使钱币兑换业逐渐演变为银行业。

关于银行的起源,我们还有一个版本,就是金匠版本。金匠版本认为,银行的出现是从储蓄功能开始的。由于金匠在打制金品的过程中,储存有金子,因而具有较好的保卫措施,一些有金子的人为了储存安全,将金子存放在金匠铺,同时交付一定额度的保管费。时间久了,金匠发现,存在他那里的金子有一部分是常量,也就是早年黄达教授书中写到的"公共汽车常量"理论,于是金匠把这部分"不动用"的金子借贷出去,以获得利息收入。这样说来,早期的银行就起源于金铺,早期的银行家就起源于金匠。

(二)银行及金融中介机构的发展

贷款业务是货币经营业转化为银行业的重要标志。当存贷款业务等信用业务成为主要业务时,货币经营业就发展成为银行业了,原来的货币经营业主也就成了银行家。从历史上来看，意大利于1171年建立的威尼斯银行，1407年建立的热那亚银行，1583年建立的米兰银行，荷兰于1609年建立的阿姆斯特丹银行，德国于1619年成立的汉堡银行等都是当时著名的早期银行。这些早期银行虽然具有存、贷、汇的银行基本业务，具备了银行的支付中介、信用中介的基本职能，但与当时的生产方式有关，在经济发展中处于适应性地位，带有高利贷性质，不能适应社会化大生产的需要，成为现代工商业发展的障碍。与此同时，也催生了现代银行的出现。

金融中介机构的现代形式是在17世纪末至19世纪初出现的资本主义股份制商业银行。1694年在英国政府的支持下成立的英格兰银行，是第一个资本主义股份制银行。它的正式贴现率一开始就规定为4.5%～6%，大大低于早期银行业的贷款利率，英格兰银行的成立标志着高利贷银行垄断地位的终结和现代银行制度的产生。继英格兰银行之后，到18世纪末19世纪初，欧洲主要资本主义国家先后建立了股份制商业银行，这些银行不仅不再具有高利贷性质，而且资本雄厚，规模巨大，能向社会提供多种多样的金融服务，成为全社会资金融通的枢纽。早期高利贷性质的银行也逐渐适应新的生产方式的转变而转化为现代银行。

现代金融中介机构的进一步发展以19世纪中叶中央银行的建立为标志。随着商业银行及金融市场的发展，金融安全及宏观金融的协调控制的需要越来越突出，于是从商业银行中分离出一种专门从事货币发行，保管商业银行准备金，向商业银行提供贷款支持，为商业银行办理结算，对商业银行经营活动实行监管的银行，这就是中央银行。中央银行体系建立以后，就意味着两级银行体制的建立。

金融机构的多元化发展是当今时代趋势。随着社会化大生产的发展，社会分工越来越精细，金融需求也越来越多样化，促进了金融机构专业化发展，各种各样的专业化金融机构不断涌现，形成了以中央银行、商业银行和各种专业银行组成的银行体系为主体，以各种专业化金融企业所组成的非银行金融机构并存的，规模庞大、分工精细的金融体系。

三、金融中介机构的特点和分类

（一）金融中介机构的特点

金融中介，其经济活动中的中心产品是金融服务，也常常称为金融服务业。和其他产业一样，它也有一定的自有资本，向社会提供特定的商品和服务，必须依法经营、独立核算、自负盈亏、照章纳税等。但是，也有其自身明显的特点，表现在：

（1）金融资产比率高。在它们的资产负债表中，金融资产与实物资产相比，具有比其他产业不能比拟的极高比率。

（2）资产与资本的比率高。它们所分别支配、营运的资产规模，与各自的权益资本相比，比率高达十几倍、几十倍，甚至更高，并不罕见。平均来说，在其他产业中通常达不到这样高的比率。

（3）高风险。它们均属于高风险产业。金融资产极高的持有率，权益资本极低的保有率，决定了高风险的特点。而且它们之间的联系极为紧密，一个环节的震荡，有可能立即扩及其他并导致金融领域的一部分乃至整体的震荡，进而影响经济生活的全局。

（4）政府的严格监管。鉴于以上特点，对金融中介中的关键部分，特别是大银行，一直存在着必须实施国有化的理论。虽然随后的银行非国有化也有极大的声势，但银行国有在一些国家依然是客观的现实。同时，不论是国有还是非国有，金融中介通常都是处在政府的严格监管之下。

(5)盈利性与安全性并存。正是由于金融中介机构在整个国民经济中的特殊地位,也导致其在经营管理过程中,除了单纯地追求盈利性之外,还要兼顾安全性,也就是所谓的稳健经营。

(二)金融中介机构的分类

现代金融机构体系是一个庞大复杂的系统,其构成种类繁多,名称不一,不同的历史阶段,不同的国家,表现都不一样,但又都是按一定的规律形成的有机组合,并对整个国家的经济发挥着重要的作用。从不同的角度出发和按不同的标准,可以划分为不同的种类。

1. 按金融机构的主要业务类别划分

按金融机构的主要业务类别可划分为银行类金融机构和非银行类金融机构。前者以吸收存款、发放贷款为主要业务,包括中央银行、商业银行、专业银行等;后者的主要资金来源不是吸收存款,而是以提供各种金融工具或特定的契约投资,并通过特定的方式加以运用,主要有保险公司、信托投资公司、证券公司、财务公司、租赁公司等。

2. 按照金融机构的业务性质划分

按照金融机构的业务性质可以划分为商业性金融机构和政策性金融机构。前者以追求利润最大化为经营目标,是自主经营、自负盈亏、自求平衡、自我发展的金融企业;后者则是一国政府为加强对经济的干预能力,保证国民经济持续、稳定、协调发展而设立的。这类机构大多是政府出资,以政府资本为主,不以营利为目的,所经营的业务与政府的产业政策密切配合。

3. 按照是否能够接受公众存款划分

按照是否能够接受公众存款,可划分为存款性金融机构与非存款性金融机构。存款性金融机构主要通过吸收存款形式向公众举债而获得其资金来源,如商业银行、储蓄贷款协会、合作储蓄银行和信用合作社等;非存款性金融机构则不得吸收公众的储蓄存款,如保险公司、信托金融机构、政策性银行以及各类证券公司、财务公司等。

随着金融业的竞争愈演愈烈,金融创新的发展和金融自由化的趋势,使得各国金融管理当局的金融管制逐渐放松,金融混业经营不断加强,金融机构的分类标准也在发生变化,尤其是银行与非银行之间的分类将不再明显,各国金融机构体系的类型和构成将主要取决于各国实际经济发展的客观需要和金融管理的需要。

阅读材料 5-1

金融中介有多重要?

有人说金融中介是经济中的循环系统:它把资金从投资人手中运送到有需要的创业者、企业手中,从而让整个经济的运转效率提高、变得更有活力。

金融中介还能促进财富的分配。从前面几章我们已经了解到,金融绝非富人的专利,穷人也同样极大地受惠于金融行业的发展。比如领薪日贷款,让暂时青黄不接的穷人能够度过每月的后半部分、坚持到发薪水的那一天,从而避免了某些人因绝望而犯罪的情况。此外,随着基金等平台的发展,原本因资金量少被排斥在投资市场外的中产阶级也逐渐获得进入金融市场的渠道。这让他们获得了更高的收益,改善了这些人的生活。

金融中介也能帮助平抑经济波动。由于金融中介具有减少信贷市场信息摩擦、提高风险管理水平等重要功能,金融中介的发展能够增强长期投资的逆周期性。从而有助于防止经济剧烈波动。此外,银行等中介为了减少坏账率,也会监督企业的运行情况,从而提高了风险管理能力。很多学者都认为金融中介的发展和人均GDP的波动之间成负相关关系。

马克思曾说：假如必须等待积累去使某个资本增长到能够修建铁路的程度，那么恐怕直到今天世界上还没有铁路，但是，通过股份公司转瞬间就把这件事完成了。金融中介作为第三产业，虽然没有直接生产物质资料，却在经济活动中起着至关重要的作用。

思考：生活中，你能举一些例子谈谈金融中介机构的重要性吗？

第二节　西方国家的金融机构体系

为了适应高度发达的市场经济的要求，西方国家都各有一个规模庞大的金融中介体系。

一个国家的金融机构体系主要包括以下几个方面。

(1)金融管理机构——中央银行，它是一国控制货币流通和信用的中心机构，在整个金融机构体系中处于核心地位。

(2)业务主体——商业银行和专业银行。专业银行是指专门经营指定范围内的业务和提供专门的金融服务的银行。其业务范围较商业银行小，而且具有专一性。

(3)非银行金融机构——保险公司、信托公司及信用合作社等。

关于银行机构，西方各国的具体设置形式不尽相同，甚至对同类性质的银行也有不同的称谓。同时，与存款货币银行迥然有别的金融机构，如投资银行，也以“银行”为名，这是需要注意的。就全部银行机构的组成来看，大体可分为中央银行和存款货币银行这两个构成部分。有些不以银行为名但经营性质类似存款货币银行的也归入存款货币银行一类。

至于非银行金融机构，也称为其他金融机构，其构成极为庞杂。比如，保险公司、投资公司、基金组织、消费信贷机构、金融公司、租赁公司等都包括在内。证券交易所也归属于这一类。

下面我们以美国的金融中介机构为例，给大家介绍一下西方的金融中介机构的构成。金融机构包括直接金融机构和间接金融机构，如图5—1所示。

一、间接金融机构

(一)存款类金融机构

存款类金融机构(depository financial institutions)也称融资类金融中介机构，主要通过吸收存款作为资金来源，并向需要资金的各经济主体发放贷款而获取收益。

1. 存款类金融机构的分类

(1)商业银行。

商业银行(commercial banks)也称存款货币银行，是以经营工商业存、放款为主要业务，并为客户提供多种服务的规模最大、历史最悠久的存款类金融机构。商业银行是唯一能够吸收各种存款，通过办理转账结算，实现支付结算的非现金周转，并发挥创造存款货币作用的金融机构。虽然随着金融体系的多元化发展，非银行金融机构已得到了空前发展，但是商业银行仍然是主要工业化国家中金融活动的主导力量。自20世纪80年代以来，由于金融机构间竞争的加剧和金融创新的浪潮，使商业银行业务经营发生了巨大变化，呈现全能化或多元化趋势，能从事多种综合性金融服务，被称为“金融百货公司”或“金融超市”。商业银行在各国都有一些自己的特色。在外部组织形式上只有美国采取单一银行制，而其他大多数国家普遍采取

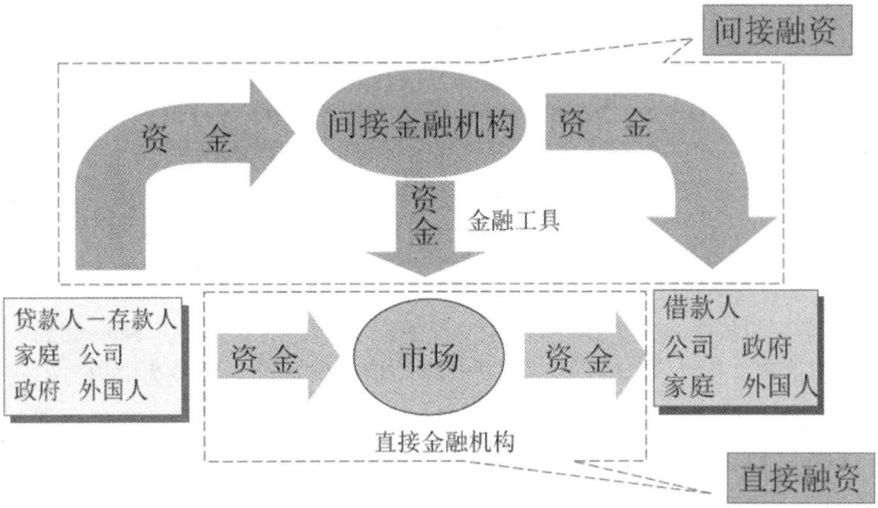

图 5—1　金融机构

分支行制，多数国家，包括美国、日本、英国等国家的商业银行大多按照股份制形式建立，私人银行为数较少，而法国、意大利和印度等国家则对商业银行实行完全或不完全的国有化；以美国、日本、英国等国为首的绝大部分西方国家采取了职能分离的银行制度，而德国则代表着全能银行制。

(2)储蓄机构。

储蓄机构(savings associations)是西方国家一种专门吸收储蓄存款作为资金来源的金融机构，主要功能是鼓励私人储蓄，并通过抵押贷款的方式，提供建房、买房和消费信贷融资。储蓄机构汇集起来的储蓄存款余额较为稳定，所以大部分资金都被用来发放不动产抵押贷款，投资于长期国债或者其他证券。与商业银行相比，储蓄机构的资产业务期限长，抵押贷款比重很高。西方政府常利用储蓄机构来实现政府的某些经济目标，其中多为房地产政策目标，因此，一些储蓄机构得到了政府的支持。由于房地产抵押贷款具有自偿性低、资金周转慢的特点，使得储蓄机构的抗风险能力较弱。在美国，储蓄机构包括储蓄信贷协会、互助储蓄银行。储蓄信贷协会是互助合作性质或股份有限公司的组织形式，主要是通过开办各种高利率储蓄账户以鼓励储蓄，为住房的建设、购买和维修提供较优惠的贷款。最早的一家储蓄贷款协会机构1831 年出现在费城，以后这种机构逐渐遍布全美国，20 世纪 70 年代末，约有 4 700 多家，数量与规模均仅次于美国的商业银行。但是由于从 70 年代中后期开始，美国通货膨胀率和利率持续攀升，储蓄信贷协会借贷利率出现严重倒挂现象，到 80 年代初，全行业亏损超过 500 亿美元，以后又由于内部管理混乱、监管不力等原因，到 1989 年，全美倒闭和有问题的储蓄信贷机构数以千计，总亏损达到 5 000 亿美元左右，储蓄信贷协会已走到了破产的边缘，此后，虽然美国政府制定了庞大的救助计划，但是储蓄信贷协会从此一蹶不振。互助储蓄银行最早开始出现在波士顿、费城和纽约等城市，主要吸收小额储蓄和定期储蓄，其管理一直都很稳健。到了20 世纪 80 年代，互助储蓄银行均参加了存款保险，其中 70%在联邦存款保险公司投保，其余的在各州保险基金会投保。由于美国 2007 年爆发次贷危机，到 2008 年，美国互助储蓄银行的亏损总额达到 159 亿美元。截至 2014 年，已经有 73 家互助储蓄银行被监管机构监管，其中有5 家已经关闭。

(3)信用合作社。

信用合作社(credit unions)是某些具有共同利益的人们(如某行业雇员、某互助会成员或某教会教徒等)组织起来的,具有互助性质的会员组织。在西方国家,信用合作社是一种普遍存在的互助合作性的金融组织。信用合作社的资金来源主要是会员的存款,也有一部分来自非成员的存款。政策扶持,加上信用社合作金融组织的独特优势及配套的保险保障措施,使美国的信用社逐步发展壮大。在美国,信用合作社是美国第三大对个人和家庭提供分期贷款的机构,仅次于商业银行与金融公司,具有很大的影响力。

2. 存款类金融机构资产负债的特点

在存款类金融机构中,各类具体机构在发挥中介功能时作用也有所不同,如商业银行的功能最为全面,而信用合作社、储蓄机构等在提供融资服务方面的功能较为突出。但它们的共同特点是,存款类金融机构资产的主要表现形式为贷款与证券投资,负债的主要表现形式为各类存款和借入资金。这也是存款类金融机构在资产和负债方面所具有的共同特点。

(二)契约类金融机构

契约类金融机构(contractual savings institutions)是指在契约的基础上按期取得稳定的资金,主要投向股票、抵押贷款和长期债券的金融中介机构,包括各种保险公司和养老基金等。

1. 保险公司

西方国家的保险业十分发达,各类保险公司是各国最重要的非银行类金融机构。在西方国家,几乎是无人不保险,无物不保险,无事不保险。从保险业务本身看,它不属于金融活动,但因保险公司获得的保费收入大大超过其保费支出,从而可以聚积起大量的货币资本,这些货币资本比银行存款往往更为稳定,运用起来也更加可靠安全,是西方国家金融体系长期资本的重要来源,因而保险公司又是重要的金融企业。

保险公司(insurance company)有多种分类。按照险种划分,有多种形式,如财产保险公司、人寿保险公司、灾害与事故保险公司、存款保险公司、再保险公司等。按照组织形式可以分为国家政府组织的保险公司,主要办理强制保险和特种保险;私营的股份制保险公司,这是市场经济国家中保险业的核心;合作性的保险公司,是社会上需要保险的人或单位采用合作组织的形式来满足其成员对保险的要求;内部自我保险公司,是大公司为节省保费及避免税赋而成立的专为本公司服务的保险公司。

2. 养老基金

养老基金(pension funds)又称退休基金。养老基金是第二次世界大战后发展起来的,目前普遍存在于市场经济国家。这是一种向参加养老金计划者以年金形式提供退休收入的金融机构。养老或退休基金的资金来源,一方面来自雇员工资的一定比例扣除及雇主的相应比例缴款,另一方面则来自积聚资金的投资收益。基金主要用于购买公司的绩优股票、长期债券或政府债券。而参加计划的雇员可得到一份保证或退休之后能按月领取一定固定收入的合同。由于雇主与雇员每月的交款远远超过对退休人员的支出,其大量的多余资金则可用于稳定的投资。而且西方各工业化国家普遍规定缴纳的养老基金的收入是免税的,这更鼓励了雇员缴纳养老退休基金,而基金资产的增长与收益的增加更增强了其基本的保障能力。

(三)投资类金融机构

1. 证券投资基金

证券投资基金(securities investment fund)是指通过公开发售基金份额募集资金,由基金托管人托管,由基金管理人管理和运作资金,为基金份额持有人的利益,以资产组合方式进行证券投资的一种利益共享、风险共担的集合投资方式。

证券投资基金从严格的意义上来讲，是一种证券投资方式。具体指由基金管理公司通过发行基金单位，集中投资者的资金，由基金托管人(即具有资格的银行)托管，由基金管理人管理和运用资金，从事股票、债券等金融工具投资，然后共担投资风险、分享收益。

基金管理公司又称基金管理人，是指凭借专门的知识与经验，运用所管理基金的资产，根据法律、法规及基金章程或基金契约的规定，按照科学的投资组合原理进行投资决策，谋求所管理的基金资产不断增值，并使基金持有人获取尽可能多收益的金融机构。

基金管理公司在不同的国家或地区有不同的名称。例如在英国称投资管理公司，在美国称基金管理公司，在日本多称投资信托公司，在我国台湾称证券投资信托事业，但其职责基本是一致的，即运用和管理基金资产。

2. 货币市场共同基金

共同基金是将众多的小额投资者的资金集合起来，由专门的经理人进行市场运作，赚取收益后按一定的期限及持有的份额进行分配的一种金融组织形式。而对于主要在货币市场上进行运作的共同基金，则称为货币市场共同基金。货币市场共同基金是一种特殊类型的共同基金，是美国 20 世纪 70 年代以来出现的一种新型投资理财工具。它向投资者出售股份，然后把资金用于投资货币市场工具，如国债、短期存单、商业票据等，货币市场共同基金提供一个支票账户选择权，使其股份持有人可以开具 500 美元以上的支票，从其股份中提款。投资者还可以从由基金向投资者提供的银行账户中，以电子转账的方式赎回股份。由于货币市场共同基金的蓬勃发展，个人和机构越来越多地将资金从商业银行和储蓄机构的账户转移到高收益的货币市场基金中，导致商业银行和储蓄机构开办了货币市场存款账户(MMDAs)与货币市场共同基金竞争。

3. 金融公司

金融公司(financial companies)在西方国家是一类极其重要的金融机构，但其从事的业务活动与我国的财务公司有很大的不同。我国的财务公司是由大经济集团组建并主要从事集团内部融资。而西方金融公司，其资金的筹集主要靠在货币市场上发行商业票据，在资本市场上发行股票、债券，也从银行借款，但比重很小。汇聚的资金是用于贷放给购买耐用消费品、修缮房屋的消费者以及小企业。一些金融公司由其母公司组建，目的是帮助推销自己的产品。比如，福特汽车公司组建的福特汽车信贷公司就是向购买福特汽车的消费者提供消费信贷。

二、直接金融机构

(一)投资银行

投资银行(investment banking，corporate finance)是专门针对工商企业办理各项有关投资业务的银行。投资银行的名称，通用于欧洲大陆及美国等工业化国家，在英国称为商人银行，在日本则称证券公司。

投资银行的主要业务有：对工商企业的股票、债券进行直接投资；为工商企业代办发行或包销股票和债券；参与企业的创建、改组、兼并、收购活动；包销本国政府和外国政府的公债券；提供有关投资方面的咨询服务。有些投资银行也兼营黄金、外汇买卖及资本设备或耐用商品的租赁业务等等。具体来讲，可以分为以下几种业务类型。

1. 证券承销

证券承销是指在公募发行条件下投资银行以承销商身份依照协议包销或分销发行人的股

票、债券等有价证券的业务活动。所谓公募发行(public offering),是指在证券市场,由发行者向非指定的广大投资者公开销售证券。

2. 证券交易

证券交易业务是指投资银行在证券交易市场上作为经纪商从事代理证券买卖业务,以获得佣金收入,作为自营商,运用自有资本自行买卖证券,从中赚取买卖差价的经营活动。

3. 公司并购

公司并购业务,是指投资银行在公司收购兼并活动中,作为中介人或代理人为客户公司提供决策和财务服务,或作为产权投资商直接投资于并购公司产权,获取产权交易差价的业务活动。

4. 项目融资

项目融资业务,是指投资银行在项目融资过程中所提供的各种服务性业务。项目融资是一种以项目未来的现金流量和项目本身的资产价值为偿还债务的担保条件,以银行贷款为主要资金来源,以对项目发起人无追索权或只有有限追索权为特征的特殊融资方式。

从全球范围来看,投资银行主要有以下三种类型:

一是独立的专业性投资银行。在全世界范围内广为存在,如美国的高盛公司、美林公司、雷曼兄弟公司、摩根士丹利公司,日本的野村证券、大和证券,英国的华宝公司、宝源公司等。

二是商业银行拥有的投资银行(商人银行)。主要是商业银行对现存的投资银行通过兼并、收购、参股或建立自己的附属公司形式从事商人银行及投资银行业务。这种形式的投资银行在英国非常典型。

三是全能性银行直接经营投资银行业务。主要在欧洲大陆,它们在从事投资银行业务的同时也从事一般的商业银行业务。

2008年金融危机的爆发,使美林证券、雷曼兄弟公司破产,高盛公司和摩根士丹利等投资银行也转型为金融控股公司。

投资银行与商业银行的主要区别:从市场定位看,投资银行是资本市场的核心,而商业银行是货币市场的核心;从融资方式看,投资银行服务于直接融资,而商业银行则服务于间接融资;从业务重心看,投资银行的业务重心是证券承销,而商业银行的业务重心是存款和贷款;从基本收入或利润来源看,投资银行的利润主要来自佣金,商业银行的利润则主要来自存贷款利息差;从经营管理策略或方式上看,投资银行倾向于业务开拓和获取风险收益,而商业银行则倾向于稳健经营。

(二)证券公司

证券公司(securities agency)是专门经营证券业务的金融中介机构。从证券公司的功能来看,可分为证券经纪商、证券自营商和证券承销商。

证券经纪商即证券经纪公司,是代理买卖证券的证券机构,接受投资人委托代为买卖证券,并收取一定手续费即佣金。

证券自营商即综合型证券公司,除了证券经纪公司的权限外,还可以自行买卖证券,它们资金雄厚,可直接进入交易所为自己买卖股票。

证券承销商是以包销或代销形式帮助发行人发售证券的机构。实际上,许多证券公司是兼营这三种业务的。按照各国现行的做法,证券交易所的会员公司均可在交易市场进行自营买卖,但专门以自营买卖为主的证券公司为数极少。

证券公司与现代投资银行是有区别的,证券公司经营的核心业务是现代投资银行的传统业务，而传统业务收入在现代投资银行收入中所占的比重已不到30%。由于发展中国家资本市场不发达，其证券公司并不具有现代投资银行的全部功能，因此不能把这些国家的证券公司称为投资银行，同时，西方发达国家的证券公司(如日本的证券公司)也不再是传统意义上的证券公司，而是现代投资银行。随着资本市场的日益成熟，一些发展中国家的证券公司业务将会突破传统业务的框架发展成为真正意义上的投资银行。

(三)证券交易所

证券交易所(stock exchange)，亦称“场内交易市场”。是设有固定场所，备有各种服务设施、必要的管理和服务人员，有组织而集中进行证券竞价交易的有形场所。证券交易所本身不参与证券买卖，只是提供场所、设备和服务。

在美国证券发行初期，尚无集中交易的证券交易所，证券交易大多在咖啡馆和拍卖行里进行。1792年5月17日，24名经纪人在纽约华尔街和威廉街的西北角一咖啡馆门前的梧桐树下签订了“梧桐树协定”，是纽约交易所的前身。1817年，华尔街上的股票交易已十分活跃，于是市场参加者成立了“纽约证券和交易管理处”，1863年，管理处易名为纽约证券交易所。2007年4月4日，纽约证券交易所与泛欧证券交易所合并成纽约—泛欧证券交易所，总部在纽约，由来自5个国家的6家货币股权交易所以及6家衍生产品交易所组成，其上市公司总数约4 000家，日平均交易量接近1 000亿美元。

目前，所有经济发达的国家均拥有规模庞大的证券交易所。美国有12家，其中纽约股票交易所最大；英国有7家，最大的为伦敦股票交易所；日本有8家，东京证券交易所的业务量占全国的85%。

并不是任何人都能够进入证券交易所从事交易，能进入的只是取得交易所会员资格的经纪人和交易商。会员资格的取得历来均有各种严格限制并需缴纳会费。交易所内的证券交易是通过竞价成交的。所谓竞价成交，是指在对同一种证券有不止一个买方或卖方时，买方交易员和卖方交易员分别从当时成交价逐步向上或向下报价；当任一买方交易员与任一卖方交易员的报价相等时，则这笔买卖即拍板成交。竞价成交后，还需办理交割和过户的手续。交割是指买方付款取货与卖方交货收款的手续。过户手续仅对股票购买人而言。如为记名股票，买者须到发行股票的公司或其委托部门办理过户手续，方可成为该公司股东。

三、政策性金融机构

政策性金融机构主要产生于一国政府提升经济发展水平和安排社会经济发展战略或产业结构调整的政策要求。一般来说，处在现代化建设起步阶段的经济欠发达国家，由于国家财力有限，不能满足基础设施建设和战略性资源开发所需的巨额、长期投资需求，最需要设立政策性金融机构；一些经济结构需要进行战略性调整或升级，薄弱部门和行业需要重点扶持或强力推进的国家，设立政策性金融机构，以其特殊的融资机制，将政府和社会资金引导到重点部门、行业和企业，可以弥补单一政府导向的财政的不足和单一市场导向的商业性金融的不足。

(一)政策性金融机构的主要特点

(1)有政府的财力支持和信用保证。

(2)不以追求利润最大化为目的。

(3)具有特殊的融资机制。政策性金融机构的融资机制既不同于商业性金融机构，也不同于政府财政。它的资金来源除了国有资本外，主要通过发行债券、借款和吸收长期性存款获得，是高成本负债，而它的资金运用则主要是长期低息贷款，通常都是商业性金融机构所不愿或无法经营的，这样的负债和资产结构安排是通过由国家进行利息补贴、承担部分不良债权或相关风险等来实现的。但是，政策性金融机构的融资又明显不同于财政，它的基本运作方式是信贷，通常情况下要保证资金的安全运营和金融机构的自我发展能力，因此，在符合国家宏观经济发展和产业政策要求前提下，行使自主的信贷决策权，独立地进行贷款项目可行性评价和贷款审批，以保证贷款的安全和取得预期的社会经济效益以及相应的直接经济效益。

(4)具有特定的业务领域，政策性金融机构不与商业性金融机构进行市场竞争，它的服务领域或服务对象一般都不适于商业性金融机构，而是那些受国家经济和社会发展政策重点或优先保护，需要以巨额、长期和低息贷款支持的项目或企业。

(二)政策性金融机构的类型

按业务领域和服务对象划分的类型，主要有如下几种：

1. 经济开发政策性金融机构

经济开发政策性金融机构是指那些专门为经济开发提供长期投资或贷款的金融机构。这种金融机构多以“开发银行”“复兴银行”“开发金融公司”“开发投资公司”等称谓，如日本开发银行、德国复兴信贷银行、美国复兴金融公司、加拿大联邦实业开发银行、意大利工业复兴公司、新加坡开发银行、印度工业开发银行、巴基斯坦工业开发银行、国际复兴开发银行、亚洲开发银行、中国国家开发银行，等等。这些金融机构多以促进工业化，配合国家经济发展振兴计划或产业振兴战略为目的而设立，其贷款和投资多以基础设施、基础产业、支柱产业的大中型基本建设项目和重点企业为对象。

2. 农业政策性金融机构

农业政策性金融机构是指专门为农业提供中长期低利贷款，以贯彻和配合国家农业扶持和保护政策的政策性金融机构。如美国农民家计局、英国农业信贷公司、法国农业信贷银行、德国农业抵押银行、日本农林渔业金融公库、印度国家农业及农村开发银行、巴基斯坦农业开发银行、国际农业发展基金、国际农业信贷联合会、亚洲太平洋地区农业信贷协会等。这些金融机构多以推进农业现代化进程、贯彻和配合国家振兴农业计划和农业保护政策为目的而设立，其资金多来源于政府拨款，发行以政府为担保的债券，吸收特定存款和向国内外市场借款，贷款和投资多用于支持农业生产经营者的资金需要、改善农业结构、兴建农业基础设施、支持农产品价格、稳定和提高农民收入等。

3. 进出口政策性金融机构

进出口政策性金融机构是一国为促进进出口贸易，促进国际收支平衡，尤其是支持和推动出口的政策性金融机构，如美国进出口银行、加拿大出口发展公司、英国出口信贷担保局、法国对外贸易银行、德国出口信贷银行、日本进出口银行、印度进出口银行、新加坡出口信贷保险公司、非洲进出口银行、拉丁美洲出口银行、中国进出口银行、中国出口信用保险公司等。这些金融机构，有的为单纯的信贷机构，有的为单纯的担保和保险机构，有的则为既提供信贷，又提供贷款担保和保险的综合性机构，其宗旨都是为贯彻和配合政府的进出口政策，支持和推动本国出口。这些机构在经营过程中，以国家财力为后盾，由政府提供必要的营运资金和补贴，承担经营风险。

4. 住房政策性金融机构

住房政策性金融机构是指专门扶持住房消费，尤其是扶持低收入者进入住房消费市场，以贯彻和配合政府的住房发展政策和房地产市场调控政策的政策性金融机构，如美国联邦住房贷款银行、美国联邦住房抵押贷款公司、美国联邦全国抵押协会、美国政府全国抵押协会、加拿大抵押贷款和住房公司、法国房地产信贷银行、挪威国家住房银行、德国住房储蓄银行、日本住宅金融公库、印度住房开发金融公司、泰国政府住房银行、新西兰住房贷款公司、韩国住房银行，等等。这些机构一般都通过政府出资、发行债券、吸收储蓄存款或强制性储蓄等方式集中资金，再以住房消费贷款和相关贷款、投资和保险等形式将资金用以支持住房消费和房地产开发资金的流动，以达到刺激房地产业发展，改善低收入者住房消费水平，贯彻实施国家住房政策的目的。一些城市已成立了经政府批准的商品住宅基金会或住房合作基金会，以满足住房基地开发、建设和流通周转性资金的需要，推动住房商品化和房产市场的建立和发展。

第三节　中国金融中介机构简介

经过 40 多年的改革开放，我国目前形成了由中国人民银行、中国银行保险监督管理委员会、中国证券监督管理委员会作为最高金融管理机构，对各类金融机构实行分业经营与分业监管，以国有商业银行为主体，多种金融机构并存的金融机构体系格局。具体构成是：中央银行、政策性银行、国有商业银行、其他商业银行、投资银行、农村和城市信用合作社、其他非银行金融机构、保险公司、在华外资金融机构。

一、中国人民银行

中国人民银行是我国的中央银行，是国务院领导下制定和执行货币政策、对金融业实施监督管理的国家机关。它是我国的货币发行的银行、银行的银行和政府的银行。按《中国人民银行法》的规定，中国人民银行的具体职责包括：发表、履行与制作有关的命令和规章；依法制定和执行货币政策；发行人民币，管理人民币流通；监督管理银行间同业拆借市场和银行间债券市场；实施外汇管理，监督管理银行间外汇市场；监督管理黄金市场；持有、管理、经营国家外汇储备、黄金储备；经理国库；维护支付、清算系统的正常运行；指导、部署金融业反洗钱工作，负责反洗钱的资金检测；负责金融业的统计、调查、分析和预测；作为国家的中央银行，从事有关的国际金融活动；执行国务院规定的其他职责。

中国人民银行的最高决策机构是理事会，理事长由中国人民银行行长担任。中国人民银行总行设在北京，1998 年以前按行政区划设置其分支机构，1998 年以后按经济区域设立了天津、沈阳、上海、南京、济南、武汉、广州、成都、西安等 9 个跨行政区的分行，各分行下设若干支行。各分支行在总行领导下在各自的辖区内履行中央银行的有关职责。同时，中国人民银行还在北京和重庆设立两个直属于总行的营业管理部。

二、政策性银行

政策性银行是由政府投资设立的，不以营利为目的，根据政府的决策和意图专门开展政策性金融业务的银行。

（一）国家开发银行

中国国家开发银行成立于 1994 年 3 月，注册资本 500 亿元人民币，总部设在北京，在国内若干城市设有分行或代表处。其基本职责是为我国的基础设施、基础产业和支柱产业的大中型基本建设、技术改造等政策性项目及其配套工程融资。国家开发银行的业务范围主要是投资于制约国民经济发展的“瓶颈”产业项目、能直接增强综合国力的支柱产业的重大项目、高新技术产业的重大营业性项目、跨地区的重大政策性项目等。

(二)中国进出口银行

中国进出口银行成立于1994年5月,注册资本33.8亿元人民币,总部设在北京,在国内若干城市和个别国家设有代表处。其主要职责是执行国家产业政策和外贸政策,为扩大机电产品和成套设备等资本性货物的出口提供政策性金融支持。中国进出口银行的业务范围主要包括:为机电产品和成套设备等资本性货物的出口提供出口信贷,办理与之有关的各种贷款;混合贷款和转贷款,办理出口信用保险和担保业务。

(三)中国农业发展银行

中国农业发展银行成立于1994年11月,总部设在北京,在全国各省、自治区、直辖市广泛设立分支机构。其主要职责是以国家信用为基础,筹集农业政策性信贷资金,承担国家规定的农村政策性金融业务,代理财政支农资金的拨付,为农业和农村经济发展服务。其业务范围主要包括:办理粮、棉、油、糖、猪肉等主要农副产品的国家专项储备和收购贷款,扶贫贷款和农业综合开发贷款,以及国家确定的小型农、林、牧、水利基本建设和技术改造贷款等。

三、商业银行

商业银行是我国金融中介机构的主体,在我国信用活动中起着主导作用。我国融资格局是以间接融资为主,商业银行贷款是企业外源融资的主渠道。商业银行的信贷活动影响着企业经营的方向和规模,业务范围非常广泛,并同其他金融机构发生密切联系。经济活动中绝大部分货币周转都是通过商业银行的转账结算实现的,商业银行的信贷活动还不断派生出新的存款货币,成为一个国家货币供应机制的组成部分。商业银行对一个国家的经济起着举足轻重的作用。

依照《中华人民共和国商业银行法》的规定,商业银行是指依照本法和《中华人民共和国公司法》设立的吸收公众存款、发放贷款、办理结算等业务的企业法人。

按我国现行的商业银行法的规定,商业银行可以从事的业务范围包括:吸收公众存款;发放短期、中期和长期贷款;办理国内外结算;办理票据贴现;发行金融债券;代理发行;代理兑付;承销政府债券;从事同业拆借;买卖、代理买卖外汇;提供信用证服务及担保;代理收付款项;代理保险业务;提供保管箱服务;经中国人民银行批准的其他业务。

我国的商业银行分为大型国有控股商业银行、其他股份制商业银行、城市商业银行和农村商业银行等。

(一)大型国有控股商业银行

目前,我国大型国有控股商业银行由六家组成:中国工商银行、中国农业银行、中国银行、中国建设银行、交通银行和中国邮政储蓄银行。前四家商业银行也称四大国有商业银行,是由国家专业银行演变而来。四大国有商业银行的主体地位是在其作为专业银行时期就奠定了的,无论在人员、机构网点数量,还是资产规模及市场占有上,在我国整个金融领域均处于绝对举足轻重的地位,在世界上的大银行排序中也处于较前列的位置。2003年以来,我国加快了国有商业银行改革步伐。中国银行、中国建设银行、中国工商银行、交通银行和中国农业银行先后完成财务重组和股份制改革,成为国家控股商业银行,并成功上市。经过改革,六家国家控股商业银行在公司治理、发展战略和经营理念、透明度建设以及激励约束机制等方面均取得突出成效,资本充足率、资产质量和盈利能力等财务指标较改制前有显著提高,财务可持续能力明显增强,服务水平和竞争能力也在不断提高,与国际先进银行的差距不断缩小。

中国工商银行是我国目前规模最大的商业银行，无论是吸收储蓄存款，还是发放中长期贷款，或是办理结算业务上都处于优势地位。它一方面积极开拓、稳健经营，同时又以效益为中心，进行集约化经营。

中国农业银行一方面利用固有的优势，继续服务于农村经济，以支持农业产业化经营为基础，将经营重心转移到高效行业和企业；另一方面实行城乡联动的市场定位，拓展城郊与城区的业务，支持城乡经济一体化发展；同时还在积极创造条件进入国际金融市场。

中国银行在其作为国家外汇外贸专业银行时期，在发展国际金融业务方面就已奠定了良好基础。现在，作为外汇指定银行，继续充分发挥着支持外贸事业发展、提供国际结算服务、提供进出口融资便利以及作为对外筹资的主渠道等的业务优势。

中国建设银行在经历了十几年财政、银行双重职能并行的阶段后，1994 年进入向国有商业银行转变的新阶段。1996 年 3 月中国人民建设银行更名为中国建设银行。由于该银行过去长期专门办理固定资产投资和房地产等基本建设金融业务，与大企业、大行业有着密切的联系，从而继续发挥优势，实施为大行业、大企业服务的经营战略，其同时也在积极拓展商业银行的其他业务。

交通银行全称为交通银行股份有限公司，始建于 1908 年，是中国近代以来延续历史最悠久、最古老的银行，也是近代中国的发钞行之一。交通银行是中国境内主要综合金融服务提供商之一，并正在成为一家以商业银行为主体，跨市场、国际化的大型银行集团，业务范围涵盖商业银行、投资银行、证券、信托、金融租赁、基金管理、保险、离岸金融服务等诸多领域。1987 年重新组建成全国第一家股份制商业银行，分别于 2005 年、2007 年先后在香港、上海上市，是第一家在境外上市的国有控股大型商业银行。

中国邮政储蓄银行于 2007 年 3 月 20 日正式挂牌成立，是在改革邮政储蓄管理体制的基础上组建的商业银行。中国邮政储蓄银行承继原国家邮政局、中国邮政集团公司经营的邮政金融业务及因此而形成的资产和负债，并将继续从事原经营范围和业务许可文件批准、核准的业务。2012 年 2 月 27 日，中国邮政储蓄银行发布公告称，经国务院同意，中国邮政储蓄银行有限责任公司于 2012 年 1 月 21 日依法整体变更为中国邮政储蓄银行股份有限公司。

（二）股份制商业银行

自 1986 年国家决定重组股份制商业银行以来，我国陆续建立了 12 家股份制商业银行，包括中信银行、中国光大银行、华夏银行、广东发展银行、平安银行、招商银行、浦东发展银行、兴业银行、中国民生银行、恒丰银行、浙商银行和渤海银行。

这些新型的商业银行是按照国际通行规则和市场原则开展各项银行业务活动和进行自身经营管理的。因而，尽管它们在资产规模、机构数量和人员总数等方面还远不能同国家控股商业银行相比，但其资本、资产及利润的增长速度已经高于国家控股商业银行，呈现出较强的经营活力、强劲的增长势头和良好的经营效益，成为中国银行体系和国民经济发展中的一种有生力量。截至 2018 年，这 12 家银行中先后有 8 家已经完成了上市。通过上市，建立了正常的资本金补充机制，为提高透明度、发挥市场监督功能和建立现代银行制度做了有益的探索。

（三）城市商业银行

1998 年，从北京开始，陆续出现了以城市名命名的商业银行。城市商业银行的前身是城市合作银行，城市合作银行实际上也属于股份制商业银行性质。我国原有约 5 000 家城市信用社，有相当多城市信用社已失去合作性质，实际上已办成小型商业银行。为规避风险、形成规模，1995 年国务院规定，在城市信用社清产核资的基础上，通过吸收地方财政、企业入股组建城市合作银行。其服务领域是，依照商业银行经营原则为中小企业提供金融支持，为地方经济铺路搭桥。

经过20多年的发展，城市商业银行已经逐渐发展成熟，尽管其发展程度良莠不齐，但有相当多的城市商业银行已经完成了股份制改革，并通过各种途径逐渐消化历史上的不良资产，降低不良贷款率，转变经营模式，在当地占有了相当大的市场份额。截至2018年末，我国一共有134家城市商业银行，上海、北京、南京、大连、杭州、宁波等城市商业银行综合实力发展迅速，并实现了跨区域发展，其中南京银行、北京银行、宁波银行等已发行上市。

（四）农村商业银行

农村商业银行是由辖内农民、农村工商户、企业法人和其他经济组织共同入股组成的股份制的地方性金融机构。有些地区的农村信用社，可以实行股份制改造，组建农村商业银行。在经济比较发达、城乡一体化程度较高的地区，“三农”的概念已经发生了很大的变化，农业贷款比重很低，有些只占5%以下。作为农村信用社服务对象的农民，虽然身份没有变化，但大多已不再从事以传统种养耕作为主的农业生产和劳动，对支农服务的要求较少，农村信用社实际也已经实行商业化经营。对这些地区的农村信用社，可以实行股份制改造，组建农村商业银行。2001年江苏省常熟市农村商业银行、张家港市农村商业银行、江阴市农村商业银行成立，这是我国首批三家农村商业银行。截至2014年，我国已有212家农村商业银行。

（五）民营银行

建立民营银行主要是为了打破中国商业银行业单一国有垄断，实现金融机构多元化。与国有银行相比，民营银行具有两个十分重要的特征：一是自主性，民营银行的经营管理权，包括人事管理等不受任何政府部门的干涉和控制，完全由银行自主决定；二是私营性，即民营银行的产权结构主要以非公有制经济成分为主，并以此最大限度地防止政府干预行为的发生。

作为金融市场的重要组成部分，民营金融机构特殊的产权结构和经营形式决定了其具有机制活、效率高、专业性强等一系列优点，因此，民营银行是中国国有金融体制的重要补充。民营金融机构的建立必然会促进金融市场的公平竞争，促进国有金融企业的改革。建立一些具有国际先进水平的民营金融机构将有助于金融业参与国际竞争，缓和加入世界贸易组织后外资对国内金融业的冲击。民营银行的资本金主要来自民间，其对利润最大化有着更为强烈的追求，如果没有健全的监管机制进行有效监管，民营银行往往会因风险问题而陷入失败。民企办银行很重要的动机就是希望为企业搭建一个资金平台，为企业融资提供便利。一旦关联企业出现问题，贷款无法偿还，民营银行就会面临巨大风险。

2014年7月25日，银监会主席尚福林在银监会2014年上半年全国银行业监督管理工作会议上披露，银监会已正式批准三家民营银行的筹建申请。这三家民营银行分别是：腾讯、百业源、立业为主发起人，在广东省深圳市设立深圳前海微众银行；正泰、华峰为主发起人，在浙江省温州市设立温州民商银行；以及华北、麦购为主发起人，在天津市设立天津金城银行。

截至2018年10月，已有17家民营银行开业。在激烈的市场竞争中，民营银行仍在不断摸索和寻找最为适合的市场突围策略。前有四大行难以超越，后有互联网金融的步步紧逼，民营银行突围任重而道远。

阅读材料 5－2

浙江网商银行

2013 年 6 月，马云表示："未来的金融有两大机会，一个是金融互联网，金融行业走向互联网；第二个是互联网金融，纯粹的外行领导，其实很多行业的创新都是外行进来才引发的。金融行业也需要搅局者，更需要那些外行的人进来进行变革。"

2013 年 9 月，阿里金融正式向相关金融监管部门提交拟设立阿里网络银行申请，拟成立的阿里网络银行注册资本为 10 亿元，提供小微金融服务，业务范围涉及存款、贷款、汇款等业务。相关部门已经听取阿里金融汇报，并开始着手研究网络银行。

2014 年，银行实行"共同发起人"的制度，根据阿里的公告显示，阿里巴巴与万向集团公司共同作为发起人申请民营银行牌照。

2014 年 9 月 29 日，银监会发布公告显示，银监会批准筹建浙江网商银行。

2015 年 5 月 27 日银监会发布公告称，批准浙江网商银行股份有限公司开业，核准其注册资本为 40 亿元人民币。

2015 年 6 月 25 日，浙江网商银行正式开业，这家银行提出"无微不至"的口号，希望在 5 年内服务 1 000 万中小企业。

浙江网商银行是一家以互联网为平台面向小微企业和网络消费者开展金融服务的民营银行，开业后将按照"小存小贷"模式为小微企业和网络消费者提供有关贸易与生活方面的金融解决方案。浙江网商银行实际上是虚拟银行，与传统银行相比，浙江网商银行的最大区别是没有实体网点，没有总分支组织机构，并大量使用互联网技术开展业务。

（资料来源：https://baike.so.com/doc/8396935-8716212.html.）

思考：网络银行的出现会对传统商业银行产生什么样的影响？

四、非银行金融机构

（一）证券公司

初设时的我国证券公司，或是由某一家金融机构全资设立的独资公司，或是由若干金融机构、非金融机构以入股形式组建的股份制公司。2000 年以后，随着分业经营、分业监管原则的贯彻及规范证券公司发展工作的落实，银行、城市信用合作社、企业集团财务公司、融资租赁公司、典当行以及原各地融资中心下设的证券公司或营业机构，陆续予以撤销或转让。在要求证券机构彻底完成与其他种类金融机构脱钩的同时，鼓励经营状况良好和实力雄厚的证券公司收购、兼并业务量不足的证券公司。

我国证券公司的业务范围一般包括：代理证券发行业务；自营、代理证券买卖业务；代理证券还本付息和红利的支付；证券的代保管和签证；接受委托代收证券本息和红利；接受委托办理证券的登记和过户；证券抵押贷款；证券投资咨询业务等。

随着我国现代企业制度建立的推进，尤其是随着国有企业股份制改造及更多公司上市的需要，证券公司将迎来它蓬勃发展的新时期。部分证券公司向投资银行的过渡也正在酝酿当中。

（二）证券投资基金

我国的基金是契约型基金，基金持有人、基金管理人、基金托管人是基金最重要的三方当事人。基金持有人即基金投资者，是基金的出资人、基金资产的所有者和基金投资收益的受益人。基金管理人是基金产品的募集者和基金的管理者，其主要职责是按照基金合同的约定，负责基金资产的投资运作，在风险控制的基础上为投资者争取最大的投资收益。在我国，基金管理人职能由依法设立的基金管理公司担任。为了保证基金资产的安全，基金应按照资产管理和保管分开的原则进行运作，基金托管人独立于基金管理人之外，对基金资产进行保管、清算、会计复核，以及对基金的投资运作进行监督。在我国，基金托管人只能由依法设立并取得基金托管资格的商业银行来担任。

随着《证券投资基金法》的实施，我国基金业的发展进入了一个新的阶段。开放式基金取代封闭式基金成为市场发展的主流。根据基金网站统计，截至 2018 年 5 月底，总共有 116 家基金公司，如华夏、国泰、华安、博时、嘉实、易方达基金管理公司等。我国的基金管理公司除了募集、管理公募基金外，已被允许开展社保基金管理、企业年金管理、QDII 基金管理以及特定客户资产管理等其他委托理财业务，基金管理公司的业务正在日益走向多元化。

（三）保险机构

保险业是一个极具特色从而具有很大独立性的系统，这一系统之所以被列入金融体系，是由于经办保险业务的大量保费收入，按世界各国的通例，用于各项金融投资，而运用保险资金进行金融投资的收益又可积累更为雄厚的保险基金，从而促进保险事业的发展。

保险公司的业务范围分为两大类：一是财产保险业务，具体包括财产损失保险、责任保险、信用保险等业务；二是人身保险业务，具体包括人寿保险、健康保险、意外伤害保险等业务。根据我国《保险法》的规定，同一保险人不得同时兼营上述两类保险业务。现行规定，对保险公司的资金运用，除用于理赔给付外，其余只限于银行存款、买卖政府债券、金融债券和国务院规定的其他资金运用形式，而不得用于设立证券经营机构和向企业投资。

目前，我国商业保险公司有国有独资的中国人民财产保险股份有限公司、中国人寿保险（集团）公司和中国再保险公司；还有全国性的股份制的中国太平洋保险（集团）股份有限公司、中国太平洋财产保险股份有限公司、中国太平洋人寿保险股份有限公司，以及一批股份制商业保险公司，如平安、大众、天安、华泰、新华、泰康、华安公司等，现在中国平安、中国人寿、中国太平洋、新华保险、中国人保、中国太平 6 家已实现了上市。

（四）信托公司

信托公司，在中国是指依照《中华人民共和国公司法》和根据《信托投资公司管理办法》规定设立的主要经营信托业务的金融机构。信托是以信任委托为基础、以货币资金和实物财产的经营管理为形式，融资和融物相结合的多边信用行为。信托业务主要包括委托和代理两个方面的内容。前者是指财产的所有者为自己或其指定人的利益，将其财产委托给他人，要求按照一定的目的，代为妥善地管理和有力地经营；后者是指一方授权另一方，代为办理的一定经济事项。

信托业务的关系人有委托人、受托人和受益人三个方面。转移财产权的人，即原财产的所有者是委托人；接受委托代为管理和经营财产的人是受托人；享受财产所带来的利益的人是受益人。信托的种类很多，主要包括个人信托、法人信托、任意信托、特约信托、公益信托、私益信托、自益信托、他益信托、资金信托、动产信托、不动产信托、营业信托、非营业信托、民事信托和商事信托等。

我国的信托投资公司是在改革开放后开始发展的。我国最早成立的中国国际信托投资公司创办于1979年10月，后来又陆续设立了一批全国性信托投资公司，如中国光大国际信托投资公司、中国民族国际信托投资公司等，以及为数众多的地方性信托投资公司与国际性信托投资公司。

（五）金融租赁公司

金融租赁公司是指经中国银行保险监督管理委员会批准，以经营融资租赁业务为主的非银行金融机构。金融租赁公司开展业务的过程是：租赁公司根据企业的要求，筹措资金，提供以"融物"代替"融资"的设备租赁。在短期内，作为承租人的企业只有使用租赁物件的权利，没有所有权，并要按租赁合同的规定，定期向租赁公司交付租金。租期届满时，承租人向租赁公司交付少量的租赁物件的名义货价（即象征性的租赁物件残值），双方即可办理租赁物件的产权转移手续。

我国的融资租赁业务起始于20世纪80年代初，最早的租赁公司以中外合资企业的形式出现，其原始动机是引进外资。2019年2月底，中国金融租赁公司已达70家。

（六）财务公司

财务公司又称金融公司，是为企业技术改造、新产品开发及产品销售提供金融服务，以中长期金融业务为主的非银行机构。各国的名称不同，业务内容也有差异。但多数是商业银行的附属机构，主要吸收存款。中国的财务公司不是商业银行的附属机构，是隶属于大型集团的非银行金融机构。

与发达国家在跨国集团发展到一定规模时自发设立财务公司不同，我国企业集团财务公司是经济体制和金融体制改革的产物，它的产生既是企业集团发展的客观要求，更是我国国有体制改革的必然选择。从经济面上看，财务公司的出现是为了推动经济体制改革并为之提供金融服务的政策需要。从金融面上看，财务公司的出现是金融市场发展的一种必然的结果，是一种金融机构的创新。近年来，在金融服务实体经济的政策指引下，财务公司迎来了重大机遇期。财务公司坚持资金集中管理、提高资金集约化水平、产生规模效益，这正是企业集团发展到一定阶段的必然要求。同时，正因为认识到财务公司作为金融平台的基础作用，设立财务公司的企业集团越来越多了，包括贵州茅台集团等在内的数家知名企业目前都在筹建财务公司。中国南车、中国北车、中信集团、中国铁建等大型央企纷纷设立财务公司，另有多家地方国资企业设立财务公司。

（七）证券交易所

证券交易所是依据国家有关法律，经政府证券主管机关批准设立的集中进行证券交易的有形场所。

我国的证券交易所是按会员制方式组成，为证券集中交易提供场所和设施，组织和监督证券交易，实行自律管理，不以营利为目的的事业法人。其本身不持有证券，也不进行证券的买卖，更不能决定证券交易的价格，而应当创造公开、公平、公正的市场环境，保证证券市场的正常运行。我国内地有两家证券交易所——上海证券交易所和深圳证券交易所。

阅读材料5—3

上海证券交易所和深圳证券交易所

上海证券交易所（Shanghai Stock Exchange）是中国大陆两家证券交易所之一，位于上海浦东新区。上海证券交易所创立于1990年11月26日，同年12月19日开始正式营业。上海证券交易所是国际证监会组织、亚洲暨大洋洲交易所联合会、世界交易所联合会的成员。经过多年的持续发展，上海证券市场已成为中国内地首屈一指的市场，上市公司数、上市股票数、市价总值、流通市值、证券成交总额、股票成交金额和国债成交金额等各项指标均居首位。截至2018年5月，上证所拥有1 472家上市公司，上市证券数2 214个，股票市价总值160 750.71亿元。上市公司累计筹资达25万亿元；一大批国民经济支柱企业、重点企业、基础行业企业和高新科技企业通过上市，既筹集了发展资金，又转换了经营机制。

深圳证券交易所以建设中国多层次资本市场体系为使命，全力支持中国中小企业发展，推进自主创新国家战略实施。2004年5月，中小企业板正式推出；2006年1月，中关村科技园区非上市公司股份报价转让开始试点；2009年10月，创业板正式启动，多层次资本市场体系架构基本确立。

(八)资信评级机构

与国际著名评级机构比，我国评级机构规模小，经验不足，评级方法落后，评级结果缺乏权威性。现行的国际信用评级体系由美国控制。目前，我国有大公国际资信、中诚信国际、联合资信、上海远东和上海新世纪等5家全国性信用评级机构，除大公国际资信外，其余4家机构都有外资进入。

阅读材料5-4

亚投行

亚洲基础设施投资银行(Asian Infrastructure Investment Bank，AIIB，简称亚投行，)是一个政府间性质的亚洲区域多边开发机构，重点支持基础设施建设，成立宗旨是促进亚洲区域的建设互联互通化和经济一体化的进程，并且加强中国与其他亚洲国家和地区的合作。总部设在北京。亚投行法定资本1 000亿美元。

2013年10月2日，习近平主席提出筹建倡议，2014年10月24日，包括中国、印度、新加坡等在内的21个首批意向创始成员国的财长和授权代表在北京签约，共同决定成立亚洲基础设施投资银行。

截至2015年4月15日，亚投行意向创始成员国确定为57个，其中域内国家37个、域外国家20个。涵盖了除美国、日本和加拿大之外的主要西方国家，以及亚欧区域的大部分国家，成员遍及五大洲。其他国家和地区今后仍可以作为普通成员加入亚投行。

2015年6月29日，《亚洲基础设施投资银行协定》签署仪式在北京举行，亚投行57个意向创始成员国财长或授权代表出席了签署仪式，其中已通过国内审批程序的50个国家正式签署《协定》。各方商定将于2015年年底之前，经合法数量的国家批准后，《协定》即告生效，亚投行正式成立。

2015年8月24日，筹建亚投行第六次谈判代表会议以共识方式推选现任亚投行多边临时秘书处秘书长金立群为亚投行候任行长。根据亚投行协定有关规定，亚投行正式成立后，将在首次理事会上将候任行长选举为行长。

思考：

1. 亚投行属于什么性质的金融机构？
2. 亚投行的建立对国际金融秩序将会产生什么样的影响？

本章小结

金融中介机构即进行资金融通活动、从事投融资活动和提供各种金融服务的机构，它们是为投资者和筹资者牵线搭桥，媒介资金融通，为客户提供各种金融服务的机构或组织。

金融中介机构从不同的角度出发和按不同的标准，可以划分为不同的种类。按金融机构的主要业务类别可划分为银行类金融机构和非银行类金融机构。按照金融机构的业务性质可以划分为商业性金融机构和政策性金融机构。按照是否能够接受公众存款，可划分为存款性金融机构与非存款性金融机构。

存款性金融机构是指主要通过吸收各类存款而获得资金的金融机构，主要包括商业银行、储蓄银行和信用合作社等。非存款性金融机构主要包括保险公司、证券公司、信托投资公司、金融公司和金融租赁公司等。

政策性金融机构是指那些专门从事政策性金融活动，支持政府发展经济，促进社会全面进步，配合宏观经济调控的金融机构。政策性金融机构的典型特征是不以营利为目的，资金来自财政拨款和以中长期贷款为主。

练习题

一、概念识记

金融中介　直接金融机构　间接金融机构　商业银行　投资银行　保险公司
政策性金融机构　证券交易所

二、选择题

1. 在银行体系中处于核心地位的是（　　）。

A. 中央银行　B. 政策性银行　C. 商业银行　D. 投资银行

2. 下列不属于商业银行的是（　　）。

A. 中国工商银行　B. 中国进出口银行
C. 中国建设银行　D. 中国农业银行

3. 下列不属于政策性银行的是（　　）。

A. 国家开发银行　B. 中国农业发展银行
C. 中国进出口银行　D. 中国建设银行

4. 政策性银行的经营目标主要是（　　）。

A. 获取最大限度的利润　B. 追求自身的安全性
C. 实现政府的政策目标　D. 保证经营资金的流动性

5. 可以办理社会公众存款业务的金融机构有（　　）。

A. 政策性银行　B. 商业银行　C. 邮政储蓄机构　D. 信用合作社
E. 证券公司

6. 下列属于股份制商业银行的有(　　)。
A. 交通银行　　B. 招商银行　　C. 国家开发银行　　D. 华夏银行
E. 中国民生银行
7. 下列属于非银行金融机构的有(　　)。
A. 信托投资公司　　B. 证券交易所　　C. 信用合作社　　D. 邮局
E. 保险公司
8. 政策性银行具有的基本属性包括(　　)。
A. 由政府创立、参股或保证　　B. 为政府赚取利润
C. 配合宏观经济调控　　D. 配合政府的方针政策
E. 不以营利为目的
9. 政策性银行的资金来源包括(　　)。
A. 政府预算拨款　　B. 发行债券　　C. 发行股票　　D. 借入财政资金
E. 向中央银行借款
10. 非银行金融机构与商业银行的区别在于(　　)。
A. 资金来源的主要渠道不同　　B. 资金运用的主要形式不同
C. 经营目的不同　　D. 信用创造功能不同
E. 经营方式不同

三、简答题

1. 简述我国的金融体系。
2. 简述金融中介机构存在、发展的必要性。
3. 试述政策性银行与商业银行的区别。

四、案例分析

高盛集团

高盛集团(Goldman Sachs)为跨国银行控股公司集团，被《财富》杂志连续多年评选为世界财富500强企业之一，总部位于美国纽约；其业务涵盖投资银行、证券交易和财富管理。业务对象为企业、金融机构、(国家)政府及富人；业务按地域分为三大块，即美国、亚太地区和欧洲。在19世纪90年代到第一次世界大战期间，投资银行业务开始形成，但与商业银行没有区分。高盛公司在此阶段最初从事商业票据交易，创业时只有一个办公人员和一个兼职记账员。创始人马可斯·戈德门每天沿街打折收购商人们的本票，然后在某个约定日期里由原出售本票的商人按票面金额支付现金，其中差额便是马可斯的收入。股票包销业务使高盛成为真正的投资银行。高盛集团在23个国家拥有41个办事处，总部设在纽约，并在伦敦、法兰克福、东京、我国香港和世界其他主要金融中心设有分支机构。集团拥有丰富的地区市场知识和国际运作能力。

高盛公司推陈出新，把"先起一步"与"率先模仿"作为自己的重要发展战略。1981年，高盛公司收购J. 阿朗公司，进入外汇交易、咖啡交易、贵金属交易的新领域，标志着高盛多元化开始，超越传统的投资银行代理、顾问范围，有了固定收入。到1989年高盛公司7.5亿美元的总利润中，阿朗公司贡献了30%。20世纪90年代，高盛高层意识到只靠做代理人和咨询顾

问，公司不会持久繁荣。于是他们又开设资本投资业务，成立GS资本合作投资基金，依靠股权包销、债券包销或公司自身基金，进行5年至7年的长期投资，然后出售获利。高盛在1994年投资13.5亿美元换取一家从事服装业的拉夫·劳伦公司28%的股份，并自派总裁。三年后，出售其中6%的股份套现到4.87亿美元。其余股份升值到53亿多美元。短短三年内，高盛的资本投资收入翻了近10倍，而老业务投资银行部只翻了两倍。在2012年财富世界500强排行榜中排名第290位。投资银行业与其他产业一样，一项业务创新并敢冒风险，能使一家公司一夜成名，一夜暴富。高盛公司尝到推陈出新的甜头后，把"先起一步"与"率先模仿"作为自己的重要发展战略。

（资料来源：曹龙骐.金融学案例与分析[M].北京：高等教育出版社，2015.）

思考：

1. 投资银行的业务范围是什么？

2. 以2008年金融危机为例，说明投资银行业务的金融风险，同时分析投资银行在金融危机中的角色地位。

第六章　商业银行

学习目标

1. 了解商业银行的产生与发展，理解商业银行与其他金融机构的区别；
2. 掌握商业银行的职能和主要业务；
3. 了解商业银行经营管理的相关理论以及商业银行经营管理的基本方法。

引导案例

穆罕默德·尤努斯和他的格莱珉乡村银行

——新型的商业银行模式

孟加拉乡村银行最早起源于孟加拉国。1974 年，穆罕默德·尤努斯在孟加拉国创立小额贷款，1983 年，正式成立孟加拉乡村银行——格莱珉银行。孟加拉乡村银行模式是一种利用社会压力和连带责任而建立起来的组织形式，是当今世界规模最大、效益最好、运作最成功的小额贷款金融机构，在国际上被大多数发展中国家模仿或借鉴。

在 1976 年的一次乡村调查中，一位名叫苏菲亚的农妇告诉尤努斯，由于没有钱购买制作竹凳的原料，她需要每天向高利贷者获得 22 美分的贷款来购买竹子，编好竹凳后依照贷款的条件必须以固定的价格卖给高利贷者。这样，辛苦劳作一天，仅仅能获取 2 美分的收入。这让尤努斯非常震惊，他写道："在大学的课程中，我对成千上万美元的数额进行理论分析，但是在这里，就在我眼前，生与死的问题是以'分'为单位展示出来的。"他认识到，真正制约贫困人群走向富裕的根源是缺乏资本，而不是懒惰或缺乏智慧等个人原因造成的。从此，他开始尝试向这些赤贫的没有任何抵押品的穷人提供贷款。

通过尤努斯的不断努力，格莱珉银行在 1983 年成立了。尤努斯相信，每个贷款人都是诚实的，即使贷款者确实没能到期偿还本息，他也认为贷款者本无恶意，只是因为情况窘迫而无力偿还，每个人也都有与生俱来的生存技能，当他们获得资金支持后，就可以更好地发挥这一技能从而使自己脱贫。它的主要业务是向没有任何抵押的穷人提供微型贷款。鉴于其业务的特殊性，为了确保银行稳健运营，格莱珉银行形成了具有自己特色的经营管理模式。首先，改革了传统信贷业务中到期全额还款的制度。尤努斯认为，在贷款到期时拿出大笔现金来支付贷款，在心理上是很难接受的，因此就会拖延还款，最终无力偿还导致信用风险。鉴于此，尤努斯提出了每周还款模式。借款人每周只需要偿还较小数额的贷款，日积月累也就完成了所有贷款的偿还。也正是因此，才使得格莱珉银行获得了远高于其他商业银行的98%的偿还率。

其次，尤努斯还创立了五人小组制度。他要求每个贷款申请人都要加入一个有相似经济背景、相似目的的人组成的小组，格莱珉银行鼓励小组内部互相帮助，这样的互助模式也使得贷款人更加可靠。同时，小组内部的竞争意识也激励着每个成员努力劳动，提高了每个贷款人的自立能力。由于每个组员的贷款请求都要由整个小组审批，小组也就为每笔贷款担负了道义上的责任，这就在一定程度上减少了银行的违约风险。

第三，格莱珉银行不仅提供微型贷款，而且也鼓励成员存款。格莱珉银行要求每个贷款者将所贷款项的5%存入小组基金，只要满足相应的条件，任何小组成员都可以从这一基金中获得无息贷款，更加体现了互助协作的性质。

目前，格莱珉银行已经成为孟加拉国最大的农村银行。该行拥有650万借款者，并使得其中超过一半的借款人脱贫。而且，格莱珉银行也并非是一个慈善组织，从1983年创办以来，除了创办当年和1991年至1992年两个水灾严重的年份以外，一直保持盈利，到2005年其盈利已达到1 521万美元。2006年10月，尤努斯因其成功创办孟加拉乡村银行，获诺贝尔和平奖。

（资料来源：http://bbs.tianya.cn/post-free-810733-1.shtml.）

思考：

1. 简述格莱珉银行与传统银行的区别。

2. 结合我国目前的状况并参考案例中的相关内容，对我国建立农村合作银行的可行性进行分析。

第一节　商业银行概述

一、商业银行的产生与发展

人们公认的早期银行的萌芽，起源于文艺复兴时期的意大利。“银行”一词英文为“bank”，是由意大利文“banca”演变而来的。在意大利文中，banca是“长凳”的意思。最初的银行家均为祖居在意大利北部伦巴第的犹太人，他们为躲避战乱，迁移到英伦三岛，以兑换、保管贵重物品、汇兑等为业。在市场上人各一凳，据以经营货币兑换业务。倘若有人遇到资金周转不灵，无力支付债务时，就会招致债主们群起捣碎其长凳，兑换商的信用也即宣告破碎。英文“破产”为“bankruptcy”，即源于此。

早期银行业的产生与国际贸易的发展有着密切的联系。中世纪的欧洲地中海沿岸各国，尤其是意大利的威尼斯、热那亚等城市是著名的国际贸易中心，商贾云集，市场繁荣。但由于当时社会的封建割据，货币制度混乱，各国商人所携带的铸币形状、成色、重量各不相同，为了适应贸易发展的需要，必须进行货币兑换。于是，单纯从事货币兑换业并从中收取手续费的专业货币商便开始出现和发展起来。随着异地交易和国际贸易的不断发展，来自各地的商人们为了避免长途携带而产生的麻烦和风险，开始把自己的货币交存在专业货币商处，委托其办理汇兑与支付。这时候的专业货币商已反映出银行萌芽的最初职能：货币的兑换与款项的划拨。

随着接受存款的数量不断增加，商人们发现多个存款人不会同时支取存款，于是他们开始把汇兑业务中暂时闲置的资金贷放给社会上的资金需求者。最初，商人们贷放的款项仅限于自有资金，随着代理支付制度的出现，借款者即把所借款项存入贷出者之处，并通知贷放人代理支付。可见，从实质上看，贷款已不仅限于现实的货币，而是有一部分变成了账面信用，这标志着现代银行的本质特征已经出现。

由于早期银行贷款具有高利贷的性质，年利率平均在20%～30%，严重阻碍着社会闲置资本向产业资本的转化。现代商业银行的最初形式是资本主义商业银行，它是资本主义生产方式的产物。随着生产力的发展，生产技术的进步，社会劳动分工的扩大，资本主义生产关系开始萌芽。一些手工场主同城市富商、银行家一起形成新的阶级——资产阶级。

与西方的银行相比，中国的银行则产生较晚。中国关于银钱业的记载，较早的是南北朝时的寺庙典当业。到了唐代，出现了类似汇票的“飞钱”，这是中国最早的汇兑业务。北宋时期，由四川富商发行的交子，成为中国早期的纸币。到了明清以后，当铺是中国主要的信用机构。

明末，一些较大的经营银钱兑换业的钱铺发展成为银庄。银庄产生初期，除兑换银钱外，还从事贷放，到了清代，才逐渐开办存款、汇兑业务，但最终在清政府的限制和外国银行的压迫下，走向衰落。中国近代银行业，是在19世纪中叶外国资本主义银行入侵之后才兴起的。最早到中国来的外国银行是英商东方银行，其后各资本主义国家纷纷来华设立银行。在华外国银行虽给中国国民经济带来巨大破坏，但在客观上也对中国银行业的发展起了一定的刺激作用。为了摆脱外国银行支配，清政府于1897年在上海成立了中国通商银行，标志着中国现代银行的产生。此后，浙江兴业、交通银行相继产生。

商业银行发展到今天，与其当时因发放基于商业行为的自偿性贷款从而获得“商业银行”的称谓相比，已相去甚远。今天的商业银行已被赋予更广泛、更深刻的内涵。特别是第二次世界大战以来，随着社会经济的发展，银行业竞争的加剧，商业银行的业务范围不断扩大，逐渐成为多功能、综合性的“金融百货公司”。

阅读材料6－1

银行是舶来品，鸦片战争后进入中国

中国原来没有银行这一说，银行是鸦片战争之后的事情。1842年鸦片战争结束，根据中英签订的《南京条约》和《五口通商章程》，广州、厦门、福州、宁波、上海五个口岸开始通商。1845年，英国的丽如银行(Oriental Bank)在香港设立分行，并在广州开设代理处，随后又在上海设立分行，这就是第一家在中国设立机构的外国银行。

1900年之前，英国的麦加利银行、汇丰银行和有利银行，法国的东方汇理银行，德国的德华银行，日本的正金银行，俄国的华俄道胜银行等都在中国设立分行；从1900年到辛亥革命，又有美国的花旗银行、比利时的华比银行、荷兰的荷兰银行、日本的台湾银行等相继在中国设

分行。到清末，在华设立营业机构的外国银行不下40家。经过改组、清理，到1912年还有11家在营业，到1936年，也是全面抗战的前一年，仍在中国营业的外国银行有30家。

这些外国银行的名字，相信大多数都在中学近代史课里听说过，而它们的形象一般都是很负面的，这本身就能够说明它们在中国的影响力之大。从1865年到20世纪30年代，中国历次外债基本都是通过外国银行借的；所有铁路，几乎全是依赖外国资本修建的，而铁路借款，基本是外国银行或者银团贷款的。汇丰银行、德华银行、华俄道胜银行是中国关税的存储保管者，加上东方汇理银行和横滨正金银行，这五家银行是中国盐税的存储保管者。它们给中国政府提供的几笔贷款都很巨大。

或许我们换个角度想一下，对内忧外患的清政府而言，能够通过外国银行借款，无论是镇压叛乱还是加快国内建设，都是难得的选择。比如，我们之前谈到左宗棠收复新疆的故事，从1874年到1881年，左宗棠湘军累计花费5 230万两白银的军饷，这是最终胜利的关键因素，粮食供应、武器购买、长途跋涉，都离不开钱。其中，1877年，左宗棠从汇丰银行借款500万两，分七年偿还，1878年，左宗棠借款350万两，半数借自汇丰银行。如果没有汇丰银行的借款，左宗棠能收复新疆吗？

另外，无论是应对危机还是推行改革，外国银行都提供了关键支持和参与。还是以汇丰银行为例：20世纪30年代初，在当时上海金银市场上，汇丰银行拥有充足的外汇，还库存了数量庞大的白银，能左右市场价格。当1934～1935年中国发生货币危机时，汇丰银行力挺上海汇市。1935年11月国民政府实行币制改革、放弃银本位，汇丰银行带头把库存的数千万银元移交给中国中央银行，换取中国的纸币——法币，对于国民政府币制改革的成功起到关键作用。

所以，早期的外国银行对缺乏现代金融的中国的意义是很大的。

在外国银行将“银行”的概念引入中国之后，中国本土的银行又是怎样产生的呢？

中国的银行在与外国银行竞争中诞生。

中国本土原来的金融主体是钱庄和票号，没有真正意义上的银行。正是外国银行在鸦片战争后的到来，才催生了中国自己的银行。

清朝光绪二十三年，1897年4月26日，中国第一家银行——中国通商银行成立，这是由盛宣怀向户部借银100万两，仿照汇丰银行的章程合股创办。之所以创立这家银行，一是为了与外国银行竞争，二是发展中国的对外贸易。

1904年，户部试办银行成立，1908年更名为大清银行，辛亥革命之后称为中国银行，这就是现在的中国银行的前身。户部试办银行在设立之初有两个使命：总揽金融、推行币制，俨然是一家中央银行。1907年，邮传部奏请清廷设立交通银行，最初是为了掌握轮路、电邮四政回收利权。民国三年修改章程，受政府之委托管理金库、掌管国库金、专理国外款项及承办其他事件，也受政府之特许发行兑换券，所以也有国家银行的性质。

1928年之前，中国银行和交通银行被当作中国的中央银行。1928年冬天，位于上海的中央银行成立，中国银行变为国民政府特许的国际汇兑银行，交通银行变为特许实业银行，致力于全国实业的发展。

上面都是官办的银行，也是我们今天熟悉的国有银行的前身。为什么中国最早的银行都是国有的，而不是等到计划经济时期才国有呢？这一方面是我们文化中对商人盈利动机的怀疑，认为私人办银行信不过，只有官办银行才信得过。另一方面，对于银行这种新鲜业态，当初被认为不确定性太大，传统中国商人未必愿意冒险。

在国有银行经营一些时日之后，银行业开始对商人开放，私人也效仿办起民营银行。早在清末1906年，商人周廷弼就筹集资本50万两，在上海设立了信成银行，这是中国第一家民营银行，比民生银行整整早了80年。此外，与交通银行同年设立的浙江兴业银行，1908年设立了四明银行和浙江实业银行。1912年之后，银行大量设立，其中以上海最多，天津次之。

1927年南京国民政府成立后，中国进入经济快速发展的“黄金十年”，许多银行出现。1928年到1935年共新设银行129家。到了1936年，中国本土银行有1 60多家，大致可以分为三个体系：一是四大国有银行：中央银行、中国银行、交通银行和中国农民银行；二是规模较大的七家民营银行：“南三行”——上海商业储蓄银行、浙江兴业银行、浙江实业银行，“北四行”——盐业银行、金城银行、中南银行、大陆银行；三是其余的150多家小型民营银行。三者的存款占比分别是将近59%、18%和23%。到1936年，外国银行在华的存款份额只有中资银行的四分之一左右。

“南三行”和“北四行”是中国民营银行的杰出代表，它们紧跟时代步伐、持续创新业务、强调服务社会、重视人才培养、营造企业文化，它们的成功证明民营银行不可怕。如果没有这些现代民营银行的支持，中国的早期工业化和民族工业的发展能够那么顺利吗？

（资料来源：陈雨露. 中国是部金融史[M]. 北京：九州出版社，2014.）

二、商业银行的性质与职能

（一）商业银行的性质

从商业银行的起源与发展历史看，商业银行的性质可以归纳为以追求利润为目标，以经营金融资产和金融负债为对象，具有综合性、多功能的金融企业。

1. 商业银行是企业

商业银行是企业，具有企业的一般特征。如：必须具备业务经营所需的自有资本，并达到管理部门所规定的最低资本要求；必须照章纳税；实行自主经营、自担风险、自负盈亏、自我约束；以获取利润为经营目的和发展动力。

2. 商业银行是特殊的企业——金融企业

商业银行的经营对象不是普通商品，而是货币、资金；商业银行业务活动的范围不是生产流通领域，而是货币信用领域；商业银行不是直接从事商品生产和流通的企业，而是为从事商品生产和流通的企业提供金融服务的企业。

3. 商业银行是特殊的银行

商业银行作为特殊银行，首先在经营性质和经营目标上，商业银行与中央银行和政策性金融机构不同。商业银行以营利为目的，在经营过程中遵循盈利性、安全性和流动性原则，不受政府行政干预。其次商业银行与各类专业银行和非银行金融机构也不同。商业银行的业务范围广泛，功能齐全、综合性强，尤其是商业银行能够经营活期存款业务，它可以借助于支票及转账结算制度创造存款货币，使其具有信用创造的功能。

（二）商业银行的职能

作为现代金融业的重要组成部分，商业银行在社会经济结构中发挥着不可替代的重要作用，它具有以下四个方面的职能。

1. 信用中介

信用中介是商业银行最基本、最能反映其经营活动特征的职能。这一职能的实质，是通过银行的负债业务，把社会上的各种闲散货币集中到银行里来，再通过资产业务，把它投向经济各部门；商业银行是作为货币资本的贷出者与借入者的中介人或代表，来实现资本的融通并从吸收资金的成本与发放贷款利息收入、投资收益的差额中，获取利益收入，形成银行利润。商业银行成为买卖“资本商品”的“大商人”。商业银行通过信用中介的职能实现资本盈余和短缺之间的融通，并不改变货币资本的所有权，改变的只是货币资本的使用权。

2. 支付中介

商业银行除了作为信用中介，融通货币资本以外，还执行着货币经营业的职能。通过存款在账户上的转移，代理客户支付，在存款的基础上，为客户兑付现款等，成为工商企业、团体和个人的货币保管者、出纳者和支付代理人。以商业银行为中心，形成经济过程中无始无终的支付链条和债权债务关系。

3. 信用创造

商业银行在信用中介职能和支付中介职能的基础上，产生了信用创造职能。商业银行是能够吸收各种存款的银行，用其所吸收的各种存款发放贷款，在支票流通和转账结算的基础上，贷款又派生为存款，在这种存款不提取现金或不完全提现的基础上，就增加了商业银行的资金来源，最后在整个银行体系，形成数倍于原始存款的派生存款。

长期以来，商业银行是各种金融机构中唯一能吸收活期存款，开设支票存款账户的机构，在此基础上产生了转账和支票流通。商业银行通过自己的信贷活动创造和收缩活期存款，如果没有足够的贷款需求，存款贷不出去，就谈不上创造，因为有贷款才派生存款；相反，如果归还贷款，就会相应地收缩派生存款。收缩程度与派生程度相一致。因此，对商业银行来说，吸收存款在其经营中占有十分重要的地位。

4. 金融服务

随着经济的发展，工商企业的业务经营环境日益复杂化，银行间的业务竞争也日益剧烈化，银行由于联系面广，信息比较灵通，特别是电子计算机在银行业务中的广泛应用，使其具备了为客户提供信息服务的条件，咨询服务、对企业“决策支援”等服务应运而生。工商企业生产和流通专业化的发展，又要求把许多原来属于企业自身的货币业务转交给银行代为办理，如发放工资，代理支付其他费用等。个人消费也由原来的单纯钱物交易，发展为转账结算。现代化的社会生活，从多方面给商业银行提出了金融服务的要求。

在强烈的业务竞争下，各商业银行也不断开拓服务领域，通过金融服务业务的发展，进一步促进资产负债业务的扩大，并把资产负债业务与金融服务结合起来，开拓新的业务领域。在现代经济生活中，金融服务已成为商业银行的重要职能。

三、商业银行的类型

从商业银行发展的历史来看，按业务经营范围划分，商业银行主要有职能分工型和全能型两种类型。前者以英国银行为典型，后者以德国银行为代表，故又称为“英国模式”和“德国模式”。

（一）职能分工型商业银行

职能分工型商业银行又称分离型商业银行，主要存在于实行分业经营体制的国家。其基本特点是：法律规定银行业务与证券、信托业务分离，商业银行不得兼营证券业务和信托业务，不能直接参与工商企业的投资。这种模式下的商业银行以融通短期存款为主，资产集中于短期自偿性贷款。而长期资金融通、信托、租赁、证券等业务由长期信用银行、信托银行、投资银行、证券公司等金融机构承担。英国的商业银行是职能分工型商业银行制度的典型代表，在英国，早期银行的资金主要来源于流动性较大的活期存款，商业银行的信用创造能力有限。而且，传统的商业银行理论认为，银行的资金来源于客户的存款，这些存款经常被提取，因此为了应付存款人难以预料的提款，银行只能将资金短期使用，而不能用于长期贷款或进行长期投资。在这种背景下，英国政府就对商业银行业务进行严格限制以保持流动性和安全性。

在20世纪30年代以前，许多国家政府对银行经营活动极少给予限制，商业银行大多可以综合经营多种业务。但在大危机中，大量银行的破产倒闭，造成历史上最大一次货币信用危机。不少西方经济学家归咎于银行的综合性业务经营，尤其是长期贷款和证券业务经营。据此，许多国家认定商业银行只能从事短期工商信贷业务，并以立法的形式将商业银行和投资银行的业务范围做了明确的划分。1933年美国国会通过《格拉斯—斯蒂格尔法案》，明确禁止商业银行承销公司证券和从事经纪商活动，同时禁止投资银行从事商业银行业务，禁止银行从事保险及其他被认为是有风险的非银行业务。随后日本等国都参照这种模式来管理银行体系。

（二）全能型商业银行

全能型商业银行的基本特点是法律允许商业银行可以经营一切金融业务，没有职能分工的限制。这种类型的商业银行，不仅可以经营工商业存款、短期抵押放款、贴现、办理转账结算、汇兑、现金出纳等传统业务，而且可以涉及多种金融业务领域，如信托、租赁、代客买卖有价证券、代收账款、代客保管财产、咨询、现金管理、自动化服务等，因此被称为“金融百货公司”或“金融超市”。德国是全能型商业银行的代表。作为后起的资本主义国家，德国面临英、法等老牌资本主义国家的竞争，企业不仅需要短期流动性贷款，更需要长期固定资产贷款，甚至要求银行参股。在德国，全能银行可购买企业的股票，在许多企业中的股权往往超过25%，成为企业的大股东，直接干预企业的经营决策。银行为巩固和发展客户关系，也积极提供丰富的综合性金融业务。全能型商业银行有利于开展全方位的业务经营活动，提供竞争实力，但同时也加大了银行面临的经营风险。

职能分工型和全能型商业银行制度各有优缺点，但随着经济的不断发展，职能分工型商业银行制度的缺陷和全能型商业银行制度的优点越来越明显。职能分工型商业银行不能满足工商业及社会公众对融资多样化的要求，而全能型商业银行的业务多样化，能向客户提供最广泛的金融服务，增强银行的竞争能力。相比之下，全能型商业银行更能适应经济发展的客观需要。

20世纪70年代以来，伴随着迅速发展的金融自由化浪潮和金融创新的层出不穷，商业银行的上述两个传统特征和界限已被突破，欧美许多发达国家都相继取消了商业银行业务的限制。1986年，英国颁布了《金融服务法案》，宣布银行业可以直接进入证券交易所进行交易，从而确立了银行金融业混业经营的新时代。1998年4月，日本正式启动“大爆炸”式的金融改革，实施了“金融体系改革一揽子法”，放宽了银行、证券和保险等行业的业务限制，废除了银行不能直接经营证券、保险的禁令，允许各金融机构跨行业经营各种金融业务。1999年11月12日美国总统克林顿签署了《金融服务现代化法案》，正式放开银行从事其他金融业务的限制，推动了商业银行与投资银行之间的相互渗透，标志着全能银行体制在美国推行并进而对全球金融体系产生深远影响。

四、商业银行的组织结构

商业银行的组织形式是指商业银行在社会经济生活中的存在形式，主要类型有：单一银行制、分支行制、持股公司制和连锁银行制。

（一）单一银行制

单一银行制也称单元银行制，即商业银行只有一个独立的银行机构，不设立分支机构。实行单一银行制度的商业银行在经营管理上较灵活，但其经营范围受到地域的限制，难以在大范围内调配资金，风险抵抗能力相对较弱。单一银行制在美国比较典型。美国是各州独立性较强的联邦制国家，在历史上经济发展极不平衡，东西部差异较大。为了适应经济均衡发展的需要，特别是适应中小厂商发展的需要，反对金融权力的集中，反对银行吞并，各州都通过银行法，禁止或者限制银行开设分支行。21 世纪以来，设立分支行的限制有所放松，约 1/3 的州准许银行在本州范围内开设分支机构；1/3 的州准许在商业银行总行所在地的城市设分支机构；其余 1/3 的州根本不准许设立分支机构，或者要经过许多审批手续，限制仍严。1994 年 9 月美国国会通过《瑞格—尼尔跨州银行与分支机构有效性法案》，允许商业银行跨州设立分支机构，宣告单一银行制在美国被废除。

（二）分支行制

分支行制也称总分行制度，是指银行机构除总行外，还在国内各地设立分支机构，总行一般设在大城市，所有分支行由总行统一领导指挥。目前，世界上大多数国家主要采用这种制度，尤其以英国、日本、德国、法国最具代表性。我国也是以分支行制为主的国家。

分支行制的优点是：银行规模可以按业务发展需要而扩展，实现规模效益；分支行之间能够相互调度资金，可以提高资金的运用程度；放款分散于各分支行，便于分散风险。其缺点是：会使银行业过分集中，造成垄断，且分支机构太多会给管理工作带来困难。尽管就其优劣依然有不同的见解，但分支行制已经成为一种基本趋势，为世界各国普遍采用，并且未采取这种制度的也在向这个方向发展。

（三）持股公司制

银行持股公司制是指由某一集团成立一持股公司，再由该公司控制或收购两家以上银行的股票，又称“集团银行制”。大银行通过持股公司可以把许多小银行置于自己的控制之下。银行持股公司有两种形式：一种是单一银行持股公司，即持股公司控制一家商业银行的股权。这种形式便于设立各种附属机构，开展多种非银行的金融业务，一般以大银行为主。另一种是多家持股公司，即持股公司控制两家以上商业银行的股权。这种形式便于银行扩展和进行隐蔽的合并，多以中小银行为主。

银行持股公司制最早在 19 世纪已经出现，但是作为银行的一种重要组织形式，直到 20 世纪 20 年代才被人们所认识，并在 20 世纪下半叶在美国得到迅速发展。1965 年美国有 47 家银行持股公司，它们总共控制的银行数量达 1 954 家。截至 1989 年，美国的银行持股公司控制的银行达到 5 871 家，所控制的存款总额占美国银行存款的 90%左右。美国的银行持股公司之所以迅猛发展，是因为其长期坚持单一制银行的制度，其主要目的是突破法律的限制，克服美国单一制银行资金规模小、竞争力不强的弊端。因为持股公司制银行能够有效扩大总资本量，增强银行实力，提供抵御风险的能力和参与市场竞争的实力。

（四）连锁银行制

连锁银行制又称联合银行制，是指由某个人或某一集团通过购买若干家独立银行的多数股票，或以其他法律允许的方式取得对这些银行的控制权利的一种组织形式。在连锁银行制下，被控股银行在法律上是独立的，但其所有权和业务经营掌握在控制这些银行的个人或集团手中。连锁制与持股公司制性质相近，其区别在于：连锁银行制没有股权公司的存在形式，无须成立控股公司。连锁银行制的作用和持股公司制一样，都是为了在连锁的范围内发挥分行的作用,弥补单一银行制的不足,规避法律对设置分支机构的限制。这种体制盛行于美国的中西部地区,但没有持股公司制普遍。

第二节　商业银行的主要业务

一、商业银行资产负债表

尽管各国商业银行的组织形式、名称、经营内容和重点各异,但就其经营的主要业务来说,一般均分为负债业务、资产业务以及中间业务和表外业务三大类。随着银行业国际化的发展,国内这些业务还可以延伸为国际业务。

商业银行所做的工作,就是在拥有一定量资本的前提下,通过发行对自身的债权(即负债)来获得资金,然后用这些资金去购买资产;通过从资产上获得的收益,来弥补发行各种负债的费用,并且获得一定的剩余(即利润)。要理解银行的业务运作,首先要考察银行的资产负债表,银行的资产负债表也是银行的资金来源(负债)和资金运用(资产)的列表,资产负债表是平衡的,即银行总资产等于银行总负债和银行资本之和。下面我们以商业银行资产负债表为例,分析商业银行的资产和负债业务的构成(见表 6—1)。

表 6—1　　商业银行资产负债表格式

资产负债表　　会商银 01 表

编制单位:　　______年____月____日　　单位:元

资　产	期末余额	年初余额	负债和所有者权益(或股东权益)	期末余额	年初余额
资产:			负债:		
现金及存放中央银行款项			向中央银行借款		
存放同业款项			同业及其他金融机构存放款项		
贵金属			拆入资金		
拆出资金			交易性金融负债		
交易性金融资产			衍生金融负债		
衍生金融资产			卖出回购金融资产款项		
买入返售金融资产			吸收存款		
应收利息			应付职工薪酬		
发放贷款和垫款			应交税费		
可供出售金融资产			应付利息		
持有至到期投资			预计负债		
长期股权投资			应付债券		
投资性房地产			递延所得税负债		
固定资产			其他负债		

续表

资　产	期末余额	年初余额	负债和所有者权益（或股东权益）	期末余额	年初余额
无形资产			负债合计		
递延所得税资产			所有者权益(或股东权益)：		
其他资产			实收资本(或股本)		
			资本公积		
			减:库存股		
			盈余公积		
			一般风险准备		
			未分配利润		
			所有者权益(或股东权益)合计		
资产总计			负债和所有者权益(或股东权益)总计		

二、负债业务

负债业务是商业银行筹措资金、借以形成资金来源的业务，是商业银行资产业务和其他业务的基础。负债业务主要由银行资本、存款、借款和其他负债四个方面组成。

(一)银行资本

商业银行资本是银行从事经营活动必须注入的资金，是金融管理部门实施控制的工具。银行面临的未来风险越大，资产增长越快，则银行所需的资本量就越多。商业银行资本是银行开业经营的条件，与其他行业一样，银行要取得营业许可，必须具有一定金额的最低注册资本，具备一定的物质条件和基本设施，如营业场所、各种商务和办公用品等。商业银行的资本主要包括实收资本、资本公积、盈余公积和未分配利润。银行资本一般只占其全部负债的很小一部分，但它却起着极为重要的作用。它不仅是银行存在和发展的先决条件，而且是客户存款免遭损失的保障，同时，它还是银行正常经营的保障。但是，在实际工作中，商业银行持有的长期债券等一些债务也被当作银行资本。因此，从监管角度来理解，银行资本分为核心资本和附属资本。其中附属资本不得超过核心资本的100%。

1. 核心资本

核心资本包括实收资本、资本公积、盈余公积、未分配利润等。

(1)实收资本。实收资本是指企业投资者按照企业章程或合同、协议的约定，实际投入企业的资本。我国实行的是注册资本制，因而，在投资者足额缴纳资本之后，企业的实收资本应该等于企业的注册资本。为保证商业银行进行正常经营、保护存款人的利益，各国都以法律的形式规定商业银行开业时必须具有最低注册资本的限额。我国《商业银行法》规定，商业银行的注册资本最低限额为10亿元人民币。在股份制商业银行中，注册资本主要表现为普通股，它是银行股金资本的基本表现方式。

(2)资本公积。资本公积是指商业银行在筹集资金中的股票溢价、法定资产重估增值，以及接受捐赠的资产价值等。它可以按照法定程序转增资本金。股票溢价，是指股票发行价格超过其面值的部分。有些国家法律规定，商业银行在开始营业时，必须拥有至少等于股价总额20%的资本公积。

（3）盈余公积。盈余公积是商业银行按照规定从税后利润中提取的公积金，它是商业银行自我发展的一种积累，既可用以弥补亏损，又可转增银行资本。包括法定盈余公积金（达到注册资本金的50%）和任意盈余公积金。

（4）未分配利润。未分配利润是商业银行实现的利润中尚未分配的部分。在其未分配前与实收资本和公积金具有同样的作用。这部分利润尚存于商业银行中，是银行增加自有资金的重要方法，特别是对那些难以进入股市筹资的银行。在经济发展缓慢、资金紧张或所得税税率较高时，也往往选择这种方法增加自有资金。

2. 附属资本

商业银行的附属资本包括贷款呆账准备金、坏账准备金、投资风险准备金、五年及五年以上的长期债券。

（1）贷款呆账准备金是商业银行在从事放款业务过程中，按规定以贷款余额的一定比例提取的，用于补偿可能发生的贷款呆账时的准备金。

（2）坏账准备金是按照年末应收账款余额的3‰提取，用于核销商业银行的应收账款损失。

（3）投资风险准备金，按照规定，我国商业银行每年可按上年末投资余额的3‰提取。如达到上年末投资余额的1%时可实行差额提取。

（4）五年及五年以上的长期债券，这属于金融债券的一种，是由商业银行发行并还本付息的资本性债券，用来弥补商业银行的资本金不足。

（二）存款业务

存款是商业银行最主要的资金来源。存款业务是指银行客户存入款项，存款人可以随时或如期支取的一种信用业务，亦称受信业务，是商业银行最传统的业务之一。在商业银行负债总额中，存款所占比重一般在70%以上。因此，商业银行总是千方百计地设法增加存款来进行放款或投资，以增加利润。银行存款大致可分为活期存款、定期存款和储蓄存款三大类。

1. 活期存款

活期存款是指那些可由客户随时提取的存款。这种存款在客户进行交易和支付的过程中可以直接开出支票或接受转账，因而又叫支票账户存款。开立这种存款账户是为了结算便利，但由于收付频繁，银行提供服务的费用较高，一般不计利息。我国商业银行目前对活期存款仍付给较低的利息。

2. 定期存款

定期存款是指那些事先约定提取期限的存款。定期存款由于存款期限较长，到期时银行付给较高的利息，原则上不能提前支取。20世纪60年代以来，银行为了更广泛地吸收存款，推出了大额可转让定期存单，这种存单于到期日前可在金融市场上流通转让。

3. 储蓄存款

储蓄存款是指为了方便居民个人积蓄货币而开办的一种存款业务。储蓄存款不使用支票，而是采用存折或存单等，手续较简单。储蓄存款业务多属于个人存款。为了保护存款者的利益，西方国家对经营储蓄存款业务要求比较严格，一般只能由商业银行的储蓄部门和专门的储蓄机构来经营。

在上述三种存款类型的基础上，商业银行还发展出许多新品种。以美国为例，包括：可转让支付命令账户，客户既可以用支付命令办理转账，又可从银行取得存款利息；自动转账服务账户，当客户可开支票的活期存款账户金额不足时，银行可从该客户的有存款利息收入的活期储蓄存款。

（三）借款业务

借入资金是商业银行一种持久地增加资金来源的手段。它使商业银行可以持有较高比例的流动性较差的生息资产。商业银行的借入资金主要包括中央银行借款、银行同业拆入、国际金融市场借款、发行金融债券和其他借款等。

1. 向中央银行借款

向中央银行借款是商业银行融资的一条主渠道。中央银行是商业银行“最后的贷款者”。商业银行向中央银行借款的主要形式有两种：一是再贷款，二是再贴现。所谓再贷款，是商业银行从中央银行得到的直接借款。而再贴现则是一种间接借款，是指商业银行持对客户贴现得来的未到期的商业票据向中央银行再次贴现，从而取得现款。在市场经济发达的国家，由于商业票据和贴现业务的广泛运用，再贴现成为商业银行向中央银行借款的主渠道。而在商业票据信用不发达的国家，则主要采取再贷款的形式。

中央银行通过不断调整再贴现率和再贴现额度，来执行中央银行的货币政策。当执行紧缩政策时，就会提高再贴现率和压缩再贴现额度，从而使商业银行的贴现融通受到限制，成本提高。因而，商业银行不能过分依赖于中央银行。商业银行在向中央银行贴现时，必须提供财务报表和其他有关情况。

2. 同业借款

同业借款主要是指商业银行向往来银行或通过同业拆借市场向其他金融机构借入短期性资金而形成的银行借款负债。同业借款具有调剂各商业银行储备头寸的作用，目前也被当作商业银行资产负债管理的手段。

同业借款一般都是短期的，可以是一天或几天，甚至可以是几小时。尽管时间较短，但可以维持资金的正常周转，实现其流动性的需要，避免或减少出售银行资产而发生的损失。同业借款一般都通过各商业银行在中央银行的存款账户进行。同业借款的利率以高于存款利率低于贷款利率为限，一般也总是略低于中央银行的再贴现率。

同业借款还包括转贴现、转抵押、回购协议。

3. 发行金融债券

金融债券是银行等金融机构为筹措资金而发行的一种债务凭证。以发行债券的方式借入资金与存款负债相比，其特点在于不需提取法定存款准备金，属于主动性负债，对债券购买人，除到期还本付息外，不承担其他责任和义务。当然，发行金融债券也有一些局限，如金融债券的发行数量、期限等要受到管理机构有关规定的严格限制；利率较同期银行存款要高，还要承担一定的发行费用；债券的流动性受有关因素制约。

4. 境外借款

境外借款是指商业银行从国际市场筹资来弥补自身资金的不足。境外借款的商业银行需要有较高的资信度。境外借款的形式主要有固定利率的定期存单、固定利率的欧洲美元存单、浮动利率的欧洲美元存单以及本票等。与境内借款相比，借款用途、利率及法定存款准备金等方面不受国内金融管理机构及规定的约束，当然，风险也较大。

三、资产业务

商业银行的资产业务，是指商业银行运用资金的业务，也就是商业银行将其吸收的资金贷放或投资出去赚取收益的活动。商业银行盈利状况如何、经营是否成功，很大程度上取决于资金运用的结果。商业银行的收益是由贷款、贴现和证券投资等主要资产业务形成，但为了满足商业银行经营的安全性、流动性和收益性的基本原则要求，商业银行的资产中必然有部分属于无收益或低收益的资产，因此，商业银行的资产业务除了贷款业务、贴现业务和证券业务等主要业务外，还有一部分现金资产。通常我们可以将商业银行的资产业务分为现金资产、贷款业务、贴现业务和证券投资业务四大类。

（一）现金资产

现金资产作为银行流动性需要的第一道防线，是非盈利性的资产，从经营的观点出发，银行一般都尽可能地把它降低到法定的最低标准。现金资产没有利息收入，只要不造成交易障碍，银行总是尽可能少地保留现金。如果银行把腾出的资金用于别的投资，即可获得利润收入，因此过量的现金准备具有较高的机会成本，并且随着投资利率水平的上升，机会成本也随之增加。但是，银行现金准备过少，又存在着很大的风险。如果银行手头没有足够的现金满足储户的提款需求，就将丧失储户对银行的信任。故银行现金资产应保持一个合理适度的水平。现金资产一般包括银行库存现金、在中央银行存款、存放同业存款和在途资金四部分。

1. 库存现金

库存现金是指商业银行保存在金库中的现钞和硬币。库存现金的主要作用是银行用来应付客户提取现金和银行本身的日常零星开支。从经营的角度讲，库存现金不宜太多。库存现金的经营原则就是保持适度的规模。

2. 在中央银行存款

这是指商业银行存放在中央银行的资金，即存款准备金。在中央银行存款由两部分构成，一是法定存款准备金，二是超额准备金，而只有超额准备金才是商业银行的可用资金。法定存款准备金是按照法定准备率向中央银行缴存的存款准备金。规定缴存存款准备金的最初目的，是为了银行备有足够的资金以应付存款人的提取，避免流动性不足而产生流动性危机，导致银行破产。目前，存款准备金已经演变成为中央银行调节信用的一种政策手段，在正常情况下一般不得动用。缴存法定比率的准备金具有强制性。所谓超额准备金有两种含义：广义的超额准备金是指商业银行吸收的存款中扣除法定存款准备金以后的余额，即商业银行可用资金；狭义的超额准备金是指在存款准备金账户中，超过了法定存款准备金的那部分存款。超额准备金是货币政策的近期中介指标，直接影响社会信用总量。

3. 存放同业存款

存放同业存款是指商业银行存放在代理行和相关银行的存款。在其他银行保持存款的目的，是为了便于银行在同业之间开展代理业务和结算收付。由于存放同业的存款属于活期存款的性质，可以随时支用，因此可以视同银行的现金资产。

4. 在途资金

在途资金，也称托收未达款，是指在本行通过对方银行向外地付款单位或个人收取的票据。在途资金在收妥之前，是一笔占用的资金，又由于通常在途时间较短，收妥后即成为存放同业存款，所以将其视同现金资产。

(二)贷款业务

贷款业务是商业银行最重要的资产业务。它是商业银行将其所吸收的资金,按照一定的条件贷放给需要补充资金的企业,从而获得收益的业务。虽然各国商业银行所处的经济环境、经营的方针策略不同,放款在其资产中所占的比重存在差异,但大多占到总资产的50%~70%。商业银行的贷款可以按照不同的标准划分为不同的种类。

1. 按期限长短划分

贷款按期限长短划分,可分为短期贷款、中期贷款和长期贷款。

短期贷款是指贷款期限在1年以内(含1年)的贷款。

中期贷款是指贷款期限在1年以上(不含1年)5年以下(含5年)的贷款。

长期贷款,是指贷款期限在5年(不含5年)以上的贷款。

2. 按有无担保划分

贷款按有无担保划分,分为信用贷款和担保贷款。

信用贷款是指以借款人的信誉发放的贷款,借款人不需要提供担保。其特征就是债务人无须提供抵押品或第三方担保仅凭自己的信誉就能取得贷款,并以借款人信用程度作为还款保证。这种信用贷款是中国商业银行长期以来的主要放款方式。由于这种贷款方式风险较大,一般要对借款方的经济效益、经营管理水平、发展前景等情况进行详细的考察,以降低风险。通常只对资信良好、有市场、高效益的借款人发放。

担保贷款是指由借款人或第三方依法提供担保而发放的贷款。担保贷款包括保证贷款、抵押贷款、质押贷款。保证贷款是指按《中华人民共和国担保法》(简称《担保法》)规定的保证方式,以第三人承诺在借款人不能偿还贷款时,按约定承担连带责任而发放的贷款。抵押贷款是指按《担保法》规定的质押方式,以借款人或第三人的财产作为抵押物发放的贷款。质押贷款是指按《担保法》规定的抵押方式,以借款人或第三人的动产或权利作为质押物发放的贷款。

3. 根据贷款风险程度进行分类

根据贷款风险程度进行分类,可以划分为正常贷款、关注贷款、次级贷款、可疑贷款和损失贷款。

(1)正常贷款。借款人能够履行合同,一直能正常还本付息,不存在任何影响贷款本息及时全额偿还的消极因素,银行对借款人按时足额偿还贷款本息有充分把握。贷款损失的概率为0。

(2)关注贷款。尽管借款人目前有能力偿还贷款本息,但存在一些可能对偿还产生不利影响的因素,如这些因素继续下去,借款人的偿还能力受到影响,贷款损失的概率不会超过5%。

(3)次级贷款。借款人的还款能力出现明显问题,完全依靠其正常营业收入无法足额偿还贷款本息,需要通过处分资产或对外融资乃至执行抵押担保来还款付息。贷款损失的概率在30%~50%。

(4)可疑贷款。借款人无法足额偿还贷款本息,即使执行抵押或担保,也肯定要造成一部分损失,只是因为存在借款人重组、兼并、合并、抵押物处理和未决诉讼等待定因素,损失金额的多少还不能确定,贷款损失的概率在50%~75%。

(5)损失贷款。损失贷款指借款人已无偿还本息的可能,无论采取什么措施和履行什么程序,贷款都注定要损失了,或者虽然能收回极少部分,但其价值也是微乎其微,从银行的角度看,也没有意义和必要再将其作为银行资产在账目上保留下来,对于这类贷款在履行了必要的法律程序之后应立即予以注销,其贷款损失的概率在75%~100%。

（三）贴现业务

贴现是银行应客户的要求，买进未到期的票据。它是在商业票据的基础上产生的一种融资行为，故也称贴现贷款。从表面上看，贴现是一种票据的买卖，实际上是银行的信用业务。因为票据的支付人对持票人是一种负债关系，在票据未贴现以前，票据是银行客户的债权；贴现以后，票据转为银行的债权。因此，票据买卖实际上是债权的转让，相当于银行间接贷款给票据支付人。银行把资金支付给申请贴现的企业，却要在票据到期时才能从付款人那里收回资金，因此，银行就要向客户收取一定的利息，称为贴息。

贴现业务和普通贷款相比，虽然都是资金运用并收到利息，但二者之间却有许多区别。主要表现在以下方面。

（1）资金流动性不同。由于票据的流通性，票据持有者可到银行或贴现公司进行贴现，换得资金。一般来说，贴现银行只有在票据到期时才能向付款人要求付款，但银行如果急需资金，它可以向其他商业银行转贴现或向中央银行再贴现。但贷款是有期限的，在到期前是不能回收的。

（2）利息收取时间不同。贴现业务中利息的取得是在业务发生时即从票据面额中扣除，是预先扣除利息。而贷款是事后收取利息，它可以在期满时连同本金一同收回，或根据合同规定，定期收取利息。

（3）利息率不同。票据贴现的利率要比贷款的利率低，因为持票人贴现票据的目的是为了得到当前资金的融通，并非缺乏该笔资金。如果贴现率太高，则持票人取得融通资金的负担过重，成本过高，贴现业务就不可能发生。

（4）资金使用范围不同。持票人在贴现了票据以后，就完全拥有了资金的使用权，他可以根据自己的需要使用这笔资金，而不会受到贴现银行的任何限制。但借款人在使用贷款时，要受到贷款银行的审查、监督和控制，因为贷款资金的使用情况直接关系到银行能否按期回收贷款。

（5）债务债权的关系人不同。贴现的债务人不是贴现申请人而是出票人即付款人，遭到票据拒付时，贴现银行才能向贴现人或背书人追索票款。而贷款的债务人就是申请贷款的人，银行直接与借款人发生债务关系。有时银行也会要求借款人寻找保证人以保证偿还款项，但与贴现业务的关系人相比要简单得多。

（6）资金的规模和期限不同。票据贴现的金额一般不太大，每笔贴现业务的资金规模有限，可以允许部分贴现。票据的期限较短，一般为3～6个月。然而贷款的形式多种多样，期限长短不一，规模一般较大，贷款到期的时候，经银行同意，借款人还可继续贷款。

（四）证券投资业务

商业银行的证券投资业务是指商业银行运用资金购买有价证券的行为。银行购买的有价证券包括债券（国债、公债、公司债券）和股票。但对股票的购入，国家一般多加以限制或禁止。目前，各国商业银行的证券投资主要用于购买政府债券，特别是短期国库券。例如，按照我国《商业银行法》的规定，商业银行的证券投资仅限于信用可靠，安全性、流动性强的政府债券（如国库券）和金融债券，禁止从事企业债券、股票投资。按照规定，我国商业银行不得向以下五个方面投资：不得从事信托投资；不得从事证券经营业务；不得投资于非自用不动产；不得向非银行机构投资；不得向企业投资，但国家另有规定的除外，这为今后业务的拓展和扩大经营范围留有了余地。

商业银行证券投资的主要目的是为了提高资金运用的收益率、为保证银行资产流动性提供第二储备以及降低风险。从资金运用的收益率来看，贷款要比证券投资的收益高，但是贷款的需求和风险不稳定，在贷款需求旺盛、风险较低时，银行资金应主要用于放款，而在贷款需求减弱或风险较高时，则应将一部分资金转到投资上，否则银行收益就会下降，所以证券投资是贷款需求不旺、风险较高时保持或提高银行收益水平的一种选择。另外，从保证银行资产流动性来看，银行将一部分资金用于投资建立第二储备也是很有必要的。为了应付客户提现的需要，银行要建立流动性储备，包括商业银行的库存现金、在中央银行的准备金存款、存放同业等，这就是所谓的第一储备，但这部分资金占用收益率为零或很低，所以第一储备的数额是十分有限的。银行如果遇到集中提款，往往会因第一储备不足而产生流动性危机，为了避免支付困难，又能保证一定的收益率，就要求保存一部分变现能力强的盈利性资产。由于国库券、公债信用品质高，变现能力强，其安全性、流动性与现金几乎没有差别，所以是商业银行投资的首选对象，一般占商业银行投资总额的70%左右。

四、中间业务和表外业务

对于商业银行资产负债表内所显示的资产业务、负债业务之外的其他业务，金融界并没有一个统一的认识，或者称为中间业务，或者称为表外业务，国内则一般称为中间业务。巴塞尔委员会将中间业务表述为表外业务，简称OBS(off-balance sheet activities)，即“不列入资产负债表，而尽可能出现在财务报表脚注中的交易活动”。根据巴塞尔委员会对表外业务狭义、广义概念的区分，广义的表外业务是指包括所有不在资产负债表中反映的一切业务。具体包括金融服务类表外业务和或有债权、或有负债类表外业务。狭义的表外业务则是指或有债权、或有负债类表外业务。金融服务类表外业务是指那些只能为银行带来服务性收入而不会影响银行表内业务质量的业务。主要包括与贷款有关的服务、信托与咨询服务、支付服务、经纪人、代理人服务、进出口服务等业务。或有债权、或有负债表外业务是指不在资产负债表内反映，但在一定条件下会转变为资产业务和负债业务的或有资产、或有负债的业务。它主要包括贷款承诺、担保和金融衍生业务三大类，这也是通常指的表外业务。

从上述定义可以看出，巴塞尔协议定义的广义的表外业务的内容与我国《商业银行中间业务暂行规定》定义的中间业务内容基本一致，仅仅是称呼上的区别。我国适用备案制的中间业务基本上就是巴塞尔协议定义的金融服务类表外业务，而我国适用审批制的中间业务基本就是或有债权、或有负债表外业务，是巴塞尔协议定义的狭义表外业务。根据习惯，我们仍将商业银行资产负债表内所显示的资产业务、负债业务之外的其他业务划分为中间业务和表外业务。

(一)中间业务

中间业务是指不构成商业银行表内资产、表内负债，形成银行非利息收入的业务，其主要包括：支付结算业务、信托银行、银行卡业务、代理业务、租赁业务、咨询顾问类业务等。

1. 支付结算业务

支付结算业务是指银行接受客户的委托，根据各种收付凭证，为客户办理各种货币收付，主要有银行汇票、商业汇票、银行本票、支票结算、汇兑结算、委托收款和托收承付、信用证结算等结算方式。

2. 信托业务

信托业务是指商业银行作为受托人接受客户委托，代为经营、管理或处置有关资产或其他事项，为信托人谋取利益的业务。信托业务最初由个人或保险公司经营，后来随着业务范围的扩展，债权债务关系的日益复杂，出现了专门的信托公司。同时，商业银行由于资本雄厚，业务经验丰富，也开始介入这一领域。目前，美国约有 1/4 的商业银行设有信托部。商业银行对信托业务一般只收取有关的手续费，而营运中所获得的收入则归委托人或其指定的受益人所有。同时信托也不同于简单的代理活动，因为在代理关系中，代理人只是以委托人的名义、按委托人指定的权限范围办事，在法律上，委托人对委托财产的所有权并没有改变；而在信托关系中，信托财产的所有权则从委托人转移到了受托人(商业银行信托部或信托公司)手中，受托人以自己的名义管理和处置信托财产。

3. 银行卡业务

银行卡是由经授权的金融机构(主要指商业银行)向社会发行的具有消费信用、转账结算、存取现金等全部或部分功能的信用支付工具。银行卡业务的分类方式一般包括以下几类：

(1)依据清偿方式，银行卡业务可分为贷记卡业务、准贷记卡业务和借记卡业务。借记卡可进一步分为转账卡、专用卡和储值卡。

(2)依据结算的币种不同，银行卡可分为人民币卡业务和外币卡业务。

(3)按使用对象不同，银行卡可以分为单位卡和个人卡。

(4)按载体材料的不同，银行卡可以分为磁性卡和智能卡(IC 卡)。

(5)按使用对象的信誉等级不同，银行卡可分为金卡和普通卡。

(6)按流通范围，银行卡还可分为国际卡和地区卡。

4. 代理业务

代理类中间业务，指商业银行接受客户委托，代为办理客户指定的经济事务，提供金融服务并收取一定费用的业务，包括代理政策性银行业务、代收代付款业务、代理证券业务、代理保险业务、代理银行卡收单业务等。

5. 租赁业务

租赁是出租人以收取租金为条件，将财产出租给承租人使用的经济行为。承租人按期缴纳租金，享有使用权，所有权仍归出租人。商业银行的租赁业务是指商业银行作为出租人，向客户提供租赁形式的融资业务，包括融资性租赁和经营性租赁。融资性租赁是指当客户需更新或添置大型设备、仪器而资金不足时，由银行出资购买这些设备出租给客户，客户对此具有使用权，并按时交纳租金，银行通过租金逐步收回资金。经营性租赁是一种短期租赁。指出租人向承租人提供短期设备出租，出租人负责设备的安装、保养、维修、纳税、支付保险费和提供专门的技术服务等，租金高于融资性租赁。经营性租赁是一个反复出租的过程，出租人与多个承租人签订出租合同，租赁物件一般是通用设备或技术含量高、更新速度快的设备。

6. 咨询顾问类业务

咨询顾问类业务是指商业银行依靠自身在信息、人才、信誉等方面的优势，收集和整理有关信息，并通过对这些信息以及银行和客户资金运用的记录和分析，形成系统的资料和方案，提供给客户，以满足其业务经营管理或发展需要的服务活动。

(二)表外业务

商业银行表外业务是指商业银行所从事的，按照通行的会计准则不计入资产负债表，不影响资产负债总额，但能改变当期损益及营运资金，从而提高银行资产报酬率的活动。表外业务也有狭义和广义之分。狭义的表外业务是指或有债权、或有负债类表外业务。广义的表外业务除了狭义的表外业务，还包括结算、代理、咨询等无风险的经营活动，也就是我们前面说的中间业务。我们这里讨论的是狭义的表外业务，只包括担保类、承诺类和金融衍生交易类三种类型的业务。

1. 担保类表外业务

担保类表外业务指商业银行为客户债务清偿能力提供担保，承担客户违约风险的业务。主要包括银行承兑汇票、备用信用证、各类保函等。

(1)银行承兑汇票，是由收款人或付款人(或承兑申请人)签发，并由承兑申请人向开户银行申请，经银行审查同意承兑的商业汇票。

(2)备用信用证，是开证行应借款人要求，以放款人作为信用证的受益人而开具的一种特殊信用证，以保证在借款人破产或不能及时履行义务的情况下，由开证行向受益人及时支付款项。

(3)各类保函业务，包括投标保函、承包保函、还款保函、借款保函等。

2. 承诺类表外业务

承诺类表外业务，是指商业银行在未来某一日期按照事前约定的条件向客户提供约定信用的业务，主要包括贷款承诺、票据发行便利等。

(1)贷款承诺是指银行承诺在一定时期内或者某一时间按照约定条件提供贷款给借款人的协议，是一种承诺在未来某时刻进行的直接信贷。可以分为不可撤销贷款承诺和可撤销贷款承诺两种。对于在规定的借款额度内银行已经做出承诺但尚未贷出的款项，客户必须支付一定的承诺费。

(2)票据发行便利(note issuance facilities，NIFS)又称票据发行融资安排，是指银行同客户签订一项具有法律约束力的承诺，期限一般为5～7年，银行保证客户发行短期票据，并负责包销或提供没有销售出部分的等额贷款。

3. 金融衍生类表外业务

金融衍生类表外业务指商业银行为满足客户保值或自身风险管理等方面的需要，利用各种金融工具进行的资金交易活动，主要包括远期合约、金融期货、互换、期权等金融衍生业务。

商业银行的中间业务和表外业务之间既有联系，又有区别，极易混淆。其联系是：二者都不在商业银行的资产负债表中反映，二者有的业务也不都占用银行的资金，银行在当中发挥代理人、被客户委托的身份；收入来源主要是服务费、手续费、管理费等。其区别是：中间业务更多地表现为传统的业务，而且风险较小；表外业务则更多地表现为创新的业务，风险较大，这些业务与表内业务一般有密切的联系，在一定的条件下还可以转化为表内业务。

五、商业银行的业务创新

随着金融市场的蓬勃发展，金融机构之间的竞争越来越激烈，金融创新不断出现。不少发达国家的商业银行业务经营逐渐多元化，一是业务品种增加，在原有的业务范围内，通过对资产、负债和中间业务产品进行整合及完善，创造出新的业务品种。二是业务领域的扩大，即银行的经营范围从传统的银行业扩展到证券、基金、保险、信托等业务领域。三是业务国际化，即越来越多的商业银行抓住经济、金融全球一体化的趋势，扩大国际业务的规模与范围，在国外设立分支机构，提高金融服务的水平和质量，加入跨国银行的行列中。

(一)商业银行负债业务创新

20世纪30年代经济危机之后，西方各国纷纷立法，对银行经营实施严格管制，利率管制是金融管制的核心内容之一。当时对存款利率的管制也叫Q条例，其主要包括：禁止对活期存款支付利息，对定期存款和储蓄存款规定利率最高限。当时，这一上限规定为2.5%，此利率一直维持至1957年都不曾调整。在20世纪60年代西方市场利率大幅上升的背景下，Q条例的限制导致存款类金融机构发掘法规漏洞率先创新。

1. 可转让支付命令账户

可转让支付命令账户(negotiable order of withdrawal account，NOW)是一种对个人和非营利机构开立的、计算利息的支票账户，也称为付息的活期存款。它以支付命令书取代了支票，实际上是一种不使用支票的支票账户。开立这种账户的存户，可随时开出支付命令书，或直接提现，或直接向第三者支付，对其存款余额可取得利息收入。如1984年规定，对不满2 500美元的可转让支付命令账户可以支付的最高利率限额为5.5%。通过这一账户，商业银行既可以提供支付上的便利，又可以支付利息，而存款客户既得到了支付上的便利，也满足了收益上的要求，从而吸引了客户，扩大了存款来源。

2. 货币市场存款账户

货币市场存款账户(money market deposit account，MMDA)起源于美国，其性质介于储蓄存款和活期存款之间，开户时的最低金额为2 500美元，平均余额(每月、每旬或每周的平均余额都由各银行自定)不低于2 500美元；对存款最高利率无限制，如余额低于2 500美元，则改按储蓄存款计息，利率每周按货币市场利率调整，每天复利，于月底打入该账户；对存款不规定最短期限，但银行规定客户提取存款应在7天前通知银行。存款人每月可从账户上进行6次转账，其中3次可以是支票转账；储户对象不限，个人、非营利性机构、工商企业都可开户。在西方国家，目前货币市场账户和可转让支付命令账户得到非常普遍的应用，有取代储蓄存款账户之势。

3. 自动转账制度

自动转账制度(automatic transfer service account，ATs)在1978年以后开始出现，是由早期的电话转账制度演变而来的。自动转账服务账户的主要内容是，存户同时在银行开立两个账户：储蓄账户和活期存款账户。活期存款账户的余额始终保持1美元，其余额转入储蓄账户可获得利息收入。当银行收到存户开出的支票付款时，可将支付款项从储蓄账户转到活期存款账户上进行自动转账，及时支付支票上的款项。开立自动转账服务要求缴纳存款准备金，而存户对于银行提供的转账服务需要支付一定的服务费。

4. 协定账户

协定账户是对自动转账制度的进一步创新，该账户是银行与客户达成的一种协议，客户授权商业银行将款项存在活期存款账户、可转让支付命令账户和货币市场账户中的任何一个账户上。活期存款账户和可转让支付命令账户都设定一个最低余额，超过最低余额的部分由银行自动转入货币市场账户，以便获得较高的利息；如果不足最低余额，银行也可自动将货币市场账户中的款项转入活期存款账户或可转让支付命令账户，以补足余额。

5. 大额可转让定期存单

大额可转让定期存单(negotiable certificates of deposits，CDs)亦称大额可转让存款证，是银行印发的一种定期存款凭证，凭证上印有一定的票面金额、存入和到期日以及利率，到期后可按票面金额和规定利率提取全部本利，逾期存款不计息。大额可转让定期存单可流通转让，自由买卖。1965年2月，纽约花旗银行率先发行大额可转让定期存单，它是作为逃避政府最高利率限制与存款准备金规定的一种手段。大额可转让定期存单的主要特点是：不记名，可以自由转让；存单面额大，金额固定，如当时最低起价面额为10万美元，最大面额达到100万美元；期限固定，多为3～6个月，一般不超过一年；利率高于同期的定期存款利率，与当时的货币市场的利率一致。可转让定期存单集中了活期存款和定期存款的优点，对于银行来说它是定期存款，可作为相对稳定的资金用于放款和投资；对于存款人来说，它既有较高的利息收入，又能在需要时转让出售迅速变为现金，是一种理想的金融工具。目前，大额可转让定期存单已成为公司、养老金协会、政府机构以及个人的主要投资对象。我国也于2015年开始了大额可转让定期存单的试点。

案例6－1

9家银行首发大额存单

现在，在银行除了存款和购买理财产品，中国的投资者又多了一个新的选择，那就是大额存单。

大额存单是由银行存款类金融机构面向非金融机构投资人发行的、以人民币计价的记账式大额存款凭证，是银行存款类金融产品，属一般性存款，因此也受存款保险制度的保护。

不过，大额存单还是与一般存款有所区别。拿活期存款来讲，二者截然不同。大额存单都需要一定的储蓄期，有点类似定期存款。同时，大额存单与一般定期存款也不一样。定期存款储户无法在市场上进行交易或者转让，大额存单则可以公开转让或交易。大额存单相对于一般性存款，还有一个重要区别是大额存单有投资的起点要求。按照目前央行《大额存单管理暂行办法》的规定，不能低于30万元。

当然，从收益率上讲，大额存单的利率也要比定期存款相对高一点。以目前公开发行大额存款9家商业银行的利率情况来看，普遍为在央行基准利率基础上上浮40%。但是从各家商业银行的定期存款利率来看，最高仅上浮35%。与定期存款和理财产品相比，大额存单最大的亮点就是可以转让和质押。大额存单可以转让和赎回，将有效提升存款的流动性。与此同时，大额存单作为银行主动进行负债管理的工具，其推出意味着银行存款自主定价的能力进一步增强，管理流动性也更灵活。

截至目前，中国共有9家大型商业银行宣布发行大额存款。

商业银行今日推出的大额存单，从定价水平这一点以及存单期限来看，反映了利率市场化背景下不同商业银行的选择。当然，这样的定价利率还是显得稍微整齐划一，期限也相对雷同。未来随着利率市场化进程的深入，商业银行为投资者提供的存单产品种类将更为丰富，利率定价也将明显分化。

（资料来源：http://bank.eastmoney.com/news/1184,20150616517751396.html.）

思考：我国可转让定期存单的推出将对银行现行理财产品产生哪些影响?

（二）商业银行资产业务创新

20世纪80年代的金融证券化，大公司进一步从银行脱媒，客观上增加了银行公司信贷业务的风险。为了适应金融环境的巨大变化，银行必须调整资产结构，大力发展更多品种的资产业务来降低经营风险。

1. 贷款买卖

20世纪70年代以后，西方商业银行为了规避《巴赛尔协议》关于资本充足率的要求，增强信贷资产的流动性，同时转移和分散信用风险，从资产存量方面研究信贷资产的可变换性，创造出贷款买卖业务。商业银行之间在遵守监管当局制定的有关制度规定的条件下买卖贷款。对于卖方银行而言，由于摆脱了原先的贷款承诺，获得了新的贷款机会，并获得了大额的附加手续费；对于买方银行来说，则获得了一个向一流客户提供贷款的机会，还能获得较高的投资收益率。

2. 项目融资

项目融资是指贷款人向特定的工程项目提供贷款协议融资，对于该项目所产生的现金流量享有偿债请求权，并以该项目资产作为附属担保的融资类型。它是一种以项目的未来收益和资产作为偿还贷款的资金来源和安全保障的融资方式。有以下几个特点：商业银行不是凭主办单位的资产和信誉作为发放贷款的原则，而是根据为营造某一工程项目而组成的承办单位的资产状况和项目完工后的经济效益作为发放贷款的原则；由与该工程项目有利害关系的很多单位对贷款可能发生的风险进行担保，以保证该工程按计划完工、运营，有足够的资金偿还贷款；工程所需要的资金来源多样化；项目融资属于有限追索权筹资方式，贷款风险大，贷款利率高。项目融资的创新形式还有银团贷款、BOT 项目贷款、TOT 项目贷款等。

3. 投资银行业务

商业银行资产业务中的投资银行业务，是指商业银行运用资金头寸投资获取预期收益的经济行为，可以增强资产的流动性、增加盈利性、降低经营风险。它分为直接投资和间接投资，直接投资是将资金投资于社会再生产活动，间接投资是通过购买国债、公司债券、金融债券以及股票等有价证券来获取预期收益。由于西方国家监管政策较为宽松，投资银行业务在西方商业银行得到创新与发展。在我国由于受分业经营的限制，商业银行投资银行业务的空间很小。

4. 资产证券化

资产证券化是指商业银行将具有共同特征的、流动性较差但能产生可预见现金流的创利资产，如抵押品和消费贷款等，在金融市场上以发行证券的方式出售。当这些资产带来现金流入时，如借款人向银行偿还本金和利息时，证券持有人将从银行手中取得该部分收入。贷款证券化参与者包括发起人、特殊目的实体和受托人。贷款被证券化的银行称为发起人，贷款被转移到了特殊目的实体的手中，两者完全独立，即使发起人破产，也不会影响该笔贷款的信用等级。受托人的责任是确保发起人在资产证券化中履行各项义务，并向证券持有人提供各种合同规定的服务。对银行来讲，通过证券化能够筹集资金，并且能够利用该笔资金取得新的资产，弥补银行的部分经营成本，调整自己的资产组合，更好地匹配银行资产与负债久期，进行利率风险管理。另外，如果该笔贷款的平均收益率高于发行证券的息票率，那么银行将从中获得一定比例的差额收益。通过资产证券化提供服务，收取还本付息的资金以及对借款人的还本付息进行监督，银行会获得费用收入。

（三）商业银行表外业务创新

20 世纪 70 年代以后是西方各国商业银行表外业务范围不断扩大的过程，也是表外业务不断创新的过程。目前西方商业银行表外业务创新具有几个特点：电子网络技术成为表外业务产品创新的重要依托；信息资源和信息处理技术在中间业务产品创新中起着实际的导向作用；产品创新打破了传统的商业银行分业经营的界限；中间业务产品创新结构上看呈多元化和多层次，各类关联产品和“套餐”不断推出。

1. 金融衍生工具创新业务

在金融创新广泛涌现以前，商业银行从事的表外业务活动主要是传统的中间业务，而各种新型的金融工具，如互换、远期利率协议、期权、期货等则是银行新开发的表外业务。这些新型的金融工具能改善资本比率，有利于提高银行收益与竞争能力，但同时也带来了高风险。由于许多金融创新产品交易在资产负债表上没有相应科目，因而也被称为“资产负债表外交易”，简称“表外交易”。目前市场上令人眼花缭乱的针对机构和个人的理财产品，其背后实质都是银行利用衍生产品交易进行资产负债管理，降低银行潜在利率、汇率风险，帮助客户提高预期收益率。

2. 投资银行业务

投资银行业务的基本种类有：证券的发行与承销、证券交易、并购、融资融券、顾问咨询等。国外很多银行都是综合性的，因此可以涉足投资银行业务，我国目前还不允许。

3. 信息咨询业务

商业银行利用自身在知识、信息、人才、技术和信誉等方面的优势，接受客户委托，根据客户要求，采取科学的手段和方法，对有关信息进行收集、整理、分析、论证，向客户提供具有一定权威性、可靠性的经济金融信息、企业管理策划方案等。

4. 网络银行

网络银行是指商业银行利用互联网技术，通过互联网向客户提供开户、销户、查询、对账、行内转账、跨行转账、信贷、网上证券、投资理财等服务项目，使客户足不出户就能安全便捷地管理存款、支票、信用卡及个人投资等。网络银行是互联网上的虚拟银行柜台。

5. 国际中间业务

国际中间业务的基本种类主要有：国际结算业务、外汇买卖业务、外汇信托业务、国际信托投资业务、国际租赁业务、咨询业务、外汇担保业务等。国际结算业务主要有国外汇款、托收和信用证业务。外汇买卖业务是指商业银行按客户要求买入或卖出外汇的业务，包括即期、远期、掉期外汇买卖、套汇交易和期权交易等。国际信托业务是商业银行接受客户委托所从事的外汇信托存款、信托贷款以及信托投资业务。国际租赁业务是出租人用自筹或借入的资金从国外购入或租入设备，供承租人在约定的期限内使用。外汇担保业务是商业银行以开具保函形式进行的一种向投资方提供某些有价值保证的书面凭证。

第三节　商业银行的经营管理

一、商业银行经营管理的原则

商业银行经营的高负债率、高风险性以及受到监管的严格性等特点决定了商业银行的经营原则不能是单一的，而只能是几个方面的统一，商业银行的经营管理一般概括为三大原则，即安全性原则、流动性原则和盈利性原则。

（一）安全性

安全性是指商业银行在运营过程中资产免遭损失的可靠程度。由于银行经营是在一个不确定的、变化多端的环境中进行的，所以需要尽可能地规避风险，排除各种不确定性因素对其资产、负债、利润、信誉及一切经营发展条件的影响，保证收益的安全与稳定，使其健康安全地发展。这不仅是银行本身发展的要求，而且还是社会对在经济领域中具有重要地位的商业银行的客观要求，也是商业银行社会责任感、优良的社会形象的体现。

（二）流动性

流动性是指商业银行能够在不遭受损失的条件下满足存款客户提存或贷款、投资、内部管理等对现金的要求。保持流动性对商业银行来说之所以重要，是因为商业银行在经营中面临着负债和资产的不稳定性，一旦商业银行的本金与利息收回额与其准备金之和还不能应付客户提存与贷款需求及银行本身需求时，便出现了流动性危机。流动性危机将严重损害商业银行的信誉，影响其业务量并增加经营成本，妨碍其进一步发展。由此可见，商业银行在经营中必须十分注意保持良好的流动性。

商业银行的流动性包括资产的流动性和负债的流动性。资产的流动性是指资产的变现能力，衡量资产流动性的标准有两个：一是资产变现的成本，某项资产变现的成本越低，该项资产的流动性就越强；二是资产变现的速度，某项资产变现的速度越快，则该项资产的流动性就越强。负债的流动性是指银行以适当的价格取得可用资金的能力。衡量银行负债流动性的标准也有两个：一是取得可用资金的价格，取得可用资金的价格越低，该项负债的流动性就越强；二是取得可用资金的时效，取得可用资金的时效越短，则该项负债的流动性就越强。

（三）盈利性

盈利性是指商业银行获得利润的能力。商业银行作为金融企业，在业务经营活动中同样力求获得最大限度的利润。盈利性水平提高，可以增强银行信誉，增强银行实力，吸引更多的客户，同时也可以增强银行承担经营风险的能力，避免因资本大量损失而带来破产倒闭的危险。

盈利性原则和安全性、流动性原则在一定意义上是统一的。但是在实际经营活动中，它们之间往往又存在一定的矛盾和冲突。从盈利性角度看，商业银行的资产可以分为盈利性资产和非盈利性资产，资金用于盈利资产的比重越高，商业银行收取的利息就越高，盈利规模也越大。从流动性角度看，非盈利资产如现金资产可以随时用于应付存款的提现需要，具有十足的流动性，因而现金资产的库存额越高，商业银行体系应付提现的能力越强，商业银行的流动性越强。从安全性角度看，一般情况下，具有较高收益的资产，其风险总是较大的。为了降低风险，确保资金安全，商业银行不得不把资金投资于收益率较低的资产。

二、商业银行经营管理理论

资产负债管理理论是现代商业银行管理的基础和核心，商业银行其他方面的管理都是在这一基础上进行的。随着各个历史时期经营条件的变化，西方商业银行经营管理理论在不断变化和创新的过程中大致经历了四个阶段，即资产管理、负债管理、资产负债综合管理和资产负债外管理。

（一）资产管理理论

资产管理理论产生于商业银行建立初期，一直到 20 世纪 60 年代，它都在银行管理领域中占据着统治地位。这种理论认为，由于银行资金的来源大多是吸收活期存款，提存的主动权在客户手中，银行管理起不了决定作用；但是银行掌握着资金运用的主动权，于是银行侧重于资产管理，争取在资产上协调流动性、安全性与盈利性问题。

随着经济环境的变化和银行业务的发展，资产管理理论的演进经历了三个阶段，即商业贷款理论、转移理论和预期收入理论 。

1. 商业性贷款理论

商业性贷款理论又称真实票据理论。这一理论认为，银行资金来源主要是吸收流动性很强的活期存款，银行经营的首要宗旨是满足客户兑现的要求，所以，商业银行必须保持资产的高流动性，才能确保不会因为流动性不足给银行带来经营风险。因此，商业银行的资产业务应主要集中于以真实票据为基础的短期自偿性贷款，以保持与资金来源高度流动性相适应的资产的高度流动性。短期自偿性贷款主要指的是短期的工商业流动资金贷款。

商业性贷款理论的思想为早期商业银行进行合理的资金配置与稳健经营提供了理论基础。它提出银行资金的运用受制于其资金来源的性质和结构，并强调银行应保持其资金来源的高度流动性，以确保银行经营的安全性。这一理论盛行于英国式银行，商业银行主要融通短期商业资金，具有放贷期限短、流动性高的特点。但是，商业性贷款理论也存在一定的局限性：首先，这一理论没有认识到活期存款余额的相对稳定性，即在活期存款的存取之间，总会有一个相对稳定的资金余额可用于发放长期贷款，而是将银行资产过多地集中于盈利性很差的短期自偿性贷款上。其次，这一理论忽视了贷款需求的多样性。此外，它还忽视了贷款自偿性的相对性，即在经济衰退时期，即便是有真实票据做抵押的商业性贷款，也会出现缺乏偿还性的情况，从而增加了银行的信贷风险。

2. 转移理论

转移理论又称转换理论，这一理论认为，银行保持资产流动性的关键在于资产的变现能力，因而不必将资产业务局限于短期自偿性贷款上，也可以将资金的一部分投资于具有转让条件的证券上，作为银行资产的二级准备，在满足存款支付时，把证券迅速而无损地转让出去，兑换成现金，保持银行资产的流动性。

转移理论是在第一次世界大战以后，西方国家金融市场不断完善和发展的历史背景下产生的。转移理论沿袭了商业性贷款理论应保持高度流动性的主张，但突破了商业性贷款理论对银行资金运用的狭窄局限，扩大了银行资金组合的范围，增强了商业银行的盈利性。但转移理论也存在不足，它对银行短期资产的变现能力缺乏全面认识，从短期证券自身的变现能力考虑得多，而对短期证券变现的外部环境考虑得少。实际上，在经济危机时期或在证券市场不旺盛的情况下，商业银行不能顺利地通过出售证券而保证资产的流动性，进而影响盈利性目标的实现。

3. 预期收入理论

预期收入理论是一种关于资产选择的理论，它在商业性贷款理论的基础上，进一步扩大了银行资产业务的选择范围。这一理论认为：贷款的偿还或证券的变现能力，取决于将来的收入即预期收入。如果将来收入没有保证，即使是短期贷款也可能发生坏账或到期不能收回的风险；如果将来的收入有保证，即便是长期放款，仍可以按期收回，保证其流动性。只要预期收入有保证，商业银行不仅可以发放短期商业性贷款，还可以发放中长期贷款和非生产性消费贷款。

预期收入理论具有积极的意义。首先，它深化了对贷款清偿的认识，指出贷款清偿的来源是借款人的预期收入，找到了银行资产流动的经济动因，要求银行的资产与预期收入直接挂钩，克服了商业性贷款理论的缺陷。其次，这一理论促成了贷款形式的多样化，拓宽了银行的业务范围。银行由生产经营的局外人成了企业扩大再生产的参与者，从而加强了银行对经济活动的渗透和控制。预期收入理论的不足之处在于：银行对借款人未来收入的预测建立在银行主观判断的基础之上，由于预期收入很难预测，客观经济条件经常发生变化，借款人将来收入的实际情况往往与银行预期存在一定的差距，所以以这种理论为依据发放贷款，常常会给银行带来更大的经营风险。

以上三种资产管理理论反映了商业银行在不同发展阶段经营管理的特点，在保证银行资产流动性方面各有侧重。商业贷款理论，主要通过短期放款来保证银行资产流动性；转让理论，是在金融市场得到一定发展、金融资产交易普遍化的条件下，通过金融资产的交易来保证流动性；而预期收入理论，则主要是从贷款和投资的清偿条件来考虑资产安全性和流动性的。

（二）负债管理理论

负债管理理论盛行于20世纪五六十年代的西方商业银行。负债管理理论在很大程度上缓解了商业银行流动性与盈利性的矛盾。负债管理理论认为，银行资金的流动性不仅可以通过强化资产管理获得，还可以通过灵活地调剂负债达到目的。商业银行保持资金的流动性无须经常保有大量的高流动性资产，通过发展主动型负债的形式，扩大筹集资金的渠道和途径，也能够满足多样化的资金需求，以向外借款的方式也能够保持银行资金的流动性。

负债管理理论意味着商业银行经营管理思想的创新，它变被动的存款观念为主动的借款观念，为银行找到了保持流动性的新方法。根据这一理论，商业银行的流动性不仅可以通过调整资产来保证，还可以通过调整负债来保证，变单一的资产调整为资产负债双向调整，从而减少银行持有的高流动性资产，最大限度地将资产投入到高盈利的贷款中去。而且，商业银行根据资产的需要调整和组织负债，让负债适应和支持资产，也为银行扩大业务范围和规模提供了条件。

负债管理理论也存在缺陷，由于它建立在对吸收资金保有信心，并能如愿以偿的基础上，因而在一定程度上带有主观色彩。通过借款融资保持银行的流动性，不仅提高了银行的融资成本，而且不利于银行稳健经营。所以，负债管理理论的运用必须谨慎，应当经常注意一些基本指标，如存贷款比率、资本充足率、流动资产比率等，并随时注意防范经营风险。

（三）资产负债综合管理理论

20世纪70年代后期，伴随金融创新的不断涌现，各种新型金融工具和交易方式以各种形式抬高资金价格，市场利率大幅上升，使得负债管理理论在提高负债成本和增加银行经营风险等方面的缺陷越来越明显地暴露出来，单纯的负债管理已经不能满足银行经营管理的需要。同时，随着西方各国银行管制的放松和金融自由化浪潮的涌现，商业银行在金融市场上主动融资的权力增加，吸收存款的压力减少，这一切使商业银行由单纯的负债管理转向资产负债综合管理。

资产管理理论过于注重流动性和安全性，而忽视了盈利性；负债管理理论虽然较好地解决了盈利性和流动性之间的矛盾，但过多的负债经营又会给银行带来更大的经营风险。资产负债综合管理理论总结了资产管理和负债管理的优缺点，通过资产与负债结构的全面调整，实现商业银行流动性、安全性和盈利性管理目标的均衡发展。

这一理论的产生是银行管理理论的一大突破，它为银行乃至整个金融业带来了稳定和发展，对完善和推动商业银行的现代化管理具有积极的意义。

资产负债管理理论的主要内容：

1. 流动性问题

流动性问题是该理论首要解决的核心问题，它要求从资产和负债两个方面去预测流动性问题，同时又要从这两个方面去寻找满足流动性需要的途径。

2. 风险控制问题

在控制经营风险方面，明确规定自有资本比例，根据不同的经营环境制定各类资产的风险度标准和控制风险的方法，以资产收益率和资本收益率作为考察银行收益性的主要评估标准。

3. 资产与负债的对称

通过调整各类资产和负债的搭配，使资产规模与负债规模、资产结构与负债结构、资产与负债的偿还期限相互对称和统一平衡，保持一定的对称关系。这种对称是一种原则和方向上的对称，而不是要求银行资产与负债逐笔对应。

（四）资产负债外管理理论

20 世纪 80 年代后期以来，由于商业银行作为信用中介的地位受到削弱，银行发展的重心和银行竞争的焦点已逐渐转向金融服务领域，以服务为重点的经营管理理论应运而生。

资产负债外管理理论主张银行应从正统的负债和资产业务以外的范围去寻找新的经营领域，从而开辟新的盈利源泉。这种理论认为，存贷业务只是银行经营的一条主轴，在其旁侧可以延伸发展出多样化的金融服务。同时，这种理论还提倡原本资产负债表内的业务转化为表外业务，以降低成本。在信息时代到来和电子计算机技术普及运用的今天，以信息处理为核心的服务领域成为银行资产负债以外业务发展的重点。如商业银行通过贷款转让、存款转售等方法，使表内经营规模维持现状甚至缩减，银行收取转让的价格差额，既可以增加收益，又可逃避审计和税务部门的检查。在资产负债外管理理论的影响下，商业银行的表外业务迅速发展，各种服务费收益在银行盈利中比重已日益上升。

本章小结

银行是历史发展的产物，是商品经济高度发展的必然要求。英格兰银行的建立标志着现代商业银行制度的建立。商业银行是一国经济中最重要的金融中介机构，具有不可替代的作用。商业银行的产生与发展促进了世界经济的发展，提高了世界范围内资金融通的效率。

商业银行具有支付中介、信用中介、信用创造和金融服务的职能。其中信用中介是商业银行最基本、最能反映其经营活动特征的职能。一个国家商业银行的组织形式要受到该国的社会政治、经济环境和经济发展程度的影响，概括起来大致分为单元制、分支行制、持股公司制、连锁银行制等。

负债业务是商业银行形成的资金来源的业务。负债业务是商业银行资产业务和中间业务的基础，主要由自有资本、存款和借款构成，其中存款和借款属于吸收的外来资金。

商业银行的资产业务是商业银行将其形成的货币资金加以运用以获得利润的业务。资产业务的内容主要包括现金资产、证券投资和贷款业务。

商业银行除了通过负债业务吸收资金，通过资产业务利用所吸收的资金盈利外，还利用自身在技术、机构、资金和信息等方面的优势从多方面开拓中间业务，为客户提供广泛的服务，并从中获取手续费赢得利润。所谓的中间业务是指商业银行不运用或较少运用自己的资金，以中介人的身份代客户办理委托事项，并从中收取手续费的业务。中间业务主要包括汇兑业务、结算类业务、代理业务、信托业务、租赁业务、咨询业务和银行卡业务等。

广义的表外业务泛指所有能给银行带来收入但是又不在资产负债表内反映的内容，即包括中间业务。但二者的性质是不同的：中间业务不涉及资产负债及其风险，而表外业务虽然并不直接改变资产负债表，但却是一种潜在的资产负债活动并产生一定的风险。可见广义的表外业务包括中间业务，中间业务属于无风险的表外业务，此外还存在有风险的表外业务。有风险的表外业务主要包括贸易融通业务、金融保证业务和金融衍生工具交易。

商业银行在经营中必须遵循一定的行为准则，即盈利性、流动性和安全性。如何解决好盈利性、流动性和安全性三项原则之间的关系是商业银行经营管理的主题。

商业银行经营管理的理论经历了一个管理重心由资产转向负债，又由负债转向全面综合管理的变化过程。资产管理理论强调在负债一定的情况下，通过调整资产结构来满足流动性要求；而负债管理理论强调的是通过扩大负债去获得银行的流动性；资产负债综合管理理论认为，单纯的资产管理或负债管理，都难以在经营上达到安全性、流动性、盈利性三者之间的均衡，只有对资产和负债同时进行协调管理，才能达到银行经营的总目标。

练习题

一、概念识记

商业银行　信用中介　支付中介　单一银行制　连锁银行制　负债业务　资产业务
中间业务　表外业务　盈利性　流动性　安全性

二、选择题

1. 商业银行利用其吸收的存款，通过发放贷款的方式，创造出更多的存款，体现了商业银行的(　　)职能。

A. 信用中介　　B. 支付中介　　C. 信用创造　　D. 金融服务

2. 在活期存款的各种取款方式中，最传统的是支票取款，因此，活期存款又称为(　　)。

A. 交易账户　　B. 支票存款
C. 可转让支付凭证账户　　D. 货币市场存款账户

3. 票据发行便利属于商业银行的一项(　　)。

A. 担保业务　　B. 贷款业务　　C. 负债业务　　D. 承诺业务

4. 在商业银行的发展过程中，以英国式银行为代表的商业银行的经营活动主要是受(　　)的支配。

A. 商业贷款理论　　B. 可转换理论　　C. 预期收入理论　　D. 销售理论

5. 在商业银行资本的构成中，(　　)是为了防止意外损失而从收益中提留的资金，包括资本准备金和放款与证券损失准备金。

A. 债务资本　　B. 股本　　C. 储备金　　D. 盈余

6. 按贷款的质量进行分类，(　　)的损失概率最多不超过5%。

A. 正常贷款　　B. 关注贷款　　C. 次级贷款　　D. 可疑贷款

7. 商业银行通过负债业务将社会闲散资金集中起来，然后通过资产业务将其运用于社会需要资金的部门，体现了商业银行的(　　)职能。

A. 信用中介　　B. 支付中介　　C. 信用创造　　D. 金融服务

8. 强调银行贷款以商业行为为基础、以真实票据作抵押的理论，被称为(　　)。

A. 资金转移理论　　B. 预期收入理论　　C. 资产管理理论　　D. 商业贷款理论

9. 商业银行的长期资金业务主要是指(　　)。

A. 发行金融债券　　B. 向中央银行借款
C. 从国际金融市场借款　　D. 同业拆借

10. 被投资者称为“金边债券”的是(　　)。

A. 中央政府债券　　B. 政府机构债券　　C. 地方政府债券　　D. 公司债券

11. 股份制商业银行内部组织机构中的最高权力机构是(　　)。
A. 董事会　　B. 股东大会　　C. 工会　　D. 监事会
12. 世界上大部分国家实行(　　)。
A. 单一银行制　　B. 分行制
C. 银行持股公司制　　D. 连锁银行制
13. 历史上第一家资本主义股份制银行是(　　)。
A. 阿姆斯特丹银行　　B. 英格兰银行
C. 汉堡银行　　D. 纽伦堡银行
14. 以下属于商业银行被动负债的是(　　)。
A. 同业拆借　　B. 发行金融债券
C. 再贴现　　D. 长期存款
15. 我国商业银行的组织形式是(　　)。
A. 单一银行制　　B. 连锁银行制
C. 分行制　　D. 银行持股公司制
16. 下列不属于货币市场存款账户特点的是(　　)。
A. 平均余额不低于 2 500 美元　　B. 对存款最高利率无限制
C. 对存款规定最短期限　　D. 对开户对象不限制

三、简答题

1. 商业银行的主要业务有哪些?
2. 抵押贷款和质押贷款有哪些共性和区别?
3. 商业银行的资金来源主要有哪些?
4. 商业银行的中间业务与表外业务有何联系和区别?

四、案例分析

巴克莱银行扮演财务顾问角色

在香港东部隧道工程建设初期,巴克莱银行对项目建设的内外部条件进行了深入的调查分析,认为该项目采取 BOT 方式建设是可行的。于是,该银行积极与项目的主发起人和承包商磋商,为该项目提出了全部融资方案。在此基础上,巴克莱银行被聘为该项目的财务顾问。在做财务顾问的同时,它承担起组织银团贷款主牵头行和发债信用主承诺人的角色。

巴克莱银行在该项工程的财务顾问方面主要做了以下工作:

(1)由巴克莱银行提供咨询建议,政府批准成立了香港新立隧道公司(NHKTC)和香港东部海港隧道公司(EHCC),其中 NHKTC 为总承包公司。

(2)参照巴克莱银行的咨询建议,香港政府分别给予这两家公司如下特许权:①批准 NHKTC 在 42 个月内设计和建设完毕项目中的铁路和公路隧道工程;工程交付后,该公司可继续经营公路隧道管理 26.5 年,继续经营铁路隧道管理 18.5 年。②NHKTC 作为总承包商将经营铁路隧道的特许权转让给 EHCC,而 EHCC 又将经营权转让给香港大众铁路公司,后一种转让只是经营权的转让,铁路的所有权仍属 EHCC 所有。

(3)该项目的产权投资人分别来自 NHKTC 公司和 EHCC 公司,它们分别投入的股本比例为 3∶1。巴克莱银行为两家公司安排的融资金额分别为:NHKTC 18 亿港元,偿还期为 18 年;EHCC 9 亿港元,偿还期为 15 年。

(4)组织租赁集团为项目安排了部分租赁性融资,定向解决通信设备、列车设备的购置资金。为了解决这项资金来源,财务顾问承诺租赁费的偿还由银行贷款担保解决。

(5)为了解决不同时期提款的便利,做到项目资金的合理运用,对于某些时间不确定的用款融资,巴克莱银行为该项目组织了以下两项银团承诺:①循环贷款融资额度承诺;②备付信用证融资协议。这两项协议可以保证隧道公司在协议的有效期内随时向银行提款,以保证项目的应急用款需要。

巴克莱银行为香港东部海港隧道工程项目进行的融资安排具有以下特点:①为项目的总承包人提供了长期的融资承诺,这种高信誉的承诺有利于将总承包人引入资金市场,使投资者承认它的信誉,为承包人顺利地发行债券提供了保证。②融资安排中利用了多种融资手段,包括银团贷款、信用额度承诺、租赁融资、债券发行等;在融资的期限安排方面有长期固定利率信贷和债券融资,也有不定期信用承诺融资,从而使该项目融资的利率风险和汇率风险得以控制,同时使融资的结构、资金来源、市场的选择、资金使用的时效选择具有相当大的灵活性和可调性。③融资安排和政府政策相吻合,即总承包人得到的经营特许权期限是在参考了财务顾问的建议后批准的,这样就使总承包人在项目的经营期内偿还各种债务具有科学的依据和信用保证。

大型基础公用设施项目和大型基础工业项目的建设,如高速公路、桥梁、海港、隧道、大型电站、钢铁、石油化工等大规模建设项目,需要长期、巨额的建设投资。通常情况下,商业银行出于流动性和安全性的考虑,难以单独承担这类项目的融资风险,大型建设项目必须通过银团贷款、发行债券等多种融资方式来筹集资金。世界资金市场日新月异的发展,使单独依靠贷款方式融资已与现代金融市场的发展不相适应。为此,在大型项目的前期建设工作中选择信誉卓著的大银行做财务顾问,按照项目的投资特点和资金市场状况,科学地安排筹资方案和计划,及时合理地注入建设资金,以保证建设项目的顺利实施,是十分必要的。同时,为大项目建设进行项目融资,使现代商业银行担当财务顾问的职能得以迅速发展,已成为大商业银行的一项重要业务。积极地开展项目融资和财务顾问业务不仅是大型建设项目的需要,而且是商业银行提高自身竞争实力、开拓业务领域的需要。近年来,现代商业银行的融资财务顾问业务不断发展、创新和完善,成为一项非常活跃的业务。

(资料来源:http://jr. 100xuexi. com/SpecItem/SpecDataInfo. aspx? id=89567D93-0197-4BA7-9005-78A25347A8A2.)

思考:

1. BOT 这种方式具有哪些特点?

2. 商业银行在 BOT 方式中起到了怎样的作用?

3. 中国香港巴克莱银行的项目财务顾问业务的开展及其所起的作用,对我国商业银行业务的开拓有哪些可供借鉴的经验?

4. BOT 方式的出现,对于商业银行的项目财务顾问业务为什么既是机遇又是挑战?

第七章　金融市场与金融工具

学习目标

1. 掌握金融市场的构成要素、金融市场的分类；
2. 理解金融市场的职能与作用；
3. 熟悉各种金融工具的特点与功能；
4. 掌握货币市场、资本市场和衍生产品市场的构成、交易机制和参与主体；
5. 了解债券、股票的发行与流通情况。

引导案例

2015年全球性股灾该如何避险

2015年8月24日全球股市迎来“黑色星期一”，上证指数暴跌8.49%，创8年最大单日跌幅，跌破年线3 395点；两市逾2 000余股跌停，上涨股票仅15只，一日A股市值蒸发3.96万亿元。据专业机构统计，相当于4个阿里巴巴集团、27个华人首富王健林的财富值。以目前9 328万投资者数量计算，股民人均亏损4.25万元。与此同时，美股、欧股、亚太股市全面暴跌，跌幅普遍在3%以上。

8月25日，全球股市大跌持续。截至收盘，上证指数报2 964.97点，跌244.94点，失守3 000点，跌幅7.63%，成交3 587.36亿元；深成指报10 197.94点，跌772.35点，跌幅7.04%，成交2 879.67亿元。业内人士认为，目前针对股市的政策有些低于预期，市场难以形成拐点，投资者不应对超跌后的反弹抱太大希望。

未来全球股市下跌将演化到什么程度，业内人士无统一定论。有分析师认为，此番下跌调整需要一段时间，出现强劲反弹的机会不大。全球性股灾杀来，投资者需合理配置资产避险，可以通过以下方法为资产保值：

1. 买黄金

自2013年以来，黄金价格下跌已有近两年时间。近来，随着资本市场的走弱，尤其是美国市场受到波及，金价重新进入上升通道。作为最常用的储备货币，黄金走势持续坚挺，在全球股市大跌引发的避险需求下，后市涨势可期。

2. 资产变现

在全球股市大跌的情况下，期货、外汇市场风险升高。如果股市暴跌引发市场效应持续发酵，不动产的价格也会受到影响。目前全球经济面临通缩的风险，因此将资产变现将是避险的较佳选择。

3. 兑换美元等强势货币

除了资产变现外，如果担心人民币出现进一步贬值，不妨考虑将现金兑换成美元等强势货币。

（资料来源：http://business.sohu.com/20151226/n432653329.shtml.）

思考：目前，金融市场可供投资者选择的投资工具，你能想到哪些？

第一节　金融市场概述

市场是提供资源流动和资源配置的场所。在市场中，依靠价格信号，引领资源在不同部门之间流动并实现资源配置。一个好的市场，可以帮助社会资源实现最优配置。社会再生产活动是由生产、交换、分配和消费四大环节组成的循环过程，与之相适应的资源配置也主要分为两大类：一类是提供产品的市场，进行商品和服务的交换；另一类是提供生产要素的市场，进行劳动力和资本的交易。金融市场属于要素市场，专门提供资本，它与消费品市场、生产资料市场、劳动力市场、技术市场、信息市场、房地产市场、旅游服务市场等各类市场相互联系、相互依存，共同形成统一市场的有机整体。在整个市场体系中，金融市场是最基本的组成部分之一，是联系其他市场的纽带。因为在现代市场经济中，无论是消费资料、生产资料的买卖，还是技术和劳动力的流动等，各种市场的交易活动都要通过货币的流通和资金的运动来实现，都离不开金融市场的密切配合。从这个意义上说，金融市场的发展对整个市场体系的发展起着举足轻重的制约作用，市场体系中其他各市场的发展则为金融市场的发展提供了条件和可能。

一、金融市场的概念、特点及构成要素

（一）金融市场的概念

金融市场是市场体系中的一个重要组成部分。简单地说，金融市场是资金融通的场所，是资金供求双方借助金融工具进行各类资金交易活动的场所。由于计算机技术和网络技术在金融交易中的广泛运用，资金融通日趋无形化，越来越多的人更倾向于将金融市场理解为多种金融工具交易活动的组织系统。金融市场发达与否已成为衡量一国市场经济发达程度的重要标志。

金融市场有广义和狭义之分。广义的金融市场是指一切进行货币资金融通，实现金融资源配置的场所及其内在机制的总和。狭义的金融市场特指证券市场，即股票和债券的发行与流通市场。

(二)金融市场的特征

和其他市场相比,金融市场具有自己独有的特征。

(1)金融市场的交易对象不是普通商品,而是特殊的商品——货币资金及其衍生物。金融市场是以资金为交易对象的市场,金融市场实际的交易对象是货币资金,是一种特殊的商品。尽管在市场上直接的交易对象是各种金融工具,但是金融工具不过是货币资金的交易载体而已,所以双方交易的是金融工具所代表的货币资金。

(2)金融市场交易之间不是单纯的买卖关系,更主要的是借贷关系和委托代理关系,体现了资金所有权和使用权相分离的原则。

(3)金融市场的交易方式具有特殊性。金融市场可以是有形市场,也可以是无形市场。金融市场的交易往往不受时间、场所的限制。市场交易的场所在大部分情况下是无形的,没有固定的交易场所,交易活动也可以通过电话、电传、计算机网络来进行,所以金融市场可以看作是一种交易行为过程或机制。

(4)金融市场的价格机制已经成为整个国民经济价格体系的基础价格。不论是要素市场还是产品市场,其市场价格体系都必须参考金融市场价格而变化,例如利率、汇率和某些衍生金融工具价格的变动都会通过成本机制影响要素或产品的价格,进而影响整个经济社会的资源配置。

(三)金融市场的构成要素

金融市场应具备四个构成要素。

1. 金融市场的主体

金融市场的主体即金融市场的参加者。如果按交易关系划分,可以分为两大类:一类是资金的需求者;另一类是资金的供给者。资金的需求者与供给者并不是截然分开的,大多数金融市场的交易者既是资金的需求者,也是资金的供给者。金融市场的交易者如果按经济部门来划分,通常包括居民家庭、企业和政府部门。

2. 金融市场的客体

金融市场的客体就是金融市场的交易对象。表面上看,金融市场上是以金融工具为主要的交易对象,但实质上金融市场真正的交易对象是货币资金,人们在金融市场上交易的最终目的是取得货币资金,投向商品生产和流通领域,金融工具只是货币资金融通的载体而已。

3. 金融市场中介

金融市场中介是指在金融市场上充当交易中介,从事交易或促使交易完成的组织、机构或个人。金融市场中介是金融市场上资金供应者与需求者之间的桥梁,在信息不完全的市场中,金融中介机构可以克服直接融资信息不对称的问题,为不同的资金供应者和需求者服务,促进资金融通顺利高效的实现。

4. 金融市场价格

金融市场上的交易价格与商品市场上的交易价格在表现形式上是不一样的,商品市场上的交易价格是商品的全价值,而金融市场上的交易价格分为两种:一是借贷资金的交易价格——利率,因为资金借贷只是让渡了资金的使用权,而没有让渡所有权,利率是让渡资金使用权应获得的报酬。二是金融工具交易的买卖价格或转让价格,其价格也和商品市场一样,按金融工具的全价值计算,因为这种交易的本质是所有权或债权的转移,例如,股票、债券一旦卖出,资金所有权或债权就转移了。

二、金融市场的功能

金融市场对经济发展有着巨大的推动作用，这具体表现为金融市场的几大功能：

（一）集中和配置资金功能

这也是金融市场最基本的功能。金融市场提供一个理想场所，利用自己的独特方式、多样化工具把居民个人、企业、政府部门、金融机构的闲置分散的、小额的资金聚集起来，并通过竞争机制流向资金最需要的地方，帮助实现资金在资金盈余部门和资金短缺部门之间的调剂，实现资源配置。在良好的市场环境和价格信号引导下，可以实现资源的最优配置。

（二）分散和转移风险的功能

经济生活中存在大量的不确定性，风险的存在是客观的，因此，完全消除风险是不现实的，但可以分散和转移风险。金融市场的参与者通过买卖金融资产转移或者接受风险，利用组合投资可以分散那些投资于单一金融资产所面临的非系统性风险。金融市场的发展可以促使居民金融资产多样化和金融风险分散化，发展金融市场就为居民投资多样化、金融资产多样化和银行风险分散化开辟了道路，为经济持续、稳定发展提供了条件。居民通过选择多种金融资产、灵活调整剩余货币的保存形式，增强了投资意识和风险意识。

（三）降低交易成本的功能

这主要指降低交易的搜寻成本和信息成本。搜寻成本是指寻找合适的交易对手多产生的成本。信息成本是在评价金融资产价值的过程中所发生的成本，包括取得交易对象信息与和交易对象进行信息交换所需的成本。金融市场帮助降低搜寻与信息成本的功能主要是通过专业金融机构和咨询机构发挥的。

（四）价格发现功能

一般来说，金融资产均有票面金额。但大多数金融资产，其票面标注的金额并不能代表其内在价值。以股票为例，体现在每一股份上的内在价值与股票票面标注的金额往往存在极大的差异。企业资产的内在价值——包括企业债务的价值和股东权益的价值——是多少，只有通过金融市场交易中买卖双方相互作用的过程才能“发现”。即必须以该企业有关的金融资产由市场交易所形成的价格作为依据来估价，而不是简单地以会计报表的账面数字作为依据来计算。金融市场价格的波动和变化是一国或地区经济活动的晴雨表，能够及时反映经济活动的走势。当然，金融市场的定价功能同样依存于市场的完善程度和市场的效率。金融市场的定价功能有助于市场资源配置功能的实现。

（五）提供流动性的功能

金融市场的存在可以帮助金融资产的持有者将资产售出、变现，因而发挥提供流动性的功能。如果没有金融市场，人们将不愿意持有金融资产；企业可能因为金融产品发行困难无法筹集到足够的资金，进而影响正常的生产和经营。尽管金融市场中所有产品的交易市场都具有提供流动性的功能，但不同的金融产品市场的流动性是不同的。这取决于产品的期限、品质等。

（六）经济调节功能

金融市场不仅反映经济的运行状况，还为宏观经济管理提供了工具和手段。首先，金融间接调控体系必须依靠发达的金融市场传导出中央银行的政策信号，通过金融市场的价格变化引导各微观经济主体的行为，实现货币政策调整意图。其次，发达的金融市场体系内部，各个子市场之间存在高度相关性。如货币市场的变化会迅速在资本市场中得到反映，通过资本市场的行情变化进一步扩大货币政策影响范围。随着各类金融机构更加广泛地加入金融市场运行，中央银行间接调控的范围和力度将会伴随金融市场的发展而不断加强。

三、金融市场的分类

金融市场的构成十分复杂，它是由许多不同的市场组成的一个庞大体系。一般根据金融市场上交易工具的期限，把金融市场分为货币市场和资本市场两大类。货币市场是融通短期(一年以内)资金的市场，资本市场是融通长期(一年以上)资金的市场。货币市场和资本市场又可以进一步分为若干不同的子市场。货币市场包括金融同业拆借市场、回购协议市场、商业票据市场、银行承兑汇票市场、短期政府债券市场、大额可转让存单市场等。资本市场包括中长期信贷市场和证券市场。中长期信贷市场是金融机构与工商企业之间的贷款市场；证券市场是通过证券的发行与交易进行融资的市场，包括债券市场、股票市场、基金市场、保险市场、融资租赁市场等。

为了更充分地理解金融市场，以下从多个角度对金融市场做出分类，见表 7—1。

表 7—1　　金融市场的分类

标　志	分　类	构成/说明
交易期限	货币市场	同业拆借、短期证券、商业票据、CD、回购市场
	资本市场	股票、债券、证券投资基金
交割期限	现货市场	成交后立即交割，或 3 个营业日内交割
	期货市场	先成交，后交割(按约定的价格、数量和标的)
市场功能	一级市场	新证券发行：筹资功能
	二级市场	已发证券买卖：流动性功能＋发行价格决定
交易标的	证券市场	各种证券的发行、交易场所
	外汇市场	所有外汇交易
	黄金市场	既是金融市场，又是商品市场(工业用金)
	保险市场	保险和再保险业务的交易

(一)按交易的金融工具期限不同划分

按交易的金融工具期限不同，可以分为货币市场和资本市场。

货币市场是指以期限在一年以下的金融资产为交易标的物的短期金融市场，主要解决市场主体的短期性、临时性资金需求。包括同业拆借市场、回购协议市场、商业票据市场、银行承兑汇票市场、短期政府债券市场、大面额可转让存单市场。

资本市场是指融资工具期限超过一年的长期融资市场，是提供长期性资本的市场。资本市场的融资工具主要包括股票、债券和基金等，主要满足政府或企业部门对长期资金的需求。

(二)按金融交易的方式不同划分

按金融交易的方式不同划分，可以分为直接金融市场与间接金融市场。

直接金融市场是指资金供给者和资金需求者不通过任何中介机构直接进行融资的金融市场，或者通过金融中介机构进行融资，但是金融中介机构仅充当帮助资金融通的经纪人，从事的是经纪业务，它与资金供求双方并不形成债权债务的关系，比如企业发行股票、债券的证券市场。

间接金融市场是指资金供给者和资金需求者通过金融中介机构进行融资的金融市场，但在这里金融中介从事的是信用业务，它与资金供求双方之间都是债权债务关系，如银行信贷市场。

(三)按交割期限不同划分

按交割期限不同，可分为现货市场和期货市场。

现货市场是指金融工具的买卖双方在谈妥一笔交易以后，马上办理交割手续，一手交钱一手交货，钱货当场两清。随着金融市场的发展，大宗交易的钱货往往难以当即两清，于是现货市场允许交易双方在一定期限内完成钱货两清的交割，这个期限一般是指在达成交易的当天算起三个交易日内。

期货市场，是指金融工具买卖双方在达成一项交易后，立即签订合约，合约双方就交易品种、数量、成交价格、交割时间等达成协议，交易完成后双方不必立即付款提货，而是到了合约规定的交割日才履行钱货两清的手续。期货市场上期货合约约定的交割时间一般在 3 天以上 1 年以内。到期交割时，交易双方既可以进行实物交割，也可以按合约标的物交割时的市场价格与合约价格的差额进行差价结算。

(四)按金融交易的功能划分

按金融交易的功能可分为一级市场与二级市场。

一级市场，也称初级市场或发行市场，它是新证券的发行市场。在这个市场上投资者可以认购公司发行的证券。通过一级市场，发行人筹措到了公司所需资金，而投资人则购买了公司的证券成为公司的股东或债权人，实现了储蓄转化为资本的过程。一级市场有以下几个主要特点：一是发行市场是一个抽象市场，其买卖活动并非局限在一个固定的场所；二是发行是一次性的行为，其价格由发行公司决定，并经过有关部门核准。投资人以同一价格购买股票。

二级市场，指流通市场，是已发行证券进行买卖交易的场所。二级市场的主要功能在于有效地集中和分配资金：(1)促进短期闲散资金转化为长期建设资金；(2)调节资金供求，引导资金流向，沟通储蓄与投资的融通渠道；(3)二级市场的证券价格变动能反映出整个社会的经济情况，有助于调节劳动生产率和新兴产业的兴起；(4)维持证券的合理价格，交易自由、信息灵通、管理缜密，保证买卖双方的利益都受到严密的保护。已发行的证券一经上市，就进入二级市场。投资人根据自己的判断和需要买进和卖出有价证券，其交易价格由买卖双方来决定，投资人在同一天中买入有价证券的价格是不同的。

一级市场是二级市场的基础和前提，没有一级市场就没有二级市场，并且一级市场的质与量会直接影响二级市场的规模与发展。反过来，二级市场是一级市场存在与发展的重要条件：首先，二级市场是一级市场流动性的保证，投资者持有的金融资产需要变现时，可以在二级市场卖出；而拥有资金的投资者没有进入一级市场购买金融资产，可以随时在二级市场购买。其次，一级市场发行时，发行价格的制定必须参考二级市场的交易价格。

(五)按金融交易的对象划分

按金融交易的对象划分，可分为证券市场、外汇市场、黄金市场和保险市场等。

第二节　金融工具

一、金融工具的概念及特征

(一)金融工具的概念

金融工具(financial instruments)是指在金融市场中可交易的金融资产,是用来证明贷者与借者之间融通货币余缺的书面证明,其最基本的要素为支付的金额与支付条件。之所以称为"工具",是因为这种债权债务关系的书面证明是资金供应者和资金需求者之间实现资金融通的工具,或者形象地说它是资金或资本融通的载体,借助这个载体实现资金或资本由供应者向需求者的转移。

在金融市场上,人们通过买卖金融资产,实现资金从盈余部门向赤字部门的转移。例如,企业出售新发行的股票和投资人购买该股票的交易行为,实现了一定数量的资金从有富余资金并寻求投资收益的投资人手中转移到缺少资金的企业手中,实现了资金和资源在不同部门之间的重新分配。因此,金融资产的交易是帮助实现资本融通的工具。在这个意义上,金融资产也称金融工具。金融工具如股票、期货、黄金、外汇、保单等也叫金融产品、金融资产、有价证券。绝大多数金融工具(或称产品、资产和有价证券)具有不同程度的风险。

(二)金融工具的特征

一般认为,金融工具具有以下特征。

1. 偿还性

偿还性是指借款人拿到借款开始,到借款全部还清为止所经历的时间。各种金融工具在发行时一般都具有不同的偿还期。例如 1 年之后到期的公司债券,其偿还期是 1 年;一张标明 3 个月后支付的汇票,偿还期为 3 个月等等。金融工具的偿还期可以有两个极端:一个是零到期日,如活期存款;一个是无限长的到期日,如股票或永久性债券。一般来说,债券都有具体的到期日,短的可以是 1 天,长的可以是 100 年。比如美国迪士尼公司 1993 年发行了期限为 100 年的债券。金融工具的到期日标志着它"寿终"的日子,一旦到期,凭金融工具对于收益的要求权就终止。但是,一些金融工具由于发行人的问题,如破产、重组等,也可能被提前终止。

2. 流动性

这是指金融资产在转换成货币时,其价值不会蒙受损失的能力。除货币以外,各种金融资产都存在着不同程度的不完全流动性。其他的金融资产在没有到期之前要想转换成货币的话,或者打一定的折扣,或者花一定的交易费用。一般来说,金融工具如果具备下述两个特点,就可能具有较高的流动性:(1)发行金融资产的债务人信誉高,在以往的债务偿还中能及时、全部履行其义务;(2)债务的期限短,这样它受市场利率的影响很小,变现时遭受亏损的可能性就很小。

3. 风险性

风险性指投资于金融工具的本金是否会遭受损失的可能性。风险可分为两类:(1)债务人不履行债务的风险。这种风险的大小主要取决于债务人的信誉以及债务人的社会地位。(2)市场的风险,这是金融资产的市场价格随市场利率的上升而跌落的风险。当利率上升时,金融证券的市场价格就下跌;当利率下跌时,金融证券的市场价格就上涨。证券的偿还期越长,则其价格受利率变动的影响就越大。一般来说，本金安全性与偿还期成反比，即偿还期越长，其风险越大，安全性越小。本金安全性与流动性成正比，与债务人的信誉也成正比。

4. 收益性

收益性是指金融工具能定期或不定期给持有人带来收益的特性。金融工具的收益有两种：一种是固定收益，也称名义收益，是指投资人按信用工具在票面或存单上载明的利率或收益率取得的收益。另一种是实际收益，包括利息或股息收入，以及资本利得之和。资本利得是指金融工具购买价格与市场转让价格的差额，如果转让价格高于购买价格，差额就是资本收益，反之就是资本损失。金融工具收益性的大小，是通过收益率来衡量的，其具体指标有名义收益率、实际收益率、平均收益率等。

二、金融工具的分类

金融工具的种类很多，可从不同的角度来划分。

1. 按照融资期限的长短划分

按照融资期限的长短来划分，可以分为货币市场金融工具和资本市场金融工具。

货币市场金融工具一般指偿还期限在 1 年以下的金融工具，也称短期金融工具。如商业票据、短期公债、大额可转让定期存单、回购协议等。资本市场金融工具是指偿还期限在 1 年以上的金融工具，也称长期金融工具，如股票、公司债券、中长期公债等。

2. 按照资金融通的方式划分

按照资金融通的方式来划分，可以分为直接金融工具和间接金融工具。

直接金融工具是指最后的贷款人与最后的借款人之间进行的直接融资活动所使用的工具，金融工具的发行者就是最后的贷款人或最后的借款人，如商业票据、股票、债券等。间接金融工具是指金融机构在最后贷款人和最后借款人之间充当中介，进行间接融资活动所使用的金融工具，金融工具的发行者是金融中介机构，如银行存单、银行券、人寿保险单和银行票据等。

3. 按照发行基础划分

按照发行基础来划分，可以分为基础金融工具和衍生金融工具。

基础金融工具又称原生金融工具或传统金融工具，是指在实际信用活动中所发行的能证明债权债务关系或所有权关系的合法凭证，主要有商业票据、股票、债券、基金等。基础金融工具是金融市场上使用最广泛的工具，主要依靠自身收益定价，是引导资金进入产业领域的媒介。衍生金融工具是与基础金融产品相对应的一个概念，指建立在基础金融工具或基础变量之上，其价格随基础金融工具的价格（或数值）变动的派生金融产品。这里所说的基础产品是一个相对的概念，不仅包括基础金融工具（如债券、股票、银行定期存款单等等），也包括基础的变量如利率、汇率、各类价格指数、通货膨胀率等。衍生金融工具一般以合约的形式出现，主要有金融期货合约、金融期权合约、互换合约、远期利率协议等。

三、货币市场金融工具

（一）票据

票据是依据法律按照规定形式制成的并显示有支付金钱义务的凭证。广义的票据泛指各种有价证券，如债券、股票、提单等。狭义的票据仅指以支付金钱为目的的有价证券，即出票人根据票据法签发的，由自己无条件支付确定金额或委托他人无条件支付确定金额给收款人或持票人的有价证券。在我国,票据即汇票、本票和支票的统称。票据的签发有法定格式。

1. 票据的主要特征

(1)流通性。流通性是指票据可以通过背书转让或交付转让的方式进行流通,并且在到期之前可以以贴现方式变现。记名票据可以背书转让,不记名票据无须背书就可以转让。

(2)无因性。无因性是指持票人对票据债务人提示票据,要求其履行债务时,不负责证明出票原因,到期债务人必须无条件付款。假如到期票据有关内容出现问题一般由债务人负无限责任,背书人负连带责任。

(3)自偿性。自偿性是指票据往往对应于商品生产和销售,随着产销过程的完成,形成了销售收入后,可以用收入来偿还票据债务。

(4)完全性。完全性是指票据是一种以支付一定金额为目的的有价证券,票据所表示的权利与票据是融为一体的,票据的签发意味着权利的产生,票据的转移意味着权利的转移,行使票据权利则必须提示票据。

下面从狭义的角度阐述票据及其种类。

2. 票据的种类

(1)汇票。汇票(bill of exchange/postal order/draft/money order)是由出票人签发的,要求付款人在见票时或在一定期限内,向收款人或持票人无条件支付一定款项的票据。

按照出票人不同,可以将汇票分为商业汇票和银行汇票。

商业汇票产生于企业之间商品交易中的延期支付。商业汇票是由债权人(卖方企业)向债务人(买方企业)签发的支付命令书,命令债务人在约定的期限内支付一定款项给第三人或持票人。一般来说,出票人在签发汇票的同时,还附上货运清单。因此这类汇票也称为跟单汇票(documentary bill)。由于商业汇票是由债权人发出的,所以必须经过票据的承兑手续才能生效。所谓承兑,就是承诺兑付,承兑后承兑人在法律上负有到期付款的义务。这种经过承兑的汇票称作承兑汇票。承兑如果由企业做出称为商业承兑汇票,如果由银行做出则称作银行承兑汇票。因此,商业汇票的关系人有出票人(债权人)、付款人(债务人)、受款人(持票人)、承兑人(承诺对债务负责的付款人或担保人)。

银行汇票是汇款人将款项交存当地银行,再由当地银行签发的、要求异地往来银行在一定时间内无条件支付给持票人汇款金额的支付命令书。一般情况下,银行汇票不附任何单据,因此也称光票。

(2)本票。本票(promissory note)是由出票人签发的按指定时间向持票人无条件支付一定金额的票据,即由债务人向债权人发出的保证按指定时间无条件付款的书面承诺。本票有两个基本当事人:一是出票人,即债务人;二是收款人,即债权人。本票按出票人的身份不同,可分为银行本票和商业本票。银行本票是银行开出的向持票人无条件支付一定金额的票据,主要用途是为了代替现金。商业本票一般是由规模较大、信誉较好的企业为了筹集短期资金而发行的票据,需有金融机构担保,也称短期债券。根据付款期限的不同,本票又可分为即期本票和远期本票。即期本票就是见票即付的本票,远期本票是必须到约定到期日才可付款的本票,所以,远期本票又称期票。

(3)支票。支票(cheque)是由出票人签发的,要求受票人按指定日期向收款人(持票人)无条件支付一定款额的支付命令书。支票其实就是以银行为付款人的即期汇票,可以看作汇票的特例。支票出票人签发的支票金额,不得超出其在付款人处的存款金额。如果存款低于支票金额,银行将拒付给持票人。这种支票称为空头支票,出票人要负法律上的责任。支票是一种支付凭证,也具有出票人、收款人和付款人三个基本当事人。支票的种类很多,有记名支票和不记名支票;现金支票与转账支票(也称划线支票)等。在发达国家,支票是最普遍的支付工具,既可以用于大额支付,也可用于小额支付。

阅读材料 7—1

个人支票在国外的使用

个人支票根据签名来辨别真假,比个人信用卡更安全。它和货币、信用卡成为人们日常生活中不可欠缺的支付方式,商家对个人支票能否兑现的依赖,是建立在那个谁也跑不掉的"社会安全号"和以此号码为基础构建的个人信用记录上的。

揣一本个人支票,哪怕只是买一罐可口可乐,也可以随即撕下一纸,再龙飞凤舞般签上名,彼此之间的交易即告完成,需时几十秒,这是在国外各类商场经常见到的情景。个人支票,在国外属于成熟的消费方式之一。

首先,在银行的申请步骤极为简单。在任意一间银行开立账户后,银行业务人员都会问你需不需要个人支票。当你的回答是肯定的,业务人员便会拿出一个支票图型本,让你任意挑选喜欢的支票图案和类型。一般支票图案有近十种,有小动物、花草、线条、卡通画等,类型则有带复写页与不带复写页的,便于使用者统计开出的支票数与金额。支票上都印着持有者的姓名与家庭地址,让使用时更为便利。银行提供个人支票,大多不收费,银行通常把此举作为吸引客户在本行开户的手段之一。每次配送的支票,一般不少于 10 本,即 500 张,用完之后,只要给银行客户服务中心打个电话,一周以后,新的连着号码的另 500 张支票将会寄到家中。

用个人支票消费,各商家都习以为常,并不在意你购置商品的数量和金额多少。收银员接受个人支票后,只会请顾客拿出驾驶执照或个人 ID,从上面抄下顾客的社会安全号,即可将所购商品拿走。有时,顾客需要零花钱,便会在结账时告诉收银员:我的支票上多开了所需现金的数额,收银员就会在结算了购物款后,把支票上多出的现金找给顾客。在这里,商家对个人支票能否兑现的依赖,是建立在那个谁也跑不掉的"社会安全号"和以此号码为基础构建的个人信用记录上的。一个有了不良信用记录的人,在一个有着强大信用体系的国家,将会寸步难行。他们租房租金会比别人高,购房贷款贷不到,买车保险也高于他人。个人支票使用者大多喜欢长期使用同一银行的支票,支票用得越多,支票上印着的号码就越大,累积的信用度也随之越高。当手持的支票号码已达上千位,这样的客户再到商家消费时,那支票已经成了信用良好的最佳诠释。有时,商家甚至不需再抄顾客的"社会安全号"。

个人支票的使用,在国际上非常普遍。个人支票根据签名来辨别真假,比个人信用卡更安全。尤其是大宗消费,如购买汽车、房子等,用支票结算更方便。用个人支票购物方式在国外是经常使用的支付手段。它和货币、信用卡成为人们日常生活中不可欠缺的支付方式,它可以弥补信用卡因其机具不足,不能覆盖社会各个角落的缺憾,它可以避免携带大量现金不安全的困扰以及假币的侵袭。

个人支票透支,国外银行的罚款分罚两头。一头是开支票者,即此张透支支票的所有人,罚款额为一张支票 25 至 40 美元;另一头是此张支票的使用者,即接受支票的商家或他人,额度为 5 至 15 美元。两者区分在于,前者是透支制造者,负的是主要责任;后者虽然同样是受害者,但因为这张不能兑现的支票,让银行为此劳作,便也要随之付出代价。两头罚的结果,让透支者真正地“四面楚歌”，赔了钱还要赔信誉。

（资料来源：陈素鸿，刘江奎．浅谈我国商业银行个人支票业务的现状及发展[J]．现代经济信息，2016(9)．）

（二）信用证

信用证（letter of credit）是金融机构尤其是商业银行承诺付款的凭证，它是指一家银行对受益人发出的函件，说明该银行授权另一家银行在函件规定的条件下，把一定金额的款项付给受益人或函件指定人，也是一种支付工具，主要包括旅行信用证和商业信用证。

旅行信用证，是指一种由银行开立的，以旅行者自己为受益人的信用证。这种信用证的受益人在旅行期间直到信用证的有效期满为止，并且在信用证规定的金额范围内可以开立汇票提交给银行议付。旅行者在申请开证时，一般都预付十足的押金，所以不必请外国银行加具保兑。证上未用完的金额可以凭原证领回。这一点，使用旅行信用证比使用定额的旅行支票方便。但是旅行信用证的议付手续比较麻烦，它不像旅行支票可以在旅馆、机场等地随时随地兑付，只能在银行营业时间内到银行去当面取款，因而比旅行支票使用得少。随着信用卡的普及，旅行信用证很少使用。

商业信用证是主要用于国际结算的一种付款承诺书，它是由商业银行受客户委托开出的，证明客户有支付能力并保证支付的信用凭证。信用证是由银行（开证行）依照申请人的要求和指示或自己主动，在符合信用证条款的条件下，凭规定单据向第三者（受益人）或其指定方进行付款的书面文件。即信用证是一种银行开立的有条件的承诺付款的书面文件。在国际贸易活动中，买卖双方可能互不信任，买方担心预付款后，卖方不按合同要求发货；卖方也担心在发货或提交货运单据后买方不付款。因此需要两家银行作为买卖双方的保证人，代为收款交单，以银行信用代替商业信用。银行在这一活动中所使用的工具就是信用证。

（三）信用卡

信用卡是一种卡基的支付工具，它以磁卡来存储相关信息，并具备储蓄、消费、转账结算、存取现金和透支等功能。信用卡是消费信用的产物，具有“先消费，后付款”的特点，主要分贷记卡和借记卡两种。贷记卡是真正意义上的信用卡，具有透支、转账结算和提取现金的功能。借记卡也称储蓄卡，是以活期储蓄存款账户为基础，具有储蓄、转账结算和存取现金的功能，但不能透支。

阅读材料 7－2

信用卡的起源

据说 20 世纪 50 年代的一天，美国商人曼哈顿信贷专家弗兰克·麦克纳马拉在纽约一家饭店招待客人用餐，就餐后发现他的钱包忘记带在身边，不得不打电话叫妻子带现金来饭店结账，因而深感难堪，于是麦克纳马拉产生了创建信用卡公司的想法。1950 年春，麦克纳马拉与他的好友施奈德合作投资 1 万美元，在纽约创立了“大来俱乐部”（Diners Club），即大来信用卡公司的前身。大来俱乐部为会员们提供一种能够证明身份和支付能力的卡片，会员凭卡片到指定 27 间餐厅就可以记账消费，不必付现金，这就是最早的信用卡。这种无须银行办理的信用卡的性质属于商业信用卡。

1952年,美国加利福尼亚州的富兰克林国民银行作为金融机构首先发行了银行信用卡,成为第一家发行信用卡的银行。1959年,美国的美洲银行在加利福尼亚州发行了美洲银行卡。此后,许多银行加入了发卡银行的行列。到了20世纪60年代,银行信用卡很快受到社会各界的普遍欢迎,并得到迅速发展,信用卡不仅在美国,而且在英国、日本、加拿大以及欧洲各国也盛行起来。从20世纪70年代开始,中国香港、中国台湾、新加坡、马来西亚等发展中国家和地区也开始办理信用卡业务。

(四)国库券

国库券(treasury bonds)是财政部门为弥补财政赤字而发行的短期国债。它具有流动性高、风险小、投资方便和收益较高等特点,是将流动性与收益性协调较好的信用工具。因国库券的债务人是国家,其还款保证是国家财政收入,所以它几乎不存在信用违约风险,是金融市场风险最小的信用工具,因此又称为金边债券。国库券的收益性之所以相对较高,是因为其利率往往设定为与同期储蓄存款利率一致,但可以免除利息税。中国国库券的期限最短的为1年,而西方国家国库券品种较多,一般可分为3个月、6个月、9个月、1年期四种,其面额起点各国不一。国库券采用不记名形式,无须经过背书就可以转让流通。

(五)大额可转让定期存单

关于大额可转让定期存单,我们在上一章的商业银行负债业务创新中已经提到,它是60年代初首先由美国花旗银行推出的一种定期存款创新。大额可转让定期存单是由商业银行发行的一种存款人在银行存款的证明,是定期存款单的一种。与传统的定期存款单不同,其特点为:(1)不记名。传统的定期存款记名、不可流通转让,而大额可转让存单则是不记名的。(2)可转让。传统定期存款单只能由存款人到期支取,未到期不可以转让买卖,而大额可转让定期存单未到期前可以自由转让、买卖,在市场上流通。(3)面额大。传统定期存款面额不固定,可大可小,由存款人自己决定,而大额可转让定期存单面额较大,金额固定,如美国向机构投资者发行的大额可转让定期存单的面额最少为10万美元,一般都在50万美元以上,有的高达100万美元。(4)期限短。传统定期存款单,有短期的,也有长期的,而大额可转让定期存单的存款期限短,平均为4个月左右,最低为7天,最高一般在1年以内。(5)利率形式灵活,利率水平高。传统定期存款单实行固定利率,而大额可转让定期存单的利率有各种形式:固定的、浮动的,一般高于同期的传统定期存款单利率。

美国的Q条例规定,商业银行对活期存款不能支付利息,定期存款利率不能突破一定限额。20世纪60年代,美国市场利率上涨,而美国商业银行受Q条例的存款利率上限的限制,不能支付较高的市场利率,大公司的财务主管为了增加临时闲置资金的利息收益,纷纷将资金投资于安全性较好又具有一定收益的货币市场工具,如国库券、商业票据等,银行的企业存款急剧下降。为了阻止存款外流,美国花旗银行率先设计了大额可转让定期存单这种短期的有收益票据来吸引企业的短期资金。此后,这一货币市场工具迅速在各大银行得到推广。大额可转让存单一般由较大的商业银行发行,主要是由于这些机构信誉较高,可以相对降低筹资成本,且发行规模大,容易在二级市场流通。

四、资本市场金融工具

(一)股票

股票是由股份有限公司发行的,表示其股东按其持有的股份享受权益和承担义务的可转让的资产凭证，是股份公司融资的重要工具，也是资本市场重要的投资工具。股票代表着其持有者(股东)对股份公司的所有权。同一类别的每一份股票所代表的公司所有权是相等的，每个股东所拥有的公司所有权份额的大小，取决于其持有的股票数量占公司总股本的比重。股票一般可以通过买卖方式有偿转让，股东能通过股票转让收回其投资，但不能要求公司返还其出资额。股东与公司之间的关系不是债权债务关系。股东是公司的所有者，以其出资额为限对公司负有限责任，承担风险，分享收益。

1．股票的特征

(1)不可偿还性。股票是一种无偿还期限的有价证券，投资者认购了股票后，就不能再要求退股，只能到二级市场卖给第三者。股票的转让只意味着公司股东的改变，并不减少公司资本。从期限上看，只要公司存在，它所发行的股票就存在，股票的期限等于公司存续的期限。

(2)参与性。股东有权出席股东大会，选举公司董事会，参与公司重大决策。股票持有者的投资意志和享有的经济利益，通常是通过出席股东大会来行使股东权。股东参与公司决策的权利大小，取决于其所持有的股份的多少。从实践中看，只要股东持有的股票数量达到左右决策结果所需的实际多数时，就能掌握公司的决策控制权。

(3)收益性。股东凭其持有的股票，有权从公司领取股息或红利，获取投资的收益。股息或红利的大小，主要取决于公司的盈利水平和公司的盈利分配政策。股票的收益性，还表现在股票投资者可以获得价差收入或实现资产保值增值。通过低价买入和高价卖出股票，投资者可以赚取价差利润。

(4)流通性。股票的流通性是指股票在不同投资者之间的可交易性。流通性通常以可流通的股票数量、股票成交量以及股价对交易量的敏感程度来衡量。可流通股数越多，成交量越大，价格对成交量越不敏感(价格不会随着成交量一同变化)，股票的流通性就越好，反之就越差。股票的流通，使投资者可以在市场上卖出所持有的股票，取得现金。通过股票的流通和股价的变动，可以看出人们对于相关行业和上市公司的发展前景和盈利潜力的判断。那些在流通市场上吸引大量投资者、股价不断上涨的行业和公司，可以通过增发股票，不断吸收大量资本进入生产经营活动，收到了优化资源配置的效果。

(5)风险性。股票在交易市场上作为交易对象，同商品一样，有自己的市场行情和市场价格。由于股票价格要受到诸如公司经营状况、供求关系、银行利率、大众心理等多种因素的影响，其波动有很大的不确定性。正是这种不确定性，有可能使股票投资者遭受损失。价格波动的不确定性越大，投资风险也越大。因此，股票是一种高风险的金融产品。

2．股票的分类

股票分类的方法有很多，主要有以下几种。

(1)按股东权益的不同划分。按股东权益的不同划分，可以分为普通股和优先股两大类。

普通股票是股份公司发行的无特别权利的股票。它是最基本、也是最重要的股票种类。普通股的股东具有相同的权利内容，即具有均等的利益分配权，具有对企业经营的参与权。优先股是相对于普通股而言，它是指享有优先于普通股股票分取公司收益和剩余财产的股票。优先股股东享有分配公司收益和剩余财产的优先权，但是同时股东权利也受到一些限制。

与普通股相比，优先股的特点主要有：股息事先确定，不随公司盈利多少而变化；股利分配先于普通股(先支付债券利息，再支付优先股股利，最后才是普通股红利)；在公司破产清算时，对剩余财产的分配顺序先于普通股。从安全性考虑，优先股比普通股风险小。但从收益性考虑，由于优先股股息率事先固定，所以优先股的股息一般不会根据公司经营情况而增减，当公司经营状况很好时，优先股可能比普通股的收益要低，这也是市场上“风险与收益成正比”规则的反映。但是与优先股享受的优先权利相适应，优先股比普通股享有的权利范围小，优先股股东一般没有选举权和被选举权，对股份公司的重大经营无投票权。由于优先股股息固定，类似于债券，但优先股同样是所有权凭证，股东不能退股，在某些情况下还有投票权，所以它又具有股票的基本特征。从投资者角度看，优先股介于公司债券和普通股之间。

优先股的种类很多，为了适应一些专门想获取某些优先好处的投资者的需要，优先股有各种各样的分类方式。

按股息分派能否跨年度积累划分，可分为累积优先股和非累积优先股。累积优先股是指在某个营业年度内，如果公司所获的盈利不足以分派规定的股利，日后优先股的股东对往年未给付的股息，有权要求如数补给。对于非累积的优先股，虽然对于公司当年所获得的利润有优先于普通股获得分派股息的权利，但如该年公司所获得的盈利不足以按规定的股利分配时，非累积优先股的股东不能要求公司在以后年度中予以补发。一般来讲，对投资者来说，累积优先股比非累积优先股具有更大的优越性。

按参与公司盈利分配的方式划分，优先股又可划分为参与优先股与非参与优先股。当企业利润增大，除享受既定比率的股息外，还可以跟普通股共同参与利润分配的优先股，称为“参与优先股”。除了既定股息外，不再参与利润分配的优先股，称为“非参与优先股”。一般来讲，参与优先股较非参与优先股对投资者更为有利。

按优先股能否转换成普通股划分，可分为可转换优先股与不可转换优先股。可转换优先股是指允许优先股持有人在特定条件下把优先股转换成为一定数额的普通股。否则，就是不可转换优先股。可转换优先股是日益流行的一种优先股。

(2)按票面上是否记载股东姓名划分。按票面上是否记载股东姓名划分，可分为记名股票和无记名股票。记名股票在发行时，票面上记载有股东的姓名，并记载于公司的股东名册上。记名股票的特点就是除持有者和其正式的委托代理人或合法继承人、受赠人外，任何人都不能行使其股权。另外，记名股票不能任意转让，转让时，既要将受让人的姓名、住址分别记载于股票票面，还要在公司的股东名册上办理过户手续，否则转让不能生效。显然这种股票有安全、不怕遗失的优点，但转让手续烦琐。这种股票如需要私自转让，例如发生继承和赠予等行为时，必须在转让行为发生后立即办理过户等手续。无记名股票在发行时，在股票上不记载股东的姓名。其持有者可自行转让股票，任何人一旦持有便享有股东的权利，无须再通过其他方式、途径证明自己的股东资格。这种股票转让手续简便，但也应该通过证券市场的合法交易实现转让。

(3)按股票票面上是否标明金额划分。按股票票面上是否标明金额划分，可分为有面额股票和无面额股票。有面额股票，是指在股票票面上记载一定的金额，如每股人民币100元、200元等。有面额股票给股票定了一个票面价值，这样就可以很容易地确定每一股份在该股份公司中所占的比例。无面值股也称比例股票或无面额股票，股票发行时无票面价值记载，仅表明每股占资本总额的比例。其价值随公司财产的增减而增减。因此，这种股票的内在价值总是处于变动状态。这种股票最大的优点就是避免了公司实际资产与票面资产的背离，因为股票的面值往往是徒有虚名，人们关心的不是股票面值，而是股票价格。发行这种股票对公司管理、财务核算、法律责任等方面要求极高，因此只有在美国比较流行，而不少国家根本不允许发行。

(4)按公司业绩划分。按公司业绩划分，可分为绩优股和垃圾股。绩优股是指业绩优良公司的股票。一般而言,每股税后利润在全体上市公司中处于中上地位,公司上市后净资产收益率连续三年显著超过10%的股票当属绩优股之列。在国外,绩优股主要指的是业绩优良且比较稳定的大公司股票。这些大公司经过长时间的努力,在行业内达到了较高的市场占有率,形成了经营规模优势,利润稳步增长,市场知名度很高。绩优股具有较高的投资回报和投资价值。其公司拥有资金、市场、信誉等方面的优势,对各种市场变化具有较强的适应能力,绩优股的股价一般相对稳定且呈长期上升趋势。因此,绩优股总是受到投资者,尤其是从事长期投资的稳健型投资者的青睐。与绩优股相对应,垃圾股指的是业绩较差的公司的股票。这类上市公司或者由于行业前景不好,或者由于经营不善等,有的甚至进入亏损行列。其股票在市场上的表现萎靡不振,股价走低,交投不活跃,年终分红也差。投资者在考虑选择这些股票时,要有比较高的风险意识,切忌盲目跟风投机。

(5)按上市地点不同分类。我国上市公司的股票有A股、B股、H股、N股、S股等的区分。这一区分主要依据股票的上市地点和所面对的投资者而定。A股的正式名称是人民币普通股票。它是由我国境内的公司发行,供境内机构、组织或个人(不含台、港、澳投资者)以人民币认购和交易的普通股股票。B股的正式名称是人民币特种股票。它是以人民币标明面值,以外币认购和买卖,在境内(上海、深圳)证券交易所上市交易的。它的投资人限于:外国的自然人、法人和其他组织,香港、澳门、台湾地区的自然人、法人和其他组织,定居在国外的中国公民,中国证监会规定的其他投资人。现阶段B股的投资人,主要是上述几类中的机构投资者。2001年,B股也开始向我国境内投资者开放。B股公司的注册地和上市地都在境内,只不过投资者在境外或在中国香港、澳门及台湾。H股,即注册地在内地、上市地为香港的外资股。香港的英文是Hong Kong,取其字首,在港上市外资股就叫作H股。依此类推,纽约的第一个英文字母是N,新加坡的第一个英文字母是S,纽约和新加坡上市的股票就分别叫作N股和S股。

(二)中长期债券

1. 债券的含义

债券是国家政府、金融机构、企业等机构直接向社会借债筹措资金时,向投资者发行,并且承诺按规定利率支付利息并按约定条件偿还本金的债权债务凭证。

债券包含了以下四层含义:(1)债券的发行人(政府、金融机构、企业等机构)是资金的借入者;(2)购买债券的投资者是资金的借出者;(3)发行人(借入者)需要在一定时期还本付息;(4)债券是债权的证明书,具有法律效力。

根据偿还期限的不同,债券可分为长期债券、短期债券和中期债券。一般来说,偿还期限在10年以上的为长期债券;偿还期限在1年以下的为短期债券;期限在1年或1年以上、10年以下(包括10年)的为中期债券。中国国债的期限划分与上述标准相同。但中国企业债券的期限划分与上述标准有所不同。中国短期企业债券的偿还期限在1年以内,偿还期限在1年以上5年以下的为中期企业债券,偿还期限在5年以上的为长期企业债券。中长期债券的发行者主要是政府、金融机构和企业。发行中长期债券的目的是为了获得长期稳定的资金。中国政府发行的债券主要是中期债券,集中在3~5年这段期限。

2. 债券的要素

债券作为证明债权债务关系的凭证,一般用具有一定格式的票面形式来表现。通常,债券票面上基本标明的内容要素有:票面价值(包括币种和票面金额)、还本期限和方式、利率和付息方式、发行者的名称和地址、发行的日期和编号、发行者的印记和法定代表人的签章、审批机关批准发行的文号和日期等。

3. 债券的特征

债券作为一种重要的融资手段和金融工具具有如下特征：

(1)偿还性。债券一般都规定有偿还期限,发行人必须按约定条件偿还本金并支付利息。

(2)流通性。债券一般都可以在流通市场上自由转让。

(3)安全性。与股票相比,债券通常规定有固定的利率,与企业绩效没有直接联系,收益比较稳定,风险较小。此外,在企业破产时,债券持有者享有优先于股票持有者对企业剩余资产的索取权。

(4)收益性。债券的收益性主要表现在两个方面:一是投资债券可以给投资者定期或不定期地带来利息收入;二是投资者可以利用债券价格的变动,买卖债券赚取差额。

4. 债券的分类

(1)按发行主体划分。按发行主体划分,债券可以分为政府债券、金融债券、公司债券。

政府债券是政府为筹集资金而发行的。政府债券主要包括国债、地方政府债券等,其中最主要的是国债。国债因其信誉好、利率优、风险小而被称为"金边债券"。除了政府部门直接发行的债券外,有些国家把政府担保的债券也划归为政府债券体系,称为政府保证债券,这种债券由一些与政府有直接关系的公司或金融机构发行并由政府提供担保。

金融债券是由银行和非银行金融机构发行的债券。在我国,目前金融债券主要由国家开发银行、进出口银行等政策性银行发行。金融机构一般拥有雄厚的资金实力,信用度较高,因此,金融债券往往有良好的信誉。

公司(企业)债券是企业依照法定程序发行,约定在一定期限内还本付息的债券。公司债券的发行主体是股份公司,但也可以是非股份公司和企业发行债券,所以一般归类时,公司债券和企业发行的债券合在一起,可直接称为公司(企业)债券。在国外没有企业债和公司债的划分,统称为公司债券。

(2)按是否有财产担保划分。按是否有财产担保划分,可以分为抵押债券和信用债券。

抵押债券是以企业财产作为担保的债券。按抵押品的不同又可以分为一般抵押债券、不动产抵押债券、动产抵押债券和证券信托抵押债券。以不动产如房屋等作为担保品的称为不动产抵押债券;以动产等作为担保品的称为动产抵押债券;以有价证券如股票及其他债券作为担保品的称为证券信托债券。一旦债券发行人违约,信托人就可将担保品变卖处置,以保证债权人的优先求偿权。

信用债券是不以任何公司财产作为担保,完全凭信用发行的债券。政府债券属于此类债券。这种债券由于其发行人的绝对信用而具有坚实的可靠性。除此之外,一些公司也可发行这种债券,即信用公司债。与抵押债券相比,信用债券的持有人承担的风险较大,因而往往要求较高的利率。为了保护投资人的利益,发行这种债券的公司往往受到种种限制。只有那些信誉卓著的大公司才有资格发行。除此以外在债券契约中都要加入保护性条款,如不能将资产抵押给其他债权人、不能兼并其他企业、未经债权人同意不能出售资产、不能发行其他长期债券等。

(3)按债券形态划分。按债券形态划分,可以分为实物债券、凭证式债券、记账式债券。

实物债券是一种具有标准格式实物券面的债券。它与无实物票券相对应,简单地说就是发给你的债券是纸质的而非电脑里的数字。在其券面上一般印制了债券面额、债券利率、债券期限、债券发行人全称、还本付息方式等各种债券票面要素。其不记名,不挂失,可上市流通。

实物债券是一般意义上的债券，很多国家通过法律或者法规对实物债券的格式予以明确规定。实物债券由于其发行成本较高，将会被逐步取消。

凭证式国债是指国家采取不印刷实物券而用填制国库券收款凭证的方式发行的国债。我国从1994年开始发行凭证式国债。凭证式国债具有类似储蓄又优于储蓄的特点，通常被称为"储蓄式国债"，是以储蓄为目的的个人投资者理想的投资方式。从购买之日起计息，可记名，可挂失，但不能上市流通。与储蓄类似但利息比储蓄高。

记账式债券指没有实物形态的债券，以电脑记账方式记录债权，通过证券交易所的交易系统发行和交易。我国近年来通过沪、深交易所的交易系统发行和交易的记账式国债就是这方面的实例。如果投资者进行记账式债券的买卖，就必须在证券交易所设立账户。所以，记账式国债又称无纸化国债。记账式国债购买后可以随时在证券市场上转让，流动性较强，就像买卖股票一样。当然，中途转让除可获得应得的利息外，还可以获得一定的价差收益(不排除损失的可能)，这种国债有付息债券与零息债券两种：付息债券按票面发行，每年付息一次或多次；零息债券折价发行，到期按票面金额兑付，中间不再计息。

由于记账式国债发行和交易均无纸化，所以交易效率高、成本低，是未来债券发展的趋势。

(4)按是否可转换为公司股票划分。按是否可转换为公司股票，可以划分为可转换债券和不可转换债券。

可转换债券是指在特定时期内可以按某一固定的比例转换成普通股的债券，它具有债务与权益双重属性，属于一种混合性筹资方式。由于可转换债券赋予债券持有人将来成为公司股东的权利，因此其利率通常低于不可转换债券。若将来转换成功，在转换前发行企业达到了低成本筹资的目的，转换后又可节省股票的发行成本。根据《公司法》的规定，发行可转换债券应由国务院证券管理部门批准，发行公司应同时具备发行公司债券和发行股票的条件。目前在深、沪证券交易所上市的可转换债券是指能够转换成股票的企业债券，兼有股票和普通债券双重特征。一个重要特征就是有转股价格。在约定的期限后投资者可以随时将所持的可转换债券按股价转换成股票，可转换债券的利率是年均利息对票面金额的比率，一般要比普通企业债券的利率低，通常发行时以票面价发行，转换价格是转换发行的股票每一股所要求的公司债券票面金额。

不可转换债券是指不能转换为普通股的债券，又称为普通债券。由于其没有赋予债券持有人将来成为公司股东的权利，所以其利率一般高于可转换债券。

(5)按付息的方式划分。按付息的方式划分，债券可以分为零息债券、定息债券和浮息债券。

零息债券也叫贴现债券，是指债券券面上不附有息票，在票面上不规定利率，发行时按规定的折扣率，以低于债券面值的价格发行，到期按面值支付本息的债券。从利息支付方式来看，贴现国债以低于面额的价格发行，可以看作是利息预付，因而又可称为利息预付债券、贴水债券，是期限比较短的折现债券。

定息债券也称固定利率债券，是将利率印在票面上并按期向债券持有人支付利息的债券。该利率不随市场利率的变化而调整，因而固定利率债券可以较好地抵制通货紧缩风险。

浮息债券又称浮动利率债券，其息票率是随市场利率变动而调整。因为浮动利率债券的利率同当前市场利率挂钩，而当前市场利率又考虑到了通货膨胀率的影响，所以浮动利率债券可以较好地抵制通货膨胀风险。其利率通常根据市场基准利率加上一定的利差来确定。浮动利率债券往往是中长期债券。

(三)证券投资基金

证券投资基金(securities investment fund)是指通过公开发售基金份额募集资金,由基金托管人托管,由基金管理人管理和运作资金,为基金份额持有人的利益,以资产组合方式进行证券投资的一种利益共享、风险共担的集合投资方式。

1. 证券投资基金的特征

证券投资基金作为一种现代化的投资工具,主要具有以下几个特征。

(1)集合理财,专业管理。基金将众多投资者的资金集中起来,委托基金管理人进行共同投资,表现出一种集合理财的特点。通过汇集众多投资者的资金,积少成多,有利于发挥资金的规模优势,降低投资成本。基金由基金管理人进行投资管理和运作。基金管理人一般拥有大量的专业投资研究人员和强大的信息网络,能够更好地对证券市场进行全方位的动态跟踪与分析。将资金交给基金管理人管理,使中小投资者也能享受到专业化的投资管理服务。

(2)组合投资,分散风险。为降低投资风险,我国《证券投资基金法》规定,基金必须以组合投资的方式进行基金的投资运作,从而使“组合投资、分散风险”成为基金的一大特色。“组合投资、分散风险”的科学性已为现代投资学所证明,中小投资者由于资金量小,一般无法通过购买不同的股票分散投资风险。基金通常会购买几十种甚至上百种股票,投资者购买基金就相当于用很少的资金购买了一篮子股票,某些股票下跌造成的损失可以用其他股票上涨的盈利来弥补。因此可以充分享受到组合投资、分散风险的好处。

(3)利益共享,风险共担。基金投资者是基金的所有者。基金投资人共担风险,共享收益。基金投资收益在扣除由基金承担的费用后的盈余全部归基金投资者所有,并依据各投资者所持有的基金份额比例进行分配。为基金提供服务的基金托管人、基金管理人只能按规定收取一定的托管费、管理费,并不参与基金收益的分配。

(4)严格监管,信息透明。为切实保护投资者的利益,增强投资者对基金投资的信心,中国证监会对基金业实行比较严格的监管,对各种有损投资者利益的行为进行严厉的打击,并强制基金进行较为充分的信息披露。在这种情况下,严格监管与信息透明也就成为基金的一个显著特点。

(5)独立托管,保障安全。基金管理人负责基金的投资操作,本身并不经手基金财产的保管。基金财产的保管由独立于基金管理人的基金托管人负责。这种相互制约、相互监督的制衡机制对投资者的利益提供了重要的保护。

2. 证券投资基金的主体

基金参与主体一般包括三类,即基金当事人、市场服务机构、行业监管自律组织。

(1)基金当事人:份额持有人(即投资者)、基金管理人、基金托管人(一般为商业银行)。

(2)市场服务机构:基金销售机构、基金注册登记机构、律师事务所和会计师事务所。

(3)监管自律组织:基金监管机构(证监会)、基金自律机构(证券业协会)。

3. 证券投资基金的类型

(1)按基金的组织形式分类。按基金的组织形式分类,可以分为契约型基金和公司型基金。

契约型基金又称为单位信托基金,是指把投资者、管理人、托管人三者作为基金的当事人,通过签订基金契约的形式,发行受益凭证而设立的一种基金。契约型基金起源于英国,后在我国香港、新加坡、印度尼西亚等国家和地区十分流行。契约型基金是基于契约原理而组织起来的代理投资行为,没有基金章程,也没有董事会,而是通过基金契约来规范三方当事人的行为。

基金管理人负责基金的管理操作。基金托管人作为基金资产的名义持有人,负责基金资产的保管和处置,对基金管理人的运作实行监督。

公司型基金是按照公司法以公司形态组成的,该基金公司以发行股份的方式募集资金,一般投资者则为认购基金而购买该公司的股份,也就成为该公司的股东,凭其持有的股份依法享有投资收益。这种基金要设立董事会,重大事项由董事会讨论决定。公司型基金的特点是:基金公司的设立程序类似于一般股份公司,基金公司本身依法注册为法人,但不同于一般股份公司的是,它是委托专业的财务顾问或管理公司来经营与管理;基金公司的组织结构也与一般股份公司类似,设有董事会和持有人大会,基金资产由公司所有,投资者则是这家公司的股东,承担风险并通过股东大会行使权利。

(2)按基金运作方式不同划分。按基金运作方式不同,可以分为封闭式基金和开放式基金。

封闭式基金是指基金的发起人在设立基金时,限定了基金单位的发行总额,筹集到这个总额后,基金即宣告成立,并进行封闭,在一定时期内不再接受新的投资。又称为固定型投资基金。基金单位的流通采取在证券交易所上市的办法,投资者日后买卖基金单位都必须通过证券经纪商在二级市场上进行竞价交易。封闭式基金的期限是指基金的存续期,即基金从成立起到终止之间的时间。决定基金期限长短的因素主要有两个:一是基金本身投资期限的长短,一般如果基金目的是进行中长期投资(如创业基金)的,其存续期就可长一些,反之,如果基金目的是进行短期投资(如货币市场基金),其存续期可短一些。二是宏观经济形势,一般经济稳定增长,基金存续期可长一些,若经济波浪起伏,则应相对地短一些。当然,在现实中,存续期还应考虑基金发起人和众多投资者的要求来确定。基金期限届满即为基金终止,管理人应组织清算小组对基金资金进行清产核资,并将清产核资后的基金净资产按照投资者的出资比例进行公正合理的分配。

如果基金在运行过程中,因为某些特殊的情况,使得基金的运作无法进行,报经主管部门批准,可以提前终止。提前终止的一般情况有:

①国家法律和政策的改变使得该基金的继续存在为非法或者不适宜;

②管理人因故退任或被撤换,无新的管理人承继的;

③托管人因故退任或被撤换,无新的托管人承继的;

④基金持有人大会上通过提前终止基金的决议。

开放式基金是指基金管理公司在设立基金时,发行基金单位的总份额不固定,可视投资者的需求追加发行。投资者也可根据市场状况和各自的投资决策,或者要求发行机构按现期净资产值扣除手续费后赎回股份或受益凭证,或者再买入股份或受益凭证,增持基金单位份额。为了应付投资者中途抽回资金,实现变现的要求,开放式基金一般都从所筹资金中拨出一定比例,以现金形式保持这部分资产。这虽然会影响基金的盈利水平,但作为开放式基金来说,这是必需的。

封闭式基金与开放式基金的区别:

第一,期限不同。封闭式基金通常有固定的封闭期,通常在5年以上,一般为10年或15年,经受益人大会通过并经主管机关同意可以适当延长期限。而开放式基金没有固定期限,投资者可随时向基金管理人赎回基金单位。

第二,发行规模限制不同。封闭式基金在招募说明书中列明其基金规模,在封闭期限内未经法定程序认可不能再增加发行。开放式基金没有发行规模限制,投资者可随时提出认购或赎回申请，基金规模就随之增加或减少。

第三，基金单位交易方式不同。封闭式基金的基金单位在封闭期限内不能赎回，持有人只能寻求在证券交易场所出售给第三者。开放式基金的投资者则可以在首次发行结束一段时间(多为3个月)后，随时向基金管理人或中介机构提出购买或赎回申请，买卖方式灵活，除极少数开放式基金在交易所作名义上市外，通常不上市交易。

第四，基金单位的交易价格计算标准不同。封闭式基金与开放式基金的基金单位除了首次发行价都是按面值加一定百分比的购买费计算外，以后的交易计价方式不同。封闭式基金的买卖价格受市场供求关系的影响，常出现溢价或折价现象，并不必然反映基金的净资产值。开放式基金的交易价格则取决于基金每单位净资产值的大小，其申购价一般是基金单位资产值加一定的购买费，赎回价是基金单位净资产值减去一定的赎回费，不直接受市场供求影响。

第五，投资策略不同。封闭式基金的基金单位数不变，资本不会减少，因此基金可进行长期投资，基金资产的投资组合能有效在预定计划内进行。开放式基金因基金单位可随时赎回，为应付投资者随时赎回兑现，基金资产不能全部用来投资，更不能把全部资本用来进行长线投资，必须保持基金资产的流动性，在投资组合上需保留一部分现金和高流动性的金融商品。

从发达国家金融市场来看，开放式基金已成为世界投资基金的主流。世界基金发展史从某种意义上说就是从封闭式基金走向开放式基金的历史。

(3)按投资目标不同划分。按投资目标不同，可以分为成长型基金、收入型基金和平衡型基金。

成长型基金是基金中最常见的一种，它追求的是基金资产的长期增值。为了达到这一目标，基金管理人通常将基金资产投资于信誉度较高、有长期成长前景或长期盈余的所谓成长公司的股票。成长型基金又可分为稳健成长型基金和积极成长型基金。

收入型基金主要投资于可带来现金收入的有价证券，以获取当期的最大收入为目的。收入型基金资产成长的潜力较小，损失本金的风险相对也较低，一般可分为固定收入型基金和股票收入型基金。固定收入型基金的主要投资对象是债券和优先股，因而尽管收益率较高，但长期成长的潜力很小，而且当市场利率波动时，基金净值容易受到影响。股票收入型基金的成长潜力比较大，但易受股市波动的影响。

平衡型基金将资产分别投资于两种不同特性的证券上，并在以取得收入为目的的债券及优先股和以资本增值为目的的普通股之间进行平衡。这种基金一般将25%～50%的资产投资于债券及优先股，其余的投资于普通股。平衡型基金的主要目的是从其投资组合的债券中得到适当的利息收益，与此同时又可以获得普通股的升值收益。投资者既可获得当期收入，又可得到资金的长期增值，通常是把资金分散投资于股票和债券。平衡型基金的特点是风险比较低，缺点是成长的潜力不大。

(4)按投资标的不同划分。按投资标的不同，可分为债券基金、股票基金、货币市场基金和混合基金。

债券基金以债券为主要投资对象，债券比例须在80%以上。由于债券的年利率固定，因而这类基金的风险较低，适合于稳健型投资者。通常债券基金收益会受货币市场利率的影响，当市场利率下调时，其收益就会上升；反之，若市场利率上调，则基金收益率下降。除此以外，汇率也会影响基金的收益，管理人在购买非本国货币的债券时，往往还在外汇市场上做套期保值。

股票基金以股票为主要投资对象，股票比例须在60%以上。股票基金的投资目标侧重于追求资本利得和长期资本增值。基金管理人拟定投资组合，将资金投放到一个或几个国家，甚至是全球的股票市场，以达到分散投资、降低风险的目的。投资者之所以钟爱股票基金，原因在于可以有不同的风险类型供选择，而且可以克服股票市场普遍存在的区域性投资限制的弱点。此外，还具有变现性强、流动性强等优点。由于聚集了巨额资金，几只甚至一只基金就可以引发股市动荡，所以各国政府对股票基金的监管都十分严格，不同程度地规定了基金购买某一家上市公司的股票总额不得超过基金资产净值的一定比例，防止基金过度投机和操纵股市。

货币市场基金是以货币市场工具为投资对象的一种基金。货币市场基金通常被认为是无风险或低风险的投资。其投资对象一般期限在一年内，包括银行短期存款、国库券、公司债券、银行承兑票据及商业票据等。通常，货币市场基金的收益会随着市场利率的下跌而降低，与债券基金正好相反。

混合基金主要从资产配置的角度看，股票、债券和货币市场工具的投资比例没有固定的范围。

五、金融衍生工具

金融衍生工具是指建立在基础金融工具或基础变量之上，其价格随基础金融产品的价格（或数值）变动的派生金融产品。这里所说的基础金融工具是一个相对的概念，不仅包括传统金融工具，如债券、股票、银行定期存款单等，也包括基础变量，如利率、汇率、各类价格指数等。金融衍生工具的具体形式是交易双方对基础金融产品在未来某种条件下处置的权利和义务所签订的合约。这种合约可以是标准化的，也可以是非标准化的。标准化合约是指其标的物（基础金融工具）的交易价格、交易时间、资产特征、交易方式等都是事先标准化的，此类合约大多在交易所上市交易；非标准化合约是指以上各项由交易的双方自行约定，具有很强的灵活性。

（一）金融衍生工具的种类

目前较为流行的金融衍生工具合约主要有期货合约、远期合约、互换合约和期权合约四大类。

远期合约和期货合约都是交易双方约定在未来某一特定时间，以某一特定价格买卖某一特定数量和质量资产的交易形式。期货合约是期货交易所制定的标准化合约，对合约到期日及其买卖的资产的种类、数量、质量做出了统一规定。远期合约是根据买卖双方的特殊需求由买卖双方自行签订的合约。因此，期货合约的流动性较高，而远期合约流动性较低。

互换又称掉期，是一种经双方商定在一定时间后彼此交换支付的金融交易，主要有货币互换和利率互换。货币互换是指交易双方交换不同币种、相同期限、等值资金的债务或资产，目的在于避免融资过程中的汇率风险。利率互换是指交易双方在币种相同的情况下，交换不同形式的利率。

期权交易是买卖权利的交易。期权合约规定了在某一特定时间，以某一特定价格买卖某一特定种类、数量、质量原生资产的权利。期权合同有在交易所上市的标准化合同，也有在柜台交易的非标准化合同。

（二）金融衍生工具的特点

金融衍生产品具有以下几个特点。

1. 零和博弈

零和博弈即合约交易的双方盈亏完全负相关，并且净损益为零，因此称为“零和”。

2. 跨期性

金融衍生工具是交易双方通过对利率、汇率、股价等因素变动的趋势的预测，约定在未来某一时间按一定的条件进行交易或选择是否交易的合约。无论是哪一种金融衍生工具，都会影响交易者在未来一段时间内或未来某时间上的现金流，跨期交易的特点十分突出。这就要求交易的双方对利率、汇率、股价等价格因素的未来变动趋势作出判断，而判断的准确与否直接决定了交易者的交易盈亏。

3. 联动性

这是指金融衍生工具的价值与基础产品或基础变量紧密联系，规则变动。通常，金融衍生工具与基础变量相联系的支付特征由衍生工具合约所规定，其联动关系既可以是简单的线性关系，也可以表达为非线性函数或者分段函数。

4. 不确定性或高风险性

金融衍生工具的交易后果取决于交易者对基础工具未来价格的预测和判断的准确程度。基础工具价格的变幻莫测决定了金融衍生工具交易盈亏的不稳定性，这是金融衍生工具具有高风险的重要诱因。

5. 高杠杆性

衍生产品的交易采用保证金(margin)制度，即交易所需的最低资金只需满足基础资产价值的某个百分比。保证金可以分为初始保证金(initial margin)和维持保证金(maintains margin)，并且在交易所交易时采取盯市(marking to market)制度，如果交易过程中的保证金比例低于维持保证金比例，那么将收到追加保证金通知(margin call)，如果投资者没有及时追加保证金，其将被强行平仓。可见，衍生品交易具有高风险、高收益的特点。

6. 虚拟性

金融衍生产品合约交易的对象是对基础金融工具在未来各种条件下处置的权利和义务，如期权的买权或卖权、互换的债务交换义务等，构成所谓“产品”，表现出一定的虚拟性。

(三)金融衍生工具的功能

1. 规避风险

这是金融衍生工具被金融企业界广泛应用的初衷所在。金融衍生工具有助于投资者或储蓄者认识、分离各种风险构成和正确定价，使他们能根据各种风险的大小和自己的偏好更有效地配置资金，有时甚至可以根据客户的特殊需要设计出特制的产品。衍生市场的风险转移机制主要通过套期保值交易发挥作用，通过风险承担者在两个市场的相反操作来锁定自己的利润。一般把那些以适当的抵消性金融衍生工具交易活动来减少或消除某种基础金融工具或商品交易的风险，目的在于牺牲一些资金(因为金融衍生工具交易需要一定的费用)以减少或消除风险的个人或企业称为对冲保值者。

2. 投机

与避险保值正相反的是，投机的目的在于多承担一点风险去获得高额收益。投机者利用金融衍生工具市场中保值者的头寸并不恰好互相匹配对冲的机会，通过承担保值者转嫁出去的风险的方法，博取高额投机利润。还有一类主体是套利者，他们的目的与投机者差不多，但不同的是套利者寻找的是几乎无风险的获利机会。由于金融衍生市场交易机制和衍生工具本身的特征，尤其是杠杆性、虚拟性特征，使投机功能得以发挥。可是，如果投机活动过盛的话，也可能造成市场内不正常的价格震荡，但正是投机者的存在才使得对冲保值者意欲回避和分散的风险有了承担者，金融衍生工具市场才得以迅速完善和发展。

3. 价格发现

衍生金融产品市场有众多的交易者，他们之间通过类似拍卖的方式确定交易价格，能够在很大程度上反映市场对衍生金融工具价值的认可程度。而金融衍生产品的基本价值又取决于基础金融工具的价值，因此通过决定金融衍生工具的交易可以对基础金融工具的现货交易价格产生影响作用。

第三节　货币市场

货币市场是短期资金市场，是指融资期限在一年以下的金融市场，是金融市场的重要组成部分。由于该市场所容纳的金融工具，主要是政府、银行及工商企业发行的短期信用工具，具有期限短、流动性强和风险小的特点，在货币供应量层次划分上被置于现金货币和存款货币之后，称之为"准货币"，所以将该市场称为"货币市场"。

货币市场是典型的以机构投资人为主的融资市场。货币市场一般没有确定的交易场所，现今货币市场的交易通过计算机网络进行。货币市场可以按金融产品的不同划分为许多子市场，如同业拆借市场、票据市场、大额可转让定期存单市场(CDs 市场)、国库券市场、消费信贷市场和回购协议市场等等。

一、同业拆借市场

同业拆借市场，是指金融机构之间以货币借贷方式进行短期资金融通活动的市场。同业拆借的资金主要用于弥补银行短期资金的不足和票据清算的差额以及解决临时性资金短缺需要。亦称"同业拆放市场"，是金融机构之间进行短期、临时性头寸调剂的市场。

(一)同业拆借市场的形成

同业拆借市场最早出现于美国，其形成的根本原因在于法定存款准备金制度的实施。按照美国 1913 年通过的"联邦储备法"的规定，加入联邦储备银行的会员银行，必须按存款数额的一定比率向联邦"储备银行缴纳"法定存款准备金。而由于清算业务活动和日常收付数额的变化，总会出现有的银行存款准备金多余，有的银行存款准备金不足的情况。存款准备金多余的银行需要把多余部分运用，以获得利息收入，而存款准备金不足的银行又必须设法借入资金以弥补准备金缺口，否则就会因延缴或少缴准备金而受到央行的经济处罚。在这种情况下，存款准备金多余和不足的银行，在客观上需要互相调剂。于是，1921 年在美国纽约形成了以调剂联邦储备银行会员银行的准备金头寸为内容的联邦基金市场。

在经历了 20 世纪 30 年代的第一次资本主义经济危机之后，西方各国普遍强化了中央银行的作用，相继引入法定存款准备金制度作为控制商业银行信用规模的手段，与此相适应，同业拆借市场也得到了较快发展。在经历了长时间的运行与发展过程之后，当今西方国家的同业拆借市场，较之形成之时，无论在交易内容开放程度方面，还是在融资规模等方面，都发生了深刻变化。拆借交易不仅仅发生在银行之间，还扩展到银行与其他金融机构之间。从拆借目的看，已不仅仅限于补足存款准备和轧平票据交换头寸，金融机构如在经营过程中出现暂时的、临时性的资金短缺，也可进行拆借。更重要的是同业拆借已成为银行实施资产负债管理的有效工具。由于同业拆借的期限较短，风险较小，许多银行都把短期闲置资金投放于该市场，以利于及时调整资产负债结构，保持资产的流动性。特别是那些市场份额有限，承受经营风险能力脆弱的中小银行，更是把同业拆借市场作为短期资金经常性运用的场所，力图通过这种做法提高资产质量，降低经营风险，增加利息收入。

(二)同业拆借市场的特点

同业拆借是临时调剂性借贷行为，一般具有以下几个特点。

(1)融资期限比较短。我国目前同业拆借期限最长不超过1年，一般为1天、7天、14天、21天、1个月、2个月、3个月、6个月、9个月、12个月。

(2)同业拆借的参与者是商业银行和其他金融机构。参与拆借的机构基本上在中央银行开立存款账户，在拆借市场交易的主要是金融机构存放在该账户上的多余资金。

(3)同业拆借基本上是信用拆借，拆借活动在金融机构之间进行，市场准入条件较严格，金融机构主要以其信誉参与拆借活动。

(4)利率相对较低。一般来说，同业拆借利率是以中央银行再贷款利率和再贴现率为基准，再根据社会资金的松紧程度和供求关系由拆借双方自由议定的。由于拆借双方都是商业银行或其他金融机构，其信誉比一般工商企业要高，拆借风险较小，加之拆借期限较短，因而利率水平较低。

(三)同业拆借市场的交易类型

同业拆借交易类型多种多样，按照交易方式划分，有信用拆借和抵押拆借；按期限长短分，有隔夜(1天)、7天、1个月、4个月等品种。

1. 头寸拆借

头寸拆借是指银行同业之间为了轧平头寸、补足存款准备金或减少超额准备金进行的短期资金融通活动。一般为日拆。

2. 同业借贷

一般是指银行间为了调剂零时性、季节性的业务经营资金余缺进行的融通资金的活动。它的期限比较长，从数天到一年不等。

(四)同业拆借的交易方式

同业拆借一般通过各商业银行在中央银行的存款准备金账户，由拆入银行与拆出银行之间用电话或电传通过以下三种方式进行：

(1)要求拆入的银行直接与另一家商业银行接触并进行交易。

(2)通过经纪人从中媒介，促成借贷双方面议成交。

(3)通过代理银行沟通成交，即拆出行和拆入行都用电话通知代理行，由代理行代办交易，其大致过程是由拆出银行通知中央银行将款项从其准备金账户转到拆入银行的账户，中央银行借记拆出银行账户，贷记拆入银行账户，由此完成拆借过程。

(五)同业拆借利率

同业拆借市场有两个利率，拆进利率表示金融机构愿意借款的利率；拆出利率表示愿意贷款的利率。

在直接交易情况下，拆借利率由交易双方通过直接协商确定；在间接交易情况下，拆借利率根据借贷资金的供求关系通过中介机构公开竞价或从中撮合而确定，当拆借利率确定后，拆借交易双方就只能是这一既定利率水平的接受者。

目前，国际货币市场上较有代表性的同业拆借利率有以下四种：美国联邦基金利率、伦敦同业拆借利率(LIBOR)、新加坡同业拆借利率和中国香港同业拆借利率。

同业拆借利率是拆借市场的资金价格，是货币市场的核心利率，也是整个金融市场上具有代表性的利率，它能够及时、灵敏、准确地反映货币市场乃至整个金融市场短期资金供求关系。

当同业拆借率持续上升时，反映资金需求大于供给，预示市场流动性可能下降；当同业拆借利率下降时，情况相反。

二、票据市场

票据市场是指以商业票据的发行、担保、承兑、贴现、转贴现、再贴现来实现短期资金融通的市场，包括商业本票市场和商业汇票市场。票据市场是短期资金融通的主要场所，是直接联系产业资本和金融资本的枢纽，作为货币市场的一个子市场，在整个货币市场体系中票据市场是最基础、交易主体最广泛的组成部分。

（一）商业本票市场

随着信用制度的发展，商业本票不再限于商业信用中使用，逐渐演变成为金融市场上筹措资金的一种工具，即由企业向金融市场发行，拥有筹措短期资金的工具，也称为融资性商业本票。为了便于流通，融资性商业本票只列明出票人，也就是付款人，不再注明收款人，所以也称单名票据，票面金额也由原来因商品交易而发生的零整不一，变成整数金额。

商业本票的发行者从市场筹措资金，一般是为了解决零时性的资金需要，所以偿还期限较短，一般为 20 天到一个半月不等；由于发行者的信用等级高，所以利率比较低。商业本票的面额一般比较大，如美国市场上的商业本票票面金额大多在 10 万美元以上，市场规定只有 10 万美元以上的本票才能上市交易。

企业发行商业本票筹措短期资金，可以免去申请贷款的烦琐手续，又无须任何抵押、担保，随要随筹，比较灵活；通过发行本票还可以提高企业的信誉，因为融资性商业本票的发行者必须是具有较高信用等级的大型企业，发行本票相当于做了广告。

融资性商业本票的发行方式通常有两种：一种是发行企业直接发行，这样可以节省中间人费用，但手续较烦琐；另一种是委托交易商代收，工商企业大多数采取这种方式。由于商业本票偿还期短，一般较少转让，二级市场很弱，商业本票没有专门的流通市场，基本上只有发行市场。

（二）商业汇票市场

1. 票据的承兑

承兑汇票分为银行承兑汇票和商业承兑汇票。

银行承兑汇票是由债权人开出的要求债务人付款的命令书。当这种汇票得到银行的付款承诺后，即成为银行承兑汇票。银行承兑汇票作为短期的融资工具，期限一般在 30 天到 180 天，90 天的最为普遍。银行承兑汇票由在承兑银行开立存款账户的存款人出票，对出票人签发的商业汇票进行承兑是银行基于对出票人资信的认可给予的信用支持。

商业承兑汇票是出票人签发的，委托付款人在指定日期无条件支付确定的金额给收款人或持票人的票据，由银行以外的付款人承兑的即为商业承兑汇票。商业承兑汇票是由银行以外的付款人承兑的票据。商业承兑汇票可以由付款人签发并承兑，也可以由收款人签发交由付款人承兑。商业承兑汇票的出票人，为在银行开立存款账户的法人以及其他组织，与付款人具有真实的委托付款关系。

2. 票据的流通

商业汇票必须到期以后才能偿付，一些持有未到期商业汇票，而急于使用现金的债权人，就要设法让债权变为现金，这就产生了商业汇票的流通。商业汇票的流通形式包括背书转让和贴现两种。

(1)票据的背书转让。

票据法规定，持票人将票据权利转让给他人，应当背书并交付票据。所以，当持票人为了转让票据权利，而在票据背面或者粘单上记载有关事项并签章，就是在进行背书转让。背书转让一经成立，即发生法律效力，产生票据权利移转的效力、票据权利的证明效力和票据责任的担保效力等背书效力。

背书人一经背书，即为票据的第二债务人，若票据的出票人或承兑人不能按期支付款项，票据持有人有权向第二债务人——背书人要求付款。由于转让可能是多次的，所以可能有多个背书人，在追偿债务时应按转让的相反次序，依次追偿。

(2)票据的贴现。

贴现是指远期汇票经承兑后，汇票持有人在汇票尚未到期前在贴现市场上转让，受让人扣除从贴现日至到期日的贴息后，将票款付给出让人的行为。票据贴现对于持票人来说，等于提前收回了垫付于商业信用的资金，对银行来说等于向票据的债务人提供了一笔相当于票据金额的贷款。

一般而言，根据参与主体的不同，票据贴现又可以分为三种，分别是贴现、转贴现和再贴现。

贴现是指客户(持票人)将没有到期的票据出售给贴现银行，以便提前取得现款。一般工商企业向银行办理的票据贴现就属于这一种。

转贴现是指银行以贴现购得的没有到期的票据向其他商业银行所做的票据转让，转贴现一般是商业银行间相互拆借资金的一种方式。

再贴现是指贴现银行持未到期的已贴现汇票向中央银行的贴现，通过转让汇票取得中央银行再贷款的行为。再贴现是中央银行的一种信用业务，是中央银行为执行货币政策而运用的一种货币政策工具。

(3)票据的贴现率及价格的决定。

票据的贴现率的决定是票据贴现市场运作机制的一个重要环节，贴现率是商业银行办理贴现时预扣的利息与票面金额的比率。从理论上来讲，合理的贴现率水平应比照相同档次的贷款利率水平来确定。不过，由于票据贴现率是提前预扣利息，等于是占用了客户贴息的时间价值，因而贴现率水平应比同档次贷款利率低一些。

贴限额是指票据贴现时银行付给贴现申请人的实付贴现金额，计算公式如下：

$$贴现利息=票面金额\times贴现率\times贴现天数/360$$

$$贴现额=票面金额-贴现利息$$

例如，某企业持有一张 100 万元的银行承兑汇票请求贴现，时间为某年 5 月 20 日，该票据于该年 8 月 20 日到期，当时贴现率为 10.2%，则：

贴现利息=100 0000×10.2%×90/360=25 500(元)

贴现额=100 0000−25 500=974 500(元)

三、大额可转让定期存单市场

大额可转让定期存单市场，是指以大额可转让定期存单的发行和流通来实现短期资金融通的市场。大额可转让定期存单集中了活期存款和定期存款的优点，且面额大而不固定，一般不记名，允许流通转让。大额可转让定期存单的作用：对银行而言，可以获得相对稳定的资金，用于期限较长的放款；对于存款人而言，既可以获得较高的利息收入，又能在需要时转让出售，迅速变为现金。

大额可转让定期存单市场包括银行发行大额可转让定期存单和买卖银行已经发行的大额可转让定期存单两级。

大额可转让定期存单的发行通常有两种形式：一是批发式发行，即发行银行把拟发行的总额、利率、发行日期、到期日及存单面额等预先公告，供投资者选购；二是零售式发行，即发行银行根据投资者的要求，随时在柜台出售存单，利率、存单面额及期限等由双方约定。存单的发行一般都是由银行直接进行，不需要中介机构帮助发行。存单一般按面额发行，投资人购买后，按存单规定的利率获取利息收益。大额可转让定期存单的利率，由发行人根据市场利率水平和银行本身的信用而定，一般它比同期限银行定期存款利率和国库券的利率水平高。各个银行所发行的大额可转让定期存单，由于各个银行的资信及其他情况不同，其信用风险程度也不同，由此造成了各银行所发行的可转让定期存单的利率也不一致。资信高的大银行所发行的存单比资信相对低的银行所发行的存单利息率要低一些。交易市场上的利率与到期日长短挂钩，到期日越长，利率越高。

由于大额可转让定期存单期限较短，很受投资人欢迎，所以发行市场发达，一般转让较少，次级市场不发达。如需转让，通常通过交易商为中介实现交易。大额可转让定期存单市场的参与主体由商业银行、货币市场基金、政府、企业和票据经销商组成。世界上大多数国家或地区都禁止发行银行在流通市场上购回自己发行未到期的大额存单，商业银行只能买卖其他银行发行的未到期的大额可转让定期存单。货币基金、政府和企业是大额定期存单的主要投资者，它们通过购买大额可转让定期存单为自己手中大额、暂时闲置的资金需求找到利用渠道，提高资金使用效率。票据经销商一般是大额可转让定期存单的流通市场的中介，它们在买卖双方之间牵线搭桥，沟通信息，促成交易。

与西方国家相比，我国的大额可转让存单业务发展比较晚。我国第一张大额可转让存单面世于 1986 年，最初由交通银行和中央银行发行，1989 年经中央银行审批其他的专业银行也陆续开办了此项业务，大额存单的发行者仅限于各类专业银行，不准许其他非银行金融机构发行。存单的主要投资者主要是个人，企业为数不多。由于对大额可转让定期存单的利率限制，加上二级市场发展严重滞后，使这种金融工具的优势不复存在，中国人民银行于 1996 年 12 月 14 日下文取消了该项业务。2015 年 6 月 2 日，央行公布《大额存单管理暂行办法》，正式宣布恢复向机构及个人推出大额存单。

阅读材料 7—3

大额存单同普通存款有啥区别？

所谓大额存单，是由银行业存款类金融机构面向非金融机构投资者发行的记账式大额存款凭证，可以转让、可以质押，是有流动性的存款。与理财产品有所不同的是，大额存单计入一般性存款，需缴纳法定存款准备金和纳入存贷比考核，可作为银行主动负债管理工具。

2015 年 6 月 2 日，中国人民银行正式发布《大额存单管理暂行办法》(以下简称《暂行办法》)，允许商业银行、政策性银行、农村合作金融机构等可面向个人、非金融企业等发行记账式大额存款凭证，发行采用电子化的方式，利率以市场化方式确定。根据《暂行办法》，大额存单利率将以市场化方式确定，个人投资者认购起点为 30 万元。那么，大额存单同普通存款有什么不同？

据了解，大额存单属于可转让存单，最早产生于美国。持有大额存单的客户，可以随时将存单在市场上出售变现，通过以“实际上的短期存款”取得“按长期存款利率计算的利息收入”。

在这份《暂行办法》中，最引人注意的内容是，大额存单发行利率以市场化方式确定。固定利率存单采用票面年化收益率的形式计息，浮动利率存单以 Shibor 为浮动利率基准计息。

大额存单的推出，有利于有序扩大负债产品市场化定价范围，健全市场化利率形成机制；也有利于进一步锻炼金融机构的自主定价能力，培育企业、个人等零售市场参与者的市场化定价理念，为继续推进存款利率市场化进行有益探索并积累宝贵经验。同时，通过规范化、市场化的大额存单逐步替代理财等高利率负债产品，对于降低社会融资成本也具有积极意义。

大额存单的推出实质上属于渐进式利率市场化，遵循了中国人民银行提出的“先大额后小额”的改革顺序，对商业银行的负债稳定性冲击较小。短期来看，这会导致商业银行存款成本的轻微上升，但中长期来看有利于丰富负债手段和主动调整负债结构，应对互联网金融和其他非银行金融机构的冲击，更多地将资金留在银行体系。

大额存单对于银行、企业和个人是个多赢的选择。对于银行来说，一方面丰富了主动负债的渠道，吸收资金的规模、期限、时机都由银行自主决定，利率随行就市，提高了负债的主动性。同时，大额存单的推出，将使商业银行以往在揽储大战中的隐性成本显性化，有助于减少存款营销中的不规范行为。与此同时，根据银监会关于调整商业银行存贷比计算口径的通知，对企业、个人发行的大额存单列入存贷比分母项，这也增加了大额存单的吸引力。

那么，大额存单的推出对于个人和机构投资者分别有何门槛呢？根据《暂行办法》，大额存单采用标准期限的产品形式。个人投资者认购大额存单起点金额不低于 30 万元，机构投资者认购大额存单起点金额不低于 1 000 万元。大额存单期限包括 1 个月、3 个月、6 个月、9 个月、1 年、18 个月、2 年、3 年和 5 年共 9 个品种。由于大额存单的投资要求一般在 30 万元以上，远远高于银行理财 5 万元的门槛，因此预计可参与的个人投资者群体有限。

不过，尽管如此，如果将大额存单利率和保本型银行理财产品相比较，不难发现大额存单的推出或将使保本型银行理财产品收益优势不再明显。此外，由于大额存单算作一般性存款，且纳入存款保险的保障范围，而银行理财产品不受其保障，使得二者有明显区别。

根据普益财富推算，一年期大额存单的利率约为 4.1%～4.2%；而保本型银行理财产品在经过 4 月降准、5 月降息之后，其收益率也已经出现了大幅下滑。因此，从收益率上看，保本型银行理财产品对于以往定期存款的高收益优势在不断丧失。大额存单或还具备一些银行理财产品不具备的附加功能。例如，大额存单不仅可作为出国保证金开立存款证明，还可用作贷款抵押，这对于有出国需求和贷款需求的人士是一个较好的选择，可以在满足自身需求的同时获得额外的收益。

值得注意的是，《暂行办法》规定，大额存单可以转让、提前支取和赎回。大额存单转让可以通过第三方平台开展。从国际经验看，成熟金融市场国家的大额存单都可以流通转让，而且活跃的二级市场是推进存单市场发展的重要前提。由于大额存单或将可以在二级市场进行转让，因而其具有极强的流动性。当投资者出现紧急情况需要调用资金时，可以快速地在二级市场进行套现，且交易成本较低，这也是银行理财产品无法比拟的优势。

（资料来源：唐柳雯，黄倩蔚．大额存单同普通存款有啥区别[N]．南方日报，2015-06-03.）

四、回购市场

回购是指按照交易双方的协议，由卖方将一定数额的证券卖给买方，同时承诺若干日后按约定价格将该种证券如数买回的一种交易方式。以回购方式进行的交易实质是一种有抵押的贷款：证券的购买，实际是买方将资金出借给卖方；约定卖方在规定的时间购回，实际是通过购回证券归还借款；抵押品就是相关的证券。

对于卖方来说，回购这一过程是售出国债取得资金的过程，融资期限一到，则把售出的国债从买方购回，借入的资金也同时归还，这一过程称为正回购。

对于买方来说，回购这一过程是买入国债借出资金的过程，融资期限一到，则将购入的国债回售给卖方，同时收回借出的资金，这一过程称为逆回购。

无论在我国还是西方国家，国债都是主要的回购对象，另外，高品质的企业债券、金融债券也可以成为回购的对象。回购的期限分隔夜、定期和连续性三种。隔夜回购是最常见的，融资时间为一个营业日，即今日卖出证券，明日买回，相当于日拆；也有30天的，最长可达3～6个月，超过30天的回购协议又称为定期回购协议；还可以签订连续性合同，即每天按不同的利率进行连续几天的交易，这种交易称为连续性合约。

回购交易一般在证券交易所进行，目前我国不仅在上海、深圳两个证券交易所开展了回购交易，全国银行间同业拆借市场也开展了该项业务。我国已推出的回购交易品种包括1天、7天、14天、21天、1个月、2个月、3个月、4个月、6个月、9个月和1年债券共11种回购交易，但交易所回购市场目前远不如银行间债券市场活跃，后者已经成为金融机构短期资金融通的主要场所。

第四节　资本市场

资本市场是指融资工具期限超过一年的长期融资市场。资本市场的融资工具主要包括股票、债券和基金等。与货币市场相比，资本市场特点主要有：(1)融资期限长，至少在1年以上，也可以长达几十年，甚至无到期日。例如：中长期债券的期限都在1年以上；股票没有到期日，属于永久性证券；封闭式基金存续期限一般都在15～30年。(2)流动性相对较差。在资本市场上筹集到的资金多用于解决中长期融资需求，故流动性和变现性相对较弱。(3)风险大而收益较高。由于融资期限较长，发生重大变故的可能性也大，市场价格容易波动，投资者需承受较大风险。同时，作为对风险的报酬，其收益也较高。在资本市场上，资金供应者主要是储蓄银行、保险公司、信托投资公司及各种基金和个人投资者；而资金需求方主要是企业、社会团体、政府机构等。其交易对象主要是中长期信用工具，如股票、债券等。资本市场主要包括中长期信贷市场与证券市场。

一、股票市场

股票市场是专门对股票进行公开交易的市场，包括股票的发行和转让。股份公司通过面向社会发行股票，迅速集中大量资金，实现生产的规模经营；而社会上分散的资金盈余者本着“利益共享、风险共担”的原则投资股份公司，谋求财富的增值。

股票市场一般分为一级市场和二级市场两部分。

(一)股票一级市场

一级市场也称为发行市场,它是指公司直接或通过中介机构向投资者出售新发行的股票的市场。所谓新发行的股票,包括初次发行和再发行的股票,前者是公司第一次向投资者出售的原始股,后者是在原始股的基础上增加新的份额。

1. 股票发行的方式

(1)私募发行。

私募发行又称不公开发行或内部发行,是指面向少数特定的投资人发行证券的方式。私募发行的对象大致有两类:一类是个人投资者,例如公司老股东或发行人机构自己的员工(俗称"内部职工股");另一类是机构投资者,如大的金融机构或与发行人有密切往来关系的企业等。私募发行有确定的投资人,发行手续简单,可以节省发行时间和费用。私募发行的不足之处是投资者数量有限,流通性较差,而且也不利于提高发行人的社会信誉。非公开发行方式主要在以下几种情况下采用:①以发起方式设立公司;②内部配股;③私人配股,又称第三者分摊。目前,我国境内上市外资股(B股)的发行几乎全部采用私募方式进行。

(2)公募发行。

公募发行又称公开发行,是指发行人通过中介机构向不特定的社会公众广泛地发售证券,通过公开营销等方式向没有特定限制的对象募集资金的业务模式。在公募发行情况下,所有合法的社会投资者都可以参加认购。为了保障广大投资者的利益,各国对公募发行都有严格的要求,如发行人要有较高的信用,并符合证券主管部门规定的各项发行条件,经批准后方可发行。为适应更广大投资者的需求,公募没有合同份数和起点金额的限制。因为涉及众多中小投资人的利益,监管当局对公募资金的使用方向、信息披露内容、风险防范要求都非常高。

公募的优点是发行范围广、发行对象多,易于足额募集资本,可筹集较多的资金;可提高发行者在证券市场上的知名度,扩大其影响力;可以公开上市交易,变现性强,有比较好的流动性。公募发行的缺点是必须公布一系列的报表和有关文件,或者取得资信等级,因而手续比较复杂,发行成本较高。

公募发行可以采用直接发行方式,也可采用间接发行方式。

直接发行是指发行者不通过承销机构而由自己承担证券发行的一切事务和发行风险,直接向认购者推销出售证券的方式。这种销售方式可由发行公司直接控制发行过程,实现发行意图,并可以节省发行费用;但筹资时间往往较长,发行公司自己要承担全部风险,并需要发行公司有较高的知名度、信誉和实力,并且熟悉发行手续、精通发行技术,有较为广泛的推销对象。

间接发行,又称委托发行,发行者不是直接把所要发行的证券卖给一般投资者,而是间接地委托投资银行或者证券公司等金融中介机构代理证券发行。间接发行须支付手续费而增加了发行成本,但其优点在于:可以给发行者节省许多时间和精力,减少发行的风险,保证及时筹措到资金;还可以借助代理发行的证券中介机构提高发行者的社会知名度。由于这种发行方式依靠专门的中介机构,凭借其资金实力强、机构网点广、专业人才多和经济信息灵、社会信誉好等优势,能迅速、可靠地完成证券销售,因而已逐渐成为证券发行的主要方式。

大多数证券的发行都是采用公开间接发行的方式,由证券公司充当中介人。具体来讲间接发行又分为以下三种:

①代销,推销者只负责按照发行者的条件推销证券,而不承担任何发行风险,在约定期限内能销多少算多少,期满仍销不出去的证券退还给发行者。由于全部发行风险和责任都由发

行者承担，证券发行中介机构只是受委托代为推销，因此，代销手续费较低。

②余额包销，又称承销，是指证券发行者与证券发行中介机构签订推销合同明确规定，在约定期限内，如果中介机构实际推销的结果未能达到合同规定的发行数额，其差额部分由中介机构自己承购下来。这种发行方法的特点是能够保证完成证券发行额度，一般较受发行者的欢迎，而中介机构因需承担一定的发行风险，故承销费高于代销的手续费。

③包销。当发行新证券时，证券发行中介机构先用自己的资金一次性地把将要公开发行的证券全部买下，然后再根据市场行情逐渐卖出，中介机构从中赚取买卖差价。若有滞销证券，中介机构减价出售或自己持有。由于发行者可以快速获得全部所筹资金，而推销者则要全部承担发行风险，因此，包销费更高于代销费和承销费。

间接发行时究竟采用哪一种方法，发行者和推销者考虑的角度是不同的，需要双方协商确定。一般来说，发行者主要考虑自己在市场上的信誉、用款时间、发行成本和对推销者的信任程度；推销者则主要考虑所承担的风险和所能获得的收益。

2. 股票发行的条件

我国《证券法》规定，公司公开发行新股，应当具备健全且运行良好的组织机构，具有持续盈利能力，财务状况良好，3 年内财务会计文件无虚假记载，无其他重大违法行为以及经国务院批准的国务院证券监督管理机构规定的其他条件。

《首次公开发行股票并上市管理办法》规定，首次公开发行的发行人应当是依法设立并合法存续的股份有限公司；持续经营时间应当在 3 年以上；注册资本已足额缴纳；生产经营合法；3 年内主营业务、高级管理人员、实际控制人没有重大变化；股权清晰。发行人应具备资产完整、人员独立、财务独立、机构独立、业务独立的独立性。发行人应规范运行。

发行人财务指标应满足以下要求：(1)3 个会计年度净利润均为正数且累计超过人民币 3 000 万元，净利润以扣除非经常性损益后较低者为计算依据；(2)连续 3 个会计年度经营活动产生的现金流量净额累计超过人民币 5 000 万元，或者 3 个会计年度营业收入累计超过人民币 3 亿元；(3)发行前股本总额不少于人民币 3 000 万元；(4)至今连续 1 期末无形资产(扣除土地使用权、水面养殖权和采矿权等后)占净资产的比例不高于 20%；(5)至今连续 1 期末不存在未弥补亏损。

3. 股票发行的程序

根据《证券法》等有关规定，新股发行的程序是：

(1)新股发行的决议。股份有限公司发行新股是公司的增资行为，应当由股东大会做出决议，经出席股东大会的股东所持表决权的 2/3 以上通过。

(2)新股发行的申请。股东大会做出发行新股的决议后，董事会应聘请会计师事务所、资产评估机构、律师事务所等专业机构，对公司的资信、财务状况进行评估，并就有关事项出具法律意见书。然后，公司向证券监督管理部门申请批准。

(3)公开有关新股发行的文件。公司取得发行新股的权利时，应当公告新股招股说明书和财务会计报表。

(4)办理认购事宜。

(5)登记和公告。公司发行的新股募足后，应当向公司的登记机构办理登记事项，并在指定的报刊上进行公告。

阅读材料 7-4

中国股票发行注册制改革

回顾资本市场的发展，尽管行政色彩已经逐渐淡化，但是长期以来，A股"重融资、轻回报"一直被市场诟病，这是造成A股在过去20多年与经济发展严重背离，牛短熊长的一个重要原因。2013年11月，十八届三中全会通过的《中共中央关于全面深化改革若干重大问题的决定》中首次明确"推进股票发行注册制"。这是注册制首次写入中央文件。专家学者称，三中全会的核心思想是明确"市场对资源配置起决定性作用"，而资本市场作为重要的要素，一旦A股IPO实行注册制，则意味着证监会的职能将出现大的转变，未来新股发行的规模、时间和价格都将由市场决定。2015年两会召开后，作为全面深化改革的关键之年，资本市场改革议题备受瞩目。此前股票发行注册制改革连续两年进入政府工作报告。2015年3月5日，证监会主席肖钢表示，今年将实施注册制，待《证券法》修订完成正式实施起，注册制即可落地。3月7日，全国政协委员、上交所理事长桂敏杰表示，两会后《证券法》修订草案将提交人大审议，最快8月份或10月份能够完成。注册制从多年来的只闻楼梯响，终于要迎来开花结果的时点。

为什么要进行股票发行注册制改革？下面我们来分析一下即将推行的注册制与目前采用的核准制的区别。

从各国证券市场的实践来看，股票公开发行监管制度主要有两种类型：核准制与注册制。

注册制是指证券发行申请人依法将与证券发行有关的一切信息和资料公开，制成法律文件，送交主管机构审查，主管机构只负责审查发行申请人提供的信息和资料是否履行了信息披露义务的一种制度。其最重要的特征是：在注册制下证券发行审核机构只对注册文件进行形式审查，不进行实质判断。如果公开方式适当，证券管理机构不得以发行证券价格或其他条件非公平，或发行者提出的公司前景不尽合理等理由而拒绝注册。注册制主张事后控制。注册制的核心是只要证券发行人提供的材料不存在虚假、误导或者遗漏，即使该证券没有任何投资价值，证券主管机关也无权干涉，因为自愿上当被认为是投资者不可剥夺的权利。

核准制即所谓的实质管理原则，以欧洲各国的公司法为代表。依照证券发行核准制的要求，证券的发行不仅要以真实状况的充分公开为条件，而且必须符合证券管理机构制定的若干适于发行的实质条件。符合条件的发行公司，经证券管理机关批准后方可取得发行资格，在证券市场上发行证券。这一制度的目的在于禁止质量差的证券公开发行。

注册制与核准制相比，发行人成本更低、上市效率更高、对社会资源耗费更少，资本市场可以快速实现资源配置功能。注册制最大的好处在于把发行风险交给了主承销商，把合规要求的实现交给了中介机构，把信息披露真实性的实现交给了发行人。目前，注册制已成为证券发行管理制度中的重要形态，也是很多国家普遍采用的证券发行监管方式。目前澳大利亚、巴西、加拿大、法国、意大利、荷兰、菲律宾、新加坡、英国和美国等国家，在政策发行上均采取注册制。

（资料来源：李全. 中国资本市场补短板的重要举措——推进股票发行注册制改革[J]. 人民论坛，2019(6).）

4. 股票的发行价格

(1)股票发行价格的种类及基本规定。

股票的发行价格是股票发行时使用的价格，亦即投资者认购股票时所支付的价格。确定股票的发行价格很重要。股票的发行价格过高则难以出售，会使股票的发行数量减少，进而使发行公司不能筹到所需资金，股票包销商也会遭受损失；股票的发行价格过低，股票销售虽比较容易，但发行公司却蒙受损失。

股票的发行价格可以和股票的面额一致，也可以不一致。

股票的发行价格通常有三种，即平价、溢价和折价。平价是指股票的票面金额为发行价格；溢价指以高出股票票面金额的价格为发行价格；折价则是以低于股票票面金额的价格为发行价格。

股票发行价格通常由发行公司根据股票面额、股市行情和其他有关因素决定。以募集设立方式设立公司首次发行的股票价格，由发起人决定；公司增资发行新股的股票价格，由股东大会作出决议。世界上许多国家不允许折价发行股票，如英国的《公司法》原则上不准折价发行。中国的《公司法》规定："股票发行价格可以按票面金额，也可以超过票面金额。"不允许折价发行股票。

(2)确定股票发行价格的方法。

确定股票发行价格的基础是对发行股票企业的估值。对企业的估值主要考虑股票发行公司的盈利能力、行业背景、业务特点、管理层素质、未来增长潜力等。确定股票发行价格的方法有市盈率法、净资产倍率法、现金流折现法和竞价确定法。

①市盈率法。

市盈率定价法是指依据注册会计师审核后的发行人的盈利情况计算发行人的每股收益，然后根据二级市场的平均市盈率、发行人的行业状况、经营状况和未来的成长情况拟定其市盈率，是新股发行定价方式的一种。

对于盈利高且保持快速成长的上市公司，市场价格所反映的每股市盈率水平也越高。因此，我们可以将市盈率作为股票定价的一种依据。如果我们能够找到一家上市公司的合理市盈率，就可以从已知的流通股的市盈率和股本结构倒推出该股的发行市盈率。

以市盈率定价方式是参照拟发新股的所在行业平均市盈率结合拟发新股的收益、净资产、成长性、发行数量、市场状况以及可比上市公司二级市场表现来确定。按照以下公式计算确定：

$$\text{发行价格}=\text{每股收益}\times\text{发行市盈率}$$

市盈率定价法作为近年的主要新股发行定价方法在市场化定价趋势中具有不可替代的作用。这种定价方式由于考虑到发行风险，因此定价时通常会留有一定的空间。

②净资产倍率法。

净资产倍率法又称资产净值法，是指通过资产评估和相关会计手段，确定发行公司拟募股资产的每股净资产值，然后根据证券市场的状况将每股净资产值乘以一定的倍率，以此确定股票发行价格的方法。

以净资产倍率法确定发行股票价格的计算公式是：

$$\text{发行价格}=\text{每股净资产值}\times\text{溢价倍数}$$

净资产倍率法在国外常用于房地产公司或资产现值要重于商业利益的公司的股票发行，但在国内一直未采用。以此种方式确定每股发行价格不仅应考虑公平市值，还须考虑市场所能接受的溢价倍数。

③现金流折现法。

现金流折现法是指通过预测公司未来盈利能力，计算出公司存续期每年的净现金流量，然后按一定的贴现率将企业存续期各年的净现金流量折算为净现值，从而确定股票发行价格的方法。

④竞价确定法。

竞价确定法是指在投资者发行底价的基础上，按价格优先和同价位时间优先的原则竞价申购所形成的竞争价格确定发行价格的方法。

竞价申购方法是：投资者在指定时间内通过交易柜台或者证券交易所交易网络，以不低于底价的价格并按限购比例或数量进行竞价认购委托，申购期满后，由交易所的交易系统将所有投资者的有效申购委托按照价格优先、同价位申报时间优先的原则进行排队，并由高价位到低价位累计有效认购数量，当累计数量恰好达到或超过本次发行数量时的价格，即为本次发行股票的价格。

（二）股票二级市场

二级市场也称交易市场，是投资者之间买卖已经发行股票的场所。这一市场为股票创造流动性，即能够迅速脱手换取现金。

股票二级市场包含了股票交易流通的一切活动。股票二级市场的存在和发展为股票发行者创造了有利的筹资环境，投资者可以根据自己的投资计划和市场变动情况，随时买卖股票。由于解除了投资者的后顾之忧，他们可以放心地参加股票发行市场的认购活动，有利于公司筹措长期资金，股票流通的顺畅也为股票发行起了积极的推动作用。对于投资者来说，通过股票流通市场的活动，可以使长期投资短期化，在股票和现金之间随时转换，增强了股票的流动性和安全性。股票流通市场上的价格是反映经济动向的晴雨表，它能灵敏地反映出资金供求状况、市场供求、行业前景和政治形势的变化，是进行预测和分析的重要指标。对于企业来说，股权的转移和股票行市的涨落是其经营状况的指示器，还能为企业及时提供大量信息，有助于它们的经营决策和改善经营管理。可见，股票流通市场具有重要的作用。

二级市场与初级市场关系密切，既相互依存，又相互制约。初级市场所提供的证券及其发行的种类、数量与方式决定着二级市场上流通证券的规模、结构与速度，而二级市场作为证券买卖的场所，对初级市场起着积极的推动作用。组织完善、经营有方、服务良好的二级市场将初级市场上所发行的证券快速有效地分配与转让，使其流通到其他更需要、更适当的投资者手中，并为证券的变现提供现实的可能。此外，二级市场上的证券供求状况与价格水平等都将有力地影响初级市场上证券的发行。因此，没有二级市场，证券发行不可能顺利进行，初级市场也难以为继，扩大发行则更不可能。

1. 股票二级市场的组织形式

股票二级市场分为两大类：一类是大型、活跃而有秩序的场内交易，即在证券交易所内进行的交易；另一类是没有固定地点的场外交易，大多是电话中成交。

（1）场内交易市场。

场内交易市场又称证券交易所市场或集中交易市场，是指由证券交易所组织的集中交易市场，有固定的交易场所和交易活动时间，在多数国家它还是全国唯一的证券交易场所，因此是全国最重要、最集中的证券交易市场。证券交易所接受和办理符合有关法令规定的证券上市买卖，投资者则通过证券商在证券交易所进行证券买卖。证券交易所是指经国家批准有组织的、专门集中进行有价证券交易的有形场所。证券交易所实行"公平、公开、公正"的原则，交易价格由交易双方公开竞价确定，实行"价格优先、时间优先"的竞价成交原则。竞价一般有集合竞价和连续竞价两种方式：①集合竞价指在每日开盘时，交易所电脑主机对开市前（我国是每日上午 9:15～9:25)接受的全部有效委托所进行的一次性撮合处理过程。②连续竞价是在开市后的正常交易时间不断竞价成交的过程。证券交易所有会员制和公司制两种形式,但通常大多数国家都实行会员制。

(2)场外交易市场。

证券市场,除了交易所外,还有一些其他交易市场,这些市场因为没有集中的统一交易制度和场所,因而把它们统称为场外交易市场,又称柜台交易市场或店头交易市场,指在交易所外由证券买卖双方议价成交的市场。它没有固定的场所,其交易主要利用电话进行,交易的证券以不在交易所上市的证券为主。它主要由柜台交易市场、第三市场、第四市场组成。

柜台交易市场是指在证券公司的柜台上交易未上市股票的市场。第三市场是在证券交易所之外交易上市股票的市场。第三市场的交易主体多为拥有巨额资金的机构投资者。第四市场是指计算机终端联结的在有组织的集体投资者之间直接进行大额交易的证券交易市场。

场外交易市场是一个分散的无形市场。它没有固定的、集中的交易场所,而是由许多各自独立经营的证券经营机构分别进行交易的,并且主要是依靠电话、电报、传真和计算机网络联系成交的。场外交易市场的组织方式采取做市商制。场外交易市场与证券交易所的区别在于不采取经纪制,投资者直接与证券商进行交易。场外交易市场是一个拥有众多证券种类和证券经营机构的市场,以未能在证券交易所批准上市的股票和债券为主。由于证券种类繁多,每家证券经营机构只固定地经营若干种证券。场外交易市场是一个以议价方式进行证券交易的市场。在场外交易市场上,证券买卖采取一对一交易方式,对同一种证券的买卖不可能同时出现众多的买方和卖方,也就不存在公开的竞价机制。场外交易市场的价格决定机制不是公开竞价,而是买卖双方协商议价。具体来说,是证券公司对自己所经营的证券同时挂出买入价和卖出价,并无条件地按买入价买入证券和按卖出价卖出证券,最终的成交价是在牌价基础上经双方协商决定的不含佣金的净价。券商可根据市场情况随时调整所挂的牌价。场外交易市场的管理比证券交易所宽松。由于场外交易市场分散,缺乏统一的组织和章程,不易管理和监督,其交易效率也不及证券交易所。但是,美国的 NASDAQ 市场借助计算机将分散于全国的场外交易市场联成网络,在管理和效率上都有很大提高。

中国的场外交易市场包括新三板和区域股权交易市场;其中新三板指全国中小企业股份转让系统,是中国证监会设立的,是全国性的;区域股权交易市场被定位于在省级行政区划内,为中小微企业提供股权、债权转让和融资服务的股权交易市场,是区域性的。

2. 股票上市交易的程序

股份有限公司申请股票上市,必须经过一定的程序。按照《股票发行与交易管理暂行条例》与《公司法》的规定,股票上市的程序如下:股票上市申请;证券交易所委员会审查批准;订立上市协议书;股东名册送交证券交易所或证券登记公司备案;发表上市公告;股票上市交易。

3. 股票的交易价格

股票交易价格是股票的持有者和购买者在股票交易市场中买卖股票时形成的股票成交价格,目的是完成股票交易过程,实现股票所有权的转移。与其他商品的价格一样,股票的价格也是由其内在的价值和外在的供求关系所决定。

股票交易价格的特点包括两个方面:一是事先的不确定性,表现于它总处在不断变动之中,而且这种变动是连续性的、非间断性的。二是股票交易价格的市场性。股票交易价格一般不受其发行价格的制约,也不受股份有限公司的直接支配,而是取决于股票市场的供求关系,随市场供求关系的变化而变化。

影响股票价格变动的因素很多,但基本上可分为以下三类:市场内部因素、基本面因素、政策因素。市场内部因素主要是指市场的供给和需求,即资金面和筹码面的相对比例,如一定阶段的股市扩容节奏将成为该因素重要部分。基本面因素包括宏观经济因素和公司内部因素,宏观经济因素主要是能影响市场中股票价格的因素,包括经济增长、经济景气循环、利率、财政收支、货币供应量、物价、国际收支等,公司内部因素主要指公司的财务状况。政策因素是指足以影响股票价格变动的国内外重大活动以及政府的政策、措施、法令等重大事件,政府的社会经济发展计划、经济政策的变化,新颁布法令和管理条例等均会影响到股价的变动。

具体可以分为以下几个方面:

(1)经济周期或者经济景气循环。

经济周期或者经济景气循环是指经济从萧条、回升到高涨的过程。当预期经济不久将走出低谷开始回升时,商人会补充存货,生产者利润将增加,从而投资也会相应增加,工资、就业及货币所得水平也将随之增加,此时,由于利率仍然处于较低水平,将增加股票的价值(股息、红利以及资产净值增加),股票价格也就会上涨,并会持续到经济回升或扩张的中期。

(2)财政政策。

财政政策对企业业绩的好坏,也有很大影响。如果政府采取产业倾斜政策,重点向交通、能源、基础产业投资,则这类产业的股票价格就会受到影响。财政支出的增减,直接受到影响的是与财政有关的企业,比如与电气通信、房地产有关的产业。因此,每个投资者应了解财政实施的重点。股价发生变化的时点,通常在政府的预算原则和重点施政还未发表前,或者是在预算公布之后的初始阶段。因此,投资者对国家财政政策的变化,也必须给以密切的关注,关心财政政策变动的初始阶段,适时做出买入和卖出的决策。

(3)汇率变动。

汇率变动对股价的影响,最直接地体现在从事进出口贸易的公司的股票上。它通过对公司营业及利润的影响,进而反映在股价上,其主要表现是:若公司的产品相当大部分销售海外市场,当汇率提高时,则产品在海外市场的竞争力受到削弱,公司盈利情况下降,股票价格下跌。若公司的某些原料依赖进口,产品主要在国外销售,那么汇率提高,使公司进口原料成本降低,盈利上升,从而使公司的股价趋于上涨。如果预测到某国汇率将要上涨,那么货币资金就会向该国转移,而其中部分资金将进入股市,股票行情也可能因此而上涨。因此,投资者可根据汇率变动对股价的上述一般影响,并参考其他因素的变化进行正确的投资选择。

(4)物价变动。

普通商品价格变动对股票市场有重要影响。具体来说,物价上涨,股价也上涨;物价下跌,股价也下跌。具体分析商品价格对股票市场价格的影响,主要表现在四个方面:①商品价格出现缓慢上涨,幅度不是太大,且物价上涨率大于借贷利率的上涨率时,这时,公司库存商品的价格上升,由于产品价格上涨的幅度高于借贷成本的上涨幅度,于是公司利润会上升,股票价格也会因此而上升。②商品价格上涨幅度过大,股价没有相应上升,反而可能下降。这是因为,物价上涨引起公司生产成本上升,而上升的成本又无法通过商品销售而完全转嫁出去,从而使公司的利润降低,股价也随之降低。③物价上涨,商品市场的交易呈现繁荣兴旺时,有时是股价正陷于低沉的时候,人们热衷于即期消费,使股价下跌;当商品市场上涨回跌时,反而成了投资股票的最好时机,从而引起股价上涨。④物价持续上涨,引起股票投资者保值意识的作用增加,因此使投资者从股市中抽出资金,转而投向动产或不动产,如房地产、贵重金属等保值强的物品上,带来股票需求量降低,因而使股价下跌。

(5)通货膨胀。

通货膨胀是影响股票市场价格的一个重要宏观经济因素。这一因素对股票市场趋势的影响比较复杂,它既有刺激股票市场的作用,又有压抑股票市场的作用。通货膨胀主要是由于过多地增加货币供应量造成的。货币供应量与股票价格一般呈正比关系,即货币供给量增大使股票价格上升;反之,货币供给量缩小则使股票价格下降。

(6)政治因素与自然因素。

政治因素与自然因素将最终影响经济,影响股票上市公司经营从而会影响股票价格波动。

政治因素包括战争因素、政局因素、国际政治形势的变化以及劳资纠纷等。

自然因素主要指自然灾害。

(7)人为因素。

在正常的股票市场上,能操纵股价的往往不是个人,而是一个大集团,如某些金融巨头运用手头的财势,在市场上兴风作浪,推波助澜,促使某些股票在市场上时而狂涨,时而暴跌,从而使他们在股票价格的剧烈波动中大发横财,而使一些中小股东在这场恶战中倾家荡产。这些金融集团利用股市在疲软之时,低价大量买进,然后设法哄抬价格,以便低进高出。一般在哄抬股价的过程中,仍在不断买进,并散发各种似是而非的谣言,以引诱散户跟进,从而使股市形成一种"利多"气氛效应,待股价达到相当高位时,再不声不响地将低价购进的股票卖出,这样大进大出就赚取了巨额暴利。相反,某机构也可以在股价高峰时不断卖出,并设法压低行情,造成一种股价下跌的气氛,等股价低到某一价位时,再把高价卖出的股票全部买回,以达到高出低进的目的,这一出一进就可使操纵者获取暴利。这种方法,主要是通过哄抬股价或压低股价来达到目的。但不论哄抬或压低行情,都必须造成有利于诱惑散户盲目跟进的市场环境才行,其最终获利的是操纵者,而吃亏的是盲目跟进的中小股东。所以,每个投资者要善于观风向,提高识别多头、空头陷阱的能力,在股市交易场所中保持清醒的头脑和警惕性。

(8)公司自身的因素。

公司自身的因素主要包括公司利润、股息及红利的分配、股票是否为首次上市、股票分割、公司投资方向、产品销路及董事会和主要负责人调整等。

①公司利润因素。公司利润大小直接影响到股息、红利的多少,从而会影响该公司的股票价格。一般来讲,公司利润上升时,股价会上升,盈利下降时,股价也会随之下降,二者的变动方向是一致的。

②股息、红利因素。一般情况下股价与股利呈同方向变动,公司分发股利的消息对股票价格会发生显著的影响。公司宣布分发红利,将会引起股价上升,公司宣布取消红利,股价将会下跌。

(9)产业和区域因素。

产业和区域因素主要是指产业发展前景和区域经济发展状况对股票市场价格的影响。它是介于宏观和微观之间的一种中观影响因素,因而它对股票市场价格的影响主要是结构性的。

上述这些经济、政治、市场、心理等方面的因素,主要是通过影响股票的供求关系来影响股价的,一般股价的变动很难说是某一个因素影响的结果,往往是上述多种因素综合影响的反映。

4. 股票价格指数

股票价格指数是由证券交易所或金融服务机构编制的表明股票行市变动的一种供参考的指示数字。由于股票价格起伏无常,投资者必然面临市场价格风险。对于具体某一种股票的价格变化,投资者容易了解,而对于多种股票的价格变化,要逐一了解,既不容易,也不胜其烦。为了适应这种情况和需要,一些金融服务机构就利用自己的业务知识和熟悉市场的优势,编制出股票价格指数,公开发布,作为市场价格变动的指标。投资者据此就可以检验自己投资的效果,并用以预测股票市场的动向。同时,新闻界、公司老板乃至政界领导人等也以此为参考指标,来观察、预测社会政治、经济发展形势。

这种股票指数,也就是表明股票行市变动情况的价格平均数。编制股票指数,通常以某年某月某日为基期,以这个基期的股票价格作为100,用以后各时期的股票价格和基期价格比较,计算出升降的百分比,就是该时期的股票指数。投资者根据指数的升降,可以判断出股票价格的变动趋势。并且为了能实时地向投资者反映股市的动向,所有的股市几乎都是在股价变化的同时即时公布股票价格指数。

计算股票指数,要考虑三个因素:一是抽样,即在众多股票中抽取少数具有代表性的成分股;二是加权,按单价或总值加权平均,或不加权平均;三是计算程序,计算算术平均数、几何平均数,或兼顾价格与总值。

阅读材料 7—5

道琼斯指数

道琼斯指数最早是在1884年由道琼斯公司的创始人查尔斯·亨利·道(Charles Henry Dow,1851～1902年)开始编制的,是一种算术平均股价指数。

最初的道琼斯股票价格平均指数是根据11种具有代表性的公司的股票价格计算的,该指数目的在于反映美国股票市场的总体走势,涵盖金融、科技、娱乐、零售等多个行业。

自1897年起,道琼斯股票价格平均指数开始分成工业与运输业两大类,其中工业股票价格平均指数包括12种股票,运输业平均指数则包括20种股票,并且开始在道琼斯公司出版的《华尔街日报》上公布。在1929年,道琼斯股票价格平均指数又增加了公用事业类股票,使其所包含的股票达到65种,并一直延续至今。

道琼斯指数亦称＄US30,即道琼斯股票价格平均指数,是世界上最有影响、使用最广的股价指数。它以在纽约证券交易所挂牌上市的一部分有代表性的公司股票作为编制对象,由四种股价平均指数构成。

这四种股价平均指数分别是:

(1)以30家著名的工业公司股票为编制对象的道琼斯工业股价平均指数;

(2)以20家著名的交通运输业公司股票为编制对象的道琼斯运输业股价平均指数;

(3)以15家著名的公用事业公司股票为编制对象的道琼斯公用事业股价平均指数;

(4)以上述三种股价平均指数所涉及的65家公司股票为编制对象的道琼斯股价综合平均指数。

在四种道琼斯股价指数中,以道琼斯工业股价平均指数最为著名,它被大众传媒广泛地报道,并作为道琼斯指数的代表加以引用。道琼斯指数由美国报业集团——道琼斯公司负责编制并发布,登载在其属下的《华尔街日报》上。

二、债券市场

债券市场是发行和买卖债券的场所，是金融市场的一个重要组成部分。债券市场是一国金融体系中不可或缺的部分。

一个统一、成熟的债券市场可以为全社会的投资者和筹资者提供低风险的投融资工具。债券的收益率曲线是社会经济中一切金融商品收益水平的基准，因此债券市场也是传导中央银行货币政策的重要载体。可以说，统一、成熟的债券市场构成了一个国家金融市场的基础。

（一）债券一级市场

一级市场，又称发行市场，是发行单位初次出售新债券的市场。债券发行市场的作用是将政府、金融机构以及工商企业等为筹集资金向社会发行的债券，分散发行到投资者手中。

1. 债券发行的基本条件

根据《证券法》《公司法》和《公司债券发行试点办法》的有关规定，发行公司债券，应当符合下列条件：

(1)股份有限公司的净资产不低于人民币 3 000 万元，有限责任公司的净资产不低于人民币 6 000 万元；

(2)本次发行后累计公司债券余额不超过最近一期期末净资产额的 40%，金融类公司的累计公司债券余额按金融企业的有关规定计算；

(3)公司的生产经营符合法律、行政法规和公司章程的规定，募集的资金投向符合国家产业政策；

(4)最近三个会计年度实现的年均可分配利润不少于公司债券 1 年的利息；

(5)债券的利率不超过国务院规定的利率水平；

(6)公司内部控制制度健全，内部控制制度的完整性、合理性、有效性不存在重大缺陷；

(7)国务院规定的其他条件。

2. 债券的信用评级

债券信用评级(bond credit rating)是以企业或经济主体发行的有价债券为对象进行的信用评级。债券信用评级大多是企业债券信用评级，是对具有独立法人资格企业所发行某一特定债券按期还本付息的可靠程度进行评估，并标示其信用程度的等级。这种信用评级，是为投资者购买债券和证券市场债券的流通转让活动提供信息服务。国家财政发行的国库券和国家银行发行的金融债券，由于有政府的保证，因此不参加债券信用评级。地方政府或非国家银行金融机构发行的某些有价证券，则有必要进行评级。

(1)债券信用评级的原因。

进行债券信用评级最主要原因是方便投资者进行债券投资决策。投资者购买债券是要承担一定风险的。如果发行者到期不能偿还本息，投资者就会蒙受损失，这种风险称为信用风险。债券的信用风险因发行后偿还能力不同而有所差异，对广大投资者尤其是中小投资者来说，事先了解债券的信用等级是非常重要的。由于受到时间、知识和信息的限制，无法对众多债券进行分析和选择，因此需要专业机构对准备发行的债券还本付息的可靠程度进行客观、公正和权威的评定，也就是进行债券信用评级，以方便投资者决策。

债券信用评级的另一个重要原因，是减少信誉高的发行人的筹资成本。一般来说，资信等级越高的债券，越容易得到投资者的信任，能够以较低的利率出售；而资信等级低的债券，风险较大，只能以较高的利率发行。

(2)信用评级机构。

目前国际上公认的最具权威性的信用评级机构，主要有美国标准普尔公司和穆迪投资服务公司。上述两家公司负责评级的债券很广泛，包括地方政府债券、公司债券、外国债券等，由于它们占有详尽的资料，采用先进科学的分析技术，又有丰富的实践经验和大量专门人才，因此它们所做出的信用评级具有很高的权威性。标准普尔公司信用等级标准从高到低可划分为：AAA 级、AA 级、A 级、BBB 级、BB 级、B 级、CCC 级、CC 级、C 级和 D 级。穆迪投资服务公司信用等级标准从高到低可划分为：Aaa 级、Aa 级、A 级、Baa 级、Ba 级、B 级、Caa 级、Ca 级、C 级。两家机构信用等级划分大同小异。前四个级别债券信誉高，风险小，是“投资级债券”；第五级开始的债券信誉低，是“投机级债券”。

标准普尔公司和穆迪投资服务公司都是独立的私人企业，不受政府的控制，也独立于证券交易所和证券公司。它们所做出的信用评级不具有向投资者推荐这些债券的含义，只是供投资者决策时参考，因此，它们对投资者负有道义上的义务，但并不承担任何法律上的责任。

(3)债券信用等级评定的原则和依据。

信用评级机构评定债券等级时主要考虑三个因素：①债券发行单位的偿债能力，重点考虑发行者的预期盈利、负债比率，能否按期还本付息。②发行者的资信，重点考虑发行者在市场上的声誉，历次发行及偿债情况。③投资者承担的风险，根据对发行者破产可能性的分析，预计一旦发生偿债风险，债权人所能受到的法律保护程度和投资补偿程度。

(4)债券的等级。

证券评级机构根据对债券的发行质量、债券发行公司的资信以及债券投资者所承担的风险等方面的评价，将债券划分为若干等级，如表 7－2 所示。

表 7—2　　美国评级公司评定公司债券等级划分

标准普尔	穆迪	性质	级别	说　明
AAA	Aaa	投资性	最高级	信誉最高，债券本息支付无问题
AA	Aa		高级	有很强的支付本息的能力
A	A		中上级	仍有较强的支付能力，但当经济形势发生逆转时，较为敏感
BBB	Baa		中级	有一定的支付能力，但当经济形势发生逆转时，较上述级别更易受影响
BB	Ba	投机性	中下级	有投机因素，但投机程度较低
B	B		投机级	投机的
CCC～CC	Caa			可能不还的
C	Ca			不还，但可以收回很少一点
DDD～D	C			无收回的可能

3. 债券发行要素的确定

债券发行要素主要是指面值、发行利率(包括计息方式)、偿还期限和发行价格四个要素。

面值是债券的票面价值，包括债券的面值单位、数额及币种。付息债券的面值是指本金，贴水债券的面值是指本利和，二手债券的面值是计算收益率的主要依据。

发行利率即发行债券时所规定的票面利率。债券发行利率由发行人确定，通常要考虑多种因素，如债券的信用等级、期限的长短、有无可靠的抵押或担保、计息的方式、支付的频率、市场利率水平和市场资金的供求状况、主管部门的有关规定等。

计息方式包括计息次数、计息方法等。在我国，债券付息一般是到期支付一次。但有些国家，债券是半年或一年支付一次利息。如果是三年期债券，若半年支付一次，则需要支付六次。究竟多长时间支付利息，并没有统一的标准，但支付间隔越长，越不利于吸引投资者。计息的方式有单利、复利和累进三种。

债券的期限究竟定为多少，发行人主要考虑以下因素：(1)资金需求的性质。如发行债券是为了筹集固定资金，则期限要定得长一些；如发行债券是为了筹集流动资金，则期限要定得短一些。(2)对未来市场利率的预测。由于债券利率是固定的，一般不随市场利率的变化而变化，所以，如果预测市场利率今后一段时间内会下降，发行人通常愿意发行期限较短的债券，待利率下降后再发行新的债券，以降低筹资成本；反之，若预测市场利率在今后要上升，发行人通常愿意发行长期债券。(3)流通市场的发达程度。流通市场发达，投资人敢于购买长期债券，因为投资人随时可以在市场上将债券转化为现金。而如果流通市场不发达，发行人只能发行短期债券，否则，发行就会受阻。

债券的发行价格是债券投资者认购新发行的债券时实际支付的价格。其依据主要以债券的发行条件(债券票面金额、票面利率、计息方式、债券期限)为基础，结合市场利率、供求关系和发行成本而定。

投资者的认购价格按其与票面金额相比，大致分为三种：(1)平价，即认购价与面额相等。(2)折价，即认购价低于面额。(3)溢价，即认购价高于面额。在西方国家里，折价和溢价是常见的，在我国，目前债券的认购价格以平价为主。因为债券到期时按面额偿还本金，当债券利率、期限等发行条件确定后，通过折价和溢价发行，可以使投资者获得与市场利率相当的投资回报。

(二)债券二级市场

债券二级市场，又称债券流通市场，指已发行债券买卖转让的市场。债券一经认购，即确立了一定期限的债权债务关系，但通过债券流通市场，投资者可以转让债权，把债券变现。

1. 债券上市的条件和程序

债券上市是指债券经批准后在交易所挂牌交易。债券上市的条件，在各个国家不尽相同，在实行审批制和核准制的国家，债券的上市首先需经金融或证券监管部门批准，然后才能向证券交易所提出申请；在实行注册制或登记制的国家，债券的上市通常只需经过证券交易所依法审批通过即可。为了保护投资者利益，债券上市应满足的条件是：发行人需有较强的盈利能力；已发行的债券数量超过一定的金额，且有较长的存续期；符合规定的净资产比例和符合规定的信用等级等。

根据《证券法》《公司法》有关规定，我国公司债券发行的程序是：

(1)做出发行债券的决议。我国《公司法》第163条第一款规定，“股份有限公司、有限责任公司发行公司债券，由董事会制定方案，股东会做出决议”。

(2)公司债券的资信评估。债券的资信评估实际是对发行人的偿债能力进行评价。对公司债券进行资信评估是国际通行做法。我国现行企业的资信评估分为10级，即AAA、AA、A、BBB、BB、B、CCC、CC、C、D。

(3)发行债券的申请。发行公司债券，发行人必须向国务院授权的部门提交《公司法》规定的申请文件和国务院授权的部门规定的有关条件。

2. 债券流通价格及收益率

(1)债券的流通价格。

债券的流通价格是指在流通市场买卖双方的成交价格，有时称为债券行市。债券的转让价格并不是任意决定的，它的形成有一定的依据，这个依据便是债券的理论价格。债券的理论价格是把债券的期望值折算为转让时的现值而计算出来的。债券的期望值是指债券到期后给持有人带来的全部收益，又称债券的终值。债券的现值是指债券的期望值按一定贴现率折算成的转让时的现在价值。由于市场供求、利率变动和人们预期的影响，转让价格可以高于或低于理论价值。

(2)债券的收益率。

债券的收益率是债券投资收益与投资额的比率，通常用年收益率表示，即：

$$收益率=\frac{年均收益额}{投资额}\times100\%$$

同样，证券投资基金市场也分为一级市场和二级市场，由于前面在讲金融工具时，证券投资基金已做了详细的介绍，这里不再累述。

第五节 金融衍生产品市场

一、金融衍生产品交易的特点

金融衍生产品市场是金融市场发展创新到一定阶段的产物，是进行金融衍生产品交易的场所。其产生和发展的根本原因在于投资者追求投资的回报与规避投资风险之间的矛盾，主要有金融远期市场、金融期货市场、金融期权市场和金融互换市场。

金融衍生品交易呈现出不同于基础商品交易的特点，具体归纳为：

1. 杠杆性

金融衍生产品通常采取保证金交易方式，即只要支付一定比例的保证金就能够进行全额交易，合约的终止一般也采取差价结算方式进行，不需要实际上的本金转移。因此，金融衍生产品交易具有杠杆效应。衍生产品的保证金越低，杠杆效应越明显，风险也越大。

2. 高风险性

衍生金融工具虽然生来是管理风险的，但它的杠杆特点使得更多的投机者的投机交易得以实现。投资者或投机者可以操作价值数倍乃至数十倍于保证金或押金的金融合约，这既为投资者提供了低成本的风险管理手段，同时也为投机者提供了更大的冒险机会，从而放大了金融市场的投机风险。

3. 虚拟性

虚拟性是指金融衍生工具所具有的独立于现实资本运动以外，能给金融衍生工具的持有者带来一定收入的特性。由于投资于金融衍生产品的收益是来自于金融原生产品价格的变化，并非是金融原生产品本身的增值，这就使得金融衍生产品的交易具有虚拟性，尤其是当金融原生产品为股票、债券等虚拟资本时，相应的金融衍生产品则具有双重的虚拟性。这一特点使得金融衍生产品的交易呈现出脱离金融原生产品而独立发展的趋势。

二、金融远期市场

金融远期市场是进行远期合约交易的市场,交易按约定条件在未来某一日期交割结算。在合约中规定在将来买入标的物的一方为多方(long position),而在未来卖出标的物的一方为空方(short position)。合约中规定的未来买卖标的物的价格称为交割价格。在远期合约的有效期内,合约的价值随着相关资产市场价格的波动而变化。若合约到期时以现金结清的话,当市场价格高于执行价格(合约约定价格)时,应由卖方向买方按价差支付结算金额;若市场价格低于执行价格,则由买方向卖方支付金额。按照这样一种交易方式,远期合约的买卖双方可能形成的收益或损失都是无限大的(见图 7—1)。

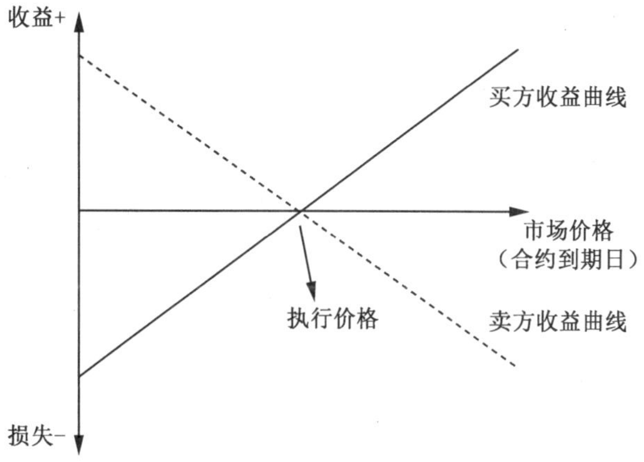

图 7—1　远期交易的收益/损失图示

远期合约是非标准化的。因此它不在交易所交易,而是在金融机构之间或金融机构与客户之间通过谈判后签署。已有的远期合约也可以在场外市场交易。

在签署远期合约之前,双方可以就交割地点、交割时间、交割价格、合约规模、标的物的品质等进行谈判,以便尽量满足双方的需要。因此,与期货合约相比,远期合约灵活性较大,这是远期合约的主要优点。但是远期合约也有明显的缺点。首先,由于远期合约没有固定、集中的交易场所,不利于信息交流与传递,不利于形成统一的市场价格,市场效率较低。其次,由于每份远期合约千差万别,这就给远期合约的流通造成极大不便,因此远期合约的流动性较差。最后,远期合约的履约没有保证,当价格变动对一方有利时,对方有可能无力或无诚意履行合约,因此远期合约的违约风险较高。

三、金融期货市场

金融期货市场是国际资本市场创新和发展的产物,也可以说是有比传统商品期货市场更新的交易品种的市场,它仍然保留价格发现、套期保值等风险转移、附加提供投机平台等有效市场功能,并继承了期货市场已有的法律监管机制。20 世纪 70 年代,由于布雷顿森林体系国际货币制度的崩溃,以及金融自由化和金融创新浪潮的冲击,国际资本市场上利率、汇率和股票价格指数波动幅度加大,市场风险急剧增加。为了规避这些风险,金融期货市场应运而生,为保证资本市场的良性运转发挥了不可替代的作用。

(一)期货交易的方式

所有期货交易都必须在主管部门批准的期货交易所进行。期货交易所必须确保交易的商品符合合约规定的等级,并制定相应的交易规则,如每次报价的最小波动幅度,以及每天的最大价格波动幅度等,更重要的是,只有所谓交易所成员的经纪商和自营商才能进场交易,并通过收取保证金的方式来确保合约的履行,因而履约的保障性较好。具体的交易方式有如下几种。

1. 开仓与平仓

开仓(opening)是指投资者最初买入或卖出某种期货合约,从而确立自己在该种合约交易中的头寸位置。期货合约的买入者处于多头头寸,卖出者处于空头头寸。原先拥有多头或空头头寸的投资者可以通过一笔反向的交易来结清其头寸,这就叫平仓(closing out a position)。例如在 3 月的某一天买入一份 9 月到期的玉米合约的投资者,可以在 4 月的某一天卖出一份该种合约,从而使自己的净头寸为零;在 4 月卖出一份 6 月到期的玉米合约的投资者也可以在该种合约的最后交易日之前买入一份该种合约来冲销原先的空头头寸。实际上大部分期货交易都是以上述方式对冲的,大约只有 5%的合约需到期实际交割。

2. 保证金制度

在期货交易中,任何一个交易者必须按照其所买卖期货合约价值的一定比例(通常为 5%~15%)缴纳少量资金,作为其履行期货合约的财力担保,然后才能参与期货合约的买卖,并视价格变动情况确定是否追加资金。这种制度就是保证金制度,所缴的资金就是保证金。

在国际期货市场上,一般将保证金分为初始保证金和维持保证金。初始保证金是建立一个头寸所必需的最低资金需求,在中国香港也被称为基本保证金或基本按金。维持保证金是一个资金水平:一个账户的资金必须维持在这个水平之上,如果账户资金降到了维持保证金水平之下,经纪公司就会通知交易者追加保证金,该账户的资金必须追加到初始保证金的水平。维持保证金要比初始保证金低,通常相当于初始保证金的 75%。接到追加保证金通知时,交易者可以存入额外的资金,或者将这个头寸平仓。

3. 每日结算制度

每日结算制度又称"逐日盯市"、每日无负债结算制度,指每日交易结束后,交易所按当日结算价结算所有合约的盈亏、交易保证金及手续费、税金等费用,对应收应付的款项同时划转,相应增加或减少会员的结算准备金。若在结算时,该会员(或客户)的保证金不足,交易所(或期货经纪公司)应立即向会员(或客户)发出追缴保证金通知,会员(或客户)应在规定时间内向交易所(或期货经纪公司)追加保证金。

4. 限仓和大户报告制度

限仓制度(position limit system)是期货交易所为了防止市场风险过度集中于少数交易者和防范操纵市场行为,对会员和客户的持仓数量进行限制的制度。其规定会员或客户可以持有的、按单边计算的某一合约持仓的最大数额,不允许超量持仓。

大户报告制度(major reporting system)是与限仓制度紧密相关的另外一个控制交易风险、防止大户操纵市场行为的制度。期货交易所建立限仓制度后,当会员或客户某品种持仓合约的投机头寸达到交易所对其规定的投机头寸持仓限量 80%以上(含本数)时,必须向交易所申报。申报的内容包括客户的开户情况、交易情况、资金来源、交易动机等,便于交易所审查大户是否有过度投机和操纵市场行为以及大户的交易风险情况。

（二）金融期货简介

1. 外汇期货

外汇期货交易是指在约定的日期，按照已经确定的汇率，用一种货币买卖一定数量的另一种货币。外汇期货是最早出现的金融期货，其主要品种有美元、英镑、欧元、日元、加拿大元等主要可兑换货币。外汇期货主要是用来防范汇率波动的风险。例如，假定在 6 月 1 日，某公司有 100 万暂时闲置的美元，可以进行 3 个月的短期投资，当时英镑的存款利率高于美元，所以该公司打算把美元换成英镑存款。但是它又担心 3 个月后英镑贬值，反而得不偿失，则这时可以利用期货市场来套期保值。该公司可以在现货市场上买进 100 万美元的英镑，并把它变成 3 个月的存款，同时在期货市场上卖出金额大致相当的 9 月英镑期货。这样一旦 3 个月后英镑真的贬值，那么它的期货价格也将下降，该公司就可以在现汇市场卖出英镑的同时，在期货市场上买进与先前卖出数量相同的 9 月英镑期货，从而消除其英镑期货的多头地位，并获得差价，以此来弥补现汇市场上的损失。

2. 利率期货

由于债券的价格是同利率成反向变化的，这些债券期货合约的价格都受利率波动的影响，所以它们被称为利率期货。利率期货可以用来防范利率风险。例如，假定某人预计在 3 个月后能有一笔收入，他准备用来购买短期政府债券。但是他又担心 3 个月后利率下降（也就意味着债券价格会上升）使他蒙受损失。这时，他就可以先买入一定数量的政府债券期货。假定 3 个月后利率真的下降，他在现货市场上就会有损失，因为政府债券的价格上升后，他能够购买的债券数量减少了。但这种损失可以在期货市场上得到弥补，因为此时债券期货的价格也必将随着现货价格的上升而上升，从而为他带来一定的价差收入。

3. 股票指数期货

股票指数期货是指以股票价格指数作为标的物的金融期货合约。

进行股票价格指数期货交易并不意味着买卖股票价格指数所包含的股票，而是要求在未来特定的日期，按照合约规定的股价指数与市场上的即时股价指数进行差额结算。股票价格指数期货的价格通常以股票价格指数的若干倍来表示，这个倍数称为指数乘数。例如，日经指数期货的指数乘数为 1 000 日元，那么当日经指数为 18 000 点时，每张日经指数期货合约的价格就为 1 800 万日元。股票指数期货是目前金融期货市场最热门和发展最快的期货交易。

目前，国际金融期货交易市场上常涉及的股票价格指数期货主要有标准普尔指数期货、纽约证券交易所综合指数期货、金融时报 100 种股票指数期货、日经指数期货、恒生指数期货等。中国沪深 300 股指期货于 2010 年 4 月 16 日正式开始交易，中证 500 和上证 50 股指期货也于 2015 年 4 月 16 日正式推出。

阅读材料 7－6

上证 50 和中证 500 股指期货简介

千呼万唤始出来。沪深 300 股指期货终于 5 周岁生日当天迎来"双胞胎兄弟"，上证 50 和中证 500 股指期货于 2015 年 4 月 16 日挂牌交易。

作为两大重量级品种，上证 50 和中证 500 股指期货的推出使股指期货产品线逐渐丰富，为投资者、做市商等金融市场参与者提供更为丰富的投资手段和风险管理工具，随着金融产品和风险管理手段的丰富，金融市场将日趋稳定。

当天，中金所公布了上市合约的挂牌基准价。上证50股指期货IH1505、IH1506、IH1509、IH1512合约的挂盘基准价分别为3 058.8点、3 051.6点、3 036.8点和3 066.6点。中证500股指期货IC1505、IC1506、IC1509、IC1512合约的挂盘基准价分别为7 818.6点、7 830.6点、7 866.8点和7 928.8点。

根据合约规则，上证50期指合约乘数每点300元，中证500期指合约乘数每点200元，目前中金所最低交易保证金为8%。按照上证50期指3 058.8点的挂牌价计算，交易一手最低9.18万元，中证500期指按7 818.6点挂牌价计算，交易一手最低15.64万元。

股指期货新品种的推出，丰富了机构的套保工具，特别是首次覆盖中小盘个股的中证500股指期货，成为市场关注的焦点。截至当天收盘，上证50报收3 053.30点，涨0.03%；中证500报收7802.75点，跌3.91%。

四、金融期权市场

金融期权市场是指交易金融商品或金融期货合约为标的物的期权交易的场所。金融期权是赋予购买者在规定期限内按双方约定的价格或执行价格购买或出售一定数量某种金融资产的权利的合约。期权是一种选择权，是买卖某特定商品的选择权利，既然是选择权，也意味着可以根据需要放弃行使这一权利，期权合约的购买者须向卖方支付一定数额的期权费。

（一）期权的分类

期权按不同的标准可以有不同的分类。

1. 按期权合约可以执行的时间划分

按期权合约可以执行的时间划分，可分为美式期权和欧式期权。美式期权在到期日前的任何时候或在到期日都可以执行合同，结算日则是在履约日之后的一天或两天，大多数美式期权合同允许持有者在交易日到履约日之间随时履约，但也有一些合同规定一段比较短的时间可以履约，如"到期日前两周"。欧式期权合同要求其持有者只能在到期日履行合同，结算日是履约后的一天或两天。目前国内的外汇期权交易都采用欧式期权合同方式。欧式期权本少利大，但在获利的时间上不具灵活性；美式期权虽然灵活，但付费十分昂贵。因此，目前国际上大部分期权交易都是欧式期权。

2. 按期权合约的性质划分

按期权合约的性质划分，可分为看涨期权和看跌期权。看涨期权(call option)又称买进期权、买方期权，是指期权的购买者拥有在期权合约有效期内按执行价格买进一定数量标的物的权利。看跌期权又称卖权选择权、卖方期权，是指期权的购买者拥有在期权合约有效期内按执行价格卖出一定数量标的物的权利，但不负担必须卖出的义务。

3. 按期权合约的标的资产不同划分

按期权合约的标的资产不同划分，可以将期权分为股票期权、外汇期权和债券期权等。

（二）期权交易双方的盈利分析

期权这种衍生工具的最大魅力，在于可以使期权买方将风险锁定在一定范围内。因此，期权是一种有助于规避风险的理想工具，也是投机者理想的操作手段。对于看涨期权的买方来说，当市场价格高于执行价格时，他会行使买的权利，当市场价格低于执行价格时，他会放弃行使权利，所亏不过限于期权费；对于看跌期权的买方来说，当市场价格低于执行价格时，他会行使卖的权利，反之则放弃权利，所亏也仅限于期权费。因此，期权对于买方来讲，可以实现有限的损失和无限的收益，对于期权的卖方则刚好相反，损失无限而收益有限。我们可以用图7—2和图7—3来表示这种盈亏情况。

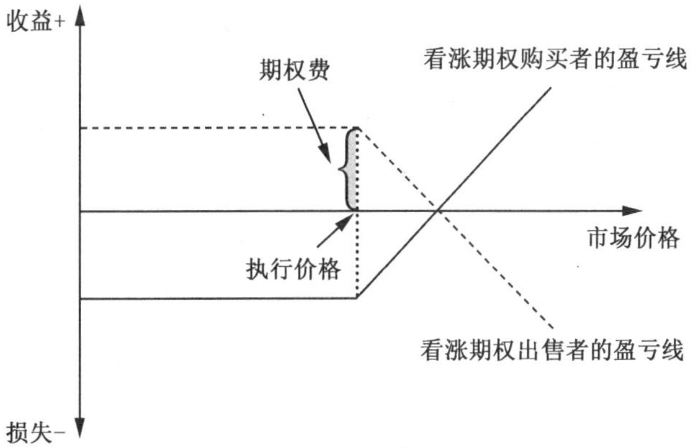

图7—2　看涨期权双方盈亏图

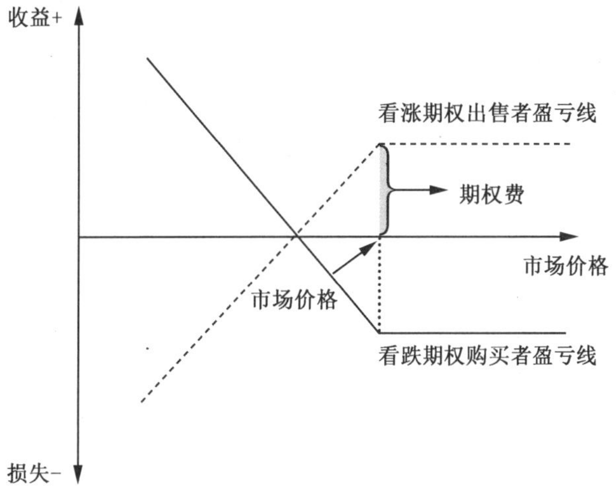

图7—3　看跌期权双方盈亏图

五、金融互换市场

（一）互换的定义

所谓"互换"，是指交易双方达成协议，约定在未来某个时间以事先约定的方法交换两笔货币或资产的金融交易。因此，从本质上说，互换是远期合约的一种延伸。互换交易在国际及金融市场上主要用于降低长期资金筹措成本，并对利率和汇率等风险进行防范，因此，互换交易既是融资工具的创新，也是风险管理的新手段。

互换交易是基于不同投资者在不同资金市场上有不同的比较优势的情况而产生的，较高信用级别的机构与较低信用级别的机构在筹集固定利率资金上的利率差幅，比筹集浮动利率资金时的利率差幅要大。换句话说，信用级别较低的机构在浮动利率市场筹资比信用级别较高的借款人具有一定的比较优势，反之，信用级别较高的借款人在固定利率市场上筹资比信用级别较低的借款人具有一定的优势。因此，如果各借款人都在其具有比较优势的市场上筹资，然后再互相交换相应的利息支付，那么双方都能降低融资成本。

（二）互换的种类

按照基础资产的种类，互换交易可以分为利率互换、货币互换两种类型。

1. 利率互换

利率互换又称利率掉期，是指两笔货币相同、债务额相同（本金相同）、期限相同的资金，但交易双方分别以固定利率和浮动利率借款，为了降低资金成本和利率风险，双方做固定利率与浮动利率的调换。

具体来说，利率互换是指参与互换的合约双方（甲方和乙方），在合约中约定一笔名义的本金数额，然后甲方承诺在约定的未来一定时期内支付乙方一笔货币，其金额为事先在合约中约定的按固定利率计算的利息，而乙方则按合约中约定支付给甲方一笔货币，其金额为事先在合约中约定的按市场浮动利率计算的利息。在实际操作中，利率互换的交易双方只需要有一方向另一方支付两种利息的差额即可，即若固定利率利息大于浮动利率利息，则由固定利率支付方向浮动利率支付方按两种利息的差额进行支付。利率互换通过对净现金流量的改变达到改变资产或负债所承担风险性质的目的。例如，通过利率互换可以把一项固定利率的负债转化成一项浮动利率负债，也可以把一项浮动利率负债转化成一项固定利率负债。

在利率互换中，市场浮动利率是以伦敦同业拆借利率（LIBOR）为基准，参与交易的各方根据各自的情况在 LIBOR 之上附加一定的加息率作为浮动利率。在利率互换中，由于固定利率借款与浮动利率借款的本金数目是相同的，所以本金不用交易，只是交易不同形式的利息。

2. 货币互换

货币互换也是常见的互换，简单来说，利率互换是相同货币债务间的调换，而货币互换则是不同货币债务间的调换。货币互换双方互换的是货币，它们之间各自的债权债务关系并没有改变。初次互换的汇率以协定的即期汇率计算。货币互换的目的在于降低筹资成本及防止汇率变动风险造成的损失。

本章小结

金融市场是以金融资产为对象而形成的供求关系及其价格机制的总和，它有广义和狭义之分。金融市场与商品市场的区别在于交易关系的不同、交易场所的区别、交易对象的差异、交易方式的复杂性。金融市场的基本要素包括交易主体、交易对象、交易工具、交易价格。

金融市场与整个国民经济息息相关，它具有配置资金、分散和转移风险、降低交易成本、价格发现、提供流动性以及调节经济六大功能。

货币市场是金融工具的交易期限在一年以内的短期资金融通和借贷的市场，其职能在于提供短期流动性和调剂头寸盈余。货币市场最主要的特点是风险性低和流动性高。货币市场可以细分为同业拆借市场、商业票据市场、回购市场、大额可转让定期存单市场、国库券市场等若干子市场 ，不同的市场具有不同的特点。

资本市场是金融工具的交易期限在一年以上的中长期资金融通和借贷的市场，其主要职能是筹集中长期资金。同货币市场相比，资本市场的特点主要有融资期限长、流动性相对较差、风险大、收益率较高的特点。资本市场可以分为股票市场、债券市场和投资基金市场，不同的市场有不同的运作原理。

金融衍生产品市场是各种金融衍生工具流通和交易的市场。具体可分为远期市场、期货市场、期权市场和金融互换市场。

练习题

一、概念识记

资本市场 原生金融工具 金融市场 货币市场 金融互换 溢价发行 期权合约 金融期货合约 商业票据 股票 股票价格指数

二、选择题

1. 下列金融工具中属于间接融资工具的是(　　)。

A. 可转让大额定期存单　　B. 公司债券
C. 股票　　D. 政府债券

2. 短期金融市场又称为(　　)。

A. 初级市场　　B. 货币市场
C. 资本市场　　D. 次级市场

3. 长期金融市场又称为(　　)。

A. 初级市场　　B. 货币市场
C. 资本市场　　D. 次级市场

4. 一张差半年到期的面额为2 000元的票据,到银行得到1 900元的贴现金额,则年贴现率为(　　)。

A. 5%　　B. 10%　　C. 2.56%　　D. 5.12%

5. 现货市场的实际交割一般在成交后(　　)天内进行。

A. 2　　B. 5　　C. 7　　D. 30

6. 下列属于所有权凭证的金融工具是(　　)。

A. 商业票据　　B. 股票
C. 政府债券　　D. 可转让大额定期存单

7. 下列属于优先股股东权利范围的是(　　)。

A. 选举权　　B. 被选举权
C. 收益权　　D. 投票权

8. 金融工具的价格与其盈利率和市场利率间的变动关系分别是(　　)。

A. 反方向,反方向　　B. 同方向,同方向
C. 反方向,同方向　　D. 同方向,反方向

9. 在代销方式中,证券销售的风险由(　　)承担。

A. 经销商　　B. 发行人
C. 监管者　　D. 购买者

10. 期权合约买方可能形成的收益或损失状况是(　　)。

A. 收益无限大,损失有限大　　B. 收益有限大,损失无限大
C. 收益有限大,损失有限大　　D. 收益无限大,损失无限大

三、简答题

1. 金融交易主要有哪些组织方式？并各举一例。
2. 金融市场有哪些基本功能？
3. 金融工具的基本特征是什么？
4. 优先股与普通股的主要区别是什么？
5. 简要说明期货合约、期权合约、互换合约。

四、案例分析

巴林银行破产案

1763年，弗朗西斯·巴林爵士在伦敦创建了巴林银行，它是世界第一批"商业银行"，既为客户提供资金和有关建议，自己也做买卖。当然它也得像其他商人一样承担买卖股票、土地或咖啡的风险，由于经营灵活变通、富于创新，巴林银行很快就在国际金融领域获得了巨大的成功。

20世纪初，巴林银行荣幸地获得了一个特殊客户：英国皇室。由于巴林银行的卓越贡献，巴林家族先后获得了五个世袭的爵位。这可算得上一个世界纪录，从而奠定了巴林银行显赫地位的基础。

里森于1989年7月10日正式到巴林银行工作。这之前，他是摩根士坦利银行清算部的一名职员，进入巴林银行后，他很快争取到了到印尼分部工作的机会。由于他富有耐心和毅力，善于逻辑推理，能很快地解决以前未能解决的许多问题，使工作有了起色，因此，他被视为期货与期权结算方面的专家，伦敦总部对里森在印尼的工作相当满意，并允诺可以在海外给他安排一个合适的职务。1992年，巴林总部决定派他到新加坡分行成立期货与期权交易部门，并出任总经理。

无论做什么交易，错误都在所难免。但关键是看你怎样处理这些错误。在期货交易中更是如此。有人会将"买进"手势误为"卖出"手势；有人会在错误的价位购进合同；有人可能不够谨慎；有人可能本该购买6月份期货却买进了3月份期货，等等。一旦失误，就会给银行造成损失。在出现这些错误之后，银行必须迅速妥善处理，如果错误无法挽回，唯一可行的办法，就是将该项错误转入电脑中一个被称为"错误账户"的账户中，然后向银行总部报告。

里森于1992年在新加坡任期货交易员时，巴林银行原本有一个账号为"99905"的"错误账号"，专门处理交易过程中因疏忽所造成的错误。这原是一个金融体系运作过程中正常的错误账户。1992年夏天，伦敦总部全面负责清算工作的哥顿·鲍塞给里森打了一个电话，要求里森另设立一个"错误账户"，记录较小的错误，并自行在新加坡处理，以免麻烦伦敦的工作。于是里森马上找来了负责办公室清算的利塞尔，向她咨询是否可以另立一个档案。很快，利塞尔就在电脑里键入了一些命令，问他需要什么账号。在中国文化里"8"是一个非常吉利的数字，因此里森以此作为他的吉祥数字，由于账号必须是五位数，这样账号为"88888"的"错误账户"便诞生了。

几周之后，伦敦总部又打来电话，总部配置了新的电脑，要求新加坡分行还是按老规矩行事，所有的错误记录仍由"99905"账户直接向伦敦报告。"88888"错误账户刚刚建立就被搁置不用了，但它却成为一个真正的"错误账户"存于电脑之中。而且总部这时已经注意到新加坡分行出现的错误很多，但里森都巧妙地搪塞而过。"88888"这个被人忽略的账户，提供了里森日后制造假账的机会,如果当时取消这一账户,则巴林的历史可能会重写了。

1992 年 7 月 17 日,里森手下一名加入巴林仅一星期的交易员金·王犯了一个错误:当客户(富士银行)要求买进 20 口日经指数期货合约时,此交易员误为卖出 20 口,这个错误在里森当天晚上进行清算工作时被发现。欲纠正此项错误,须买回 40 口合约,表示至当日的收盘价计算,其损失为 2 万英镑,并应报告伦敦总公司。但在种种考虑下,里森决定利用错误账户"88888",承接了 40 口日经指数期货空头合约,以掩盖这个失误。然而,如此一来,里森所进行的交易便成了"业主交易",使巴林银行在这个账户下,暴露在风险部位。数天之后,更由于日经指数上升 200 点,此空头部位的损失便由 2 万英镑增为 6 万英镑了(注:里森当时年薪还不到 5 万英镑)。此时里森更不敢将此失误向上呈报。

除了为交易员遮掩错误,另一个严重的失误是为了争取日经市场上最大的客户波尼弗伊。在 1993 年下半年,接连几天,每天市场价格破纪录地飞涨 1 000 多点,用于清算记录的电脑屏幕故障频繁,无数笔交易入账工作都积压起来。因为系统无法正常工作,交易记录都靠人力,等到发现各种错误时,里森在一天之内的损失便已高达将近 170 万美元。在无路可走的情况下,里森决定继续隐藏这些失误。

1994 年,里森对损失的金额已经麻木了,88888 号账户的损失,由 2 000 万、3 000 万英镑,到 7 月已达 5 000 万英镑。事实上,里森当时所做的许多交易,是在被市场走势牵着鼻子走,并非出于他对市场的预期如何。他已成为被其风险部位操作的傀儡。他当时能想的,是哪一种方向的市场变动会使他反败为胜,能补足 88888 号账户的亏损,便试着影响市场往那个方向变动。

在损失达到 5 000 万英镑时,巴林银行曾派人调查里森的账目。事实上,每天都有一张资产负债表,每天都有明显的记录,可看出里森的问题,即使是月底,里森为掩盖问题所制造的假账,也极易被发现——如果巴林真有严格的审查制度。里森假造花旗银行有 5 000 万英镑存款,但这 5 000 万英镑已被挪用来补偿 88888 号账户中的损失了。查了一个月的账,却没有人去查花旗银行的账目,以致没有人发现花旗银行账户中并没有 5 000 万英镑的存款。

另外,在 1995 年 1 月 11 日,新加坡期货交易所的审计与税务部发函巴林,提出他们对维持 88888 号账户所需资金问题的一些疑虑。而且此时里森已需每天要求伦敦汇入 1 000 万英镑,以支付其追加保证金。事实上,从 1993 年到 1994 年,巴林银行在 SIMEX 及日本市场投入的资金已超过 11 000 万英镑,超出了英格兰银行规定英国银行的海外总资金不应超过 25% 的限制。为此,巴林银行曾与英格兰银行进行多次会谈。在 1994 年 5 月,得到英格兰银行主管商业银行监察的高级官员之"默许",但此默许并未留下任何证明文件,因为没有请示英格兰银行有关部门的最高负责人,违反了英格兰银行的内部规定。

最令人难以置信的,便是巴林在 1994 年底发现资产负债表上显示 5 000 万英镑的差额后,仍然没有警惕到其内部控管的松散及疏忽。在发现问题至其后巴林倒闭的 2 个月时间里,有很多巴林的高级及资深人员曾对此问题加以关切,更有巴林总部的审计部门正式加以调查。但是这些调查都被里森以极轻易的方式蒙骗过去。里森对这段时期的描述为:"对于没有人来制止我这件事,我觉得不可思议。伦敦的人应该知道我的数字都是假造的,这些人都应该知道我每天向伦敦总部要求的现金是不对的,但他们仍旧支付这些钱。"

1995 年 1 月 18 日,日本神户大地震,其后数日东京日经指数大幅度下跌,里森一方面遭受更大的损失,另一方面购买更庞大数量的日经指数期货合约,希望日经指数会上涨到理想的价格范围。1 月 30 日,里森以每天 1 000 万英镑的速度从伦敦获得资金,已买进了 3 万口日经指数期货，并卖空日本政府债券。2 月 10 日，里森以新加坡期货交易所交易史上创纪录的数量，已握有 55 000 口日经期货及 2 万口日本政府债券合约。交易数量越大，损失越大。

所有这些交易，均进入 88888 账户。账户上的交易，以其兼任清查之职权予以隐瞒，但追加保证金所需的资金却是无法隐藏的。里森以各种借口继续转账。这种松散的程度，实在令人难以置信。2 月中旬，巴林银行全部的股份资金只有 47 000 万英镑。

1995 年 2 月 23 日，在巴林期货的最后一日，里森对影响市场走向的努力彻底失败。日经股价收盘降到 17 885 点，而里森的日经期货多头风险部位已达 6 万余口合约；其日本政府债券在价格一路上扬之际，其空头风险部位亦已达 26 000 口合约。里森为巴林所带来的损失，在巴林的高级主管仍做着次日分红的美梦时，终于达到了 86 000 万英镑的高点，造成了世界上最老牌的巴林银行终结的命运。

（资料来源：金亚娇. 对中航油事件和巴林银行破产案的思考[J]. 财经界，2015(4).）

思考：

1. 导致巴林银行最终破产的原因主要有哪些？
2. 从这一案例中我们得出了什么教训？

第三篇

宏观金融篇

第八章　货币供求与均衡

学习目标

1. 理解货币需求的概念，区分名义货币需求与实际货币需求。
2. 掌握西方理论界关于货币需求的理论。
3. 了解货币供给的数量界定，掌握货币层次的划分。
4. 掌握货币供给的形成机制，区分货币乘数与存款创造倍数两个概念。
5. 掌握货币均衡与失衡的定义，以及货币供求与社会总供求平衡和失衡的关系。

引导案例

大萧条时期的货币供给

1929～1933 年，美国银行持有的超额准备金从 2 500 万美元增加到超过 20 亿美元，现金对存款的比率从 17%增长到 33%，货币供给在 1929～1933 年因为超额准备金和现金对存款比例的上升而下降了 1/3，货币乘数也因而下降，可货币供给下降绝对不是任何一个反萧条者所希望看到的现象。为什么会发生这些变化？

在大萧条不断恶化的时期，借款者无法偿还贷款，存款者则因为担心银行倒闭而不敢将钱存到银行，实力雄厚的银行也找不到更多的有吸引力的贷款。为了获得公众的信任，银行必须保持较高的流动性，即持有较多的超额准备金。而人们却对银行体系失去了信心，纷纷从银行提取资金，从而增加了自己手中现金的持有量。

在 20 世纪 30 年代，美联储是有可能通过降低法定存款准备金率或者增加总储备来减缓或者消除货币供给的下降趋势的。美联储本来应该通过公开市场购入操作或者以最后借款人的角色向银行借贷来提供额外的准备金。如果那样，美联储就可以通过增加基础货币来抵消货币乘数下降的影响。这些行动只要数目足够大就完全能够阻止货币供给的减少。然而，美联储并没有按照上面所说的及时采取行动。因此,它经常被批评为加重了大萧条。事实上,美联储反而是提高了法定存款准备金,因为它相信这会有助于公众对银行系统的信心。

当然,今天人们对于什么因素能够影响货币供给以及它对经济体系重要性的了解,比在大萧条时期要多得多。

第一节 货币需求

一、货币需求概述

(一)货币需求的含义

从历史上看,关于货币需求含义的理解大体上可以分为两大派:其一是从货币的交易职能出发,仅把货币看作交易的媒介,从而讨论在一定的社会交易总量下,需要多少货币来支撑。比如马克思的货币必要量公式和费雪的交易理论都是建立在这一含义的基础上。另一种观点则是从微观经济主体出发,把货币视为一种资产,也就是一种财富持有形式。所谓货币需求,实际上就是在这种最佳状态的资产组合中,人们愿意持有的货币量。自从剑桥学派的现金余额说出现之后,众多经济学家都是从这一角度分析货币需求的。

需要注意的是,我们这里所说的货币需求并不是指人们对货币的需求意愿,因为这一意义上的货币需求是无限的,没有任何研究的价值。我们所说的货币需求是在一定的收入或财富总量的前提下,人们愿意持有的货币数量,是货币的有效需求。

(二)名义货币需求与实际货币需求

在通货膨胀条件下,货币需求可分为名义货币需求与实际货币需求,如同利率区分为名义利率与实际利率一样。

所谓名义货币需求,是指社会各经济部门所持有的货币单位的数量,如 1 亿美元、5 亿元人民币、8 000 万英镑等,通常用 M_d 来表示。实际货币需求是指名义货币数量在扣除了通货膨胀因素之后的实际货币购买力,它等于名义货币需求除以物价水平,即 M_d/P。因此,名义货币需求与实际货币需求的根本区别在于是否剔除了通货膨胀(或物价变动)的影响。对于货币需求者来说,重要的是货币所具有的购买力的高低而非货币数量的多寡,但在物价总水平有明显波动的情况下,区分并研究名义货币需求对于判断宏观经济形势和制定并实施货币政策具有重要意义。

(三)货币需求的微观角度与宏观角度

微观货币需求是指微观经济主体,即个人、家庭、企业、单位在既定的收入水平、价格水平、利率水平和其他经济条件下,根据自身的经济利益所确定的货币需要量。宏观货币需求是从宏观经济角度进行分析,研究一个国家在一定时间内与经济发展、商品流通相适应的货币需求量。研究微观货币需求量的出发点是微观经济主体的资产选择行为,研究宏观货币需求量的出发点则是整体经济运行。但两者之间存在着密切联系,微观货币需求量是宏观货币需求量的构成与基础,宏观货币需求量是微观货币需求量的总括。在对货币需求进行研究时,需要将两者有机地结合起来。

二、货币需求理论

货币需求理论主要论述的,是货币持有者保持货币的动机、决定货币需求的因素和各种因素的相对重要性，以及货币需求对物价和产出等实际变量的影响。

（一）马克思的货币需求理论

马克思的货币需求理论也称为货币必要量理论。按照马克思的论述，流通中必需的货币量是实现流通中待售商品价格总额所需的货币量。用公式可以表示为：

$$执行流通手段职能的货币需求量=\frac{待售商品价格总额}{同名货币的流通次数}$$

若以 M 表示货币需要量，Q 表示待售商品数量，P 表示商品平均价格，V 表示平均货币流通速度，则有公式：

$$M=\frac{PQ}{V}$$

上式表明，在一定时期内，作为流通手段的货币必要量主要取决于流通中的商品价格总额和货币流通速度两类因素。它与商品价格总额成正比，与货币流通速度成反比。它反映了商品流通决定货币流通这一基本原理。货币是为了适应商品交换的需要而产生的。

马克思的货币必要量公式强调商品价格由其价值决定，商品价格总额决定货币必要量，而货币数量对商品价格没有决定性影响。这个论断只在金属货币流通的条件下适用。货币必要量公式提供了对货币需求进行理论分析的思路，但直接运用这个公式测算实际生活中的货币需求，还存在很多困难。反映的是货币的交易性需求，即执行流通手段职能的货币需要量。

（二）古典货币需求理论——传统货币数量论

传统的货币数量论是由古典经济学家在 19 世纪和 20 世纪初发展起来的，是一种研究名义收入如何决定的理论。对于古典经济学家而言，传统货币数量论提供了对物价水平变动的一种解释：物价水平变动仅仅源于货币数量的变动。

古典货币需求理论又分为两种观点，分别是以费雪为代表的现金交易说和以马歇尔为代表的现金余额说。

1. 费雪方程式

现金交易说的主要代表人物是美国经济学家费雪。我们一般所说的现金交易方程式也就是指费雪交易方程。这一公式发表在其 1911 年所著的《货币的购买力》一书中。具体形式如下：

$$MV=PT$$

式中：M 表示一定时期内流通中的货币平均量；V 代表货币的流通速度；P 为交易中各类商品的平均价格；T 为各种商品的交易量。

交易方程式表明，一定时期内以当年价格水平表示的商品交易价值总额应该恒等于购买这些商品的货币总量。费雪进一步认为，货币流通速度 V 由制度因素决定，因而在短期内不变，可以视之为常数；T 是由产出决定的，它总是与产出量保持固定的比例，在充分就业条件下，T 也是大体稳定的。由于 V 和 T 都与货币数量的变动无关，因此只有 P 与 M 的关系最重要，两者的关系可以表示为：

$$P=MV/T$$

上式表明，货币数量 M 的任何变动，必然带来物价水平 P 正比例的相应变动；或者说价格水平的变动来自货币数量的变动，此即货币数量论观点。

将上式变形，可以得到相应的货币需求量表达式：

$$M=PT/V$$

从形式上看，交易方程式与马克思的货币需要量公式没有大的区别。但两者的含义却是截然不同的。费雪特别强调货币数量变化对商品价格的影响，而马克思则强调商品价格对货币数量的决定作用。

2. 现金余额数量论——剑桥方程式

该理论由剑桥学派的经济学家提出，属于剑桥学派的货币需求理论。英国剑桥学派创始人艾尔弗雷德·马歇尔（Alfred Marshall）在1923年出版的《货币、信用与商业》一书中系统地提出了现金余额数量论。马歇尔非常重视微观主体行为对货币需求的影响，他认为，决定人们持有的货币多少的因素有个人财富水平、利息率的变化以及持有货币可能拥有的便利等。

马歇尔的观点又由他的学生、剑桥学派的主要代表庇古加以系统化并用方程式表达出来，即剑桥方程式：

$$M=KPY \quad 或 \quad P=M/KY$$

式中：M为名义货币总需求；Y代表总收入，即实际生产总量；P代表价格水平；K是以货币形式保存的财富占名义总收入的比例，即名义所得与货币量的比例。

剑桥方程式的贡献在于把货币看作是一种资产，是人们持有财富的一种资产形式，它指出货币资产在总财富中所占的比率，取决于持有货币资产的机会成本和人们对各种资产收益的预期。它开始重视研究分析人们为什么持有货币资产，从而开创了从微观经济主体的持币动机、持币行为的角度研究货币需求的先河，这是对货币需求理论的重大贡献。

3. 两个货币需求方程式的比较

首先，剑桥方程式与交易方程式有明显的相似之处。如果设剑桥方程式中的Y代表费雪交易方程式中的交易量T，那么，不管人们保留货币是为了方便交易或是作为一种财富持有方式，货币持有量总可以表示成交易量PT的某个份额。这时$M=KPY$，同时$MV=PT$，所以有$K=1/V$。剑桥方程式中的K不过是费雪方程式中V的倒数，即人们所保持的现金占整个交易的比例。现金余额增加，货币流通速度就减慢；现金余额减少，货币流通速度就加快。这正是庇古所说的现金余额变化引起物价变化的传导中介。

其次，两个方程式有显著的差异，具体体现在以下几个方面：

(1)对货币需求分析的侧重点不同。费雪方程式强调的是货币的交易手段职能，而剑桥方程式则重视货币作为一种资产的职能。

(2)费雪方程式把货币需求与支出流量联系在一起，重视货币支出的数量和速度，而剑桥方程式则是从货币形式保有资产存量的角度考虑货币需求，重视这个存量占收入的比例。

(3)两个方程式所强调的货币需求决定因素有所不同。费雪方程式是从宏观角度用货币数量的变动来解释价格，反过来，在交易商品量给定和价格水平给定时，也能在既定的货币流通速度下得出一定的货币需求结论。而剑桥方程式则是从微观角度进行分析的产物。他们的思路是，出于种种经济考虑，人们对于保有货币有一个满足程度的问题。但保有货币要付出代价，比如不能带来收益的特点就是对保有货币数量的制约。这就是说，微观主体要在比较中决定货币需求。显然，剑桥方程式中的货币需求决定因素多于费雪方程式，特别是利率的作用已成为不容忽视的因素之一。

（三）凯恩斯货币需求理论

凯恩斯最早曾是现金余额说的拥护者和剑桥学派的重要代表人物。但随着他的《货币理论》在1930年的出版，他已经对传统经济学进行了新的思考和评价，并提出了很多质疑。到1936年他所著的《就业、利息和货币通论》出版时，他已经完全背离了传统的新古典学派经济理论，彻底否定了萨伊定律，从价格分析转变到面向就业与产出的更为一般性的货币理论研究。他以1933年的经济大危机为理论背景，在《就业、利息和货币通论》中提出了一整套新颖的经济理论，我们称之为"凯恩斯革命"。1936年，凯恩斯在《就业、利息和货币通论》中提出了他的货币需求理论——流动性偏好理论。

所谓流动性偏好，是指人们宁愿持有流动性高但不能生利的货币，而不愿持有其他能生利但不易变现的资产这样一种心理倾向。这种流动性偏好实质上就是人们对货币的需求。

凯恩斯继承了剑桥学派的研究方法，从资产选择角度来考察货币需求。对人们持有货币的各种动机进行了详尽的分析，并得出了实际货币需求不仅受实际收入的影响，而且也受利率影响的结论。这一结论从货币数量论的角度理解还有另外的含义，那就是货币流通速度也是受利率影响的、多变的变量。

凯恩斯认为，人们的货币需求动机主要有三个，即交易动机、预防动机和投机动机。

1. 交易动机

交易动机是指人们为进行日常交易而产生的持有货币的愿望。货币需求的交易动机又可分为个人交易动机与企业的营业动机。一般来说，满足交易动机的货币需求的数量取决于收入水平，并与收入多少成正比，所以可将交易动机的货币需求看作是收入的递增函数。

2. 预防动机

凯恩斯认为，未来是不确定的，现实经济生活中经常有各种意外需要货币。由于这部分货币主要也是作为流通手段和支付手段，也受到收入水平的影响，所以预防动机的货币需求也是收入的递增函数。

3. 投机动机

凯恩斯假设，人们只能在货币和债券这两种资产中选择持有财富的形式，由于债券价格与利率成反向变动，因而，预期利率上升者将售出债券，持有货币，以便在债券价格下跌后，能以低价买进债券。所谓投机动机的货币需求，实际上是指人们对闲置货币余额的需求，而不是对交易媒介的需求。投机动机的货币需求与现实利率水平成负相关，而与预期利率升降成正相关。

由于凯恩斯的货币需求表现为人们的流动性偏好，所以他用 L 表示流动性偏好，即货币需求函数。又由于交易动机和预防动机的货币需求都是收入的增函数，而投机动机货币需求是利率的递减函数，所以，可将总的货币需求 M 分解为两部分：满足交易动机和预防动机的货币需求 M_1，和满足投机动机的货币需求 M_2。

若以 Y 表示收入，r 表示利率，L_1 表示 M_1 与 Y 的函数关系，L_2 表示 M_2 与 r 的函数关系，则凯恩斯的货币需求理论可用下列函数式来表示：

$$M=M_1+M_2=L_1(Y)+L_2(r)=L(Y,r)$$

凯恩斯认为，货币的交易动机和预防动机导致的货币需求取决于经济发展状况和收入状况。但对于货币的投机需求，情况则有所不同。因为货币的投机需求主要受人们对未来利率预期变动的影响。按照凯恩斯的思想，预期的无理性导致预期缺乏科学性，从而货币投机需求的变动常常是剧烈且变幻莫测的，有时候甚至会走向极端而发展不规则的变化。

凯恩斯在他的《就业、利息和货币通论》中列举了这种极端的情况：当利率水平降到一定低的水平后，几乎所有的人都会预期未来利率不会继续下降，也就是说未来的债券价格不会继续上升。每个人从收益和风险的角度考虑，都不会持有任何债券，所有的资产都以货币形式存在。一旦发生这种情况，货币需求就脱离了利率递减函数的轨迹，流动性偏好的绝对性使货币需求变得无限大，失去了利率弹性。我们称这一现象为“流动性陷阱”，这时金融货币当局无论怎样扩大货币供给，都不会使利率进一步下降，从而货币政策丧失了有效性。

（四）弗里德曼货币需求理论

从20世纪50年代开始，经济形势发生了变化，大规模经济萧条现象已不是世界经济的主要问题，通货膨胀成为经济中的头号难题。到70年代，简单的通货膨胀又被更复杂的“滞胀”问题所代替。这种经济环境和背景的转变，在经济理论上反映为货币数量说的复兴。但是这种学说采用了理论分析与实证研究相结合的方式，与古典学派大不相同，所以称之为“新货币数量说”或“货币主义”，这一理论主要是由美国芝加哥大学经济学教授米尔顿·弗里德曼(Milton Friedman)和他的同事们发展起来的。

1956年，弗里德曼发表了《货币数量说的重新表述》一文，奠定了现代货币数量说的基础。弗里德曼认为，货币数量说不是关于产量、货币收入或物价问题的理论，而是关于货币需求的理论。弗里德曼也继承了凯恩斯等人把货币视为一种资产的观点，从而把货币需求作为一种资产选择行为进行分析。但弗里德曼没有像凯恩斯主义者那样把资产的范围只局限在货币和债券上，而是债券、股票以及各种实物资产都纳入货币的可替代性资产，并且得出了与凯恩斯主义完全不同的结论。

弗里德曼认为，影响货币需求变动的因素包括以下几个方面：

1. 总财富

弗里德曼把货币看作人们持有财富的一种形式。个人所持有的货币量受其总财富限制。总财富包括人力财富和非人力财富。由于总财富难以直接计算，因此，他提出用“恒常收入”这一概念来代替财富(也称持久性收入)。所谓“恒常收入”，是指人们在较长时期内所能取得的平均收入，它区别于带有偶然性的即时性收入，是一种比较稳定的收入。由于“恒常收入”易于计算，且具有稳定性，因而可以避免即时性收入受偶然因素影响而使货币需求函数出现不稳定的现象。

2. 财富构成

财富构成指人力财富与非人力财富的比例。人力财富是指个人在将来获得收入的能力，即人的生产能力，又叫人力资本。非人力财富即物质资本，指生产资料及其他物质财富。

3. 货币和其他资产的预期收益

人们持有多少货币，在很大程度上取决于货币与其他资产收益大小的比较。

4. 影响货币需求的其他因素

人们对货币的“嗜好”程度也会影响货币需求，如果人们把货币看成是“必需品”，那么货币需求对收入的弹性为1或小于1；如果人们把货币看作“奢侈品”，则货币需求对收入的弹性就会大于1。此外，人们对未来经济稳定性预期也会影响货币需求。

通过以上的分析，弗里德曼得出了下面的货币需求函数：

$$\frac{M_d}{P}=f\left(y,w;r_m,r_b,r_e,\frac{1}{P}\ \frac{\mathrm{d}p}{\mathrm{d}t};u\right)$$

式中：M_d/P 表示实际货币需求；y 表示恒常收入，用来代表财富；w 表示非人力财富占总财富的比例；r_m 是货币预期的名义报酬率；r_b 表示债券的名义报酬率，包括资本利得；r_e 是股票的名义报酬率，也包括资本利得；$\frac{1}{p}\ \frac{\mathrm{d}p}{\mathrm{d}t}$ 表示商品价格的预期变化率，即实物资产的预期名义收益率；u 表示其他影响货币需求的因素。

弗里德曼的货币需求函数最主要的特点就是强调恒久性收入对货币需求的主导作用。他认为，货币需求也像消费需求一样，主要由恒久性收入决定。从长期看，货币需求必定要随恒久性收入的稳定增加而增加，由于恒久性收入在周期里不会发生较大幅度的变化，故货币需求也是稳定的。弗里德曼认为，货币政策的首要任务是防止货币本身成为经济波动的主要源泉，货币当局应避免剧烈地和反复无常地改变货币政策的宏观调节方向，只有这样，才能给经济提供一个稳定成长的条件。

三、影响货币需求的因素分析

不管是货币需求的理论分析，还是货币需求的实践研究，核心内容都不外是考察影响货币需求量的经济因素。但由于不同国家在经济制度、金融发展水平、文化和社会背景以及所处经济发展阶段的不同，影响货币需求的因素也会存在差别。如果把我国现阶段的货币需求也视作个人、企业等部门的货币需求之和的话，那么，影响我国现阶段货币需求的有以下主要因素。

1. 收入

人们需要货币，首先是为了开支。而人们支出水平高低取决于他们的收入水平。实际收入越高的家庭，支出水平也越高，因而需要的货币数量也越多。可见，货币需求是和实际收入水平同方向变化的。若用 M_d 表示需要的货币量，持币量在实际收入 Y 中的比率为 k，则 $M_d=kY$。

2. 商品价格水平或价格指数

人们持有货币是为了购买商品。因此，人们需要的货币实际是需要货币具有的购买力，或货币能买到的商品数量。如果某人原来持有 1 000 元货币，现在若所有商品价格上升了一倍，则现在他必须持有 2 000 元才能买到原先数量的商品，如果仍只有 1 000 元，则他只能买到原来商品数量的一半。可见，当价格水平提高时，为了保持原先持有货币的购买能力，他需要持有的名义货币量必须相应增加。一定数量名义货币需求除以价格水平称之为实际货币需求量。若用 m_d 表示实际货币需求量，用 M_d 表示名义货币需求量，用 P 表示价格水平或者说价格指数，则有

$$m_d=M_d/P$$

3. 利息率

每个家庭在一定时期所拥有的财富数量总是有限的。人们必须决定他所拥的那笔财富的形式。他们也许想以拥有一定数量货币来拥有这笔财富，但如果以货币形式拥有财富的比例越大，则以其他形式(如证券、实物资产等)拥有财富的比例就越小。利息率的变动会引起有价证券的价格发生变化，从而改变人们的以货币形式持有的财富。

4. 货币流通速度

从动态的角度考察，一定时期的货币总需求是指该时期货币的流量。而流量又不外是货币平均存量与货币流通速度的乘积。现假定用来交易的商品与劳务总量不变，而货币流通速度加快，从而便可以减少现实的货币总需求。反之，如果货币流通速度减慢，则必然增加现实的货币需求量。因此，货币流通速度与货币总需求是反向变动的关系。并且，在不考虑其他因素的条件下，二者之间的变化存在固定的比例关系。

5. 金融资产收益率

金融资产的收益率是指债券的利息率或股票的收益率。在金融制度发达和比较发达的国家和地区，人们往往有投资性货币需求，亦即以盈利为目的、以资产选择为内容的货币需求。

当金融资产收益率明显高于存款利率时，人们理所当然地愿意购买有价证券，因而便会增加投资性货币需求。金融资产的收益率对货币需求的影响也很复杂，既然它是一种资产选择行为，因而便包含着人们对流动性与安全性的权衡，并非单纯追求收益。与此同时，它更多地影响货币需求的结构，使不同的货币需求动机间产生此消彼长的替代关系。由于我国金融市场发展迅速，对这类因素需要进行深入分析和研究。

6. 企业与个人对利率与价格的预期

当企业对利润预期很高时，往往有很高的交易性货币需求，因此，它同货币需求呈同向变化。当人们对通货膨胀的预期较高时，往往会增加消费、减少储蓄，抢购和持币待购成为普遍现象。因此，它同货币需求呈反向变化。

7. 财政收支状况

当财政收入大于支出且有结余时，一般意味着对货币需求的减少，因为社会产品中的一部分无须货币去分配和使用，从而减少了一部分交易货币需求。反之，当财政支出大于收入出现赤字时，则表现为对货币需求的增加。赤字的弥补不管是通过社会举债还是向中央银行短期透支，都会引起货币需求的增加。

8. 其他因素

其他因素主要包括信用的发展状况、金融机构技术手段的先进程度和服务质量的优劣，以及国家的政治形势、一国的民族特性、生活习惯、文化传统等。

阅读材料 8-1

香港人民币化对中国货币需求的影响

中国香港地区已经出现了日趋严重的人民币替代港元的人民币化现象，这对中国经济尤其是中国的货币需求会带来怎样的影响？运用向量自回归 VAR 模型、脉冲响应函数等检验方法对此进行实证分析，结果表明反映香港人民币化的各种经济变量的变动会改变香港居民对人民币与港元的持有量，从而证实了香港人民币化对中国货币需求的影响确实存在并影响中国货币政策的有效实施。中央银行在确定货币供应量目标及进行货币政策操作时，不能只考虑中国内地的经济因素，还需关注香港地区的经济因素。在香港地区利率的扰动对中国货币需求量的最初影响较小，但其长期影响显著。这就意味着，当香港地区的利率水平低于人民币利率水平时，香港居民会增持人民币而减持港元，由此导致人民币的需求增加，人民币替代港元的程度亦随之增强；反之，当港元利率水平高于人民币利率水平时，则会导致香港居民减持人民币而增持港元，人民币替代港元的程度则随之降低，从而导致人民币需求量也随之减弱。如果人民币升值，将导致香港居民大量地把港元兑换成人民币，如果人民币升值预期不断增强，人民币替代港元的程度也会随之不断提高，那么，香港居民对人民币的需求更会加大；反之，则会减少对人民币的需求。由此可见，人民币与港元之间的替代对中国货币需求的稳定产生了很大的影响。

（资料来源：尹亚红．香港人民币化对中国货币需求的影响[J]．广东金融学院学报，2012,27(2).）

第二节　货币供给

货币供给主要研究由谁来提供货币、提供什么货币、怎样提供货币和提供多少货币等问题，从而引出了货币供给的主体、货币统计口径与货币层次、货币供给机制、货币供给的控制等诸多理论与实际问题。

一、货币供给与货币供给量

1. 货币供给

货币供给是指某一国或货币区的银行系统向经济体中投入、创造、扩张(或收缩)货币的金融过程。它主要包括货币供给的变量及其层次，货币供给控制机制与控制工具，货币供给与货币收支，货币供应量的决定机制等。

2. 货币供应量

货币供应量一般是指由政府、企事业单位、社会公众等持有的，由银行体系所供应的债务总量。货币供应量有广义和狭义之分，狭义的货币供应即 M_1，广义的货币供应为 M_2。研究货币供应量的目的是为使银行体系实际提供的货币量与社会经济总体对货币的需要量保持一致，并能不断保持经济的稳定增长。

二、货币供给的层次划分

(一)概念及划分的标准

所谓货币层次的划分，是指把流通中的货币，按一定的标准进行相关排列，划分成若干层次，并用符号代表各层次内容的一种技术方法。货币层次的划分原则上是以金融资产的流动性为标准来划分的。所谓金融资产的流动性是指金融资产在不受损失或少受损失的前提下，及时转化为现实购买力的能力。

(二)货币层次划分的方法

一般来说，可以将流动性最强的金融资产划分为第一层次、最基本层次，然后使货币范围逐步向流动性较强、次强的金融资产扩散，从而形成货币结构的不同层次。

由于各个国家经济发展水平不同，社会民众的生活习惯不同，金融体制、信用制度的特点也不同，甚至一个国家不同时期的具体情况也会发生变化，所以不同国家的货币层次的划分是有区别的，同一国家不同时期的货币层次划分也往往会随情况变化而调整。

如国际货币基金组织货币层次的划分统计口径是：

M_0＝银行体系以外的现钞和铸币

M_1＝M_0＋商业银行的活期存款＋其他活期存款

M_2＝M_1＋准货币

准货币(quasi-money)，又叫亚货币或近似货币，是一种以货币计值，虽不能直接用于流通但可以随时转换成通货的资产。准货币虽不是真正意义上的货币，但可随时转化为现实的货币，是一种潜在的货币。

我国参照国际货币基金组织的划分口径，把货币供给层次划分如下：

M_0＝流通中的现金

$M_1=M_0+$活期存款

$M_2=M_1+$准货币(企业单位定期存款＋城乡居民储蓄存款＋证券公司的客户保证金存款＋其他存款)

(三)划分货币层次的意义

现实经济中存在着形形色色的货币,需要将它们划分为不同的层次,使货币供给的计量有科学的口径。处于不同层次的货币,活动性不同;划分货币供给层次可以考察具有不同货币性的货币供应量对经济的影响。由于不同层次的货币供给形成机制、特性不同,调控方式也不同,划分货币供给层次有利于有效地管理和调控货币供应量。

将金融资产流动性作为货币层次的划分标准的原因,主要是因为金融资产的流动性程度不同,其流通周转次数就不同,由此形成的货币购买力及对整个社会经济活动的影响也就不同。按流动性划分货币供应量的层次,有助于金融管理当局掌握不同层次货币的运行态势,按不同层次货币对经济的不同影响,采取不同的措施进行调控并确定调控的重点。

三、货币供给的形成机制

在二级银行制度下,货币供给是通过中央银行和商业银行两级货币创造机制来完成的。二级银行制度即由中央银行和以商业银行为主体的金融机构共同组成的国家银行体系。在这种体制下,中央银行是发行的银行、银行的银行、政府的银行,一般不与个人、企业、单位发生信用关系,只与商业银行等金融机构及政府发生信用关系,是公众货币的直接供应者。在二级银行制度下,中央银行和商业银行在货币供应过程中的地位和作用是不同的。

虽然中央银行在货币供给的形成中起决定作用,但最终还是要通过微观基础(即居民、企业及商业银行)的反应才能起作用。所以我们首先要分析各微观主体的经济行为与货币供给量之间的关系。

(一)居民持币行为与货币供给

当居民普遍增加现金也即通货持有量的时候,通货对活期存款的比率会提高;反之,这个比率会下降。这个比率通常被简称为通货比,用符号 C/D 表示。

对居民持币行为从而对通货比产生影响的因素主要有四个方面:

1. 财富效应

当一个人的收入或财富大量增加时,通常,他持有现金的增长速度会相应降低;反之亦然。这说明,一般情况下,通货比与财富和收入的变动呈反方向变化。

2. 预期报酬率变动的效应

居民持有的现金是不产生利息的,因此它们的货币报酬率为零;储蓄存款有利息收益,那就是货币报酬率大于零。假若只存在现金和储蓄存款两种金融资产,显然,储蓄存款利率变动与通货比率是负相关关系。实际上,在现金和储蓄存款之外还存在其他一些资产,如国债、企业证券等。那么,其他资产价格或收益率的变动就会间接地影响通货比率。例如,证券或债券的收益率提高了,如果人们的现金持有量不变,而储蓄存款由于相对收益水平下降而减少,那么通货比率就会相对提高。

3. 金融危机

假若出现了银行信用不稳定的苗头,居民就会大量提取存款,通货比会因而增大。

4. 非法经济活动

要逃避法律监督,倾向于用现金进行交易。所以,非法经济活动的规模与通货比呈正相关关系。

在经济生活中，有的因素作用较大，有的较小；有的暂时较大，有的暂时较小。但任何因素影响的大小，都须结合条件的变化进行具体分析。

（二）企业行为与货币供给

在市场经济中，企业所有者或经营者在筹集资金和运用手中的货币资本进行投资或资产选择时，常常与居民遵循共同的规则。但是，表征企业行为对货币供给影响特点的，是它们对资本的需求，从而对贷款的需求。一般来说，主要来自两方面：

1. 经营的扩大与收缩

企业扩大经营规模需要补充资本，补充资本的投入一般要求从补充货币资本开始。如果企业对货币资本的投入靠的是自身的积累，这不需要补充贷款；反之，则需要追加贷款。追加贷款，就不能不影响货币供给。

2. 经营效益的高低

一般来说，不管是由于经营管理不善，还是整个经济比例、结构有问题，都会造成资金周转率降低。信贷资金占用时间延长，在相同的产出水平下会相对增加对贷款的需求，从而增加货币供应量；反之，则会减少对于增加货币供应量的压力。

（三）商业银行与货币供给

在二级银行制度下，商业银行的存款创造活动是货币供给形成机制中的重要层次，具有特别重要的地位。商业银行区分于其他金融机构的最重要特征在于：只有商业银行才能经营活期存款业务，因而商业银行可以通过其业务经营活动（吸收活期存款及发放贷款等）进行多倍存款扩张，并形成存款货币供应量。下面介绍商业银行创造存款货币的原理和过程。

1. 有关存款货币创造的几个基本概念

（1）存款货币，指存在商业银行使用支票可以随时提取的活期存款。

（2）原始存款，指商业银行吸收现金存款和中央银行对商业银行贷款形成的存款。

（3）派生存款，相对于原始存款而言，指由商业银行用转账方式发放贷款，办理贴现或投资等业务活动引申出来的存款，又叫衍生存款。

2. 存款货币的创造过程

我们可以通过一个简单的例子来说明商业银行是如何在其业务经营过程中创造出派生存款的。

为了便于阐述，我们先作几个假设：（1）没有现金漏损。支付清算系统全部转账结算，即借款人从银行取得贷款购物，全部以转账方式办理支付，没有现金漏出。（2）超额存款准备金为零。由于部分准备金制度，每家商业银行对吸收的存款按 10％的法定存款准备率提取法定准备金以后，余额全部用来发放贷款，而不保留超额准备金。（3）银行客户将其全部货币收入都存入活期存款账户，而不增加定期存款和储蓄存款。

存款货币创造过程如下：

（1）假设一客户将 1 000 元现金存入甲银行，这 1 000 元存款就成为原始存款，由于部分准备金制度，甲银行就需要从这 1 000 元中保留 10％，即 100 元作为准备金，其余 900 元可全部贷出。此时，甲银行的 T 形资产负债表如表 8－1 所示。

表 8—1　　甲银行资产负债表　　单位:元

资　产		负　债	
准备金	100	现金存款	1 000
贷款	900		
总额	1 000	总额	1 000

(2)甲银行贷出 900 元以后,取得这批贷款的客户将这笔钱用于支付,而收款人又将这笔款项全部存入了乙银行。按照前面的假设,乙银行的 T 形资产负债表如表 8—2 所示。

表 8—2　　乙银行资产负债表变化　　单位:元

资　产		负　债	
准备金	90	现金存款	900
贷款	810		
总额	900	总额	900

(3)同样,当乙银行贷出 810 元之后,取得这笔贷款的客户将这笔款用于支付,而收款人又将这笔款项全部存入丙银行。同样按前面的假设,可得到丙银行的资产负债表如表 8—3 所示。

表 8—3　　丙银行资产负债表变化　　单位:元

资　产		负　债	
准备金	81	现金存款	810
贷款	729		
总额	810	总额	810

依次下去,直到整个银行体系都没有超额准备金存在,在这个过程中,每一家银行都在创造存款,这个过程可以从表 8—4 中反映出来。

表 8—4　　商业银行存款货币创造过程　　单位:元

银　行	活期存款	准备金	贷　款
甲银行	1 000	100	900
乙银行	900	90	810
丙银行	810	81	729
丁银行	729	72.9	656.1
……	……	……	……
总计	10 000	1 000	9 000

从表 8—4 可知,当银行根据经验按存款的一定比例——假设是 10%作为法定准备金,1 000 元的存款,可使有关银行共贷出 9 000 元贷款和吸收包括最初 1 000 元存款在内的 10 000 元存款。从先后顺序来说,1 000 元是最初的存款,9 000 元是由于有了最初的存款才

产生的。因此，把最初的存款称为“原始存款”，把在此基础上扩大的存款称为“派生存款”。

如果以 ΔD 表示包括原始存款在内的经过派生后的存款总额，以 ΔR 表示原始存款或准备存款的初始增加额；ΔL 表示在原始存款基础上发放的贷款累计总额——派生存款总额；r_d 表示法定存款准备率，则：

$$\Delta D=\Delta R \cdot \frac{1}{r_d},\Delta D \cdot r_d=\Delta R,\Delta L=\Delta D-\Delta R$$

银行存款货币创造机制所决定的存款总额，其最大扩张倍数称为派生倍数，也称为派生乘数或派生系数。它是法定准备率的倒数。若以 K 代表，则有下式：

$$K=\frac{\Delta D}{\Delta R}=\frac{1}{r_d}$$

这里的 K 值只是原始存款能够扩大的最大倍数，实际过程的扩张倍数往往达不到这个值。

3. 影响存款派生倍数的其他因素

影响存款派生倍数的因素只有法定存款准备率，但是实际经济生活中存款派生倍数还要受以下三个因素的限制。

(1)现金漏损。

客户在取得贷款以后，往往不会将其全部转为存款，而是要提取一部分现金，从而使一部分现金流出银行系统，出现所谓的“现金漏损”。当出现现金漏损时，银行系统可以用于发放贷款的资金减少，所以存款派生倍数也必然缩小，银行创造存款货币的能力下降。现金漏损额与活期存款总额之比称为现金漏损率，也称提现率。

$$\text{现金漏损率}\ c=\frac{\text{现金漏损}\ C}{\text{活期存款}}$$

(2)银行持有超额准备金。

在现实生活中，银行并不会把上缴法定存款准备金后的余额全部都用来发放贷款，而是要保留一部分超额准备金以满足客户提现及增发贷款之需，这部分超额准备金也会退出商业银行存款创造过程，使存款派生倍数缩小。银行超过法定要求持有的准备金与存款总额之比称为超额准备率，即：

$$\text{超额准备率}\ e=\frac{\text{超额准备金}\ E}{\text{活期存款}}$$

(3)部分活期存款转为定期存款。

在现实生活中，有一部分活期存款会转为定期存款，由于在西方国家对于两种存款分别规定了不同的法定准备率，活期存款的法定存款准备率一般高于定期存款的法定存款准备率，所以部分活期存款转为定期存款使两种存款的比例发生变化时，必然会使商业银行的法定准备金总额发生变动，从而使商业银行可用资金发生相应变化，进而对其派生能力产生影响。该因素对商业银行派生能力的影响可表示为：

$$r_t \cdot \frac{D_t}{D}=r_t \cdot t$$

式中：t 是定期存款占活期存款的比例。

(4)综合考虑。

综合考虑以上三个因素的影响，存款派生倍数可以修正为：

$$K=\frac{\Delta D}{\Delta R}=\frac{1}{r_d+t\cdot r_y+c+e}$$

商业银行存款的倍数收缩过程与存款的倍数扩张过程是相对称的，其原理是一样的。

4. 商业银行存款派生与中央银行信用的关系

从以上分析可知，通过商业银行存款派生过程投放到流通中的存款货币数量首先取决于商业银行所能获得的原始存款数量，其次取决于由法定准备率、超额准备率、现金漏损率、定期存款比例等因素决定的原始存款派生倍数。前面在介绍商业银行存款创造原理时，曾假定商业银行原始存款的增加仅来自吸收现金存款。实际上，吸收现金存款不可能成为商业银行增加原始存款的主要来源。因为从全社会和整个银行体系来看，社会公众持有的现金量是基本稳定的，每天商业银行既能吸收客户的现金存款，同时又要满足客户提取现金的需要，一进一出从较长时间来看出入不大。商业银行扩大超额准备金的主要来源实际是中央银行所提供的信用，商业银行所能获得的中央银行提供的信用的数量和最终通过派生机制创造的存款货币数量是"源"与"流"的关系。"源"是中央银行提供的"银行货币"，"流"是商业银行提供的"公众货币"，"公众货币"是在"银行货币"的基础上经过倍数扩张后形成的。

这就涉及现代货币供给形成机制的另一个层次：中央银行在货币供给机制中的地位和作用的问题。

（四）中央银行与货币供给

中央银行是现金的发行者与管理者，又是商业银行的最后贷款人，所以商业银行所能获得的原始存款的数量归根到底都是由中央银行提供的，中央银行向商业银行提供的货币是一种特殊的货币，被称为银行货币，也称基础货币。

1. 基础货币

基础货币，也称强力货币，因其具有使货币供应总量成倍放大或收缩的能力，又被称为高能货币（high-powered money），它是中央银行发行的债务凭证，表现为商业银行的存款准备金（R）和公众持有的通货（C）。基础货币是整个商业银行体系借以创造存款货币的基础，是整个商业银行体系的存款得以倍数扩张的源泉。

基础货币是中央银行通过其资产业务提供的，从中央银行负债来看，基础货币就是流通中的现金和商业银行准备金存款之和，即

$$B=C+R$$

式中：B 为基础货币；C 为流通中的现金；R 为商业银行准备金存款。

存款准备与现金这两者联系紧密，不能截然分开。作为存款货币创造基础的准备存款，是既因现金的提取而会减少，又因现金的存入而会增多的准备存款，而准备存款的存在，既是现金进入流通的前提——无准备存款无法取得现金，又是现金回笼的归宿——实实在在的现金并不因回笼消失，而是转化为准备存款形态。

这里需要着重指出的是，中央银行扩大资产业务并不是以负债业务的增加为前提的，中央银行并不像商业银行一样必须先吸收存款，有了增加的资金来源以后才能发放贷款，而是先扩大资产的规模，再形成等额的负债。其原因就是中央银行有发行货币的特权，而且这种创造货币的能力从技术上来说是无限的，但是要受稳定币值货币政策目标的制约。

2. 货币乘数

基础货币可以引出数倍于自身的可为流通服务的信用货币。把货币供给量与基础货币相比，其比值就是货币乘数（money multiplier）。用 M_s 代表货币供给，B 为基础货币，则可列出

下式：

$$M_s = m \times B$$

式中：m 为货币乘数。

货币乘数是指货币供给量相当于基础货币的倍数，或者说是基础货币每增加或减少一个单位所引起的货币供给量的增加或减少的倍数。

基础货币虽然是由通货，也即处于流通中的现金 C 和存款准备 R 这两者构成，但在货币乘数中的作用并不一样。通货 C 虽然是创造存款货币不可或缺的根据，但它本身的量，中央银行发行多少就是多少，不可能有倍数的增加。而引起倍数增加的只是存款准备 R。因此，基础货币与货币供给量 M 的关系可用图 8—1 表示。

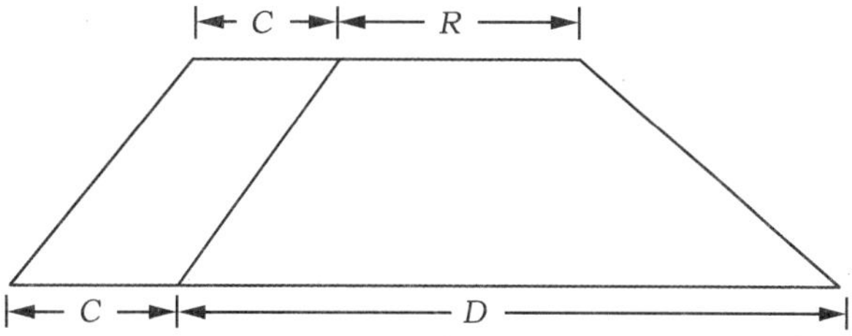

图 8—1　基础货币与货币供给量

图 8—1 中 $C+R$ 是基础货币，$C+D$ 是货币供给，所以有

$$m = \frac{C+D}{C+R}$$

如果把这个式子中分子、分母的各项均除以 D，则成为：

$$m = \frac{\frac{C}{D}+1}{\frac{C}{D}+\frac{R}{D}}$$

式中：C/D 称为通货—存款比，这个比率的大小取决于私人部门，包括个人与公司的行为；R/D 称为准备—存款比，这个比率的大小取决于存款货币银行的行为。这两个比率决定乘数的大小，再加上基础货币，即决定货币供给量。而基础货币的多少，在一定意义上说取决于中央银行的行为。

货币乘数与存款派生倍数是两个不同的概念，货币乘数反映的是基础货币与货币供给量之间的倍数关系，即 $m = \frac{M}{B}$；而存款派生倍数反映的是商业银行的原始存款与活期存款的倍数关系。

以下介绍货币乘数的推导过程：

因为　$$M_1 = C + D \tag{8—1}$$

而且　$$B = C + R \tag{8—2}$$

所以　$$m_1 = \frac{M_1}{B} = \frac{C+D}{C+R} \tag{8—3}$$

又因为　$$R = E + r_d \cdot D + r_t \cdot D_t \tag{8—4}$$

其中，E 为商业银行超额准备金；r_d 为商业银行活期存款法定准备金率；r_t 为商业银行定期存款法定准备金率；D 为商业银行活期存款；D_t 为商业银行定期存款。

将(8－4)式代入(8－3)式有：

$$m_1=\frac{C+D}{C+E+r_d\cdot D+r_t\cdot D_t} \tag{8-5}$$

将(8－5)式分子、分母同除以 D(活期存款)得：

$$m_1=\frac{\frac{C}{D}+1}{\frac{C}{D}+\frac{E}{D}+\frac{r_d\cdot D}{D}+\frac{r_t\cdot D_t}{D}}$$

$$=\frac{c+1}{c+e+r_d+r_t\cdot t} \tag{8-6}$$

如果将货币的定义扩大为广义货币供应量 M_2，则广义货币乘数 m_2 决定模型的推导过程如下：

$$m_2=\frac{C+D+D_t}{C+R}=\frac{C+D+D_t}{C+E+r_d\cdot D+r_t\cdot D_t}=\frac{1+c+t}{c+e+r_d+r_t\cdot t} \tag{8-7}$$

用以上公式计算的货币乘数，只是基础货币的最大的理论扩张倍数。在现实经济生活中，货币乘数要受到贷款需求和商业银行贷款意愿的影响，而比理论货币乘数小。例如，在经济停滞和利润下降的情况下，即使银行愿意多贷款，企业也可能因为对投资前景悲观而不愿意贷款；再如在经济过热、通货膨胀的情况下，即使企业贷款需求高涨，但商业银行在中央银行紧缩政策的指导下，可能因为担心贷款风险而不愿意多发放贷款。这都会使货币乘数不能有效展开，从而使可能的派生规模并不一定能够全部实现。

四、货币供给的内生性与外生性

关于货币当局与货币供给数量变动之间的关系，经济学家们总是用“货币供给究竟是外生变量还是内生变量”这样的命题来判断。

内生性和外生性又被称为内生变量和外生变量。内生变量，又叫非政策性变量。它是指在经济机制内部由纯粹的经济因素所决定的变量，不为政策所左右。外生变量，又称为政策性变量，是指在经济机制中易受外部因素影响，由非经济因素所决定的变量。它是能够由政策决策人控制，并用作实现其政策目标的变量。

货币供给的内生性或外生性问题，是货币理论研究中具有较强政策含义的一个问题。如果认定货币供给是内生变量，那就等于说，货币供给总是要被动地决定于客观经济过程，而货币当局并不能有效地控制其变动。自然，货币政策的调节作用，特别是以货币供给变动为操作指标的调节作用，有很大的局限性。如果肯定地认为货币供给是外生变量，则无异于说，货币当局能够有效地通过对货币供给的调节影响经济进程。

支持货币供给的内生性的学者认为货币供给量是一内生变量。也就是认为，中央银行不能完全直接控制货币供给量，货币供给的变动是由经济体系各经济主体的行为所共同决定的，因此，货币供给量是经济体系中的内生变量，中央银行对货币供给的控制只能是相对的。从金融领域来看，一方面商业银行的存款和资产规模要受到存款的资产偏好和银行贷款、投资机会的影响，另一方面其他非银行金融机构存款创造能力也会随着其贷款融资活动的增加而提高，而社会公众资产偏好导致的资产结构又是现实经济运行经常调整变化的结果，这就使货币供给的变化具有内生性。支持货币供给的内生性并不等于否认中央银行控制货币供给量的有效性。只不过货币资产与其他金融资产之间、商业银行的货币创造能力与非银行金融机构的货币创造能力之间的替代性会大大地降低中央银行对货币供给量的控制效应。

支持货币供给外生性的学者认为,货币供给量主要是由经济体系以外的货币当局即中央银行决定的,是经济系统运行的外生变量,中央银行可通过发行货币、规定存款与储备比率等方式来控制货币供给量。因而,中央银行只要确定了经济发展所需的合理货币需求量,然后再由中央银行供给适量货币,货币供需就能实现均衡。如果货币需求量是合理的,则当货币失衡时,完全可以由中央银行通过政策手段的实施加以矫正。强调货币供给的外生性分析并不否认经济系统中实际经济活动对货币供给量决定的影响,只是表明实际经济活动中对货币供给量决定的影响远不如中央银行对货币供给量决定的影响那么强。

那么,货币供给到底是内生变量还是外生变量?或者,货币供给既是内生变量又是外生变量呢?

综合来看,货币供给是融内生性和外生性于一体的复合变量。货币供给首先是一个外生变量。因为货币供给形成的源头——基础货币是可以由中央银行直接控制的。中央银行能够按照自身的意图运用政策工具对社会的货币量进行扩张和收缩,货币供给量的大小在很大程度上为政策所左右。另一方面,货币供给量并不完全是纯粹的外生变量,在现代中央银行体制和部分准备金制度下,决定货币供给量的因素,不仅仅包括货币当局的政策变量,其间还受别的经济因素(例如商业银行、社会公众的偏好和资产选择等)的影响,尤其是货币乘数更是一个由多重经济主体操作、多重因素影响的复杂变量,这表明,货币供给量还是带有内生变量性质的。

第三节 货币均衡与失衡

一、货币均衡与失衡的含义

均衡是一个由物理学引入经济学的概念。经济学引入均衡概念,一般将其用于描述市场供求的对比状态。这里提出的货币均衡与货币非均衡概念,则是用来说明货币供给与货币需求之间的关系。

货币均衡是指在一定时期内货币供给量与国民经济正常发展所必要的货币需求量基本相适应的货币流通状态。若以 M_d 表示货币需求量,以 M_s 表示货币供给量,货币均衡可以表示为:$M_d=M_s$。而货币失衡则是指货币供给超过或者满足不了货币需求,即 $M_d\neq M_s$。

正确理解货币均衡必须把握四点:

(1)货币均衡不能机械地理解为 M_d 与 M_s 绝对相等。货币均衡不是指货币供应量与名义货币需求量相适应,而是指货币供给量与货币客观需求量(经济过程客观因素决定的货币需求量)相适应。如果从名义量上看,货币供给量与货币需求量永远是相等的。

(2)货币均衡是一个动态的过程。货币均衡并不要求在某一具体时点上货币供给与货币需求完全相等,它允许短期内货币供求不一致,但长期内应大体一致。虽然从短期来看,由于货币供给的确定性与货币需求的相对模糊性,以及货币需求的相对稳定性和货币供给的易变性使货币供给在一定程度上常常偏离货币需求,但是从长期来看,货币供给量具有收敛于货币需求量的客观必然性。这是因为,一方面,货币供给量对货币需求量的偏离要受市场的自我调节机制的约束,使货币供求的失衡对原有的市场恢复均衡;另一方面,货币当局、货币政策的任务就是实现货币供求的均衡，在货币政策实施过程中，货币当局会不断地采取调控货币需求与货币供给的措施，通过反复“试错”的方法，使得货币供给与货币需求的偏差逐步缩小，从而使货币供给向货币需求收敛。

(3)货币均衡是货币供需作用的一种状态。货币均衡是指货币供给与货币需求的大体一致，而非货币供给与货币需求数量上的完全相等，即货币供求完全相等是一种偶然现象。

(4)货币均衡也不能简单地理解为 M_d 与 M_s 自身相适应，还必须联系社会总供给与社会总需求来分析。货币均衡还要求货币供给与需求在结构上的均衡。

二、货币供求与社会总供求平衡与失衡的关系

在现代经济中，货币均衡是指社会总供求均衡条件下的货币均衡，或者说社会总供求的均衡是国民经济的最终均衡，它意味着货币市场和商品市场都实现了均衡。

在货币经济中，所有的供给(商品和劳务)的目的，均为获取等值的货币，以做进一步的购买，并进行连续的生产和消费过程，表现为商品和劳务的供给和货币需求的联系；货币的供给，又会在一定程度上形成对商品和劳务的需求。这种联系表现为：

$$A_S \rightarrow M_d$$

$$A_D \rightarrow M_s$$

式中：A_S 表示社会总供给，即在一定时期内一国实际生产的可供生产消费和生活消费的生产成果的总和；A_D 表示社会总需求，即在同一时期内该国实际发生的具有支付能力的购买力的社会总需求。

由于总供给与总需求之间存在密切的联系，并且总需求更多地制约总供给的变化；而货币供给，从根本上说受制于货币需求。因此，上述关系可以进一步如图 8—2 所示。

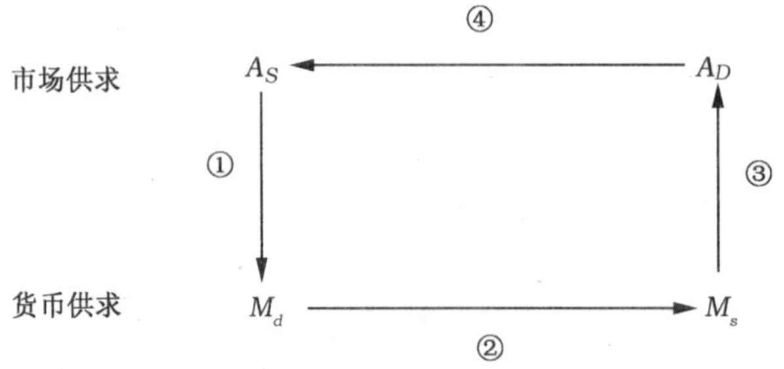

图 8—2 货币市场均衡与社会总供求均衡的关系

在国民经济总体经济均衡的条件下，图 8—2 包含两个平衡关系，即 $M_s = M_d$，$A_D = A_S$。在主导关系中，$A_S \rightarrow M_d$ 及 $M_s \rightarrow A_D$ 是具有客观性质的关系：货币的客观需要量是由商品和劳务的供应量所决定的，因为有多少商品和劳务就需要有与其价值相等的货币量与之相交换；而货币的供应量现实地形成了人民对产品的购买力能力的需求，所以这两个关系具有客观性、必然性。因此，货币供求均衡代表了商品市场的供求均衡。

反之，货币供求失衡也必然导致商品市场的供求失衡，而货币供求失衡往往是由货币供给方引起的。原因是：M_s 与 M_d 是两个性质截然不同的经济变量，正如现代货币主义的货币供给理论所认为的，M_s 是一个活跃的因素，它由中央银行控制操作，反映的是货币当局的意志和判断，因而带有主观因素，M_d 是一个相对稳定的量，主要由如收入、利率及制度、技术、习惯

等经济因素所决定的，一般不受中央银行货币政策的影响，因而属于内生变量，所以货币供求失衡往往是人为干预的结果或货币政策失误的结果。如果 $M_s > M_d$，则会使 M_s 所决定的 D 大于 S；如果 $M_s < M_d$，则会使 M_s 所决定的 D 小于 S。所以总体来看，国民经济失衡首先是货币失衡引起的，是由货币市场的不均衡导致商品市场的不均衡，这种关系实际上说明了经济学上的一个命题，即社会总供求出现各种不均衡状态，都是在货币经济这一特定环境中发生的，尽管货币供求失衡，不一定是社会总供求失衡的内部原因，但却是必要的外部条件，在商品流通完全以物物交换的方式进行时，社会总供给与社会总需求永远是平衡的，供给必然同时创造出对它的全部需求，一切需求都直接来源于需求者自身的供给，两者不仅在价值上是相等的，而且在时空上也是同步进行的。

当出现因货币供求失衡导致的社会总供求的失衡以后，经济会通过两个途径重新恢复均衡：一是货币供大于求，发生在社会有闲置资源的前提下，一方面会使总需求扩大，另一方面超量的货币供给量会把闲置的生产要素有机组合，形成新的生产力，从而在社会总供给增加的基础上与社会总需求达到平衡。二是货币投放过多，发生在没有闲置资源的条件下，货币供大于求导致的社会总需求增加只会拉动物价上涨，从而使商品市场和货币市场在新的价格水平上达到新的均衡。

本章小结

在西方货币需求理论中，货币需求是指经济主体持有货币的意愿。现实的主流观点是社会各部门在既定的收入或财富范围内能够而且愿意以货币形式持有的数量。

西方货币需求理论按其影响程度和先后顺序主要有古典学派的货币需求理论（包括现金交易说与现金余额说）、凯恩斯的货币需求理论和弗里德曼的现代货币数量说。当然，中国长期关注的是马克思的货币需求量学说。

货币供给是指经济主体把所创造的货币投入流通的过程。货币供给量通常是指一国经济中的货币存量。在货币供给过程中，中央银行直接控制基础货币的规模，商业银行则通过其存款货币的创造机制来扩大货币供给量，两者对货币供给的扩张或收缩都发挥着重要作用。

社会总供求的均衡里包括货币的均衡。货币均衡是在货币市场中，由于利率机制的作用达到的货币供给与货币需求的均衡。社会总供给平衡是产品市场和货币市场的统一均衡。货币均衡直接影响着社会总供求均衡，社会总供求均衡必然反映了货币的均衡。在社会总供求均衡的过程中，货币供给是通过社会总需求的变化而影响社会总供给的。

练习题

一、概念识记

货币需求　名义货币需求　实际货币需求　现金交易说　现金余额说　流动性陷阱
货币供给　原始存款　派生存款　存款创造倍数　基础货币　货币乘数
货币供给外生性　货币供给内生性

二、选择题

1. 西方货币需求理论的主流派是（　　）。

A. 数量论　B. 供给论　C. 价值论　D. 规模论

2. 费雪方程式也称(　　)。

A. 资产选择方程式　B. 剑桥方程式

C. 现金余额方程式　D. 现金交易方程式

3. 凯恩斯认为,货币的交易性需求和预防性需求均为(　　)的递增函数。

A. 收入　B. 利率　C. 价格　D. 供给

4. 恒久性收入概念的提出者是(　　)。

A. 凯恩斯　B. 弗里德曼　C. 庇古　D. 费雪

5. 在现代经济生活中,货币供给量最初都是通过(　　)向经济领域提供的货币量。

A. 银行系统　B. 印钞厂　C. 投资银行　D. 企业系统

6. 实际货币供给是剔除(　　)因素而表现出来的货币所能购买的商品和劳务总和。

A. 货币需求　B. 商品流通　C. 物价上涨　D. 货币流通

7. 以下属于中央银行扩大货币供给的主要来源的是(　　)。

A. 多吸收存款　B. 增加向其他金融机构融资

C. 减少自己在中央银行的超额准备金　D. 扩大货币发行量

8. 货币供给层次的划分,主要以(　　)为标准。

A. 期限　B. 偿还性　C. 流动性　D. 收益性

9. 狭义货币是(　　)的购买力。

A. 现实　B. 确定　C. 不确定　D. 潜在

10. 在国际货币基金组织的货币划分方法中,狭义货币是(　　)。

A. M_0　B. M_1　C. M_2　D. M_3

11. 基础货币也叫(　　)。

A. 货币供给量　B. 货币基数　C. 高能货币　D. 货币乘数

12. (　　)是中央银行直接控制的变量,也是银行体系的存款扩张、货币供给创造的基础。

A. 货币乘数　B. 广义货币　C. 基础货币　D. 流动货币

三、简答题

1. 请比较费雪方程式和剑桥方程式。
2. 简述凯恩斯货币需求理论的主要内容。
3. 简述弗里德曼的货币需求理论的主要内容。
4. 什么是货币乘数? 简要分析货币乘数的决定因素。
5. 什么是基础货币? 它对货币供应量有什么作用?

四、计算题

1. 假设某一商业银行的资产负债表如表8—5所示。

表8—5　某商业银行的资产负债表　单位:元

资产		负债	
准备金	10 000	存款——现金	50 000
贷款	40 000		

（假定存款客户不提现，不转存定期存款）

(1)此时存款创造倍数是多少？存款总额又是多少？

(2)如果中央银行将法定存款准备金率确定为10%，该银行拥有的超额准备金是多少？

(3)在法定存款准备金率为10%情况下，如果该银行把10%的存款作为超额准备金，存款总额和存款创造倍数会有变化吗？

(4)在法定存款准备金率为10%情况下，该银行不保留超额准备金，存款总额和存款创造倍数会怎样变化？

(5)在法定存款准备金率为10%情况下，该银行不保留超额准备金，中央银行向该银行出售20 000元政府债券并长期持有，请问存款总额和存款创造倍数会怎样变化？

2. 假设银行体系准备金为15 000亿元，公众持有现金为500亿元。中央银行法定活期存款准备金率为10%，法定定期存款准备金率为5%，流通中通货比率为20%，定期存款比率为40%，商业银行的超额准备率为18%。

(1)货币乘数是多少？

(2)狭义货币供应量M_1是多少？

第九章　通货膨胀与通货紧缩

学习目标

1. 理解通货膨胀的定义、度量及分类。

2. 能结合实际分析通货膨胀的形成原因、经济效应，以及相应治理对策。

3. 了解通货紧缩的概念、成因及治理对策，结合实际分析后危机时期，中国和世界各国将要面临的种种挑战。

引导案例

历史上最“经典”的通货膨胀

如果把通货膨胀比作一部“财富绞肉机”，摇动手柄的是德国银行家，他们血洗了中产阶级的储蓄，使大量社会主流人士一夜之间沦为赤贫，从而奠定了日后纳粹上台的“群众基础”。

20 世纪，所谓的“恶性通货膨胀”已不再是古代或是工业革命早期那样年物价上涨 200 倍之类的“小儿科”，而是动辄以较几何级数更快的指数模式飙升。

近乎荒诞的纸币发行，不仅制造了一个个荒诞离奇的经济故事，给德国人民造成巨大灾难，同时，它也为日后战争的爆发埋下了重重的伏笔。

印钞机，再次粉墨登场。

场景一：有位先生走进了咖啡馆，花 8 000 马克买了一杯咖啡，当他喝完这杯咖啡，却发现，原来同样的一杯咖啡，此时已经涨到 1 万马克。

场景二：一个美国人去德国旅游，他来到银行，想把一张 5 美元的钞票兑换成马克。可银行职员说：“我们没有这么多钱，您能不能只换 2 美元？”美国人看看背后的长队，只好同意了。

场景三：另一个美国人，在离开德国之前，给了他的德国导游 1 美元小费。这个德国人居然拿着这 1 美元成立了一个家族基金，掌管这笔款项。

场景四：有家大工厂发工资了。只见火车拉来了一车的钞票，火车还没停稳，就开始向焦急等候在铁路旁的工人们大捆大捆地扔钱。

场景五：一个老人想买一盒鸡蛋，却数不清价格标签上的零。卖鸡蛋的小贩却说，你数数有多少个鸡蛋就行了。

……

这一组令人匪夷所思的“镜头”，绝不是什么虚构的故事，而是20世纪20年代德国恶性通货膨胀的真实写照。

第一节　通货膨胀概述

在西方，人们通常把通货膨胀与现代经济生活联系在一起。认为在古代，不存在纸币流通，货币流通的问题主要是成色低、重量轻的劣质铸币所造成的混乱。通货膨胀是当今世界普遍存在的一种社会经济现象，特别是近半个世纪以来，通货膨胀问题日益成为人们所关注的焦点和热点。正如美国著名经济学家弗里德曼在《自由选择》一书中所言：“通货膨胀是一种疾病，是一种危险的、有时是致命的疾病。如果不及时医治，它可以毁掉一个社会。”因此，认识、治理和消除通货膨胀，最终实现经济稳定持续增长已经成为当今经济理论界及各国政府亟待解决的、最为重要的现实课题之一。

一、通货膨胀的定义

经济学界对于通货膨胀的解释并不完全一致，一般经济学家认可的概念是：在信用货币制度下，流通中的货币数量超过经济实际需要而引起的货币贬值和物价水平全面而持续的上涨。定义中的物价上涨不是指一种或几种商品的物价上升，也不是物价水平一时的上升，一般指物价水平在一定时期内持续普遍的上升过程，或者是说货币价值在一定时期内持续的下降过程。可见，通货膨胀不是指这种或那种商品及劳务的价格上涨，而是物价总水平的上升。

想一想：为什么会物价上涨？物价上涨了，我们怎么办？

通货膨胀比较完整的定义可以表述为：在纸币流通条件下，经济中的货币供应量超过了客观需要量，使得社会总需求大于总供给，导致单位货币贬值（货币代表的价值量减少或购买力下降），一般物价水平持续和显著上涨的经济现象。对这个定义可以从以下几个方面理解：

（1）通货膨胀是物价的普遍上涨，即绝大部分商品的平均价格水平（也称为一般物价水平）的上涨。因而，个别的或局部商品或劳务的价格上涨不能称为通货膨胀，一种价格下降抵消另一种价格上升也不是通货膨胀。至于一般物价水平上涨到何种程度才可以成为“通货膨胀”，主要取决于人们对通货膨胀的危害性的认识与敏感性，最为保守的看法是一般物价水平上涨幅度在1%～3%以内的视为物价稳定，超过3%可以说是发生了一定程度的通货膨胀。

（2）通货膨胀是一般物价水平的持续上涨。季节性或偶然性的价格上涨、一时的或短期的价格上涨都不能称为通货膨胀。

（3）只有货币发行超过经济的客观需要量引起的物价上涨才是通货膨胀。正常的物价上涨,如商品劳务质量的提高,某种重要资源成本的提高,以及政府调整不合理的比价等引起的物价上涨不能称为通货膨胀。在商业周期循环中,从萧条时期价格下降之后出现的复苏阶段的恢复性价格上涨也不能称为通货膨胀。

(4)通货膨胀的表现形式可以是公开的,直接表现为物价上涨;也可以是隐蔽的(在物价受到管制的经济中),表现为商品限量供应、凭证供应、搭配供应、消费质量下降和黑市买卖等。这种隐蔽形式下的通货膨胀又被称为"抑制性的通货膨胀"。

二、通货膨胀的类型

在经济分析活动中,人们常常根据不同的标准将通货膨胀分为若干类型,借以说明各种不同的经济现象和问题。通货膨胀的具体分类有以下几种。

(一)按通货膨胀的程度不同划分

1. 爬行式通货膨胀

爬行式通货膨胀也称温和的通货膨胀,即物价水平每年按一定的比率缓慢而持续上升。目前人们普遍认为,通货膨胀率在3%以内,是可以为社会所承受的,属于正常的物价上升。这一程度的通货膨胀一般不会造成对社会经济生活的重大影响,反而对经济的发展和国民收入的增加都有积极的刺激作用,并将它看作是实现充分就业的必要条件。

2. 温和式通货膨胀

温和式通货膨胀是指价格总水平上涨比爬行式高,但又不是很快,具体百分比没有统一比率。但一般情况是在3%以上,2位数以内的水平。这种情况的通货膨胀一般不会对社会经济生活造成重大影响。大多数国家都经历过这种通货膨胀。

3. 奔腾式通货膨胀

奔腾式通货膨胀通常指物价上涨率在2位数以上,且发展速度很快。这一程度的通货膨胀已经对经济和社会产生重大影响,甚至出现挤提银行存款、抢购商品等引发市场动荡的现象,如果不坚决控制,就会导致物价进一步大幅上升,酿成恶性通货膨胀的后果。

4. 恶性通货膨胀

亦称超级通货膨胀,指物价上涨特别猛烈,且呈加速趋势,开始成倍地增长。这一程度的通货膨胀已经严重地破坏了正常的生产流通秩序和经济生活秩序,开始动摇社会安定的基础,最后容易导致整个货币制度的崩溃。这一程度的通货膨胀多发生在战争、社会变革、政治动荡时期的国家和地区。如第一次世界大战后的德国、第二次世界大战后的中国和20世纪80年代的巴西都出现过类似的情况。

(二)按通货膨胀的表现形式划分

1. 公开性通货膨胀

表现为价格总水平明显地、直接地上涨,这是市场经济条件下通货膨胀的一般表现形式。由于市场经济发达的国家价格很少受限制,当货币供应超过需求,社会总需求大于社会总供给时,就直接地、明显地表现为物价的上升。

2. 隐蔽性通货膨胀

也称为压抑型通货膨胀,是指政府通过价格控制、定量配给以及其他的一些措施来抑制物价的上涨。表面货币工资没有下降,物价总水平也未提高,但居民实际消费水准却呈下降的趋势。此时,商品供不应求的现实通过准价格形式表现出来,如黑市、排队、凭证购买、有价无货、价格不变但质量下降。主要是因为经济中已经积累了难以消除的总需求大于总供给的压力,但是政府依然采取管理和冻结物价，对商品销售进行价格补贴，对购买行为进行限量控制等措施，使通货膨胀的压力不能通过物价上涨释放出来。在排斥市场经济、实行单一行政计划管理体制时期的苏联及东欧各国，以及在实施改革开放政策以前和改革初期实行“价格双轨制”时的中国，都程度不同地存在过隐蔽性通货膨胀。

(三)按市场对通货膨胀的预期划分

1. 预期通货膨胀

预期通货膨胀是指在通货膨胀发生之前，人们已意识到通货膨胀将会出现，而且有可能预测到它的发展趋势和程度。在预期通货膨胀发生时，人们为了避免经济损失，会在各种交易、合同、投资中把预期通货膨胀率计算在内，从而导致物价与工资的螺旋式上升。

2. 非预期通货膨胀

非预期通货膨胀，是指人们对未来通货膨胀无法加以正确预测，即不能确定是否出现，也不能确定其上涨幅度，但是未来通货膨胀又真实发生了，从而导致对收入和财富的再分配。

三、通货膨胀的度量

通货膨胀的严重程度是通过通货膨胀率这一指标来衡量的，而通货膨胀率一般以物价上涨率来反映，物价指数是测度通货膨胀率的依据。物价指数是指报告期商品价格与基期商品价格的比率。物价指数多以样本商品或劳务的价格为基础，采用加权平均方法计算。

通货膨胀率的计算公式为

$$当期通货膨胀率=\frac{当期物价水平-上一期物价水平}{上一期物价水平}\times 100\%$$

然而，使用不同的物价指数计算出来的同一时期的通货膨胀率是不同的。常用的反映物价变动的指数有消费价格指数、生产者价格指数、国民生产总值平减指数。

(一)消费价格指数

居民消费价格指数(consumer price index，CPI)是一个反映居民家庭一般所购买的消费商品和服务价格水平变动情况的宏观经济指标。它度量一组代表性消费商品及服务项目的价格水平随时间而变动的相对数，用来反映居民家庭购买消费商品及服务的价格水平的变动情况。居民消费价格统计调查的是社会产品和服务项目的最终价格，一方面同人民群众的生活密切相关，同时在整个国民经济价格体系中也具有重要的地位。它是进行经济分析和决策、价格总水平监测和调控及国民经济核算的重要指标。其变动率在一定程度上反映了通货膨胀或紧缩的程度。一般来讲，物价全面地、持续地上涨就被认为发生了通货膨胀。例如，2015 年 4 月份，全国居民消费价格总水平同比上涨 1.5%。其中，城市上涨 1.6%，农村上涨 1.3%；食品价格上涨 2.7%，非食品价格上涨 0.9%；消费品价格上涨 1.3%，服务价格上涨 2.1%。1～4 月平均，全国居民消费价格总水平比去年同期上涨 1.3%。

(二)生产者价格指数

生产者价格指数(producer price index，PPI)与 CPI 不同，主要的目的是衡量企业购买的一篮子物品和劳务的总费用。由于企业最终要把它们的费用以更高的消费价格的形式转移给消费者，所以，通常认为生产者价格指数的变动对预测消费价格指数的变动是有用的。生产者价格指数是用来衡量生产者在生产过程中所需采购品的物价状况；因而这项指数包括了原料、半成品和最终产品等(美国约采用 3 000 种东西)三个生产阶段的物价资讯。它是消费价格指数(以消费者的立场衡量财货及劳务的价格)之先声。

我国的生产者价格指数共调查 8 大类商品：燃料、动力类；有色金属类；有色金属材料类；化工原料类；木材及纸浆类；建材类：钢材、木材、水泥；农副产品类；纺织原料类。

（三）国民生产总值平减指数

国民生产总值平减指数（GNP deflator）是按当年价格计算的国民生产总值与按不变价格计算的国民生产总值的比率，它可以反映全部生产资料、消费品和劳务费用的价格的变动。

以国民生产总值平减指数度量通货膨胀，优点是它所包括的范围广，除了包括消费资料及劳务的价格水平之外，还包括生产资料以及进口商品和劳务的价格，能够全面反映社会总体价格水平的变动趋势。但由于计算国民生产总值平减指数的工作量大，资料较难收集且统计数字发表滞后，通常每年只公布一次，缺乏及时性，很难及时描述通货膨胀的程度和变化趋势。

目前，绝大多数发达国家和一些国际组织都采用消费价格指数和 GNP 平减指数来度量通货膨胀，前者主要用于月、季度分析，后者主要用于年度分析。我国自 1988 年开始按年公布国民收入平减指数，每月、每季度公布 CPI 和 PPI。

第二节　通货膨胀的成因

通货膨胀是个复杂的经济现象，各国在不同时期出现通货膨胀的主要原因是多种多样的。不论何种类型的通货膨胀，其直接原因只有一个，即货币的失衡，也就是货币供应过多。用过多的货币供应量与既定的商品和劳务量相对应，必然导致货币贬值、物价上涨，出现通货膨胀。导致货币供应量过多的深层原因主要有：需求拉上、成本推动、结构因素以及供给不足、预期不当、体制制约等数种，不同的原因反映为不同的学说。

一、需求拉上型通货膨胀

社会总需求超过社会总供给，从而导致物价上涨，并直接引起商品价格上涨，这种通货膨胀称为需求拉上型通货膨胀。

在现实生活中，供给表现为市场上的商品和劳务，需求则体现在用于购买和支付的货币上。因此，需求拉动型通货膨胀又被通俗地表述为“过多的货币追逐过少的商品”。能够对物价水平产生需求拉动的原因不外乎实际因素和货币因素。实际因素主要是投资，由于投资需求增加，总供给与总需求的均衡被打破，物价水平上升。从货币方面来看，需求被拉起有两种可能：一是经济体系对货币的需求大大减少，即使在货币供给无增长的条件下，原有的货币存量也相对过多；二是货币需求量不变，货币供给增加过快。实际情况以后者居多。无论是实际因素还是货币因素，其造成的物价上涨效果是相同的。但两者也有区别，例如，投资需求过旺可能导致利率上升，而货币供给过多则可能造成利率下降。然而这两者却往往是相伴而生的：过旺的投资需求往往要求更多的货币供给支持；增加货币供给的政策也往往是为了刺激投资。

前面的分析是将总供给水平设想为一个不受价格水平影响而稳定于充分就业水平的特定值，即总供给不变，因而价格水平的上涨就只能归因于需求的过度扩张。事实上，总供给并不总是一成不变的。如果投资的增加引起总供给以同等规模增加，物价水平可以保持不变；如果总供给不能以同等规模增加，物价水平上升会较缓慢；如果总供给丝毫也不增加，则需求的拉动将完全作用到物价上。该模型如图 9－1 所示。

在图 9－1 中，横轴代表总产出或国民收入 Y，纵轴代表物价水平 P，总供给曲线为

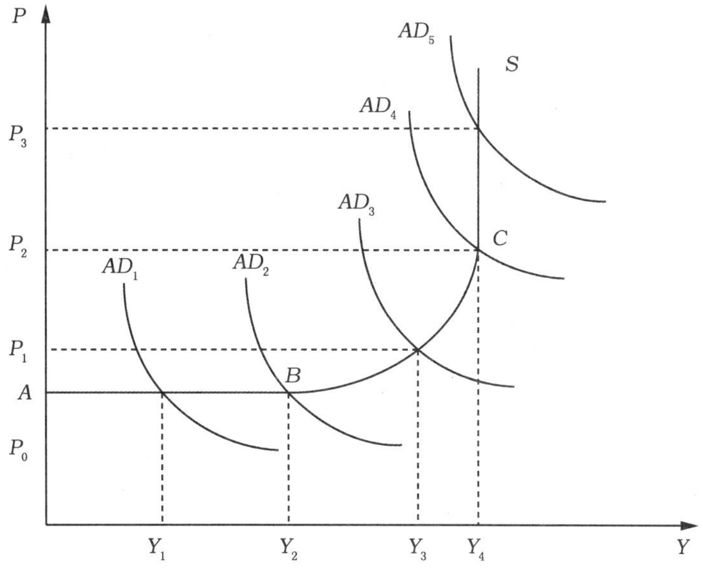

图 9—1　需求拉动型通货膨胀示意图

$ABCS$。其中：AB 段总供给曲线呈水平状，表示社会上存在着大量的闲置资源或大量的失业人口，此时供给弹性无限大；BC 段表示社会上的闲置资源已很少，整个社会逐渐接近充分就业状态；CS 段总供给曲线呈垂直状，表示社会的生产资源已经被充分利用，不存在任何闲置资源，供给已经毫无弹性，这就是充分就业状态。在 AB 段，随着总需求曲线从 AD_1 增加到 AD_2，物价水平并没有上涨，这是因为此时总供给的增加潜力很大，总需求的上升带动总供给以同等规模上升，因此，物价水平可以保持不变，而国民收入却从 Y_1 增加到 Y_2。在 BC 段，随着总需求曲线从 AD_2 上升到 AD_3，物价水平增加到 P_1，此后，随着总需求曲线从 AD_3 上升到 AD_4，物价水平进一步提高到 P_2，国民收入也从 Y_2 增加到 Y_3，进而增加到 Y_4，可以明显地看出，国民收入上升的速度较 AB 段有所减缓。这就是被凯恩斯称为“半通货膨胀”的情况。在 CS 段，随着总需求曲线的进一步上移（AD_4 到 AD_5），物价水平从 P_2 同比例上升到 P_3，而与此同时，国民收入却没有变化，这就是被凯恩斯称为“真正的通货膨胀”的情形。

二、成本推进型通货膨胀

进入 20 世纪 70 年代后，西方发达国家普遍经历过高失业和高通货膨胀并存的“滞胀”局面。这种情况下的通货膨胀显然无法通过需求过度理论来加以解释。因为，按照上述理论，只有在达到充分就业水平之后，才会出现由于总需求过大产生的通货膨胀。因此，许多经济学家转而从供给方面去寻找通货膨胀的根源，提出了“成本推动”的通货膨胀理论，即认为通货膨胀的原因在于成本上升引起了总供给曲线的上移。在一个封闭经济中，货币工资在劳动生产率和价格水平均未提高前率先自动上升；或者其他生产投入品或要素价格因市场垄断力量的存在而上升，导致因生产成本提高而价格上涨。其中，由于提高工资而引致的生产成本增加又称为工资推动型通货膨胀，由于生产要素价格垄断而导致的生产成本增加又称利润推动型通货膨胀。

工资推进型通货膨胀理论，是以存在强大的工会组织，从而存在不完全竞争的劳动市场为假定前提的。在一些发达国家，工会的力量十分强大，它们作为一个垄断性的组织，与雇主集体议定工人工资水平，使得工人有可能获得高于均衡水平的工资。并且由于工资的增长率超过劳动生产率，企业就会因人力成本的加大而提高产品价格以维持盈利水平。这样，过高的工资推动总供给曲线上移，从而形成工资推动型的通货膨胀。在此情况下，由于价格的上涨又会部分或全部抵消工资的上涨，工会就会继续要求提高工资，工资提高又引起物价上涨，从而形成西方经济学家们所谓的“工资—价格螺旋”。这种理论特别强调两点：一是货币工资率的上涨一定要超过劳动生产率的增长，否则就不是工资推进型通货膨胀；二是工会的力量。它认为即使存在货币工资率的上涨超过劳动生产率增长的情况，也不能完全肯定发生了工资推动型通货膨胀，原因是有可能这种工资的上涨并不是由于工会发挥了作用，而是由于劳动力市场出现严重的供不应求而产生的。

利润推进型通货膨胀理论，是由于一些垄断经济组织控制了某些重要原材料的生产和销售，它们为了获得高额的垄断利润而操纵价格，使价格的上涨速度超过成本支出的增加速度，如果这种行为的作用大到一定程度，就会形成利润推进型通货膨胀。比较典型的例子是在1973～1974 年，石油输出国组织(OPEC)将石油价格提高了 4 倍，到 1979 年，石油价格又被再一次提高，这两次石油提价对西方发达国家经济产生了强烈的影响，以致他们惊呼出现了“石油危机”。各种使成本上升的因素还可能交织在一起，使通货膨胀进一步加剧。该模型如图 9—2 所示。

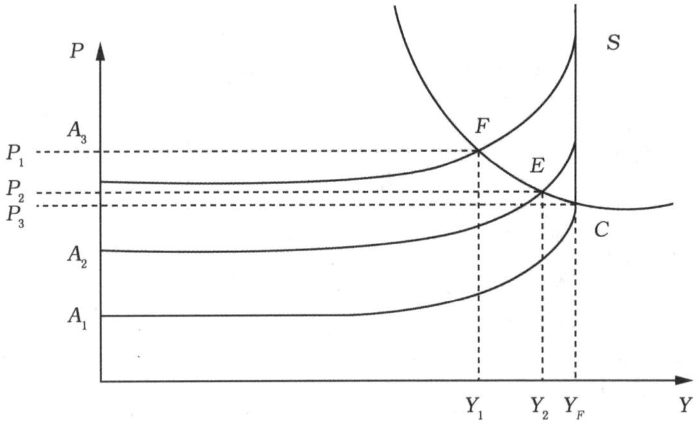

图 9—2　成本推动型通货膨胀示意图

在图 9—2 中，横轴同样代表总产出或国民收入 Y，纵轴代表物价水平 P，Y_F 代表充分就业条件下的国民收入。最初，社会总供给曲线为 A_1S，在总需求不变的条件下，由于生产成本上升，使总供给曲线从 A_1S 上移至 A_2S 和 A_3S，结果在国民收入即产出由 Y_F 下降到 Y_2 和 Y_1 的同时，物价水平却由 P_F 上升到 P_2 和 P_1。

三、供求混合型通货膨胀

现代经济复杂多变，很多经济学家认为通货膨胀不是单一的，是混合的。供求混合型通货膨胀(mixture inflation of supplying and demand)理论认为，虽然从理论上可区分为需求拉动型与成本推动型通货膨胀，而事实上在经济生活中，需求拉动的作用与成本推动的作用常常是混合在一起的，任何单方面的作用只会暂时引起物价上涨，并不能引起物价总水平的持续上涨，只有总需求与总供给互相推动，才会导致通货膨胀的发生。即“拉中有推，推中有拉”。例如，通货膨胀可能从过度需求开始，但由于需求过度所引起的物价上涨促使工会要求提高工资，因而转化为成本推动的因素。另一方面，通货膨胀也可以从成本方面开始，如迫于工会的压力而提高工资等。但是，如果不存在需求和货币收入的增加，这种通货膨胀过程是不可能持续下去的。因为工资上升会导致失业增加或产量减少，结果将会导致“成本推进”的通货膨胀过程终止。可见，“成本推进”只有加上“需求拉上”才有可能产生一个持续性的通货膨胀。现实经济中，这样的论点也得到了论证：当非充分就业严重存在时，则往往会引出政府的需求扩张政策，以期缓解矛盾。这样，成本推进与需求拉上并存的混合型通货膨胀就成为经济生活的现实。需求与成本的共同作用，必然演化成“螺旋式”混合型通货膨胀。

四、结构型通货膨胀

有些经济学家认为，在总需求和总供给处于平衡状态时，由于经济结构、部门结构方面的因素发生变化，也可能引起物价水平的上涨。这种通货膨胀就被称为结构型通货膨胀（structural inflation），具体又可以分为三种。

（一）需求转移型通货膨胀

由于社会对产品和服务的需求不是一成不变的，在总需求不变的情况下，一部分需求转移到其他部门，而劳动力和生产要素却不能及时转移。这样，原先处于均衡状态的经济结构可能因需求的移动而出现新的失衡。那些需求增加的行业，价格和工资将上升；另一些需求减少的行业，由于价格和工资刚性的存在，却未必会发生价格和工资的下降，最终结果导致物价的总体上升。

（二）部门差异型通货膨胀

部门差异型通货膨胀是指经济部门（如产业部门和服务部门）之间由于劳动生产率、价格弹性、收入弹性等方面存在差异，但货币工资增长率却趋于一致，加上价格和工资的向上刚性，从而引起的总体物价上涨。许多西方经济学家相信，工人对相对实际工资的关心要超过对绝对实际工资的关心。因此，货币工资的整体增长水平便与较先进部门一致，结果就是落后部门的生产成本上升，并进而推动总体价格水平上升。还有一种情况是由“瓶颈”制约而引起的部门间差异。如在有些国家，由于缺乏有效的资源配置机制，资源在各部门之间的配置严重失衡，有些行业生产能力过剩，而另一些行业如农业、能源、交通等部门却严重滞后，形成经济发展的“瓶颈”。当这些“瓶颈”部门的价格因供不应求而上涨时，便引起其他部门，包括生产过剩部门的价格上涨。

（三）北欧型通货膨胀

北欧型通货膨胀是由北欧学派提出的，它以实行开放经济的小国为探讨背景。在这些国家，经济部门可以分为开放的经济部门和不开放的经济部门，由于小国一般只能在国际市场上充当价格接受者的角色，世界通货膨胀就会通过一系列机制首先传递到它们的开放经济部门，并进而带动不开放经济部门，最后导致价格总体水平上升。

阅读材料 9—1

2011 年我国通货膨胀成因分析

2011 年的政府工作报告指出，要把稳定物价总水平作为 2011 年宏观调控的首要任务。

据相关数据显示,中国居民消费者物价指数(CPI)自2010年5月份首次超过官方的控制目标3%之后,便逐月走高,截至国家统计局发布2011年2月份的宏观经济数据显示,本月CPI同比涨幅4.9%。由此可见,我国进入通货膨胀阶段是不争的事实,有必要采取有效的措施来治理当前的通货膨胀。

造成本次通货膨胀的成因是多方面的,主要包括:

1. 货币超发严重

货币供给量的增加会导致物价的上涨以及货币的贬值,从而也是形成通货膨胀的重要因素。在较大的外贸顺差及快速增长的外汇储备背景下,我国当前实行的以市场供求为基础的有管理的浮动的人民币汇率制度受到了一定程度的挑战,人民币在国际社会存在着较大的升值压力。为了保持币值的稳定,央行只能买入美元,这同时也就卖出了本国货币,从而增加了货币供应。

2. 投资结构问题

中国不管从国家层面看还是从人民层面看,都不缺钱,但是,中国缺乏有效的投资渠道能够使用这些钱,一项调查表明,中国人主要的投资投向了房地产市场和股票。当股票市场低迷时,更多的钱会涌入房地产市场,不仅会打乱国家调控的计划,同时房价的高涨也会强化人们的通货膨胀预期,有可能造成事实上的通货膨胀。

3. 农产品价格居高不下

2010年以来,蔬菜与猪肉价格连连上涨,虽然最近蔬菜批发价格有所下跌,甚至出现了有农民自杀的惨状,但由于仓储物流的成本居高不下,人民并没有从中得到多少实惠。而农产品是基础产品,农产品的价格高企也将带来下游产品成本与售价的提高。而且由于农产品与人们的生活息息相关,其价格的上涨更容易强化人们对于通货膨胀的预期。

4. 能源成本推动型价格上涨

进入2011年,煤荒、电荒接踵而至,煤价已经连连高升,各地工业用电也有小幅度的调涨,日本大地震也进一步加剧了国际环境中对能源需求的恐慌,各种能源价格的提高必然会助推CPI提高。

5. 社会公众对物价上涨的预期对通货膨胀的影响

虽然通货膨胀受到很多因素的影响,但是通货膨胀的持续发展很大程度是由于人们对未来通货膨胀预期所导致的。我国正处于经济体制的转型时期,各种经济体制约束机制不健全,再加上各种经济活动的过热,人们对未来的经济发展没有一个充分的预期。通货膨胀预期是加速通货膨胀形成的一个非常重要的因素。

6. 需求拉动

需求拉动的主要原因是我国的货币供给增长过快,而货币供给增长过快的原因则是外汇流入过多。近年来,外汇流入已经成为我国中央银行投放基础货币的唯一途径。外汇流入导致我国的货币供给增长过快,虽然中央银行采取了大量发行央行票据的政策回收基础货币,但依然无法完全摆脱流动性过剩的局面。其结果,物价上涨就不可避免。但是,我国的物价上涨却有其特殊性。当流动性过剩出现时,首先上涨的是资产价格,随后商品价格开始上涨,而且商品价格的上涨幅度远远低于资产价格的上涨幅度。为什么呢?原因就在于我国目前存在严重的产能过剩。“产能过剩”是从供给一边说的,从需求一边看就是所谓的“有效需求不足”,二者是一个意思。“有效需求不足”的意思就是老百姓的基本消费需求快达到饱和,老百姓的边际消费倾向已经很低,因此随着老百姓手中货币的增加,老百姓并不大量增加消费,而是增加储蓄，而储蓄就是对各种资产的需求。

7. 成本推动

生产成本上升是我国目前的通货膨胀的另一个原因。

(1)工资成本上升。近年来中国劳动力市场出现的各种引人注目的事件如“民工荒”现象、某企业连续出现十几次员工跳楼事件、频频出现的劳资纠纷和罢工等都表明中国劳动力市场的形势已经跟以前大不相同。相应的，中国各地政府相继提高最低工资标准等因素也导致工资成本上升。

(2)随着中国经济的发展和经济规模的扩大，中国对原材料、能源等自然资源的需求也大幅度增长，中国对国外资源的依存度也迅速提高。这导致资源价格的上升，也提高了企业的生产成本。

(3)随着节能减排在全世界逐步得到认可，以及我国经济面临的资源压力，我国政府对节能减排也越来越重视，相应的要求和标准也越来越高，为了满足这种要求，企业就得增加人力、物力，这就客观上进一步加大了企业的生产成本。

8. 流动性过剩引发通货膨胀

2010 年 11 月，美联储继第一轮量化宽松货币政策之后宣布推出第二轮量化宽松货币政策，该政策计划让美联储在 2011 年 6 月底以前购买 6 000 亿美元的美国长期国债，以进一步刺激美国经济复苏。美联储同时宣布，将在之后的各月中逐步实施这一计划，预计每月将购买 750 亿美元的美国长期国债。作为世界第一大国，美国的这一政策的出台无疑会使全球再次面临流动性泛滥的冲击，我国自然也不能避免。

9. 贸易顺差过大也对通货膨胀有一定的影响

国际贸易收支平衡表中，经常项目顺差在 2007 年占到 GDP 的 10.6%，2007 年后的三年在逐步下降，2010 年降到 GDP 的 5.2%。资本和金融项目差额比经常项差额要小得多，但也是顺差。经常项目或贸易顺差过大，使得人民币升值压力较大，为了保持人民币汇率相对稳定，央行必须购回美元，从而被迫投放基础货币。较多的货币增强了流动性过剩，推高了通货膨胀，进而物价上涨。

10. 拉动内需政策

为了度过全球性的经济衰退，我国自 2008 年年底起逐步实施“4 万亿元”拉动内需政策。这一宽松的财政货币政策有利于重振人们的信心，经济有过热的转向，大家比较乐观，从而引起资产价格大幅上升，尤其是房地产和股市价格上升较快，又给投资和消费带来很大刺激。受此刺激，很多做实业的人开始转向投资，炒房产、股票等，在一定程度上形成了资产泡沫，通货膨胀压力。

11. 大宗商品进口成本提升及美元贬值

大宗商品进口成本提升及美元贬值，造成了输入型通货膨胀。输入型通货膨胀是通货膨胀在国际的传递，它产生的一个重要因素是由于国外商品价格的上涨传递到国内，从而导致该国国内价格总水平的上涨。

（资料来源：https://wenku.baidu.com/view/1afc411d7f21af45b307e87101f69e314232fa60.html.）

第三节　通货膨胀的经济效应

通货膨胀对社会经济的影响是多方面的,具体表现为以下几个方面。

一、强制储蓄效应

正常情况下,家庭、企业和政府三个部门各有各的储蓄规律:均由其正常收入中形成。家庭部门储蓄由收入剔除消费支出构成,企业储蓄由用于扩张性生产的利润和折旧基金构成。政府储蓄的来源,如果政府用增加税收的办法来筹资搞生产建设,相当于是从其他两个部门挤出(即政府储蓄的增加是从家庭和企业的收入中强制挤出的),全社会的储蓄总量并不增加。但若政府以向中央银行借债,从而增发货币,这种筹措建设资金的办法就会强制增加全社会的投资需求,结果将是物价上涨。在公众名义收入不变的条件下,按原来的模式和数量进行的消费和储蓄,两者的实际额均随物价的上涨而相应减少,其减少部分则大体相当于政府运用通货膨胀实现的政府储蓄的增加,增加的部分即为强制储蓄效应部分。

二、收入分配效应

在通货膨胀时期,人们的名义货币收入与实际货币收入之间会产生差异,只有剔除物价的影响,才能看出人们实际收入的变化。当人们忽视货币实际购买力的变化,而仅仅满足于货币名义价值(如名义收入)时,通常称为货币幻觉(money illusion)。在通货膨胀下,由于货币贬值,名义货币收入的增加往往并不意味着实际收入的等量增加,有时甚至是实际收入不变乃至下降。如果满足于名义收入的增加却忽视币值的变化,那就是货币幻觉起作用。

由于社会各阶层收入来源极不相同,因此,在物价总水平上涨时,有些人的收入水平会下降,有些人的收入水平反而会提高。这种由物价上涨造成的收入再分配,就是通货膨胀的收入分配效应。

在发达的工业化国家,大多数人是依靠工资或薪金过活的,工资收入差不多就是他们的全部收入。在物价持续上涨的时期,工资劳动者的收入只有每隔一段时间才会做一定幅度的调整:使工资率的提高与物价上涨保持大体的同步,以保证实际收入水平得以维持。但这种通货膨胀条件下的定期工资调整,只有依靠强大的工会力量才能做到;否则,工资的增长常会落后于物价上涨。货币工资的增长相对于物价上涨滞后时间越长,遭受的通货膨胀损失相应地也就越大。此外,从利息和租金取得收入的人,在通货膨胀中受到的损害也会比较严重。与此同时,只要存在着工资对于物价的调整滞后,企业的利润就会增加,那些从利润中分取收入的人都能得到好处。

三、资产结构调整效应

资产结构调整效应也称财富分配效应。一个家庭的财富或资产由两部分构成:实物资产和金融资产。许多家庭同时还有负债,如借有汽车抵押贷款、房屋抵押贷款和银行消费贷款等。因此,一个家庭的财产净值是它的资产价值与债务价值之差。

在通货膨胀环境下,实物资产的货币值大体随通货膨胀率的变动而相应升降。有的实物资产,其货币值增长的幅度高于通货膨胀率,有的则低于通货膨胀率;同一种实物资产,在不同条件下,其货币值的升降较通货膨胀率也有时高时低的情况。金融资产则比较复杂。在其中占相当大份额的股票,它的行市是可变的,在通货膨胀之下一般会呈上升趋势。但影响股市的因素极多,所以股票绝非通货膨胀中稳妥的保值资产形式,尽管有些股票在通货膨胀中使其持有者获得大大超出保值的收益。至于货币债权债务的各种金融资产,其共同特征是有确定的货币金额,这样的名义货币金额并不会随通货膨胀是否存在而变化。显然,物价上涨,实际的货币额减少;物价下跌,实际的货币额增多。在这一领域之中,防止通货膨胀损失的办法,通常是提高利息率或采用浮动利率。但在严重的通货膨胀条件下,这样的措施也往往难以弥补损失。

正是由于以上情况,每个家庭的财产净值,在通货膨胀之下,往往会发生很大变化。一般来说,小额存款人和债券持有人最易受通货膨胀的打击。

四、比价的变动与不同经济集团利益的调整

价格问题,包括两个侧面:一是每一种商品的价格和每一种服务的价格——收费标准。它们是千差万别的,而且各自由于种种原因会有升有降。二是价格水平,是指在给定的时点上所有价格作为一个总体与其他时点上所有价格作为一个总体的比较是高了还是低了。研究通货膨胀问题首先关注的就是价格水平的变动,而不是分辨各个商品和服务价格的变动。

然而,在价格水平的变动过程中,各种商品和服务的价格绝不是与价格水平以同等的幅度升降。也就是说,比价会有所变动。

比价的变动往往意味着不同经济集团利益的调整。这是因为,由于不同种类的商品和服务的销售价格及成本并非按同一比例变动,从而不同商品生产商或服务提供商所获取的利润的增减速度也不一致——有的快一些,有的慢一些。于是,它们的实际利益或得到加强或有所削弱。

五、通货膨胀与经济增长

通货膨胀与经济增长到底是怎样一种关系,从观点上说,大体可以分为三大类,即促进论、促退论和中性论。

所谓促进论,就是认为通货膨胀具有正的产出效益。持有这一观点的人认为,资本主义经济长期处于有效需求不足、实际经济增长率低于潜在经济增长率的状态。因此,政府可以实施通货膨胀政策,用增加赤字预算、扩张投资支出、提供货币供给增长率等手段来刺激有效需求,促进经济增长。

所谓促退论,正好和促进论相反,是一种认为通货膨胀会损害经济增长的理论。这种理论假说认为,无论是温和的、急剧的或恶性的通货膨胀都是一种病态的货币现象,必然会损害经济增长,所不同的仅仅是破坏程度而已。

所谓中性论,是一种认为通货膨胀对产出、对经济增长既无正效应也无负效应的理论。这种理论认为,由于公众预期,在一定时间内,他们会对物价上涨做出合理的行为调整,因此,通货膨胀各种效应的作用就会相互抵消。

六、恶性通货膨胀与社会经济危机

以上分析的通货膨胀效应,都是以它的严重程度保持在一定限度之内为假定前提的。当物价总水平的持续上涨超过一定界限,从而形成恶性通货膨胀时,就有可能引发社会经济危

机。

恶性通货膨胀会使正常的生产经营难以进行。在物价飞涨时，产品销售收入往往不足以补进必要的原材料；同时，地区之间上涨幅度极不均衡也是必然现象，这就会造成原有商路的破坏，流通秩序的紊乱；迅速上涨的物价，使债务的实际价值下降，如果利息率的调整难以弥补由物价上涨造成的货币债权损失，正常信用关系也会极度萎缩。恶性通货膨胀只是投机盛行的温床，而投机是经济机体的严重腐蚀剂。

恶性通货膨胀会引起突发性的商品抢购和挤兑银行的风潮。它所造成的收入再分配和人民生活水准的急剧下降则会导致阶级冲突的加剧。这一切的后果往往是政治的动荡。

最严重的恶性通货膨胀会危及货币流通自身：纸币流通制度不能维持；金银贵金属会重新成为流通、支付的手段；经济不发达地区则会迅速向经济的实物化倒退。

所以，各国政府在未遇到特殊政治麻烦的情况下，总是把控制通货膨胀作为自己的施政目标。

七、通货膨胀与失业的替代关系

(一)通货膨胀与失业的替代：斜率为负的菲利浦斯曲线

1958 年，在英国伦敦经济学院工作的新西兰经济学家菲利浦斯(A. W. Philips)通过整理英国 1861 年至 1957 年的统计资料发现，货币工资增长率和失业率之间存在一种负相关的关系，用图形表示就是一条向右下方倾斜的曲线(见图 9—3)。这条曲线表明：失业率与货币工资变动率(通货膨胀率)存在负相关关系：失业率越低，货币工资率(通货膨胀率)越高；失业率越高，货币工资率(通货膨胀率)越低。

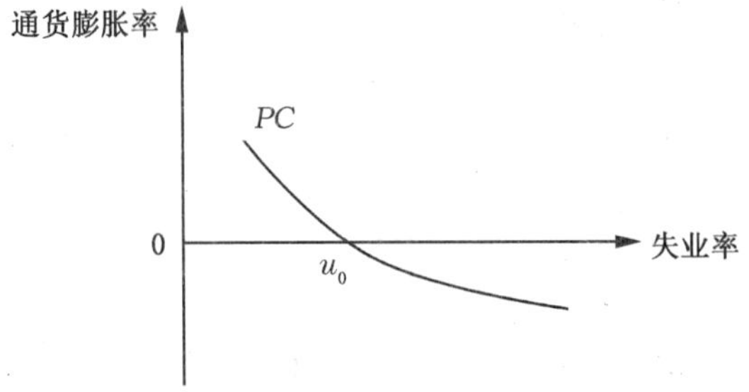

图 9—3　斜率为负的菲利浦斯曲线

(二)通货膨胀预期与垂直的菲利浦斯曲线

菲利浦斯认为，货币工资增长率与失业率之间具有此消彼长的替代关系，这一关系就是把失业率与通货膨胀率之间的关系联系起来的菲利浦斯曲线。但菲利浦斯曲线不能很好地说明未来价格的调整。如果把价格调整的预期因素加到菲利浦斯曲线中，当预期通货膨胀上升时，菲利浦斯曲线就会上移，由此形成了一条附加预期的菲利浦斯曲线(见图 9—4)。如果存在需求和供给的冲击，短期菲利普斯曲线就会移动。

长期菲利普斯曲线是一条经由非加速通货膨胀的失业率而一直向上的垂直线。长期菲利浦斯曲线之所以是垂直的，是因为在长期内经济主体将不断调整其通货膨胀预期，使之与实际的通货膨胀率相一致，从而无论通货膨胀水平有多高，与之相对应的失业率都只是自然失业率。

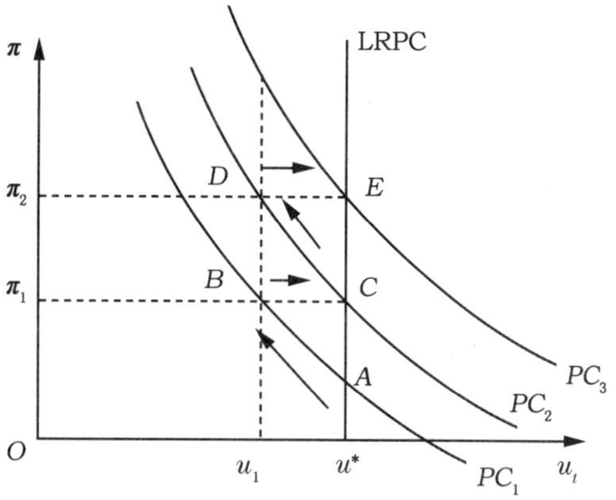

图 9—4　垂直的菲利浦斯曲线

(三)向上倾斜的菲利浦斯曲线

20 世纪 70 年代以来,西方大多数发达国家都出现了高通货膨胀与高失业并存的"滞胀"(stagflation)现象,即经济停滞或衰退、大量失业和严重通货膨胀以及物价持续上涨同时发生的情况。菲利浦斯曲线不断右移,长期看来其斜率成为正值(见图 9—5)。对此,弗里德曼认为,高度的和变化加剧的通货膨胀可能会不断提高"自然失业率"。

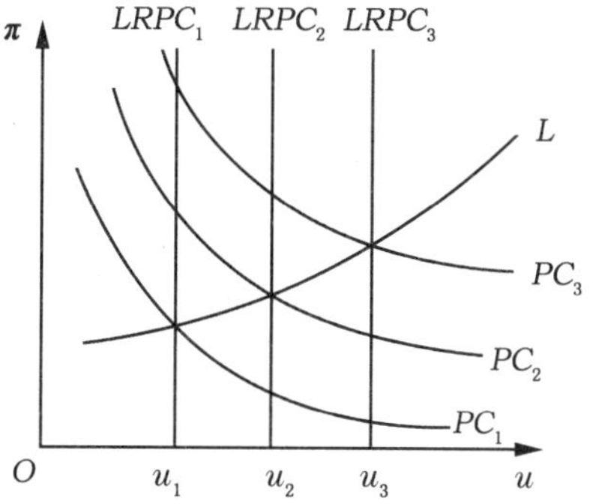

图 9—5　向上倾斜的菲利浦斯曲线

第四节　通货膨胀的治理对策

通货膨胀会破坏社会生产,扰乱流通秩序,引起分配不公,导致社会动乱和政局不稳,因而引起世界各国的高度重视。各国政府都在积极寻求治理通货膨胀的良策,并且,已经积累了许多经验。主要的治理措施有以下几种。

一、紧缩性货币政策

由于通货膨胀是纸币流通条件下出现的经济现象,引起物价总水平持续上涨的主要原因是流通中的货币量过多。因此,各国在治理通货膨胀时,所采取的重要措施之一就是紧缩货币政策,即中央银行实行抽紧银根政策,即紧缩通货,通过减少流通中货币量的办法以提高货币购买力，减轻通货膨胀压力。掌握货币政策工具的中央银行一般采取以下措施。

（1）出售政府债券，这是公开市场业务的一种方法。中央银行在公开市场上出售各种政府债券，就可以缩减货币供应量和货币供应量潜在的膨胀，这是最重要且经常被采用的一种政策工具。

（2）提高贴现率或再贴现率，以影响商业银行的贷款利息率。这势必带来信贷紧缩和利率上升，有利于控制信贷的膨胀。

（3）提高商业银行的法定准备金率，以减少商业银行放款，从而减少货币供应。

（4）直接提高利率，紧缩信贷。利率的提高会增加使用信贷资金的成本，借贷就将减少，同时利率提高，还可以吸收储蓄存款，减轻通货膨胀压力。

二、紧缩性财政政策

压缩财政支出的办法是削减财政投资的公共工程项目，减少各种社会救济和补贴，使财政收支平衡。紧缩性财政政策主要包括以下措施：

（1）削减政府支出，包括减少军费开支和政府在市场上的采购；

（2）限制公共事业投资和公共福利支出；

（3）增加赋税，以抑制私人企业投资和个人消费支出。

三、收入政策

收入政策是对付成本推进型通货膨胀的有效方法。贯彻紧缩性收入政策可采取以下三种方式。

（1）确定工资—物价指导线，以限制工资—物价的上升。这种指导线是由政府当局在一定年份内允许总货币收入增加的一个目标数值线，即根据统计的平均劳动生产率的增长，政府当局估算出货币收入的最大增长限度，而每个部门的工资增长率应等于全社会劳动生产率增长趋势，不允许超过。只有这样，才能维持整个经济中每单位产量的劳动成本的稳定，因而预定的货币收入增长就会使物价总水平保持不变。

（2）工资管制（或冻结工资）。即强制推行的控制全社会职工货币工资增长总额和幅度，或政府强制性规定职工工资在若干时期内的增加必须固定在一定水平上的措施。管制或冻结工资被认为可以降低商品成本，从而减轻成本推动型通货膨胀的压力。这是通货膨胀相当严重时采取的非常措施，但正是因为通货膨胀严重，使人民收入及生活水平持续下降，从而使冻结或管制工资措施实施起来更为困难。

（3）以纳税为基础的收入政策。这是指通过一种对过多地增加工资的企业按工资增长超额比率征收特别税款的办法，来抑制通货膨胀。一般认为，实行这种税收罚款办法，可以使企业有所约束，拒绝工资超额提高，并同工会达成工资协定，从而降低工资增长率，减缓通货膨胀率。

四、供应政策

供应学派认为，通货膨胀和经济波动都是由产品供应不足引起的，因此，治理通货膨胀，摆脱滞胀困境，治本的方法在于增加生产和供给。要增加生产和供给，关键措施是降低税率，促进生产发展。

五、价格政策

通过反托拉斯限制价格垄断，这是价格政策的基本内容。价格垄断有可能出现定价过高和哄抬物价的现象，为了治理通货膨胀，就必须限制价格垄断。

第五节　通货紧缩

从历史上看，通货膨胀多有发生，人们对通货膨胀比较了解，也进行了比较深入、系统的研究。但是，近年来一些国家又出现了通货紧缩，这对包括中国在内的许多国家和地区都造成了威胁。因此，研究通货紧缩也日益成为人们较关注的一个问题。

一、通货紧缩的定义

对于通货紧缩的含义，与对通货膨胀一样，在国内外还没有统一的认识，从争论的情况来看，大体可以归纳为以下三种。

一种观点认为，通货紧缩是经济衰退的货币表现，因而必须具备三个基本特征：一是物价的普遍持续下降；二是货币供给量的连续下降；三是有效需求不足，经济全面衰退。这种观点被称为“三要素论”。

另一种观点认为，通货紧缩是一种货币现象，表现为价格的持续下跌和货币供给量的连续下降，即所谓的“双要素论”。

第三种观点认为，通货紧缩就是物价的全面持续下降，被称为“单要素论”。

从上面的介绍可以看出，尽管对通货紧缩的定义仍有争论，但对于物价的全面持续下降这一点却是共同的。

一般来说，单要素论的观点对于判断通货紧缩发生及其治理更为科学。这是因为，通货紧缩作为通货膨胀的反现象，理应反映物价的变动态势，价格的全面、持续下降，表明单位货币所反映的商品价值在增加，是货币供给量相对不足的结果。货币供给不足可能只是通货紧缩的原因之一，因此，双要素论的货币供给下降的界定，将会缩小通货紧缩的范围；而三要素论中的经济衰退，一般是通货紧缩发展到一定程度的结果，因此，用经济衰退的出现来判断通货紧缩就太晚了。根据单要素论的观点，判断通货紧缩的标准只能是物价的全面持续下降，其他现象可以作为寻找成因、判断紧缩程度等的依据。

二、通货紧缩对社会经济的影响

通货紧缩的危害很容易被人忽视，因为表面上看，一般价格的持续下跌会给消费者带来一定的好处，在低利率和低物价增长的情况下，人们的购买力会有所提高。

然而，通货紧缩的历史教训令人提心吊胆，这就是20世纪30年代全球经济大危机。通货紧缩与通货膨胀一样，对经济发展造成不利影响。通货紧缩会加速实体经济进一步紧缩，因此，它既是经济紧缩的结果，又反过来成为经济进一步紧缩的原因。通货紧缩一旦形成，如果不能及时处理好，可能会带来如下一系列问题。

（一）通货紧缩可能形成经济衰退

通货紧缩是经济衰退的加速器。由于通货紧缩增加了货币的购买力，使人们仍保留更多的储蓄、更小的支出，尤其是耐用消费品的支出。这样，通货紧缩使个人消费支出受到抑制。与此同时，物价的持续下跌会提高实际利率水平，即使名义利率下降，资金成本仍然较高，致使企业投资成本昂贵，投资项目变得越来越没有吸引力，企业因而减少投资支出。此外，商业活动的萎缩会造成更低的就业增长，并形成工资下降的压力，最终造成经济衰退。

（二）通货紧缩会加重债务人的负担

通货紧缩情况下，企业负债的实际利率较高，而且产品价格出现非预期下降，收益率也随之下降，企业进一步扩大生产的动机会随之下降。生产停滞，企业归还贷款的能力有所减弱，这便使银行贷款收回面临更大的风险。而银行资产的质量变化，使得个人更倾向于持有现金，从而可能出现“流动性陷阱”。

如果企业持续降低产品价格而且产量难以保证时，企业就会减少就业岗位、减少资本支出，消费者因此产生的第一反应是减少消费。这样，降低成本成为企业共同防护的手段，竞争导致价格下跌、再下跌，从而形成通货紧缩。

（三）通货紧缩使消费总量趋于下降

初看起来，通货紧缩对消费者是一件好事，因为消费者只需支付较低的价格便可获得同样的商品。但是，在通货紧缩的情况下，就业预期、价格和工资收入、家庭资产趋于下降，消费者会因此而缩减支出增加储蓄。正是在通货紧缩条件下，工人如果要得到同样多的面包，就得工作更长的时间。综合来说，通货紧缩使消费总量趋于下降。

（四）通货紧缩容易使银行业产生大量不良资产

通货紧缩可能使银行业面临困境，当银行业面临一系列系统恐慌时，一些资不抵债的银行会因存款人“挤兑”而被迫破产。

通货紧缩一旦形成，便可能形成“债务—通货紧缩陷阱”。此时，货币变得更为昂贵，债务则因货币成本上升而相应上升。虽然名义利率未变甚至下调，但实际利率仍然较高，债务负担有所增加，企业经营的困难会最终体现在银行的不良资产上。因此，通货紧缩对于银行来说，容易形成大量的不良资产。

三、通货紧缩的治理

由于通货紧缩形成的原因比较复杂，并非由单一的某个方面的原因引起，而是由多种因素共同作用而形成混合性通货紧缩，因此治理的难度甚至比通货膨胀还要大，必须根据不同国家不同时期的具体情况进行认真研究，才能找到有针对性的治理措施。下面以我国存在的通货紧缩为例，提出治理通货紧缩的一般措施，包括两个方面：

（一）实行扩张性财政政策和货币政策

要治理通货紧缩，必须实行积极的财政政策，增加政府公共支出，调整政府收支结构。对具有极大增长潜力的高新技术产业，实行税收优惠，尽可能地减少对企业的亏损补贴以及各种形式的价格补贴，利用财政贴息的方式启动民间投资，大力发展民营经济，引导其资金投向社会急需发展的基础设施领域，在继续增加国家机关和企事业单位以及退休人员工资的基础上，更要把增加农民和中低收入者的收入水平当作一件大事来抓。总之，实行积极的财政政策，就是要在加大支出力度的基础上，优化财政收支结构，既要刺激消费和投资需求，又要增加有效供给。

通货紧缩既然是一种货币现象，那么治理通货紧缩，也就必须采取扩张性货币政策，增加货币供给，以满足社会对货币的需求。增加货币供给的方式不外乎从基础货币和货币乘数两个方面着手。作为中央银行可以充分利用自己掌握的货币政策工具，影响和引导商业银行及社会公众的预期和行为。在通货紧缩时期，一般要降低中央银行的再贴现率和法定存款准备金率，从社会主体手中买进政府债券，同时采用一切可能的方法，鼓励商业银行扩张信用，从而增加货币供给。具体操作要根据造成货币供给不足的原因，灵活掌握。

财政政策与货币政策的配合运用，是治理通货紧缩和通货膨胀的主要政策措施，但由于货币政策具有滞后性的特点，而且在通货紧缩时期，利率弹性较小，因此财政政策的效果一般比货币政策更直接有效。

（二）加大改革，充分发挥市场机制

市场经济是在全社会范围内由市场配置资源的经济，市场经济不是万能的，但实践证明它是最优的，政府对"市场缺陷"的矫正，必须限制在一定的范围，受到约束，否则，对经济的破坏作用是巨大的。反思我国通货紧缩局面的形成，无不跟政府主导型发展战略有关，像国有企业大量亏损，失业现象严重，重复建设造成经济结构的扭曲，短缺与无效供给的并存以及政府部门的腐败、效率低下等都与政府对市场的不信任，对市场的过度干预紧密相连。因此，要想尽快走出通货紧缩的困境，必须加大改革力度，充分发挥市场机制的作用，积极推进国有企业的转制工作，甩掉国有企业的沉重包袱，建立现代企业制度，增强国有企业的活力，使其真正发挥促进经济发展的关键作用，完善市场经济所需要的科技、教育、住房、卫生、医疗、社会保障制度。

本章小结

通货膨胀是指在信用货币制度下，流通中的货币量超过实际需要量所引起的货币贬值、商品和服务的货币总价格持续上涨的现象。这个定义需要强调三点：一是通货膨胀是一种信用货币流通下的现象；二是通货膨胀是以商品和服务的货币价格为对象的；三是通货膨胀是物价总水平的持续上涨。

通货膨胀按不同的标准可以划分为不同的类型。如按引起通货膨胀的原因可以分为需求拉上型通货膨胀、成本推动型通货膨胀、结构型通货膨胀；按表现形式可以划分为公开型通货膨胀、隐蔽型通货膨胀；按通货膨胀的程度可以划分为爬行式通货膨胀、温和式通货膨胀、奔腾式通货膨胀等。

通货膨胀可以通过物价指数的变动来度量，较常用的物价指数有消费价格指数、批发价格指数、国民生产总值平减指数。各种价格指数所包含的内容不尽相同，各个国家也相应选择合适的计量标准来度量通货膨胀率。

通货膨胀的经济效应包括：经济增长效应、收入分配效应、强制储蓄效应、资产结构调整效应等。

治理通货膨胀的对策主要有：紧缩性货币政策、紧缩性财政政策、收入政策、价格政策、供应政策等。

通货紧缩是货币供应量小于流通领域对货币的实际需求量而引起的货币升值、商品和劳务的货币价格总水平持续下跌的现象。通货紧缩和通货膨胀一样，对经济发展同样极具破坏力，甚至是有过之而无不及。因此，我们应该针对通货紧缩产生的原因，采取合理的措施，以有效地抑制和治理通货紧缩。

练习题

一、概念识记

通货膨胀　通货紧缩　强制储蓄　消费价格指数　批发价格指数
国民生产总值平减指数

二、单项选择题

1. 下列关于通货膨胀的表述中，不正确的是（　　）。

A. 通货膨胀是物价持续上涨　　B. 通货膨胀是物价总水平的上涨

C. 通货膨胀是指物价的上涨　　D. 通货膨胀是纸币流通所特有的

2. 通货膨胀时期债权人将（　　）。

A. 增加收益　　B. 损失严重

C. 不受影响　　D. 短期损失长期收益更大

3. 我国目前主要是以（　　）反映通货膨胀的程度。

A. 居民消费价格指数　　B. GDP 平减指数

C. 批发价格指数　　D. GNP 平减指数

4. 成本推动说解释通货膨胀时的前提是（　　）。

A. 总需求给定　　B. 总供给给定

C. 货币需求给定　　D. 货币供给给定

5. 在完全竞争市场上，不可能产生的通货膨胀类型是（　　）。

A. 需求拉上的通货膨胀　　B. 结构型通货膨胀

C. 成本推进的通货膨胀　　D. 预期型通货膨胀

6. 对于需求拉上型通货膨胀，调节和控制（　　）是个关键。

A. 社会总需求　　B. 收入分配

C. 财政收支　　D. 经济结构

7. 下列各项政策中，（　　）可以解决通货膨胀中收入分配不公的问题。

A. 限价政策　　B. 指数化政策

C. 减税政策　　D. 增加供给的政策

8. 通货膨胀对社会成员的主要影响是改变了原有收入和财富分配的比例。这是通货膨胀的（　　）。

A. 强制储蓄效应　　B. 收入分配效应

C. 资产结构调整效应　　D. 财富分配效应

9. 通货膨胀对策中，压缩财政支出属于（　　）。

A. 改善供给　　B. 紧缩性收入政策

C. 收入指数化政策　　D. 紧缩性财政政策

10. 通货膨胀对策中，冻结工资和物价属于（　　）。

A. 控制需求　　B. 改善供给

C. 收入指数化政策　　D. 紧缩性财政政策

11. 下列说法明显错误的是（　　）。

A. 物价水平的持续下降意味着实际利率的上升，投资项目的吸引力下降

B. 物价水平的持续下降意味着货币购买力不断提高，从而消费者会增加消费，减少储蓄

C. 通货紧缩可能引发银行业危机

D. 通货紧缩制约了货币政策的实施

三、简答题

1. 什么是通货膨胀？简述通货膨胀的类型。
2. 如何理解通货紧缩的含义？
3. 简述关于通货膨胀成因的几种理论观点。
4. 判定通货膨胀的指标有哪些？
5. 货币供给和总需求之间是否适当会产生怎样的影响？
6. 通货膨胀对分配会产生什么样的影响？
7. 在通货膨胀的治理中，指数化政策起什么作用？

四、案例分析

新形势下造成我国通货膨胀的原因

自我国进入 21 世纪后，国内物价上涨速度出现了大幅度的增加，通货膨胀的问题越来越严重，尤其是 2010 年以后更是面临着经济危机的危险。国际上对通货膨胀有一定的测算指标，即 CPI，一般情况下当 CPI 涨幅大于 3%时经济学上就定性为通货膨胀。在 2011 年的时候我国 CPI 的增长幅度达到 5.4%，已经出现严重的通货膨胀现象。据国家统计局公布的数据显示，连续 19 个月我国居民消费价格指数即 CPI 环比实现了连续上升的势头，平均月上升幅度在 5%以上，超过了国际公认的警戒线水平，大宗商品和原材料价格也不断攀升，平均上涨幅度在 10%左右，不断上升的物价水平和通货膨胀速度引起了经济环节相关主体的连锁反应，最终会影响经济发展的长期均衡速度。大量数据显示，在我国经济增长的内生机制尚未有效形成和成长的前提下，较高的通货膨胀水平势必会对宏观经济的运行产生不良影响。

造成我国目前通货膨胀的主要原因有以下几个方面：

1. 浅层原因

(1)自然灾害对中国国内价格产生了很大影响。自然灾害首先导致的问题是粮食的减产，由此引发国内食品供应紧张，之后其他商品的物价也开始上涨，除此之外国家在 2010 年对水、电、天然气进行了价格的调整，使水、电、天然气的价格上涨，更加剧了通货膨胀的程度。

(2)国内生产资料的价格上涨。由于中国近几年来房地产行业拉动了中国经济的增长，房地产行业所需要的原材料价格也得到上涨，这些原材料价格上涨后导致材料成本增加，推动了各种物价的上涨，加剧了通货膨胀。随着工业化、城镇化的推进，农业生产的劳动力成本、农资成本不断上涨，同时城镇对农产品的需求在不断增加，这使得农产品价格的上涨成为长期趋势。地价、房租的上涨导致生活资料费用的提高和产品成本的提高，工人工资的提高与商品成本的提高必然导致商品价格的上涨。

(3)经济全球化的影响。随着经济全球化的出现，发达国家将国内劳动力密集型的产业和资源密集型的产业大幅度向发展中国家转移，并且拉大了对发展中国家的贸易逆差，发达国家将国内价格低廉的原材料运到发展中国家进行加工与组装，生产成成品后以高价卖给发展中国家，抬高了发展中国家商品的价格。中国自进入 21 世纪后大幅度引进国外资源密集型产业

和劳动力密集型产业，使国外企业的产品在国内高价出售，这也是导致通货膨胀的重要原因。

2. 深层原因

(1)国际游资的流动。2010 年随着中国经济慢慢地复苏回暖，人民对经济的信心增加，中国在近十几年的发展过程中已经成为世界第二大经济实体，中国目前是世界第二大石油进口国，海外最大的铁矿石购买国，世界铜消费最大的国家。随着中国建筑行业和制造业的大幅度兴起，国内出现了大宗商品的价格上涨，推动了通货膨胀的现象。美国 2007 年次贷金融危机爆发，美元出现贬值，推动了以美元计价的商品价格上涨，中国在发展的过程中很大程度上依赖美元，在大宗商品上需求旺盛，美元对人民币的汇率上涨自然推动了国内商品价格的上涨。

(2)国内货币流动性过剩引起。随着外资企业的进入，大量的外资流入中国，由于贸易逆差上升，人民币面临着巨大的升值压力。为了避免人民币升值速度过快，人民币的投放被迫迅速扩张，国内货币量发行太多，市场流动的货币过多，导致人民币贬值，购买力下降，中国资金持续的流动性过剩，推动了物价的上涨，也影响了股票、房地产等资产的贬值。

(3)资产的重估推动了金融信贷的扩张，继而放大了总需求。在新形势下的经济危机中银行的金融信贷也是推动中国通货膨胀的重要原因。一方面，国内资产价格的重估使企业抵押融资风险的能力大幅度提升，促进了银行金融信贷的扩张；另一方面，银行金融信贷扩张又导致股票、房地产价格的上涨，形成了资产价格上涨和银行金融信贷扩张相互推动的局面，使中国连续几年出现了泡沫经济的大幅度增长。中国在近几年居民存款量巨大，使得银行流动资金巨大，流动资金增多加剧了银行对房地产行业和股票的信贷，国内出现房地产投资过热的现象，投资一定程度上失去了理性，使得房地产行业大幅度发展，推动了原材料的总需求。

(4)成本价格上涨推动经济增长速度过快导致通货膨胀压力。进入 21 世纪后我国上游产品价格涨幅过快，高于下游产品增长速度，由于一定的原因，上游产品价格的增长速度对下游产品价格的增长影响不大，但是当上游产品价格增长达到一定程度时必然会带动下游产品价格的增长，形成国内产品价格全方位的增长，出现成本推动型的价格上涨。另一方面，经济增长速度过快也是导致通货膨胀的原因，近几年来中国经济增长速度过快，但是中国国民生产能力的增长速度并没有达到经济增长的速度，出现这一现象的原因就是受房地产和制造业飞速发展的影响和带动，在经济高速增长的同时，中国的经济结构产生了更多的问题，产能过剩是最大的特点，特别是投资与消费的比例严重失调，不仅没有得到缓和，而且越来越严重，这些问题都成为通货膨胀的动力。

(资料来源：https://doc.mbalib.com/view/183f1b79ddeaf06b19c4d23c9cc81ba5.html.)

思考：

1. 通过资料，找出我国本次通货膨胀的原因。
2. 应对新形势下通货膨胀应采取哪些具体措施?

第十章　货币政策

学习目标

1. 了解货币政策的内容构成。
2. 掌握货币政策工具的运用，理解货币政策的传导机制及效果。

引导案例

美国的量化宽松货币政策

经历过2008年的金融危机之后，美国经济进入了寒冬时期，失业率居高不下，国家经济严重低迷。为了刺激美国经济的发展，使得美国尽快走出金融危机的影响，美国出台了一系列量化宽松货币政策。

1. 启动QE1

2008年11月25日，美联储宣布，将购买政府支持企业（简称GSE）房利美、房地美、联邦住房贷款银行与房地产有关的直接债务，还将购买由两房、联邦政府国民抵押贷款协会（Ginnie Mae）所担保的抵押贷款支持证券（MBS）。这是美联储首次公布将购买机构债和MBS，标志着首轮定量宽松政策的开始。

2009年6月至12月，美国纽约银行、高盛集团、摩根大通、花旗银行等先后归还了政府救助资金。当时AIG通过出售旗下保险公司筹到了367亿美元，以偿还纽约联邦储备银行部分贷款。种种迹象表明，在QE1执行期间，在美联储廉价资金以及财政部资助下，华尔街金融机构正在恢复元气。

QE1已经把华尔街的金融公司从破产边缘拯救了出来，而美国经济仍在苦苦挣扎。

2. 启动QE2

自2010年4月份美国的经济数据开始令人失望，进入步履蹒跚的复苏以来，美联储一直受压于需要推出另一次的量化宽松——第二次量化宽松(QE2)。伯南克在当年8月份在杰克逊霍尔的美联储官员聚会中为第二次量化宽松打开了大门。但他同时谨慎地指出,量化宽松不是一个成熟的补救办法。而且,也不是所有的人都支持量化宽松政策。美国联邦储备委员会公开市场委员会(FOMC)宣布,将再次实施6 000亿美元的“量化宽松”计划,美联储发货币购买财政部发行的长期债券,每个月购买额为750亿美元,直到2011年第二季度。这就是QE2,即所谓美联储的第二次量化宽松政策。

QE2的目的是通过大量购买美国国债,压低长期利率,借此提振美国经济,特别是避免通货紧缩,并降低高达9.6%的失业率。

3. 启动QE3

美联储再推QE3,与此同时,欧洲、日本也相应推出了各自的量化宽松政策,全球将再度进入货币膨胀时期,这对于当时正处在经济下行周期的我国来说,可谓喜忧参半。一方面,宽松政策将刺激国外经济体的复苏,有利于我国出口贸易的增长;但另一方面,大宗商品的上涨,将间接地传导至生产的各个领域,导致国内的通货膨胀压力再度抬头。一方面,人民币升值预期有利于减缓当前“热钱”的流出速度;但另一方面,过度的流动性也将使得国内一些调控政策(例如房地产调控)失效。

(资料来源:向松祚.全球大变局下的金融战略[M].北京:中国发展出版社,2013.)

思考:

1. 美国三次推出量化宽松货币政策的背景是什么?
2. 三次量化宽松货币政策各取得了哪些效果?

第一节 货币政策概念及目标

一、货币政策概述

货币政策是货币当局或中央银行为实现既定的宏观经济目标,运用各种工具调节货币供应量和利率,进而影响宏观经济运行状态的各类方针和措施的总和。它一般包括四个方面的内容:货币政策目标(包括最终目标、中间目标和操作目标)、货币政策工具、货币政策的传导机制以及货币政策效果。

按照中央银行对货币政策的影响力和影响速度,货币政策目标分为三个不同的目标层次,即最终目标、中间目标和操作目标,它们共同构成中央银行货币政策的目标体系。货币政策工具经过操作目标、中间目标到最终目标是一个依次传递的过程,对中央银行而言,这些目标的可控性依次减弱,而从经济分析的角度来看,则宏观性依次增强。

中央银行货币政策的内容结构如图10—1所示。

二、货币政策的最终目标

(一)货币政策最终目标的内容

货币政策的最终目标,亦称为货币政策目标,是中央银行通过货币政策的操作而达到的最终宏观经济目标。货币政策作为国家宏观经济调控的重要政策之一,其最终目标要与国家宏

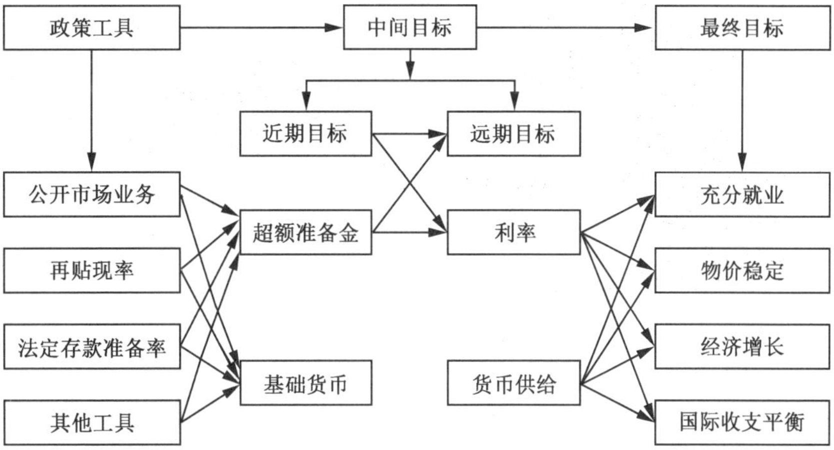

图 10—1　中央银行货币政策的内容结构

观经济目标一致,要成为国家整个宏观经济政策的重要组成部分而发挥作用,一般认为,货币政策的最终目标包括物价稳定、充分就业、经济增长和国际收支平衡四个方面。

1. 物价稳定

稳定物价目标是中央银行货币政策的首要目标,而物价稳定的实质是币值的稳定。所谓币值,原指单位货币的含金量,在现代信用货币流通条件下,衡量币值稳定与否,已经不再是根据单位货币的含金量,而是根据单位货币的购买力,即在一定条件下单位货币购买商品的能力。它通常以一揽子商品的物价指数,或综合物价指数来表示。

目前各国政府和经济学家通常采用综合物价指数来衡量币值是否稳定。物价指数上升,表示货币贬值;物价指数下降,则表示货币升值。稳定物价是一个相对概念,就是要控制通货膨胀,使一般物价水平在短期内不发生急剧的波动。

物价稳定不是冻结物价,而是指把物价的变动控制在一定的幅度之内,只要物价上升或下跌不超过这个幅度,就可以称得上实现了稳定物价的目标。这个幅度的确定,不仅取决于一个国家的政治经济环境,还取决于社会公众的容忍程度。一般认为,物价上涨率能控制在 2%~4%就基本上算实现了物价水平的稳定,而对于物价下跌的控制幅度目前并没有达成一个共识。

2. 充分就业

狭义的充分就业是指劳动力的充分利用。广义的充分就业不仅包括劳动力的充分就业,还包括其他生产要素的充分利用,用以衡量一国社会资源的利用程度。由于其他生产要素的利用程度很难测算,但它与劳动力就业状况保持基本一致的关系,所以一般以劳动力的就业程度作为社会经济资源利用程度的代表性指标。

劳动力就业程度是通过失业率来衡量的。所谓失业率,是指失业人数(愿意就业而未能找到工作的人数)与愿意就业的劳动力的百分比,失业率的大小表示与充分就业目标的差距,失业率越高,距离充分就业的目标就越远。

所谓充分就业目标,就是要保持一个较高的、稳定的就业水平。在充分就业的情况下,凡是有能力并自愿参加工作者,都能在较合理的条件下随时找到适当的工作。

西方经济学家认为,充分就业不是社会劳动力 100%就业,而应该排除两种失业:一种是摩擦性失业或结构性失业，即由于季节性、技术性、经济结构等原因造成的临时性失业；二是自愿失业，即劳动者不愿意接受现行的工资水平和工作条件而引起的失业。这两种失业是不可避免的。弗里德曼认为，资本主义经济在任何时候都存在着与实际工资相适应的某种均衡失业水平，即存在着所谓的自然失业率，货币政策不可能使实际失业率降至自然失业率的水平。

那么，失业率为多少时才可称为充分就业？对此，经济学家的看法不一致。有的经济学家认为，只要失业率低于5%就可以看成是充分就业了；而有的经济学家认为这个比率太高，应该将失业率控制在2%～3%，否则就不能算实现了充分就业。

3. 经济增长

所谓经济增长，就是指国民生产总值的增长必须保持合理的、较高的速度。目前大多数国家采用GNP或GDP的年增长率或人均年增长率来衡量经济增长程度。

至于货币政策应当追求多高的经济增长速度，则取决于经济增长利益和经济增长成本之间的权衡和比较。社会想实现一定速度的经济增长，必须付出一定的成本和代价，社会公众必须忍受目前消费建设的痛苦以进行储蓄和投资，经济的增长还可能带来环境的污染、资源的消耗等，而经济增长的最大利益是增加社会公众的未来福利。适度的经济增长，从理论上讲就是经济增长的边际成本和边际收益相等时的经济增长率，但是很难测算。在实际操作中，各国政府为了政治、经济和军事上的需要，总是追求实现一定速度的经济增长，但是应在综合考虑资源有效利用、环境保护和长期可持续性发展要求的基础上制定年度经济增长目标。

4. 国际收支平衡

所谓国际收支平衡目标，简言之，就是采取各种措施纠正国际收支差额，使其趋于平衡。因为一国国际收支出现失衡，无论是顺差或逆差，都会对本国经济造成不利影响。长时期的巨额逆差会使本国外汇储备急剧下降，并承受沉重的债务和利息负担；而长时期的巨额顺差，又会造成本国资源使用上的浪费，使一部分外汇闲置，特别是如果因大量购进外汇而增发本国货币，则可能引起或加剧国内通货膨胀。当然，相比之下，逆差的危害尤甚，因此各国调节国际收支失衡一般着力于减少以至消除逆差。

那么，国际收支平衡作为货币政策目标是如何被确定的？一个国家要保证对外经济活动和贸易收支的正常需要，必须保持适当的外汇储备，使外汇储备占进口总额的比例维持相对稳定的水平。究竟多大比例为好，要根据各国的具体情况而定。一个国家的外汇储备的需要，决定了对国际收支状态的具体要求。因此，大多数国家并不是追求国际收支的绝对平衡，而是根据外汇储备增减的需要确定国际收支的具体控制目标。

（二）货币政策最终目标之间的矛盾与协调

货币政策最终目标之间的关系较复杂，有的一定程度上具有一致性，如充分就业与经济增长；有的相对独立，如充分就业与国际收支平衡；更多表现为目标间的冲突性。各目标之间的矛盾表现为：物价稳定与充分就业之间存在一种此高彼低的交替关系。当失业过多时货币政策要实现充分就业的目标，就需要扩张信用和增加货币供应量，以刺激投资需求和消费需求，扩大生产规模，增加就业人数；同时由于需求的大幅增加，会带来一定程度的物价上升。反之，如果货币政策要实现物价稳定，又会带来就业人数的减少。所以，中央银行只有根据具体的社会经济条件，寻求物价上涨率和失业率之间某一适当的组合点。

物价稳定与经济增长也存在矛盾。要刺激经济增长，就应促进信贷和货币发行的扩张，结果会带来物价上涨；为了防止通货膨胀，就要采取信用收缩的措施，这又会对经济增长产生不利的影响。

物价稳定与国际收支平衡存在矛盾。若其他国家发生通货膨胀，本国物价稳定，则会造成本国输出增加、输入减少，国际收支发生顺差；反之，则出现逆差，使国际收支恶化。

经济增长与国际收支平衡也存在矛盾。随着经济增长，对进口商品的需求通常也会增加，结果会出现贸易逆差；反之，为消除逆差，平衡国际收支，需要紧缩信用，减少货币供给，从而导致经济增长速度放慢。

综上所述，由于各目标间存在着矛盾，中央银行应根据不同的情况选择具体的政策目标。对于任何一个国家，上述各种目标往往不能同时兼顾。最明显的是稳定物价与充分就业之间、经济增长与平衡国际收支之间存在着相当严重的矛盾。如何在这些相互冲突的目标中做出适当的选择，是各国中央银行制定货币政策时所面临的最大难题。

在中国，货币政策目标的选择在实际中有两种主张：一种是单一目标，以稳定币值作为首要的基本目标；另一种是双重目标，即稳定货币和发展经济兼顾。从各国中央银行货币政策的历史演变来看，无论是单一目标、双重目标或多重目标，都不能脱离当时的经济社会环境以及当时所面临的最突出的基本矛盾。但货币政策要保持足够的稳定性和连续性，政策目标不能偏颇和多变。

三、货币政策的中间目标

（一）货币政策中间目标的意义

货币政策的中间目标也称中介目标，是指为实现货币政策的最终目标而选定的便于调控、具有传导性的金融变量。由于货币政策的最终目标并不在中央银行的直接控制之下，为了实现最终目标，央行必须选择与最终目标关系密切，央行可以直接调控，并在短期内可以度量的金融指标作为中介性指标，以实现对最终目标的调节和控制。

概括来说，货币政策中间目标的意义在于：第一，表明货币政策实施的进度；第二，为中央银行提供一个追踪的指标；第三，便于中央银行随时调整货币政策。

（二）货币政策中间目标的选择标准

一般来讲，一个良好的货币政策中间目标应该具备以下条件。

1. 相关性

相关性是指与最终目标的相关性，中央银行选择的中间目标，必须与货币政策终极目标高度相关，要具有类似于自变量与因变量之间的那种函数关系。中央银行通过对中间目标的控制和调节，能够促使货币政策最终目标的实现。

2. 可测性

可测性是指中央银行选择的金融控制变量具有较明确的内涵与外延，中央银行能够迅速而准确地获得有关指标的数据资料，并且能被社会各方面理解、判断和预测，即作为中间目标的变量必须能准确和迅速地进行量的测度。

3. 可控性

可控性是指中央银行通过各种货币政策工具的运用，能对货币政策中间目标进行有效的控制和调节，能够较准确地控制该变量的变动状况及其变动趋势。只有这样，中央银行才能够通过对中间目标进行有效的调节和控制，间接促进最终目标的实现。

4. 抗干扰性

抗干扰性是指所选择的金融变量的变化能够有效抵御其他因素的影响，能够独立发挥作用，使中央银行能够准确把握政策的适当与否和力度。

(三)货币政策中间目标的种类

根据以上四个条件,尤其是前三个条件所确定的中介指标一般有利率、货币供应量、超额准备金和基础货币等。根据这些指标对货币政策工具反应的先后和作用于最终目标的过程,又可分为两类:一类是近期指标,即中央银行对它的控制力强,但距离货币政策的最终目标较远;另一类是远期指标,即中央银行对它的控制力较弱,但距离货币政策的最终目标较近。

1. 货币政策的近期中间目标

货币政策近期中间目标又称操作目标,是指货币政策工具直接作用和影响的变量,中央银行对它的控制力较强,但它距离货币政策最终目标较远。目前,各国中央银行经常采用的操作目标主要有基础货币和超额准备金。

(1)基础货币。基础货币是流通中的现金和商业银行的存款准备金的总和,它构成了货币供应量倍数伸缩的基础。基础货币作为操作目标,其可测性、可控性和相关性非常好。首先,从可测性来看,基础货币表现为中央银行的负债,其数额多少随时在中央银行的资产负债表上反映出来,中央银行很容易掌握这些资料。其次,基础货币中的通货是中央银行向社会注入的现金量,中央银行愿意注入多少现金是可以直接控制的。金融机构的存款准备金总量则取决于中央银行的再贴现和再抵押贷款,以及法定存款准备金率,有较强的可控性。最后,从基础货币与货币政策目标的相关性来看,中央银行通过对基础货币的操纵,就能使商业银行及社会大众调整其资产构成,改变社会的货币供应总量,从而影响到市场利率、价格以及整个社会经济活动。一般来说,基础货币增加,社会的货币供应总量增加,社会总需求会随之增加;相反,基础货币减少,社会的货币供应总量减少,社会总需求也会随之减少。所以,基础货币是一个很好的货币政策操作目标。

(2)超额准备金。超额准备金是指商业银行准备金中超过中央银行规定的法定存款准备金的部分,主要由库存现金和在中央银行的超额准备金存款组成。超额准备金是商业银行扩大贷款、增加货币供应量的基础,中央银行控制商业银行超额准备金是控制贷款规模的重要手段。虽然超额准备金主要受商业银行决策的影响,但是中央银行对商业银行的超额准备金是可以控制的,控制的方法是通过变动法定存款准备率、开展再贴现业务和进行公开市场操作。当中央银行提高法定存款准备率、增加对商业银行的再贴现、买入有价证券时,就会使商业银行超额准备金增加。中央银行还可以通过向某一商业银行定向发行央行票据,冻结其过多的超额准备金,限制它的贷款行为。由于商业银行要定期向中央银行报告库存现金变动情况,在中央银行的超额准备金存款数据可以从中央银行资产负债表上直接获得,因此超额准备金的可测性也是很好的。

2. 货币政策的远期中间目标

货币政策的远期中间目标是指那些介于操作目标和最终目标之间的金融变量,这些变量既随操作目标变量的改变而改变,又能影响最终目标的变化,它距离最终目标较近,但受政策工具的作用和影响是间接的。

(1)利率。作为远期中间目标,利率的优点表现在如下方面。

首先,可控性强,中央银行可直接控制再贴现率,而通过公开市场业务或再贴现政策,也能调节市场利率的走向。其次,可测性强,中央银行在任何时候都能观察到市场利率的水平及结构。最后,利率的相关性强,中央银行能够通过利率影响投资和消费支出,从而调节总供求。

但是利率作为中介指标也有不理想之处。即利率指标往往具有双重性质:一方面,作为经济内生变量,它们的变动会受到社会经济状况的影响;另一方面,作为政策变量,它们的变动又带有政策性因素，这种状况往往会给中央银行的判断带来麻烦，使中央银行分辨不清这种变动是来自社会经济状况的影响，还是政策产生的效果，有时甚至会产生“误诊”。

(2)货币供应量。货币供应量是以弗里德曼为代表的现代货币主义所推崇的中间目标，20世纪70年代中期各国中央银行纷纷把中间目标由利率改为货币供应量。货币供应量作为货币政策的中间目标同样符合三个条件：①就可测性而言，货币供应量无论是现金、M1、M2均有明确的定义和统计口径，都分别反映在中央银行、商业银行及其他金融机构的资产负债表内，便于准确地测算和分析；②就可控性而言，货币供应量是基础货币与货币乘数之积，货币主义者通过实证分析，论证了货币乘数在短期是稳定的，决定货币供应量变动的最主要因素是基础货币，而中央银行对基础货币是能够控制的，所以中央银行通过控制基础货币的投放就能有效地控制全社会的货币供应量；③就相关性而言，货币供应量的变动直接影响经济活动，货币供应量扩张时，投资增加，产出增加，经济增长加快；货币供应量收缩时，投资减少，产出减少，经济增长放缓。

作为货币政策中间指标，货币供应量与利率相比较，优点是不会产生内生变量与政策变量之间的互相干扰。作为内生变量，货币供应量的变动是顺经济循环的，即当经济繁荣时，银行会增加信贷资金投放，增加货币供应量；当经济萎缩时，银行会减少信贷资金的投放，减少货币供应量。货币供应量作为政策变量则是逆经济循环的，在经济过热时，为防止过高的通货膨胀，中央银行会压缩货币供应量；在经济萎缩时，中央银行会增加货币供应量，刺激需求。因此，货币供应量作为中间目标，不会使政策性影响与非政策性影响相互混淆，导致中央银行判断失误。

第二节　货币政策工具

货币政策工具是中央银行为实现货币政策目标所采取的调控货币供应量的手段。中央银行为了实现货币政策最终目标，不仅要通过货币政策中间目标来传导，而且还需要强有力的货币政策工具。货币政策工具按其性质可分为一般性货币政策工具、选择性货币政策工具和其他货币政策工具。

一、一般性货币政策工具

一般性货币政策工具是中央银行调控宏观经济的常规手段，它主要是调节货币供应总量、信用量和一般利率水平，对整体经济运行发生影响。一般性货币政策工具包括法定存款准备金制度、再贴现机制和公开市场业务三大政策，俗称“三大法宝”。

(一)法定存款准备金政策

中央银行在法律规定的权力范围内，通过规定或调整有关金融机构缴存中央银行的法定存款准备金率，以控制金融机构的信用创造能力，从而达到间接调控货币供应量的目的。法定存款准备金率即是指商业银行必须向中央银行缴存的存款准备金与存款总额的比率。

中央银行调整法定存款准备金率可以从两方面变动货币供应量：一方面，可以直接增减商业银行超额准备金，影响商业银行信用扩张基础；另一方面，可以改变货币乘数，影响商业银行信用扩张倍数。比如，中央银行降低法定存款准备金率，一方面，减少商业银行向中央银行缴存的法定准备金，商业银行超额准备金同时增加，从而加强了商业银行信用扩张的基础；另一方面,法定准备金率下降,会使货币乘数扩大,从而增加商业银行的信用扩张倍数。

由于调整法定存款准备金率不仅会影响商业银行的超额准备金,而且会影响货币乘数,所以即使准备金率的微小变动都会使货币供应量发生重大变化,政策效果十分明显,收效极其迅速。美国联邦储备银行曾估计,存款准备金率调整一个百分点,就会增减 30 亿美元的超额准备金。由于货币乘数的变动,最终会使货币供应量增减 200 亿～300 亿美元。正因为调整法定存款准备金率对货币供应量的效果明显、迅速,操作简便,而且中央银行对其运用有绝对的控制权,所以存款准备金政策成为中央银行货币政策的强有力的工具。

但是,存款准备金政策也有明显的局限性:(1)容易导致商业银行资产严重周转不灵,限于经营困境。因为,银行一般只保留最低限额的超额准备金,只要法定准备金率提高,就会立刻引起商业银行资金流动性困难,商业银行为了迅速调整准备金以符合法定要求及流动性需要,往往不得不大幅度缩减贷款,或者大量抛售有价证券。这就使银行的盈利能力大大下降,甚至有可能导致银行限于经营困境。(2)冲击力太大。法定准备金率稍有变动,就会导致货币供给量的剧烈变动,商业银行压缩贷款和投资,容易引起经济波动。(3)存款准备金对各类银行和不同种类存款的影响不一致,因此货币政策实现的效果可能因为这些复杂情况的存在而不易把握。

因此,总体来说,准备金政策操作起来不灵活,不宜作为日常调节货币供应量的工具,中央银行对法定存款准备金率的调整应持谨慎态度。

进入 20 世纪 90 年代以来,许多西方国家,如美国、加拿大、瑞士、新西兰、澳大利亚等国中央银行都降低或取消了法定准备金率。究其原因:一是存款准备金制度本身存在上述问题;二是外部环境的变化,尤其是准备金制度的审慎监督作用于新经济环境已不相适应,如金融创新产生了大量新型的金融工具,非银行金融机构在金融过程中发挥的作用越来越大,金融市场发展使金融机构融资渠道增加,现代支付制度借助网络技术已高度发达等,这些变革都使准备金制度的审慎监督作用下降;加之西方各国普遍改用以利率作为货币政策中间目标,使准备金制度在实际运行中难以奏效。

阅读材料 10－1

法定存款准备金与超额准备金

存款准备金是指金融机构为保证客户提取存款和资金清算需要而准备的,缴存在中央银行的存款,中央银行要求的存款准备金占其存款总额的比例就是存款准备金率(deposit-reserve ratio)。

存款准备金分为法定存款准备金和超额存款准备金。法定准备金是商业银行按照中央银行的要求缴存的存款准备金。超额准备金是指商业银行及存款性金融机构在中央银行存款账户上的实际准备金超过法定准备金的部分。

超额准备金和法定准备金都属于存款准备金。但是,法定准备金一般情况下是不准动用的;超额准备金金融机构可以自主动用,其保有金额也由金融机构自主决定。

超额存款准备金＝存款准备金－法定存款准备金

超额存款准备金包括银行自有库存现金和存在中央银行的超额资本金。银行一般保持超额准备金的目的有三:一是用于银行间票据交换差额的清算,二是应对不可预料的现金提存,三是等待有利的贷款或投资机会。

（二）再贴现政策

再贴现政策是中央银行最早拥有的货币政策工具。现代许多国家中央银行都把再贴现作为控制信用的一项主要的货币政策工具，再贴现是指商业银行或其他金融机构将贴现所获得的未到期票据，向中央银行转让。对中央银行来说，再贴现是买进商业银行持有的票据，流出现实货币，扩大货币供应量。对商业银行来说，再贴现是出让已贴现的票据，解决一时资金短缺。整个再贴现过程，实际上就是商业银行和中央银行之间的票据买卖和资金让渡的过程。

一般来说，再贴现政策包括两方面：一是制定、调整再贴现利率水平；二是规定何种票据具有申请再贴现的资格，即再贴现的资格条件。前者主要影响商业银行的筹资成本，限制商业银行的信用扩张，控制货币供应量；后者则主要影响商业银行及社会的资金投向，可以按照国家产业政策的要求，促进结构调整。再贴现率工具主要着眼于短期政策效应，而中央银行对再贴现资格条件的规定则是着眼于长期的政策效用，以发挥抑制或扶持作用，并改变资金流向。

再贴现率调控货币供求关系的传导机制是，当中央银行提高再贴现利率，使再贴现率高于市场利率时，商业银行向中央银行借款或贴现的资金成本增加，就会减少向中央银行借款或贴现，商业银行的超额准备金相应缩减，如果商业银行不能从其他的渠道取得资金，就只有收回贷款和投资，从而使市场货币供应量缩减。随着市场货币供应量的缩减，市场利率相应上升，整个社会的投资需求相应减少，从而使经济收缩。当中央银行降低再贴现利率，使再贴现利率低于市场利率时，商业银行向中央银行借款或贴现的资金成本下降，商业银行就会增加向中央银行借款和贴现，并扩大对客户的贷款和投资的规模，从而导致市场货币供应量增加，市场利率相应降低，整个社会的投资需求也会相应增加，从而使经济扩张。另外，再贴现率的制定或调整，在一定程度上反映了中央银行的政策意图，会产生“告示效应”。如再贴现率升高，意味着国家判断市场过热，有紧缩的意向；反之，则意味着有扩张意向。这种“告示效应”会影响商业银行及社会公众的预期，并按中央银行的意向调整自己的经济行为，从而使中央银行货币政策目标顺利实现。

尽管再贴现政策有上述的一些作用，但也存在着某些局限性：

（1）从控制货币供应量来看，再贴现政策并不是一个理想的控制工具。首先，中央银行处于被动地位。商业银行是否愿意到中央银行申请贴现，或者贴现多少，决定于商业银行，如果商业银行可以通过其他途径筹措资金，而不依赖于再贴现，则中央银行就不能有效地控制货币供应量。其次，增加对中央银行的压力。如商业银行依赖于中央银行再贴现，这就增加了对中央银行的压力，从而削弱控制货币供应量的能力。再次，再贴现率高低有一定限度，而在经济繁荣或经济萧条时期，再贴现率无论高低，都无法限制或阻止商业银行向中央银行再贴现或借款，这也使中央银行难以有效地控制货币供应量。

（2）从对利率的影响看，调整再贴现利率，通常不能改变利率的结构，只能影响利率水平。即使影响利率水平，也必须具备两个假定条件：一是中央银行能随时准备按其规定的再贴现率自由地提供贷款，以此来调整对商业银行的放款量；二是商业银行为了尽可能地增加利润，愿意从中央银行借款。当市场利率高于再贴利率，而利差足以弥补承担的风险和放款管理费用时，商业银行就向中央银行借款然后再放出去；当市场利率高于再贴现率的利差，不足以弥补上述费用时，商业银行就从市场上收回放款，并偿还其向中央银行的借款，也只有在这样的条件下，中央银行的再贴现率才能支配市场利率。然而，实际情况往往并非完全如此。

（3）就其弹性而言，再贴现政策是缺乏弹性的。一方面，再贴现率的随时调整，通常会引起市场利率的经常性波动，这会使企业或商业银行无所适从；另一方面，再贴现率不随时调整，又不宜于中央银行灵活地调节市场货币供应量，因此，再贴现政策的弹性是很小的。

这些局限性决定了再贴现政策不宜作为中央银行日常操作的货币政策工具，但再贴现率的调整对货币市场的广泛影响仍然是不可忽视的。

(三)公开市场操作

公开市场操作是指中央银行通过在公开市场上买进或卖出有价证券(特别是政府短期债券)来投放或回笼基础货币，以控制货币供应量，并影响市场利率的一种策略和措施。公开市场政策在金融市场发达的国家是最重要的，也是最常用的货币政策工具。

公开市场操作对货币供应量和利率的调节机制是，当经济衰退、金融市场上资金短缺时，中央银行执行放松银根的货币政策，在公开市场上购入有价证券，这实际上相当于中央银行向社会投入了一笔基础货币。有价证券的出售者不论是银行、企业还是个人，经过票据交换以后，必然会导致银行体系超额准备的增加。当银行扩大贷款规模后，会通过货币乘数的作用使货币供应量呈数倍扩张。与此同时，中央银行购买有价证券的行为会增加金融市场对有价证券的需求，引起其价格上涨，利率下降，这同样有助于商业银行扩大信贷规模。在这两方面的共同作用下，中央银行可以顺利实现银根的放松，最终达到扩大投资、刺激消费、促进经济增长的目的；反之，当投资过度、通货膨胀加剧时，中央银行则执行收缩银根的货币政策，在公开市场上卖出有价证券，对货币供应量和利率则会产生相反的影响。

与贴现政策和存款准备金政策相比，公开市场政策具有明显优势，具体表现为以下几个方面：

(1)通过公开市场业务可以左右整个银行体系的基础货币量，使它符合政策目标的需要。

(2)中央银行的公开市场政策具有“主动权”，即政策的效果并非取决于其他个体的行为，央行是“主动出击”而非“被动等待”。

(3)公开市场政策可以适时适量地按任何规模进行调节，具有其他两项政策所无法比拟的灵活性，中央银行卖出和买进证券的动作可大可小。

(4)公开市场业务有一种连续性的效果，央行能根据金融市场的信息不断调整其业务，万一发生经济形势改变，可以迅速作反方向操作，以改正在货币政策执行过程中可能发生的错误以适应经济情形的变化，这相较于其他两种政策工具的一次性效果是优越的。

当然，公开市场政策也有其局限性：一是对经济金融的环境要求高。公开市场业务的一个必不可少的前提是有一个高度发达完善的证券市场，包括有相当的深度、广度和弹性；二是证券操作的直接影响标的是准备金，对商业银行的信贷扩张和收缩还只是起间接的作用。

二、选择性货币政策工具

选择性货币政策工具指中央银行针对特殊经济领域或特殊用途的信贷进行调节而选择性地使用的特殊货币政策工具。主要包括直接信用控制、间接信用控制、不动产信用控制、消费者信用控制、证券市场信用控制等。

(一)消费者信用控制

消费者信用控制是指对不动产以外的各种耐用消费品的销售融资予以控制。主要内容包括：(1)规定用消费信贷购买各种耐用消费品时首期付款额；(2)规定分期付款的最长期限；(3)规定适合于消费信贷的耐用消费品的种类，不同种类消费品取得消费信贷的条件等。

当中央银行提高首期付款额时，就等于降低了最大放款额，势必减少社会对此种商品的需求。而缩短偿还期就增大了每期支付额，也会减少对此类商品和贷款的需求。若要刺激消费信用，则降低首期付款额。

（二）不动产信用控制

不动产信用控制，是指中央银行对金融机构向客户提供不动产抵押贷款方面实施限制性措施。此项货币政策工具的主要目的是为了阻止地产投机，防止银行对建筑业过度贷款，以减轻通货膨胀压力，同时降低商业银行风险，实现稳健经营。其措施一般包括：(1)对不动产贷款最高额度的限制；(2)对不动产贷款首期支付额度的规定；(3)对不动产贷款分期支付的最长年限的规定等。

（三）证券市场的信用控制

证券市场信用控制，是指中央银行对有价证券的信用交易方式规定保证金比率，目的在于限制用借款购买有价证券的比重。中央银行通过改变保证金比率来控制证券市场的信用交易规模，遏制过度的证券投机活动。

（四）优惠利率

中央银行为促进产业结构调整，对不同行业、部门的企业贷款实行差别利率，对国家重点扶持的企业给予优惠贷款利率以促进其发展。

（五）预缴进口保证金

预缴进口保证金，主要是指规定进口企业在交付进口外汇前先预缴进口商品总额的一定比例的外汇，存于中央银行，这样对进口商来讲相当于一定程度上的提前付款，提高了进口成本，抑制了进口积极性。而中央银行通过该项措施可以减少外汇储备的流失，缓解国际收支不利的状况。

三、其他货币政策工具

（一）直接信用控制

直接信用控制，是指中央银行以行政命令的方式直接对金融机构的信用活动进行控制，其主要手段包括以下几种。

1. 贷款额度限制

中央银行根据金融市场形势及经济发展的需要，以行政命令的方式直接规定各商业银行信贷的最高限额和最大增长幅度，强制地控制商业银行的信贷规模。

2. 利率最高限额

中央银行为维护金融市场秩序，防止商业银行用抬高利率的办法竞相吸收存款，或为谋取高额利润而进行高风险贷款而采取的强制性措施。

3. 规定流动性比率

为限制商业银行的信用扩张和保护存款人的安全，中央银行对商业银行的全部资产中的流动性资产的比重做出规定。

（二）间接信用指导

间接信用指导，是指中央银行利用非强制性措施间接影响商业银行的信用创造，其内容主要包括以下几种。

1. 道义劝告

道义劝告是指中央银行运用自己在金融体系的特殊地位和威望，通过对商业银行及其他金融机构的劝告，以影响其放款的数量和投资的方向，达到控制信用的目的。道义劝告的方式，可以采用由中央银行向商业银行和其他金融机构发出通告、指示的形式，也可以采用与各金融机构负责人进行面谈的形式来表明中央银行的意向、立场等。

2. 窗口指导

窗口指导是中央银行间接控制信用的一种政策工具。主要内容是中央银行根据产业行情、物价趋势、金融市场动向和货币政策要求，规定每家商业银行每季度贷款的增减额，指导贷款的使用方向，保证经济优先发展部门的资金需要。虽然窗口指导没有法律约束力，但其作用其实很大。因为，如果商业银行不听从指导，中央银行可削减向该行的贷款，甚至停止向其提供贷款，所以商业银行一般会认真实行。

第三节　货币政策的传导机制及效应

一、货币政策的传导机制

货币政策传导机制(conduction mechanism of monetary policy)是中央银行运用货币政策工具影响中介指标，进而最终实现既定政策目标的传导途径与作用机理。货币政策传导机制是指从运用货币政策到实现货币政策目标的过程，货币政策传导机制是否完善及提高，直接影响货币政策的实施效果以及对经济的贡献。

(一)货币政策的传导过程

一国货币政策的实现是与其传导机制紧密相连的，货币政策的传导过程，就是货币政策各项措施的实施，通过经济体系内的各种变量，影响到整个社会经济活动的过程。货币政策的传导一方面是在各经济变量之间进行，另一方面又通过各经济部门和机构进行传导。这两种传导是同时进行的，是一次传导过程的两种形式。

1. 货币政策的经济变量传导过程

货币政策的经济变量传导从中央银行变动货币政策工具开始，首先影响的经济变量是操作指标，如商业银行的准备金、基础货币等变量，其后影响效果指标，如货币供应量、利率等，最后达到影响生产、物价、就业等最终目标(见图 10—2)。

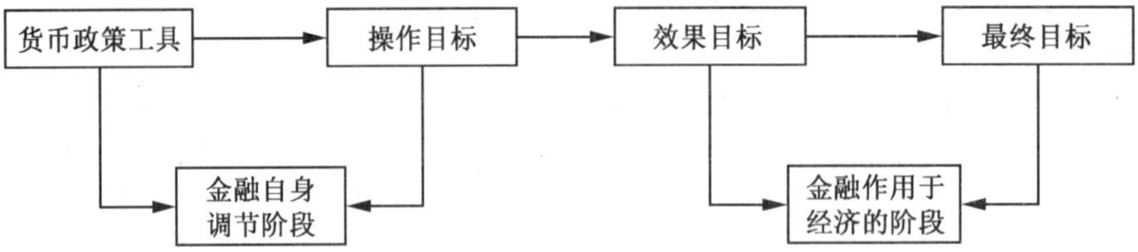

图 10—2　货币政策变量传导过程

货币政策经济变量传导过程可分为两个阶段：(1)在金融自身调节阶段，作用主体是金融体制及金融机构，作用的经济要素是各金融变量。如货币政策工具运用对金融机构信贷能力的调节。(2)在金融作用于经济的阶段，传导过程是各金融、经济变量之间的相互联系和相互影响。中央银行运用货币政策工具之后，通过商业银行资产运用与负债经营，由金融体系影响实际经济体系。

2. 货币政策的机构传导过程

货币政策的机构传导是指货币政策从中央银行运用货币政策工具开始，通过中间机构的传导，最后到达最终目标的过程。具体来说，中央银行在制定货币政策后，选择适当的货币政策工具并予以实施，货币政策工具作用于商业银行等金融机构和金融市场这两个中间部门，对它们的经济行为产生影响，改变其所涉及的各种经济变量，进而影响企业和社会公众的投资和消费行为。例如中央银行运用公开市场业务，在金融市场上买入有价证券，增加金融市场资金供应，使金融市场利率下降；同时商业银行超额准备增加，商业银行信贷规模扩大，企业和社会公众手中货币增加，利率下降，投资消费受到刺激，社会总需求增加，就业增加（见图10—3）。

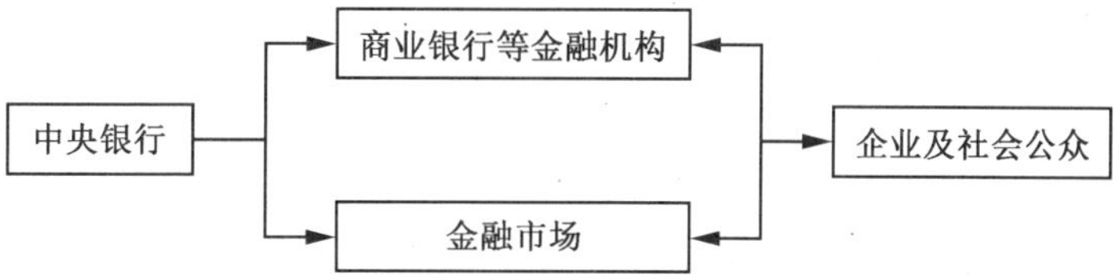

图10—3　货币政策机构传导过程

3. 货币政策综合传导过程

货币政策的经济变量传导和货币政策的机构传导并不是两个相互独立的传导过程，而是一次传导过程的两个方面。两个过程综合起来，就构成了货币政策的综合传导过程，即中央银行通过各种货币政策工具，直接或间接调节各金融机构的超额准备金和金融市场的融资条件，进而控制全社会货币供应量，使个人和企业不断调整自己的经济行为，整个经济运行也随之发生变动，如图10—4所示。

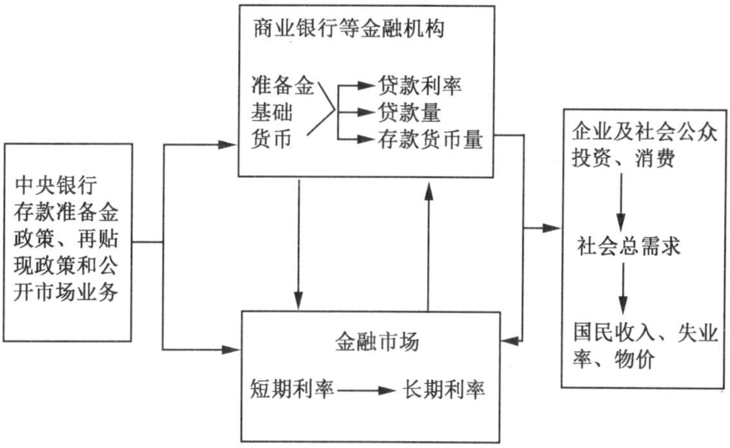

图10—4　货币政策综合传导过程

（二）货币政策传导机制理论

货币政策传导机制理论是西方货币政策理论的重要组成部分，在整个货币政策机制中具有举足轻重的地位，它不仅影响着货币政策制定的科学性，更直接决定着货币政策实施的有效性。货币政策传导机制理论经历了古典主义、凯恩斯主义、新古典主义和新凯恩斯主义的理论演进，其间伴随经济货币化和金融化的体制变革，货币政策传导机制理论已经发展成为一门复杂的经济科学。

1. 凯恩斯学派的货币政策传导机制理论

一般认为，凯恩斯是第一个提出现代意义上的货币政策传导理论的西方经济学家，在他的货币理论中，阐述了以利率为中介的货币政策传导机制。之后，凯恩斯主义的追随者不断对凯恩斯的货币理论进行扩展和补充，并与货币学派进行了长期的论战，推动了货币政策传导理论研究的深入。

凯恩斯把货币政策传导过程分为两个领域，即金融（货币）领域和实物（商品）领域。在金融领域中只有两种资产，即流动性很强但不产生直接收益的货币和流动性弱但具有利息收入的证券。凯恩斯关于货币政策的传导过程，具体体现如下。

中央银行实施货币政策后，导致货币供给数量 M 发生变化，在货币供给量相对于货币需求增加时，会引起人们手持现金余额大于其意愿持有量，人们就会将大于意愿持有量的那部分货币用于购买债券，引起债券需求增大，导致价格上升，债券利率下降。利率下降刺激投资的增加。然后投资增加通过投资乘数效应使国民收入成倍地增长。凯恩斯主义的传导机制通过利息率的变化使投资发生变化，最终影响国民收入。可表述如下：

$$M\uparrow \rightarrow i\downarrow \rightarrow I\uparrow \rightarrow AD\uparrow \rightarrow Y\uparrow$$

综上所述，中央银行货币政策作用的大小主要取决于三个方面的因素：一是取决于一定的货币供应量变动能否引起利率发生变化，以及发生多大的变化。如果货币供应量增加不能对利率产生影响，即存在流动性陷阱，则货币政策无效。二是取决于投资支出的利率弹性，即一定的利率变动对投资支出的影响程度。三是取决于投资乘数的大小。在这一传导机制中，利率是整个传导机制的核心和主要环节。如果货币供应量增减后不能对利率产生影响，或者利率变动后对投资支出的影响有限，那么货币政策就会失效。

2. 货币学派的货币政策传导机制理论

自 20 世纪 50 年代起，凯恩斯的利率传导渠道开始受到货币主义的挑战。60 年代末至 70 年代初，货币学派的代表弗里德曼认为，利率在货币政策传导机制中并不起重要作用，他强调货币供应量在整个传导机制上具有决定性效果。货币量对实际经济体系的影响，其传导体制是通过较为广泛的资产选择所引起的各种金融资产、实物资产和耐久性消费品的相对价格变化而引起作用的。

弗里德曼对货币量变动的传导过程进行了分析：货币当局增加货币供应量以后，最直接的效果是改变非银行部门的资产负债结构，增加个人或企业的手持现金量。影响了人们的资产选择行为。由于资产选择的范围太大，人们会用货币去购买其他资产，这使购买力的冲击力从一种资产扩展到各种资产，改变了其资产负债结构。于是，引起各种资产价格上升，利息率下降。这种变化刺激了投资，增加各类物品的生产，提高人们的收入。同时，又鼓励人们的开支扩大，也导致了产量和收入增加。这样，货币量变动开始对资产负债结构的影响转变为对收入和支出的影响。这时存在一个问题：随着货币量的不断增长，最初可能导致利率下降，但是随着总需求的扩大，价格会很快上升，实际货币量下降，最终在货币供给增加一段时间后，利率又回到原来的水平。使货币供应量的实际价值降到与人们的实际货币需求一样，名义货币供求在更高的名义收入水平上重新恢复均衡，而且如果货币量的增长快于产量的增长，就会发生通货膨胀。

货币学派的货币政策传导过程体现为：

货币供应量→公众支出→非货币资产价格（利率）→投资→名义收入

从以上介绍可以看出，货币学派的传导机制理论与凯恩斯学派的传导机制理论最主要的分歧是:凯恩斯学派非常重视利率在传导机制中的作用,而货币学派则不重视利率在传导机制中的作用,认为货币供应量增加的初期,虽然利率会随之降低,但不久就会因为货币收入的增加和物价的上涨使名义利率上升,而实际利率则又回到并稳定在原先的水平上。因此,货币政策不是通过利率间接地影响投资和收入,而是通过货币供应量的变动直接影响社会支出和货币收入。

凯恩斯学派与货币学派在货币政策传导理论上的差异使两大学派采取不同的经济政策主张,即凯恩斯学派的"相机抉择"和货币学派的"单一规则"经济政策主张。

所谓相机抉择是指中央银行在货币政策操作过程中不受任何固定程序或原则的约束,而是依据经济运行态势灵活取舍,"逆风向行事"平抑经济周期,以实现货币政策目标。所谓"单一规则"是指在货币政策实施之前,事先确定据以操作的程序或原则。无论发生什么情况,中央银行都应保持一个公开宣布的货币供给固定增长率,目的在于消除频繁的相机抉择引起的经济波动,让经济长期、稳定地发展。

主张相机抉择的凯恩斯主义者认为,政策规则的设计者,不可能考虑到所有意外事件,必定面临着制定精确规则的困难。他们认为,经济周期波动源于经济内生的供给冲击,有规律性,是可以预测的,那么中央银行根据预测的结果运用相机抉择的货币政策对经济进行微调可以增进社会福利。而且,即使在出现不可预测的经济扰动时,运用货币政策工具进行"逆风向行事"的相机抉择策略,有助于处理事前无法预期的突发波动,避免因制度僵硬造成不必要的经济波动,从而有助于经济总量均衡的实现。所以,凯恩斯主义经济学家大多支持相机抉择。

货币主义者反对凯恩斯主义者倡导的由中央银行根据经济情况随时调整贴现率和买进或卖出政府证券等方法来调节货币供应量的货币政策。弗里德曼反对货币当局有意识地运用货币政策来克服经济的不稳定,他认为,由于货币数量变化对实际经济和通货膨胀影响的时延效应,往往使政府在扩大和收缩货币供应量时做过头,导致经济波动更不稳定。因此,弗里德曼建议货币当局只需实行"单一规则"的货币政策,把控制货币量作为唯一的政策工具,只有实行"单一规则"的货币政策,才能避免经济波动和通货膨胀。货币学派的经济政策主张的基调是经济自由主义,强调市场机制对经济运行的调节作用,反对政府过度干预经济。

3. 托宾的 Q 理论

"新古典综合派"的主要代表人物之一托宾(James Tobbin)认为,货币理论应看作是微观经济行为主体进行资产结构管理的理论。托宾把资本市场、资本市场上的资产价格,特别是股票交割纳入传导机制。

该理论认为:当中央银行通过降低商业银行准备金或降低利率等措施来放松银根时,使得商业银行改变其资产构成,增加了贷款或投资。在贷款需求和债券供给不变的条件下,利率下降和债券价格上涨。这时,使得社会其他成员调整了其资产结构(降低其证券持有比例,增加现金或其他资产的比例),使其他资产需求增加,价格上升,代表这些资产的某些证券行市上涨,刺激该资产的生产或投资。这样,这些资产的供应量和生产这些资产的企业的就业量均会增加。在乘数的作用下,提高了整个经济社会的国民收入水平。

但是,这一传导过程存在一个问题,即某一证券行市的上涨,不一定必然刺激这些证券所代表的真实资产的投资和生产。所以托宾引入 Q 值,一个按照金融市场估价的企业的价值对企业现有资本的税后重置成本的比率。当 Q 值大于 1 时,意味着股票市场价格大于资产重置成本,企业可以通过较少的股票发行来换取较多的新的资本购买,这时企业会扩大投资支出,更新设备,最终使真实产出增加。

托宾的货币政策传导过程体现为：

$$M\uparrow\rightarrow i\downarrow\rightarrow P_s\uparrow\rightarrow Q\uparrow\rightarrow I\uparrow\rightarrow Y\uparrow$$

式中：P_s 为资产价格(股票价格)；Q 为真实资本的当期股票市价/真实资本的当期重置成本。

4. 开放经济下的货币传导机制

在开放经济条件下，净出口，即一国出口总额与进口总额之差，是总需求的一个重要组成部分。货币政策可以通过影响国际资本流动改变汇率，并在一定的贸易条件下影响净出口。在实行固定汇率制度的国家，中央银行可以直接调整汇率；在实行浮动汇率制度的国家，中央银行必须通过公开市场操作来改变汇率。当一国实行紧缩的货币政策时，利率随之上升，外汇对该国生息的金融资产，如债券的需求会增加；而该国对国外类似资产，如外国生息的金融资产的需求会下降。为了购买该国金融资产，外国人必须购买该国货币，外国对该国货币的需求增加。相应地，该国对外国货币的需求减少。这就使得该国货币在外汇市场上升值。本币的升值不利于本国商品的出口，却会提升外国商品在本国的市场竞争力，该国贸易顺差恶化，净出口下降。当一国实行扩张的货币政策，则有相反的过程，这样的机制可以表示为：

$$M\rightarrow r\rightarrow r_e\rightarrow N_X\rightarrow Y$$

式中：r_e 代表汇率；N_X 代表净出口。

在金融全球化的趋势下，国际资本的流动对本国货币政策的操作具有抵消作用。比如，当本国需要提高利率以限制对本国商品和劳务的总需求时，外国资本的流入却会抑制利率的上升。与此相反，当中央银行期望降低利率时，资本的流出却会阻碍利率的下降。

阅读材料 10－2

二战后美国货币政策传导机制的发展

1. 20 世纪 40～50 年代初

1941 年，美联储为筹措军费，采取了廉价的货币政策，即钉住战前的低利率：3 个月期的国库券利率为 0.375%，长期财政债券利率为 2.4%。无论什么时候，只要利率上升到高于上述水平，而且债券价格开始下跌时，美联储就进行公开市场购买，迫使利率下降。这一政策在大部分时间内是成功的，但当 1950 年朝鲜战争爆发时，引起了通货膨胀。1951 年 3 月，美联储和财政部达成“一致协议”，取消钉住利率，但美联储承诺它将不让利率急剧上升。同时，美联储正式独立于财政部，此后货币政策才开始具有完全的独立性，这也标志着美国货币政策开始成为影响美国经济的主导力量。

2. 20 世纪 50～70 年代

这期间美国经济周期性扩张和收缩的特征非常突出，因此，扩张性和紧缩性的货币政策交替也很明显，货币政策目标经常变化。20 世纪 50 年代，美联储控制的中介指标有自由储备金净额、3 个月期的国库券利率和货币总量比，并按此次序来决定指标控制的重要性。结果表明，美联储对前两个指标的控制较好，对货币总量控制较差，这导致最初的 10 年内竟然发生了三次经济危机。到了 60 年代，又重新推行廉价的货币政策，同时重视财政政策的运用。货币供应量的增长率日趋上升，松的货币政策加之松的财政政策导致通货膨胀率不断上升，从 1965 年的 2.3%到 1969 年的 6.1%。这些政策进一步导致了 70 年代滞胀的发生。20 世纪 70 年代，美联储将货币总量作为中间目标，从 M1 和 M2 的增长率来看，美联储以紧缩的货币政策为主，最终导致了1979年的经济危机。

3. 20世纪80～90年代

20世纪70年代后，随着通货膨胀被抑制，美联储又转向了平稳利率政策，并获得了极大成功。例如90年代初，美国经济陷入萧条，美联储在1990年7月到1992年9月间连续逐步降息17次，将短期利率从8%降到3%，促进投资与消费上升，从而带动了整个经济的发展。在1994年到1995年7月，美国经济过热时，又连续7次提高联邦基金利率，成功地实现了软着陆。1994年美联储主席格林斯潘指出，美联储将放弃以货币供应量的增减对经济实行宏观调控的做法，今后将以调控实际利率作为经济调控的主要手段。这标志着美国货币政策的重大转变。

4. 21世纪初期

自1999年6月开始，为防止经济过热，美联储开始抽紧银根，半年中先后三次提高利率。但美国经济增长势头仍没有减缓的迹象，于是在2000年2月2日、3月21日和5月16日又分别提高利率，使联邦基金利率达到65%。5月底公布的数据表明力度加大的宏观调控开始见效，经济增长逐步放缓。但2001年伊始，种种迹象表明，美国经济已进入了明显放慢的敏感时期。为刺激经济回升，从1月至6月底，美联储连续六次降息。在这么短的时间内采取如此大的降息动作，是20年来的第一次。此时，美国联邦基金利率和贴现率分别为3.75%和3.25%，均为7年多来的最低水平。

（资料来源：https://wenku.baidu.com/view/55bb8039dc3383c4bb4cf7ec4afe04a1b171b020.html.）

思考：我国目前应当采用怎样的货币政策中间目标？

（三）中国货币政策传导机制实践

我国货币政策的传导机制，经历了从直接传导向直接传导、间接传导的双重传导转变，并逐渐过渡到以间接传导为主的阶段。

1. 传统体制下的直接传导机制

图10—5所示为传统体制下的直接传导机制。

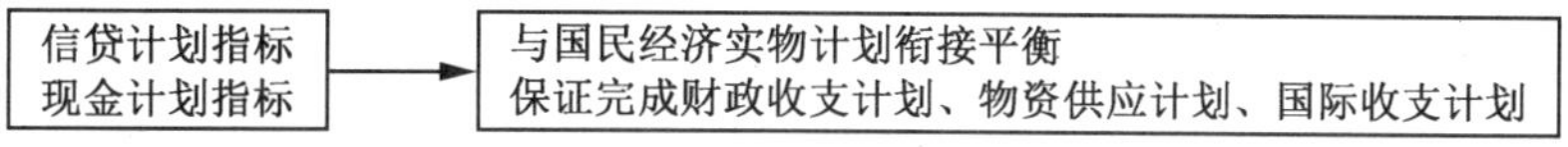

图10—5　直接传导机制

如图10—5所示，这种机制与高度集中统一的计划管理体制相适应。国家在确定宏观经济目标时，如经济增长速度、物价稳定和国际收支平衡，已经通过国民经济综合计划将货币供应量和信贷总规模乃至该项指标的产业分布和地区分布包括在内。因此，中央银行的综合信贷计划只是国民经济计划的一个组成部分。中央银行的政策工具唯有信贷计划以及派生的现金收支计划，在执行计划时直接为实现宏观经济目标服务，这种机制完全采用行政命令的方式通过指令性指标运作。其特点是：(1)方式简单，时滞短，作用效应快；(2)信贷、现金计划从属于实物分配计划，中央银行无法主动对经济进行调控；(3)由于缺乏中间变量，政策缺乏灵活性，政策变动往往会给经济带来较大的波动；(4)企业对银行依赖性强，实际上是资金供应的大锅饭。

2. 改革以来的双重传导机制

我国改革以来至1997年，货币政策直接传导机制逐步削弱，间接传导机制逐步加强，但仍带有双重传导特点，即兼有直接传导和间接传导两套机制的政策工具和调控目标，如图10－6所示。

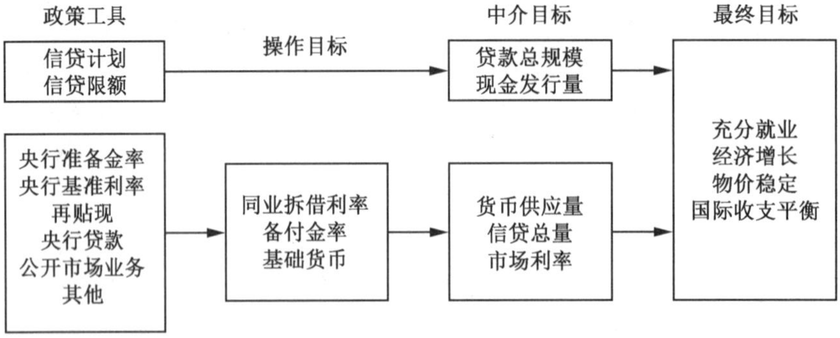

图10－6　双重传导机制

(1)第一个环节是运用货币政策工具影响操作目标——同业拆借利率、备付金率和基础货币。信贷计划、贷款限额是直接型的货币政策工具，其影响直达中介目标贷款总规模和现金发行量。直接传导过程中没有操作目标，或许可以称季度、月度的贷款，现金指标是其操作目标。这个环节是调控各金融机构的贷款能力和金融市场的资金融通成本。

(2)操作目标的变动影响到货币供应量、信用总量、市场利率。信用总量的可测性不强，还不太使用；我国实行管制利率，不存在市场利率，只有中央银行根据经济、金融形势变化来调整利率。这个环节是金融机构和金融市场、企业和居民在变化了的金融条件下做出反应，改变自己的货币供给和货币需求行为，从而影响到货币供应量的变动。

(3)货币供应量的变动影响到最终目标的变动。改革之初，货币转化为存款和现金比较透明，贷款总量基本反映了货币供应量，只要守住了贷款就几乎守住了货币供给。但两者的相关性减弱，只控制贷款并不能完全调控货币供应量，直接控制的效果减弱。然而，在货币政策间接调控货币供应量的机制不完善的条件下，只能两者并用。在经济过热、通货膨胀严重时，直接控制比间接调控的效果更好，所以并没有马上放弃它，形成了双重调控的特点。

我国经济经历了高通胀后“软着陆”成功，商业银行推行资产负债比例管理，各级政府防范金融风险意识大大加强，取消贷款限额的条件基本成熟。1998年我国不失时机地取消了对商业银行的贷款限额，标志着我国货币政策传导机制从双重传导过渡到以间接传导为主。然而，我国的社会主义市场经济体制仍在建立之中，商业银行和企业的运行经营机制还不健全，所以货币政策传导效应也有待提高。只有真正按现代企业制度的要求加快商业银行和企业的改革步伐，使其对中央银行的货币政策传导反应灵敏，才能完善货币政策传导机制。货币政策传导机制的效率不仅取决于中央银行货币政策的市场化取向，而且取决于金融机构、企业和居民行为的市场化程度，即他们必须对市场信号做出理性的反应。如果他们不能完全按照市场准则运行，即不能对市场信号，包括中央银行的间接调控信号做出理性反应，那么货币政策工具就不可能通过对货币信贷条件的调节来实现其政策目标，货币政策传导过程就会受到梗阻，货币政策效果就会被减弱。

案例 10－1

中国人民银行:存贷款降息 0.25 个百分点,同时定向降准

中国人民银行决定,自 2015 年 6 月 28 日起有针对性地对金融机构实施定向降准,以进一步支持实体经济发展,促进结构调整。具体措施如下:(1)对"三农"贷款占比达到定向降准标准的城市商业银行、非县域农村商业银行降低存款准备金率 0.5 个百分点。(2)对"三农"或小微企业贷款达到定向降准标准的国有大型商业银行、股份制商业银行、外资银行降低存款准备金率 0.5 个百分点。(3)降低财务公司存款准备金率 3 个百分点,进一步鼓励其发挥好提高企业资金运用效率的作用。

同时,自 2015 年 6 月 28 日起下调金融机构人民币贷款和存款基准利率,以进一步降低企业融资成本。其中,金融机构一年期贷款基准利率下调 0.25 个百分点至 4.85%;一年期存款基准利率下调 0.25 个百分点至 2%;其他各档次贷款及存款基准利率、个人住房公积金存贷款利率相应调整。

思考:

(1)此次定向降准并结合下调存贷款基准利率的背景是什么?

(2)此次定向下调存款准备金率措施的具体内容是什么?

(3)此次下调存贷款基准利率对于促进降低社会融资成本有何积极意义?

二、货币政策的效应

货币政策效应是指货币政策的实施对社会经济活动产生的影响,包括货币政策的数量效应和时间效应。

(一)货币政策的数量效应

货币政策的数量效应是指货币政策效应的强度,即货币政策发挥效力的大小。

对货币政策效力大小的判断,一般着眼于实施的货币政策所取得的效果与预期所要达到的目标之间的差距。由于货币政策目标之间的矛盾,所以考察货币政策的数量效应,不应仅仅观察某一个政策目标的实施情况,而应综合考察各主要货币政策目标的实现情况。比如,一个国家货币政策的最终目标主要是稳定物价和经济增长,那么其政策效应就可以用如下方法来考察。

假设,以 Y 代表国民收入增长率,P 代表通货膨胀率,Y_t、P_t 分别代表政策实施前的国民收入增长率和通货膨胀率,Y_{t+1}、P_{t+1} 分别代表政策实施后的国民收入增长率和通货膨胀率。货币管理当局无论是实行紧缩性货币政策,还是实行扩张性货币政策,都会出现以下三种结果:

(1)$Y_{t+1}/Y_t > P_{t+1}/P_t$

这说明政策实施以后,经济增长减速程度小于物价回落程度;或者经济增长加速程度大于物价上升程度;或者经济增长加速,而同时伴随物价下降。前两者是比较理想的结果,而后者是最理想的结果。

(2)$Y_{t+1}/Y_t < P_{t+1}/P_t$

说明政策实施以后,经济增长的减速程度大于物价回落程度;或者经济增长加速程度小于物价上升程度；或者经济增长减速，而同时伴随物价上涨。这时货币政策综合效应为负，因为货币政策的实施已产生了损害实质经济增长的结果。

(3)$Y_{t+1}/Y_t = Y_{t+1}/P_t$

说明政策实施以后，经济增长率的变动的正效应为物价变动的负效应所抵消；或者物价回落的正效应为经济增长的负效应所抵消，货币政策无效。

（二）货币政策的时间效应

衡量货币政策效应，除了看其发挥效力的大小外，还要看其发挥效力的快慢，这就是货币政策的时间效应。货币政策的时间效应，又称货币政策的时滞，是指中央银行从研究、制定货币政策到货币政策取得预期效果的时差。

货币政策时滞对货币政策有效性有很大的影响。由于货币政策时滞的存在，中央银行在实施货币政策的过程中常常发生这样的问题：当中央银行采取的货币政策正在发挥作用时，经济状况却已经发生了完全相反的变化。例如，中央银行在前一经济高涨时期实施紧缩的货币政策，但由于时滞的存在，紧缩的货币政策在随后出现的经济衰退时期仍然发挥着降低收入的作用，这时货币政策不仅不能起到熨平经济周期的作用，反而还会扩大经济周期波动的幅度，使国民经济更加不稳定。如果货币政策的时滞短，并能进行较为准确的预测，则可以大大提高货币政策的有效性。

货币政策时滞可以分为三个部分：内部时滞、中间时滞、外部时滞。

1. 内部时滞

内部时滞是指从政策制定到货币当局采取行动这段时间。内部时滞还可以细分为两个阶段：(1)认识时滞，指经济金融情况变化需要货币当局采取行动，到货币当局认识到这种变化并承认需要调整货币政策间的时间间隔。(2)行动时滞，指货币当局认识到需要调整货币政策到实际采取行动之间的时间间隔。内部时滞的长短取决于货币当局对经济形势发展的敏感程度、预测能力，以及中央银行制定政策的效率和行动的决心，这个时间间隔大概在2～6个月。

2. 中间时滞

中间时滞是指从央行采取行动，到商业银行和其他金融机构根据央行政策意图，改变其信用条件的时间过程。这段时间的长短决定于商业银行及其他金融机构的反应以及金融市场的敏感程度，是中央银行所不能操纵的，一般在2个月左右。

3. 外部时滞

外部时滞是指从金融机构改变其利率、信用供给量等信用条件开始，直到对货币政策最终目标产生影响力为止这段时间。外部时滞又可分为两个阶段：第一阶段，微观决策时滞，即在金融机构信用条件发生改变以后，个人和企业面对新情况做出决定，改变自己投资决策和支出决策的这段时间。第二阶段，作用时滞，即个人和企业做出新的投资决策和支出决策，并采取行动，到对整个社会的生产和就业等经济变量产生影响所耗费的时间。外部时滞是货币政策时滞的主要部分。它既包括微观经济主体在新货币政策出台后的决策过程，也包括微观经济主体行为对储蓄、投资、消费、货币需求、产出和价格等重要经济变量产生影响的过程。它的长短主要由客观经济条件和微观经济主体的行为所决定，是中央银行所不能控制的。外部时滞最长，各国差异较大，一般在4～20个月。

（三）影响货币政策效应的因素

1. 货币政策时滞

一般来说，时滞短，则政策见效快，也便于中央银行及时调整货币政策的方向和力度。但相对来说，时滞长短对政策效果的影响不是最重要的，最重要的是时滞是否稳定可预测。如果时滞不稳定，难以预测，那么，即使货币政策措施是正确的，出台的时机也合适，但货币政策可能会在错误的时点上生效，结果可能适得其反。

2. 货币流通速度

货币流通速度如果不稳定，难以预测，则货币政策的效果不仅可能被削弱，而且货币政策可能会成为影响经济稳定的根源。这是因为，社会总需求从流量上看，表现为一定时期内的货币支出总量，它等于货币供应量与货币流通速度的乘积。如果货币流通速度是一个难以预测的波动不定的量，那么，即使中央银行能完全按照预定的目标调节货币供应量，也难以使总需求和 GDP 达到预期的水平，这时，货币政策就难以达到预期的效果。

3. 微观经济主体的合理预期

当一项政策措施出台时，各种微观经济主体立即会根据可能获得的各种信息，预测政策的后果，从而很快做出对策，而且很少有时滞。而对微观主体广泛采取的具有抵消性作用的对策，货币当局的政策可能归于无效。不过，实际情况是，公众的预测即使非常准确，实施对策即使很快，其效应的发挥也有个过程，因此，货币政策仍会部分有效。

4. 其他经济政治因素的影响

货币政策的有效性也会受到其他外来的或体制的因素影响，例如宏观经济条件的变化，使一项既定的货币政策出台后，要保持一定的稳定性和持续性，不能朝令夕改。在这段时间内，如果经济出现某些始料不及的情况，而货币政策又难以做出相应调整时，就可能出现货币政策效果下降甚至失效的情况。

政治因素对货币政策的影响也是巨大的。由于任何一项货币政策方案的贯彻，都可能给不同阶层、集团、部门或地方政府的利益带来一定的影响，这些主体如果在自己利益受损时做出强烈的反应，就会形成一定的政治压力，当这些压力足够大时，就会迫使中央银行对其货币政策进行调整。

本章小结

货币政策是指中央银行为了实现一定的宏观经济目标而采取的各种控制和调节货币供给量、信用及利率等变动的方针。通常，将货币政策的运作分为扩张性货币政策和紧缩性货币政策。

货币政策的最终目标是中央银行通过实施各种控制信用和货币供给量的手段所要达到的最终目的。货币政策的最终目标要和一国的宏观经济目标保持一致。总的来说，现在各国货币政策追求的最终目标可概括为物价稳定、充分就业、经济增长和国际收支平衡四方面的内容。

货币政策工具指的是中央银行为了实现货币政策目标而采取的手段。它分为一般性货币政策工具、选择性货币政策工具和其他货币政策工具。一般性货币政策工具主要包括法定存款准备金率、再贴现政策和公开市场业务，即货币政策的“三大法宝”。

从货币政策的实施到目标的实现这一过程就是货币政策的传导过程。对货币政策传导的分析和研究，西方主要有凯恩斯学派的传导机制理论和货币学派的传导机制理论。凯恩斯学派主张在货币政策的传导过程中利率处于核心的地位。货币学派认为在货币政策传导机制中起重要作用的是货币供给量而不是利率。

在货币政策从实施到目标的实现这一过程中，对中介目标的设定是一个重要的步骤，选择好合适的中介目标就能较为准确地反映货币政策的实行情况。中介目标的选择标准为可测性、可控性、相关性和抗干扰性。

货币政策的效果受到货币政策时滞，货币流通速度，微观主体预期，其他如体制、政治等多种因素的影响。

练习题

一、概念识记

货币政策　充分就业　法定存款准备金　超额准备金　再贴现　公开市场业务
相机抉择　单一规则　货币政策传导机制　时滞

二、单项选择题

1. 货币政策四大目标之间存在矛盾，任何一个国家要想同时实现是很困难的，但其中(　　)是基本一致的。

A. 充分就业与经济增长　　B. 经济增长与国际收支平衡
C. 物价稳定与经济增长　　D. 物价稳定与充分就业

2. 菲利普斯曲线反映(　　)之间此消彼长的关系。

A. 通货膨胀率与失业率　　B. 经济增长与失业率
C. 通货紧缩与经济增长　　D. 通货膨胀与经济增长

3. 1995 年我国以法律形式确定我国中央银行的最终目标是(　　)。

A. 以经济增长为首要目标
B. 以币值稳定为主要目标
C. 保持充分就业，并以此促进经济增长
D. 保持币值稳定，并以此促进经济增长

4. 目前，西方各国运用得比较多而且十分灵活有效的货币政策工具为(　　)。

A. 法定存款准备金　　B. 再贴现政策
C. 公开市场业务　　D. 窗口指导

5. 下列货币政策操作中，引起货币供应量增加的是(　　)。

A. 提高法定存款准备率　　B. 提高再贴现率
C. 降低再贴现率　　D. 中央银行卖出债券

6. 中央银行降低法定存款准备金率时，商业银行(　　)。

A. 可贷资金量减少　　B. 可贷资金量增加
C. 可贷资金量不受影响　　D. 可贷资金量不确定

7. 一般来说，中央银行提高再贴现率时，会使商业银行(　　)。

A. 提高贷款利率　　B. 降低贷款利率
C. 贷款利率升降不确定　　D. 贷款利率不受影响

8. 中央银行在公开市场上大量抛售有价证券，意味着货币政策(　　)。

A. 放松　　B. 收紧　　C. 不变　　D. 不一定

三、多项选择题

1. 货币政策的内容包括(　　)。

A. 传导机制　　B. 政策工具
C. 操作指标和中介指标　　D. 政策目标
E. 政策效果

2. 选取货币政策中介目标的最基本要求是(　　)。

A. 抗干扰性　　B. 可测性　　C. 相关性　　D. 可控性
E. 与经济体制、金融体制有较好的适应性

3. 下列各项中,属于货币政策中间目标的是(　　)。

A. 货币供应量　　B. 基础货币　　C. 利率　　D. 超额准备金
E. 税率

4. 公开市场业务的优点是(　　)。

A. 调控效果猛烈　　B. 主动性强　　C. 灵活性高　　D. 影响范围广
E. 容易对经济产生副作用

5. 以下属于"紧缩"的货币政策的有(　　)。

A. 提高利率　　B. 降低利率　　C. 放松信贷　　D. 收紧信贷
E. 增加货币供应量

6. 利率指标作为中介指标,它的优点有(　　)。

A. 可控性强
B. 可测性强
C. 货币当局能够通过利率影响投资和消费支出,从而调节总供求
D. 调控效果猛烈
E. 影响范围广

四、简答题

1. 试述中央银行货币政策目标及其矛盾性。
2. 试述凯恩斯学派和货币学派关于货币政策传导机制的理论分歧。
3. 简述货币政策的作用过程。

五、论述题

1. 中央银行的一般性货币政策工具有哪几种?它们分别是如何调控货币供应量的?其各自的优缺点是什么?

2. 评述利率和货币供应量作为货币政策中间目标的理论依据,并说明第二次世界大战后发达国家怎样在利率和货币供应量之中进行中间目标的选择。

参考文献

[1]米什金．货币金融学[M]．北京：中国人民大学出版社，1998.

[2]黄达．货币银行学[M]．北京：中国人民大学出版社，2002.

[3]姜克波．国际金融学[M]．北京：高等教育出版社，1999.

[4]谢百三．金融市场学[M]．北京：北京大学出版社，2002.

[5]洛伦兹·格利茨．金融工程学[M]．北京：经济科学出版社，1998.

[6]蒋先玲．货币银行学[M]．北京：人民出版社，2007.

[7]黄达．金融学(第三版)[M]．北京：中国人民大学出版社，2012.

[8]幸理，陈莹．货币银行学[M]．武汉：华中科技大学出版社，2008.

[9]钱婷婷．货币银行学[M]．北京：人民邮电出版社，2013.

[10]王晓光．货币银行学[M]．北京：清华大学出版社，2014.

[11]夏丹阳．货币银行学(第二版)[M]．北京：经济管理出版社，2013.

[12]王松奇．金融学(第二版)[M]．北京：中国金融出版社，2000.

[13]吴晓求．中国资本市场：全球视野与跨越式发展[M]．北京：中国人民大学出版社，2008.

[14]宋鸿兵．货币战争[M]．武汉：长江文艺出版社，2015.

[15]夏德仁，李念斋．货币银行学[M]．北京：中国金融出版社，2009.

[16]张亦春．金融市场学[M]．北京：高等教育出版社，1999.

[17]易纲．货币银行学[M]．北京：中国人民大学出版社，2000.

[18]张晓，赵志恒．货币银行学[M]．北京：机械工业出版社，2009.

[19]向松祚．新资本论[M]．上海：中信出版社，2015.

[20]陈志武．金融的逻辑1：金融何以富民强国[M]．上海：上海三联书店，2018.